冶坊记忆

——王源吉史话

丁坚◎编著

广陵书社

图书在版编目（C I P）数据

冶坊记忆 ： 王源吉史话 / 丁坚编著. -- 扬州 ： 广陵书社, 2023.7
ISBN 978-7-5554-2099-6

Ⅰ. ①冶… Ⅱ. ①丁… Ⅲ. ①冶金工业－工业企业－企业史－无锡 Ⅳ. ①F426.3

中国国家版本馆CIP数据核字(2023)第119071号

书　　名　冶坊记忆——王源吉史话
编　　著　丁　坚
责任编辑　罗晶菊

出版发行　广陵书社
扬州市四望亭路2-4号　　邮编 225001
(0514)85228081(总编办)　85228088(发行部)
http://www.yzglpub.com　　E-mail:yzglss@163.com

印　　刷　无锡市极光印务有限公司

开　　本　720毫米×1020毫米　1/16
印　　张　23.75
字　　数　320千字
版　　次　2023年7月第1版
印　　次　2023年7月第1次印刷
标准书号　ISBN 978-7-5554-2099-6
定　　价　128.00元

序

王慧芬

王源吉冶坊是无锡现存历史最为悠久的工业企业，它所传承的铁锅冶铸技艺和钟鼎冶铸技艺对我国铁锅冶铸业、钟鼎冶铸业的发展产生过十分积极的影响，它是非物质文化遗产活化传承保护和活化利用的典型企业。《冶坊记忆——王源吉史话》一书从冶坊发展历史、冶坊技艺传承、冶坊文化传承、冶坊产品传承等方面，运用大量的珍贵档案、史料、照片展示了王源吉技艺传承发展和活化利用的历史过程，内容翔实，系统全面，是一部十分珍贵的非物质文化遗产史籍。

王源吉冶坊的历史就是一部非物质文化遗产技艺探索形成的历史。非物质文化遗产中的传统手工技艺是指世代相传，具有百年以上历史及完整工艺流程，采用天然材料制作，具有鲜明民族风格和地方特色的工艺品种和制作技艺。王源吉冶铸技艺就是这类非物质文化遗产项目。它形成于19世纪30年代，经过王源吉人的不懈探索，形成了成熟的半永久泥型造型材料配方与制备技术，是中国传统铁锅冶铸技艺和传统钟鼎冶铸技艺的典型代表，受到中国非物质文化遗产保护专家及铸造史研究专家的充分肯定，在中国铸造发展史上具有不可忽视的地位，在国外也产生了一定的影响。明宋应星《天工开物》曾对这类半永久泥型铸锅技艺做过专门记载，这是我国古代冶铸匠人为我们留下的珍贵的非物质文化遗产。

王源吉冶坊的历史就是一部非物质文化遗产技艺活化传承的历史。王源吉铁锅冶铸技艺和钟鼎冶铸技艺形成后，一直在广泛使用，从未失传过，并且在传承保护和活化利用方面亮点频频，各个历史时期都有创新和发展。中华人民共和国成立后，王源吉冶坊对其铸锅工艺进行了四次重大改革，每次都有新的突破，最终王源吉铁锅以色泽白亮、轻薄省柴、口圆边齐、脐小平整、内外光滑、厚薄均匀、不偏不侧、不炸不裂而享誉大江南北。王源吉传人曾三次参与铸铁锅国标、省标的制订工作，并主导铸铁锅国标、省标的图纸设计工作，王源吉冶坊的传奇历史和铁锅冶铸技艺、钟鼎冶铸技艺曾在60多部书籍和刊物中刊登，为铁锅冶铸技艺的传承发展和活化利用做出了积极的贡献。

王源吉冶坊的历史就是一部非物质文化遗产技艺展现魅力的历史。王源吉铁锅冶铸技艺和钟鼎冶铸技艺形成后，为我国冶铸业留下了许多珍贵遗产。特别是中华人民共和国成立后，冶坊获得了新生，得到了发展，迸发出了无穷魅力。王源吉冶坊曾在“大炼钢铁”时期炼出了无锡市第一炉铁水。其后，试制成功了全国第一座顶帽式天平炉，被命名为“中国式熔铁炉”；建成了全国第一条机械化制锅流水线，铸锅生产实现了革命性的变化；铁锅质量在全国评比中多次获得第一名，企业曾跨入无锡市四大超百万利润企业行列；中华全国手工业合作总社曾先后两次发出通知，组织全国铁锅冶铸企业到王源吉冶坊观摩学习；南京电影制片厂还专门拍摄了纪录片《双吉牌铁锅》。王源吉冶坊在钟鼎冶铸方面也获得了长足发展，留下了许多珍贵的钟鼎文物。2022年11月，王源吉冶坊有限公司代表江苏省老字号企业参加第五届中国国际进出口博览会，受到了国内外客户的青睐，展位前始终熙熙攘攘、人头攒动。江苏省省长许昆林、副省长方伟等专门视察了展位，并对王源吉非物质文化遗产技艺给予了充分的肯定。目前，王源吉冶坊已发展成为集团企业，在非物质文化遗产传承、保护、利用的道路上又迈出了新的步伐。

我们相信，由王源吉匠人孕育的非物质文化遗产技艺在中国式现代化建设的征程中，一定会实现其可持续发展，绽放出更加迷人的光彩。

（作者系无锡市文化遗产保护基金会理事长）

冶铸技艺的魅力
《冶坊记忆——王源吉史话》编纂感言

丁 坚

无锡是一座拥有3000多年文明史的江南历史文化名城，它是中国吴文化、中国民族工商业和中国乡镇企业的发祥地之一，它的工商文化基因让无锡充满了活力和朝气，更为无锡留下了极其丰富的非物质文化遗产。无锡王源吉冶坊发展史和王源吉冶铸技艺传承史就是其生动写照。

笔者近年来一直在从事无锡工业发展史研究，在无锡市政协时，作为执行主编编纂出版了《无锡工业企业发展亲历记(1949—2019)》。在编纂这套丛书的过程中，我被无锡许多工业企业的传奇历史和那些独特而厚重、不可复制的工业非物质文化遗产所吸引。作为一个文史研究者，有必要、有责任深入研究无锡工业领域代表性企业的发展历史，挖掘其留下的非物质文化遗产，追溯其渊源，展现其价值，推动非物质文化遗产的活化传承和活化保护。实施这项研究，首先就让我想起了王源吉冶坊的发展史和王源吉冶铸技艺的传承史独有的特点：

*一是冶坊历史的悠久性。*无锡王源吉冶坊创立于清顺治十八年(1661)，字号创建于道光十七年(1837)，从创建字号至今已有一百八十多年历史。它是中国铁锅冶铸的代表性企业之一，也是无锡现存历史最久的工业品牌。如果追溯其冶铸技艺，其历史更为悠久。王源吉冶铸技艺包括具有近四百五十年历史的曹三房传统钟鼎冶铸技艺和具有一百八十多年历史的王源吉传统铁锅冶铸技艺，一个渗透到佛教文化之中，一个渗透到饮食文化之中，在中国现存于世的冶铸企业中也是少之又少的。它是活化的非物质文化遗产，经过王源吉匠人的世代孕育，它已成为中国文化基因的一个组成部分，其蕴含的历史价值、技艺价值、民生价值和文化价值得到了社会的广泛认可。

*二是冶铸技艺的独特性。*王源吉冶坊从创立到现在一直采用古代铁锅铸造的独特技术，全面继承了其优质造型材料和一套成熟的铁锅半永久泥型造型技

艺，并在此基础上不断地创新、发展。"全国铸造行业终身成就奖"获得者，资深冶金史、铸造史专家田长浒教授在其编纂出版的权威铸造史研究专著——《中国铸造发展史》中，称其独特冶铸技艺在中国铸造发展史上具有不可忽视的地位，是研究古代半永久泥型造型技术最典型的实例。而在这过程中，王源吉冶坊所传承使用的苏炉发挥了不可磨灭的作用。一机部机械制造与工艺科学研究院铸造研究所曾专门整理了《无锡王源吉冶铸厂的坯制苏炉》一文，并在全国加以推广。原中国科学院自然科学史研究所副所长、研究员华觉明曾到王源吉冶坊进行过专门考察，在其编纂出版的《中国古代金属技术——铜和铁造就的文明》中对王源吉冶铸技艺及坯制苏炉进行了专门介绍，并给予了高度评价。

三是技艺传播的广泛性。王源吉冶铸技艺在中国得到了广泛的传播，在世界范围内也产生了一定的影响。早在民国期间，王源吉冶铸技艺在民间就有了一定范围的传播，省内、省外一些冶坊参考王源吉的冶铸技艺生产铁锅，并与之竞争。有的还不择手段，假冒王源吉品牌，进行恶意竞争。中华人民共和国成立后，国家、省、市有关部门在各个不同历史时期采用生产技术交流会、冶铸技术观摩活动、编纂冶铸技术书籍、发布冶铸技术论文等形式，推广王源吉冶铸技艺。这种不计其数的宣传推广，使得王源吉冶铸技艺在全国得到了广泛的应用。多名苏联专家还对王源吉冶铸技艺进行了专门研究，并在设计欧洲式化铁炉时给予了大胆的采纳，扩大了王源吉冶铸技艺的国际影响。

四是冶铸企业的代表性。王源吉冶坊是苏地钟鼎冶铸传统工艺和苏锅传统工艺的代表性企业，它所创造的王源吉品牌是中国钟鼎冶铸、铁锅冶铸具有代表性的著名品牌。从19世纪初开始，曹三房冶坊进入兴盛发展时期，所铸钟鼎产品社会影响不断扩大，成为无锡钟鼎生产的代表性企业。从19世纪60年代开始，王源吉冶坊进入兴盛发展时期，业务范围独霸江苏，并向全国不断扩展，成为苏锅生产的代表性企业。在其后多个历史时期中，它是江苏地区一枝独秀的铁锅冶铸企业。在20世纪50年代的公私合营中，无锡所有冶坊都并入王源吉冶坊，实现了全行业公私合营。因此，从某种意义上说，王源吉冶坊发展史就是一部无锡市冶坊业发展史，是众多苏锅冶铸企业发展的一个缩影。

王源吉冶坊的发展历史及冶铸技艺承载着深厚的历史意义、文化意义和民生意义，这项非物质文化遗产的时代价值正在越来越充分地体现出来。

目　录

铁锅及钟鼎冶铸

中国冶铸技术源远流长，它是我国金属加工方法中最为古老的技术之一，也是我国古代工业文明的一个重要体现。其中铁锅冶铸工艺、钟鼎冶铸工艺是人类社会生产力发展的必然产物和重要里程碑，在中国的冶铸史上占有重要的地位。两项工艺起源早、传播广、影响深远，一个渗透到了饮食文化之中，一个渗透到了佛教文化之中，与人们的日常生活密切相关，成为了活化的非物质文化遗产。

中国釜、钟、鼎的起源

我国古代人们把锅称作“釜”，圆底而无足，必须安置在炉灶之上或是以其他物体支撑煮物。釜口呈圆形状，或有二耳，可以直接用来煮、炖、煎、炒等，它是现代人们所使用的“锅”的前身。依照考古分期，釜的演变轨迹是：陶釜—铜釜—铁釜。最初的釜是用陶土制作的，早在新石器时代，人们就开始使用陶釜了。考古资料证明，长江中上游地区使用陶釜已有7000—9000年的历史。在新石器时代，釜是这一地区内原始居民的主要炊器。[①]而陶釜作为环太湖流域史前最具代表性的炊器，盛行于马家浜文化时期。后来有了铜，就出现了铜釜，但只有贵族才能使用，一般百姓仍用陶土制的釜。直到有了铸铁，铁釜才逐渐大量生产并成为主要炊器。魏曹植的七步诗“萁在釜下燃，豆在釜中泣”，便佐证了魏晋时代釜的普遍使用。古代的釜既可作为煮饭用具，也可作为乐器。《楚辞》中就有“黄钟毁弃，瓦釜雷鸣”的记载。

西周晚期青铜釜

钟，西周中期始有的一种用铁或青铜制成的打击乐器，大小十几个依次成组，敲打成乐。它是礼乐乐器的重要组成部分，包括以合瓦形的甬钟、钮钟组成的编钟，椭圆形的镈钟等，可以统称为乐钟，一直延续使用到秦汉时期。《诗经·周南·关雎》中就有“窈窕淑女，钟鼓乐之”的记载。后来人们将这种发声的乐器作为佛寺悬挂的钟，用击打挂钟传递报时、报警、集合等信号，成为佛教文化的一个组

① 田长浒：《中国铸造发展史》第一卷上册，北京：国家开放大学出版社，2017年，第381页。

目前存世最早的中国寺观钟，铸于南朝陈太建七年(575)

成部分。《枫桥夜泊》中的“姑苏城外寒山寺，夜半钟声到客船”就是对佛寺挂钟的生动描述。

佛钟以其不同的作用分为两类，一是梵钟，也称大钟；二是唤钟，也称小钟。前者悬挂在钟楼上，后者悬挂在佛堂一隅。除了召集僧众、举办法会、报时等功能以外，在中国的佛教文化中，钟又有祈福禳灾、救拔沉沦于黑暗中的幽冥鬼魂的功能。①

鼎，本来也是古代的烹饪之器，盛于商周时期，汉代仍流行，有三足圆鼎，也有四足方鼎。最早的鼎是用黏土烧制的陶鼎，后来又有了用青铜铸造的铜鼎。在周代，鼎逐渐成为王权的象征、国家的重宝，统治者往往以举国之力来铸造大鼎。周代礼制规定，天子用九鼎，诸侯用七鼎，大夫用五鼎，士用三鼎或一鼎。用鼎数量直接显示主人的身份地位，即所谓“列鼎制度”。秦代以后，鼎的王权象征意义逐渐失去。但在东汉以后，鼎又多了一项功能，即成为祭祀神灵的一种重要礼器。据《续汉书·礼仪志》记载，东汉皇帝死后行大丧礼时，沿用了西周以来的用鼎制度，随葬明器中有“瓦鼎十二”的规定。以后，伴随着佛教在中国的传播，鼎的形式得以延续，成为佛教文化的一个重要体现。后代的鼎

商代晚期后母戊鼎(河南安阳武官村出土)

① 崔正森:《话说佛钟》,《五台山研究》2002年第4期,第40页。

通常被安放在寺庙大殿前，既是装饰物，又是焚香的容器，故称之为香炉鼎，有单层、双层、三层等，有的多层鼎还加有顶盖，形似宝塔，鼎也因此成为中国众多寺庙中不可或缺的法器。因此，鼎沿用时间之长，被赋予的政治和文化含义之多、之重要，是其他器具所不具备的。

中国釜、钟、鼎的冶铸历史

中国的铁锅、钟鼎冶铸工艺是伴随着青铜器时代、铁器时代而不断发展起来的。

在青铜器时代，被运用于不同领域的青铜器层出不穷，大致有农具、工具、兵器、食器、酒器、水器、乐器、杂器（包括生活用具、车马器、货币、度量衡器、符印）等。一件铜器的制作过程，如果要全面考察的话，就包括了采矿、冶炼、合金配制、制范、浇铸与后期处理等一系列工序，[①]其中熔炉制造、合金配制、制范范型都为中国的铁锅冶铸工艺、钟鼎冶铸工艺的成熟发展奠定了基础。

炼铜首先要有熔炉。古代中国的炼铜熔炉起初只用纯草泥土做成，商代晚期开始出现了用石英砂与黏土组成的耐火炉衬，能经受1300℃的高温。春秋时期的熔炉就更为进步，具备了现代鼓风炉的雏形。

最初的炼铜，人们无法控制合金的比例，后来就演变为先炼出纯铜、纯锡、纯铅等，再配制冶炼出符合比例要求的合金铜（主要是铅锡合金）。合金配制的比例是我国古代先民经过长期的实践摸索才逐步掌握并推广使用的。《周礼·考工记》较为详细地记载了世界上最早的青铜合金配比表，这就是流芳千古的“六齐”，即六种铜锡比例不同的合金配方。《周礼·考工记》称：“金有六齐：六分其金而锡居一，谓之钟鼎之齐；五分其金而锡居一，谓之斧斤之齐；四分其金而锡居一，谓之戈戟之齐；叁分其金而锡居一，谓之大刃之齐；五分其金而锡居二，谓之削杀矢之齐；金锡半，谓之鉴燧之齐。”

---

① 周瀚光、王贻梁：《百工竞技——阅读中国·科技史卷》，上海：华东师范大学出版社，2006年，第22—23页。

攻金之工築氏執下齊冶氏執上齊鳧氏爲聲㮚氏爲量段氏爲鎛器桃氏爲刃齊才細反段鍛古字通丁亂反

注多錫爲下齊大刃削殺矢鑒燧也少錫爲上齊鍾鼎斧斤戈戟也聲鍾錞于之屬量豆區鬴也鎛器田器錢鎛之屬刃大刃刀劍之屬

金有六齊六分其金而錫居一謂之鍾鼎之齊五分其金而錫居一謂之斧斤之齊四分其金而錫居一謂之戈戟之齊參分其金而錫居一謂之大刃之齊五分其金而錫居二謂之削殺矢之齊金錫半謂之鑒燧之齊

注鑒燧取水火於日月之器也鑒亦鏡也凡金多錫

考工記圖上　戴氏遺書　微波榭刻

《考工记》对“六齐之术”有专门的阐述

制范是铸造的前奏。我们的祖先在实践中创造出了泥范、石范、陶范、铜范，后来还出现了铁范、熔模。其中，泥范、铁范、熔模是古代中国先秦时期的“三绝”。由于泥范很容易损坏，所以其他国家和地区的使用者较少，但在我国却被大量地使用，它是先秦时期铜器铸造的基本范型。铁范的出现虽然较晚，但一出现就显现出了特殊的优越性，所以就逐渐流行起来，成为大量重复铸造的首选范型。熔模铸造是一项更为先进的铸造技术。具体用来塑模的材料较多，古代中国最先创造发明的是用蜡制成模具，称为“失蜡法”铸造。

进入铁器时代后，中国的人工冶铁发展势头出奇迅猛，在极短的时间里就赶超了当时的世界先进水平。特别是从春秋晚期到战国时期，短短的二三百年时间，就在冶铁技术上取得了三项重大突破，走到了世界的前列。这三项技术就是：生铁冶铸、钢铁冶铸与铸铁柔化技术，它们为中国的铁锅冶铸工艺、钟鼎冶铸工艺发展注入新的生机。

春秋晚期，我们的祖先发明了生铁的冶炼。生铁的熔点相对纯铁要低得多，因此能够用来铸造形态各异的器物。生铁比块炼铁的实际用途更为广泛，可使铁的使用迅速地扩大到社会的各个领域。我国早期的生铁是含磷量甚高的白口铁，质硬性脆，为了在生产和生活上有广泛的应用价值，需要经过柔化处理，因此各种生铁柔化技术相继被研制了出来。生铁柔化技术的出现，是冶铸史上的划时代事件，它使生铁有了实用价值，大大延长了铁器的使用寿命。[①]

在对生铁进行柔化处理的同时，我们的祖先又对块炼铁的处理技术进行了革新，将块炼铁放入炽热的木炭中长时间地加热，使得铁的表面渗入碳元素，再将块炼铁在炉火中反复地煅打，就诞生了世界上最早的钢——渗碳钢，再进行淬火处理，质地超过了柔化生铁。

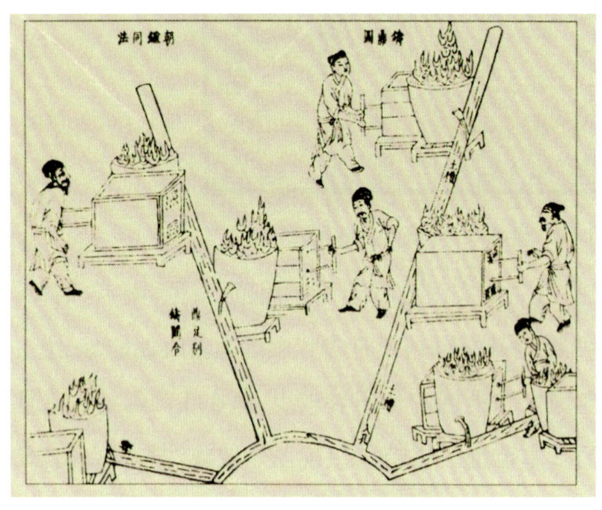

《天工开物·冶铸》中的冶铸图

明崇祯七年（1634），明代科学家宋应星在研究总结劳动人民各种生产经验的基础上，加以理论性的概述，写成了《天工开物》这部科学技术著作，并于明崇祯十年（1637）刊行。它的刊行，是我国古代科学史上的一件大事，对我国古代冶铸史的发展也起到了十分重要的推动作用。这本书几乎涉及社会生产的所有门类，特别是详细论述了明代釜、钟、鼎的冶铸技术及冶铁、冶铜的锤锻工艺，成为当时指导铁锅冶铸、钟鼎冶铸的技术专著。

冶铸中制作内外范的材料称作造型材料，它的选用对铸件的生产质量、生产

---

① 汪建平、闻人军：《中国科学技术史纲》，武汉：武汉大学出版社，2012年，第87、88页。

成本有很重要的作用。明清以前广泛使用的造型材料是砂和黏土，木炭、石灰等材料也开始使用。《天工开物·冶铸》中介绍说：铸钟内范用石灰三和土作模骨，外范用绝细土和炭末；铸钟和锅用泥模；铸铜钟还用到牛油、黄蜡。选用这些材料一方面是粒度较细，使所制器物表面质量好，光洁度高，轮廓清晰，能够有效地防止粘砂等；另一方面是铸钟、铸锅都用干型材料能提高透气性能，增加型范强度，减少因发气量多而引起的呛火缺陷。

造型工艺在冶铸过程中起着十分关键的作用，它直接决定着冶铸质量和冶铸效率。《天工开物·冶铸》篇叙述的造型工艺包括无模造型、金属实模造型、失蜡法、脱箱造型等。在铸造钟、鼎、釜时，用无模造型工艺可以节省大量造型材料和提高劳动效率。具体方法是：制出与实物大小相同或相似的内范，如铸钟鼎时，“掘坑深丈几尺，燥筑其中如房舍，埏泥作模骨。用石灰三和土筑，不使有丝毫隙拆。干燥之后，以牛油、黄蜡附其上数寸……油蜡墁定，然后雕镂书文、物象，丝发成就”。制釜亦同法，先制出与实物大小相同的内范，待其外部制出外范后，刮去相当于釜壁厚的一层范泥，在外部装配外范即可浇注。

《天工开物·冶铸》铸釜图

铸釜时，“其模内外为两层，先塑其内，俟久日干燥，合釜形分寸于上，然后塑外层盖模。此塑匠最精，差之毫厘则无用”。铁锅壁厚应十分均匀，要求内外范尺寸精确，制范合型稍有误差就会造成厚薄不均、浇不足、透皮等缺陷而报废。因此，无模造型对工匠的技术水平要求较高。

《天工开物·冶铸》篇专门介绍了失蜡法，这是当时官营冶铸业的重要技术，也是明清宫廷铸制艺术品的主要方法。明清政府有专门的职官机构管理雕匠、拨蜡匠、铸铜匠等工匠，为皇室成员生产

《天工开物·冶铸》塑钟模图

各种生活用具和礼器。失蜡法生产工艺过程主要有以下步骤：

首先，准备蜡模材料和造型材料。蜡模材料有黄蜡（蜂蜡）、白蜡（虫蜡）、牛油（硬脂）、松香和菜油等，将上述原料加热熔化，搅拌均匀，即可用于制作蜡模。造型材料有细沙、黄土、纸筋、谷糠、木屑、马粪等。其次，制作蜡模。最初多用捏蜡法，即用手捏或用一些辅助工具等塑造成型的方法，特点是适用范围广。隋唐宋元时期，多用剥蜡法，它是用预先制好的蜡片在有纹饰或其他形状的木板上复印纹饰，然后熔接成模，特点是生产效率高，适用于各种形状简单、纹饰重复的蜡模。到明清时期，则多用水蜡法，它是将蜡模材料按比例混合熔化形成混合料，这种混合料在常温下硬而脆，放入温水会变软，再制成蜡板，以备贴附在内范上，或在半熔融状态下，涂挂在泥芯表面，挂蜡层厚度即铸件壁厚，特点是操作简便，宜于制作钟鼎类大型器物。除此之外，还有范盒法，它是用范盒来制作蜡模，特点是适用范围广，生产效率高，特别适用于大批量制作蜡模。第三，制作铸型。小件器物多用涂挂法，即宋人赵希鹄所说“以澄泥和水，如薄糜，日一浇之，俟干再浇”，反复多次，即可在蜡模上结出外壳，然后再用细黄土、纸筋等加固即成。巨钟、佛像等大型器物多用贴附法，它是先用范泥制出内范，然后在内范上贴附蜡料，厚度相当于铸件壁厚，再在其上雕琢纹饰，以“绝细土与炭末为泥，涂墁以渐”，制成外范，经自然干燥和加热脱蜡后即可浇注。

我国的竖炉熔炼历史十分悠久，冶铸工匠积累了丰富的筑炉、熔炼操作经验。《天工开物·五金》篇中详细记述竖炉的筑炉、熔炼技术：“凡铁炉，用盐做造，和泥砌成。其炉多傍山穴为之，或用巨木匡围。塑造泥盐，穷月之力，不容造次。盐泥有罅，尽弃全功。凡铁一炉载土二千余斤，或用硬木柴，或用煤炭，或用木炭，南北各从利便。扇炉风箱必用四人、六人带拽。土化成铁之后，从炉腰孔流出。炉孔先用泥塞。每旦昼六时，一时出铁一陀。既出，即叉泥塞，鼓风再熔。”

明清时期，小型熔炼炉由于其适应性广的原因而得到普遍使用，种类主要有勺炉、抬炉、坩埚炉和三节炉等。抬炉和坩埚炉在小作坊中使用较多。《天工开物·冶铸》篇中铸千斤钟与仙佛像图中有二人所抬之熔炉，“炉形如箕，铁条作骨，附泥做就。其下先以铁片圈筒直透作两孔，以受杠穿……化后以两杠穿炉下，轻者两人，重者数人抬起，倾注模底孔中”。

《天工开物·冶铸》铸千斤钟与仙佛像图

浇注工艺的选用由铸件大小不同而决定，铸万钧钟时，在型范“四面筑炉，四面泥作槽道，其道上口承接炉中，下口斜低以就钟、鼎入铜孔，槽傍一齐红炭炽围。洪炉熔化时，决开槽梗，先泥土为梗塞住。一齐如水横流，从槽道中枧注而下，钟、鼎成矣。凡万钧铁钟与炉、釜，其法皆同”。在铸造千斤以内钟鼎时，则用十数抬炉，“各炉一齐鼓鞴熔化……甲炉既倾，乙炉疾继之，丙炉又疾继之，其中自然黏合。若相承迂缓，则先入之质欲冻，后者不粘，衅所由生也”。对于小件器物，则用抬炉、坩埚熔化，直接进行浇注，也可用浇包从熔炉接取金属液进行浇注。如铸锅时，“以泥固纯铁柄杓从嘴受注，一杓约一釜之料，倾注模底孔内”。采用何种浇注方法，视具体情况而定。

铜钟的材质多为铜锡合金，含锡量在16%左右，少数为黄铜铸造。铁也是常见的梵钟材质，但铁的熔点高，耐腐蚀能力较铜差。《天工开物》中记载：“凡铸钟，高者铜质，下者铁质。”铁钟均是元代以后的，多为普通乡村百姓、信士为寺庙捐铸的。因捐资有限，只能铸铁钟。[①]泥范法铸钟在吴地一直沿用至今，并且占有较大的比例。如无锡曹三房的钟鼎冶铸就是采用的泥范法，他们采用泥范法冶铸钟鼎得到了官府的特别准许和保护，从明清一直延续了下来。

无锡釜、钟、鼎的冶铸历史

无锡古人的制釜历史可以追溯到7000年之前的马家浜文化。马家浜文化是中国长江下游地区新石器时代文化，因浙江省嘉兴市南湖乡天带桥村马家浜遗址而得名。主要分布在太湖地区，南达浙江的钱塘江北岸，西北到江苏常州一带。马家浜文化遗存出土的陶器主要是红陶，以外红里黑或表红胎黑的泥质陶为特色，多素面，外表常有红色陶衣，器形以宽檐釜(或称腰沿釜)、喇叭形圈足豆、牛鼻形器耳的罐、圆锥足鼎等为代表。在其流行的一千多年的时间里，环绕太湖各个地区，陶釜的形制因时因地而又有所不同，显示出各自的特点，并形成独特群体。陶釜与农业起源相伴，和同时代其他陶器相比，是一种反映时代和地域特点的炊器。

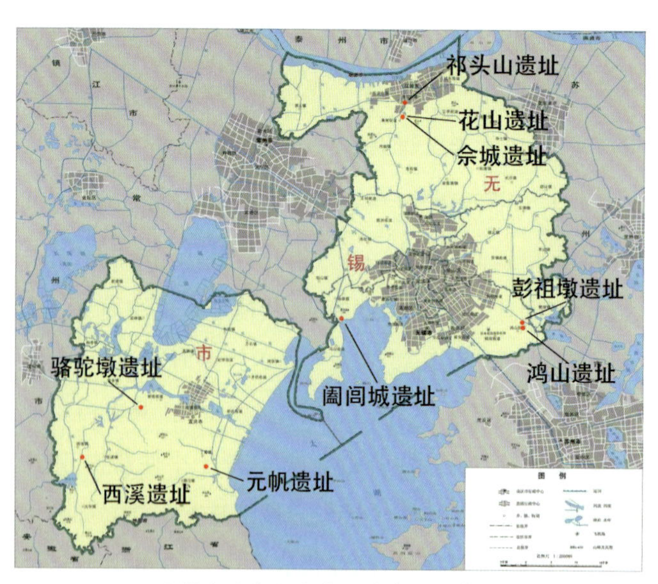

无锡地区出土陶釜主要遗址分布图

无锡地区出土陶釜的主要遗址有宜兴骆驼墩遗址、宜兴西溪遗址、宜兴元帆遗址、江阴祁头山遗址、江阴佘城遗址、

① 肖梦龙:《论吴文化冶铸——吴地历代冶金业的发展》,《江苏科技大学学报(社会科学版)》2006年第6卷第3期,第39页。

江阴花山遗址、无锡彭祖墩遗址、无锡阖闾城遗址、无锡鸿山遗址等处。对这些遗址出土陶釜的考证，可以看出无锡地区的陶釜使用呈多样化的方式，或用于炊煮，与支座、支脚、炉箅、炉条、灶配合使用；或进入墓葬，分为完整器随葬、打碎陪葬、专制明器等方式，但最为主要的使用方式还是炊煮。

2008年12月在无锡闾江边出土的宽沿圜底釜

在无锡闾江地区曾多次出土过陶制釜。无锡闾江地区包含阖闾城东城村、隔直湖港相对的闾江村及杨家村。这里有新石器时代的马家浜文化、崧泽文化、良渚文化的大量遗存，也有后良渚文明、相当中原商周时期的百越文化遗存，以及大量的吴国遗物。阖闾城考古发掘项目被列为“2008年中国十大考古发现”项目，其众多不同时期的文化遗存对研究吴地历史特别是无锡历史具有十分重要的意义。2008年12月7日，在闾江边曾出土一件宽沿圜底釜，共13片，基本完整，残缺四分之一。釜高约19厘米，直径约23厘米，圜底敞口，底有焦垢，外壁黑烟，说明是使用器具而不是陪葬器具。经考古专家考证，这一陶器属于马家浜文化遗存。2012年2月15日，在闾江边又出土了一件骆驼墩类型的平底釜。釜高15厘米，口径26.8厘米，底径10.5厘米，鋬间宽32厘米，平底宽檐，斜壁敞口，双鋬，夹砂褐陶。经考证，这一陶器也属于马家浜文化遗存。其后，考古专家又在杨家遗址出土了一件崧泽文化遗存釜把。这是一件用复合材料制成的的崧泽釜把，制作工艺非常独特，体用夹蚌屑陶，鋬用传热慢的夹碳陶。显然，其制作用材及制作工艺又先进了一步，体现了无锡地区制釜技术的不断完善和进步。

2001年11月至2002年7月，考古工作者在宜兴骆驼墩遗址发掘出大量的陶器、石器，其中多种形态的陶质平底釜成为这次出土最具特色的器物。骆驼墩平底釜分为筒形釜、罐形釜及尊形釜。筒形釜总体特征为筒状，多设有发达的鋬手

2002年7月在宜兴骆驼墩遗址发掘出的平底釜

和厚重、宽大的腰檐，腰檐下多堆贴加固泥条；罐形釜整体特征为侈口、圆唇、卷沿、斜腹、平底；尊形釜一般为大敞口，口径大于腹径或与腹径相当，深腹，无鋬，腰檐窄小，整体口大底小，似尊形。[①]骆驼墩遗址系马家浜文化时期的遗存，年代距今大体在7000—6500年前，其发掘出的大量平底釜为我们研究太湖西部地区釜文化、饮食文化提供了极其宝贵的实证。

无锡鸿山越国贵族墓地的考古发掘是进入21世纪以来在无锡市进行的最重要的抢救性考古发掘，这次考古被评为“2004年全国十大考古新发现”项目。其中，邱承墩贵族墓中发掘出的青瓷吊釜和沥水器，因其使用功能和制作工艺而成为研究中国制釜发展史的一个标志性器物。无锡鸿山越国贵族墓地的年代大致应为战国早期，即越灭吴之后最强盛的越王勾践时期，距今大约有2500年历史。

2004年在无锡鸿山越国贵族墓地出土的吊釜和沥水器(三件套)

① 南京博物院、宜兴市文物管理委员会:《江苏宜兴骆驼墩遗址发掘报告》,《东南文化》2009年第5期,第32—34页。

在鸿山越国贵族墓地出土的吊釜和沥水器共2套，出土时沥水器置于吊釜内。第一套2件，胎色灰白，釉色泛黄，内外施釉。其中：吊釜口径27.2厘米，底径16.4厘米，通高17.6厘米；沥水器口径17.4厘米，底径11厘米，高10.1厘米。第二套3件，胎色灰白，釉色泛黄，内外施釉。其中：吊釜口径26.6厘米，底径16厘米，通高15.6厘米；沥水器1口径19.5厘米，底径12.5厘米，高10.2厘米；沥水器2口径13.5厘米，底径6.5厘米，高8.3厘米。青瓷吊釜、沥水器是在吊釜内烧水用以烫碗、烫酒杯的卫生器皿，吊釜的两耳外有半圆形的立耳，当釜吊起烧水时可挡住上窜的火焰，而不至于烧断悬挂吊釜的绳索；釜内的水烧开后，将碗或酒杯倒扣在底部有孔的沥水器内，置入釜中热烫，沥水器提起后，碗和酒杯上的水自然沥下，卫生而科学，类似于当代带内胆的蒸锅。这种吊釜、沥水器组合在我国极为罕见，这既反映出墓主生活的奢华，亦显示了墓主身份和等级的高贵。[①]从制釜发展史研究的角度看，它标志着釜的制作已进入功能多样化、工艺精细化的年代。

1999年在江阴高城墩遗址出土的鼎甑合一炊器

无锡古人的制鼎历史同样可以追溯到7000年之前的马家浜文化。在宜兴骆驼墩遗址、宜兴西溪遗址、宜兴元帆遗址、江阴佘城遗址、江阴花山遗址、江阴南楼遗址、江阴龙爪墩遗址、江阴望海墩遗址、锡山彭祖墩遗址、滨湖阖闾城遗址、鸿山吴家浜遗址都曾出土过陶鼎或青瓷鼎。在江阴高城墩遗址还出土过一件功能更为完善的鼎甑合一

① 南京博物院、江苏省考古研究所、无锡市锡山区文物管理委员会:《鸿山越墓发掘报告》，北京：文物出版社，2007年，第200、340页。

的炊器。[1]鼎与甑相合的甗可直接用于炊事，而釜与甑相合而成的甗仍需与灶相配才能使用。但在江阴高城墩遗址出土的鼎甑合一炊器则可以不用灶具直接蒸食煮汤，功能更为完善。在无锡的考古历史中，值得一提的是在无锡鸿山越国贵族墓地考古发掘中还出土了种类丰富、形态各异的礼器鼎，为研究无锡地区制鼎历史提供了翔实的内容。如邹家墩出土的泥质陶盆形鼎、罐形鼎，杜家坟出土的泥质黑陶鼎，万家坟出土的硬陶盆形鼎、甗形鼎、盖罐形鼎，老虎墩出土的硬陶盆形鼎、甗形鼎、兽面鼎，邱承墩出土的青瓷盆形鼎、甗形鼎、附耳罐形鼎、兽面鼎等，[2]如此丰富的礼器鼎实属罕见。

无锡的冶铸业起源于先秦，得益于冶铸业的发展，无锡地区的铜鼎也随之出现。1999—2002年，在江阴云亭镇佘城遗址及花山遗址，考古工作者发现了多处石器、陶器遗迹及青铜冶铸遗迹，出土了一大批陶釜、陶鼎及青铜小件。在花山遗址出土的夹砂红陶主要为釜、鼎、甗、鬲等，其中又以釜、鼎为多，分别占31.22%、20.15%。在佘城遗址出土的夹砂红陶也主要是釜、鼎、甗，同时，还出土了一批青铜小件，主要有青铜块、挹铜陶勺和簋、锛等。在这两处遗址发掘中，最让人值得关注的是，出土了一批青铜小件，这表明了这一时期无锡地区的冶铸业已得到发展。经考古认证，江阴云亭镇这两处遗址属于同一大遗址群，都具有鲜明的马桥文化特征，与泰伯奔吴在无锡梅村地区建立勾吴国的时代相近。

1968年在江阴陶城遗址出土的回纹铜鼎

1968年在江阴陶城遗址发掘出土的回纹铜鼎是目前无锡

① 江阴市文化广电新闻出版局：《古邑江阴》，北京：文物出版社，2010年，第45页。

② 南京博物院、江苏省考古研究所、无锡市锡山区文物管理委员会：《鸿山越墓发掘报告》，北京：文物出版社，2007年，第25、48、57、136、173页。

地区发现的最早期的铜鼎，经考证，属西周时期冶铸铜鼎。该青铜鼎通高21.5厘米，口径24.4厘米，足高7.3厘米，设立式双耳，腹部等设三足，口沿下设一周回纹作装饰。西周青铜器在江南地区出土十分稀少，弥足珍贵，它为无锡地区留下了一件考古重器。[①]

1979年12月，无锡县港下公社北周巷社员在建房挖墙基时发现了3件青铜器，计有铜簋2件、铜斧1件。这对于研究江南地区，特别是无锡地区的青铜冶铸具有较为重要的价值。

簋，是中国古代用于盛放煮熟饭食的器皿，相当于现在的饭碗，也用作礼器，流行于商朝至东周，是中国青铜器时代标志性青铜器具之一。簋在我国的青铜器具之中形态变化最多，一般为圆腹、侈口、圈足。商代的簋多无盖，无耳或有两耳。西周和春秋的簋常带盖，有两耳或四耳。这一时期还出现了圈足下加方座或附有三足的簋。在那个时代，用鼎、簋种类和数量的多寡也直接代表了贵族等级的高低。史书载，天子用九鼎八簋，诸侯用七鼎六簋，大夫用五鼎四簋，元士用三鼎二簋。因此，在商朝至东周时期，簋的使用也是相当普遍。

北周巷出土的铜簋共2件，现收藏于无锡市博物院。器形和纹饰基本相同，均为侈口、束颈、浅腹、圈足，腹部两侧有对称的套环形双耳。其中1号簋腹饰小方格中填有以规则线条组成的几何形纹，其上下各饰弦纹三道，圈足表面也饰几何形纹，高7.8厘米，口径25.8厘米，腹深5厘米；2号簋腹部几何形纹较1号簋纹饰更为细密，几何形纹饰上面饰弦纹二道，圈足上也饰几何形纹，高7.6厘米，口径26.3厘米，腹深5厘米。北周巷出土的青铜器的冶铸技术，根据铜器上的铸痕考察，系采用合范浑铸法，因在铜簋两侧双耳上下及圈足部位均有凸出的合范铸线痕。其中2号簋圈足合范相接处，有合范相接的痕迹。器物两侧的双耳紧靠器体，遮蔽了一部分纹饰，可见铜簋

1979年12月在无锡北周巷出土的铜簋

① 唐汉章：《江阴文物胜迹》，上海：上海古籍出版社，2011年，第25页。

2005年在无锡鸿山越国墓地出土的青瓷甬钟

的铸作过程，是先铸器体，脱范后，第二次在器体腹部合范处安装铸套环形耳的陶范，最后再灌注铜液。两件铜簋的造型大小基本相同，但器身纹饰及套环形双耳均不相同，可见当时仍采用一范铸一器的方法。[①]

在无锡地区的考古发掘中，曾出土过仿青铜器的青瓷钟、镈和陶质钟、镈，均属于陪葬礼器，其中以鸿山越墓最具代表性。这些仿铜礼器不仅造型与青铜器一致，还贴有青铜器常见的兽首流、兽面耳或铺首，而纹饰则以戳印的“C”形或“S”形纹模仿春秋战国时期流行的蟠螭纹和蟠虺纹。其中，在邱承墩遗址中共发掘出青瓷甬钟26件、青瓷镈钟11件，在老虎墩遗址中共发掘出青瓷甬钟3件、青瓷镈钟13件、硬陶甬钟8件、硬陶镈钟15件，在万家坟遗址中共发掘出硬陶甬钟24件、青瓷镈钟16件。用原始瓷制品仿青铜礼器是春秋战国时越人的独创，作为随葬品，是越国贵族墓葬的最大特色，鸿山越墓便是最好的例子，它对于研究春秋战国时期越国的礼乐制度和礼器形制有着重要的意义。[②]

随着佛教传入中国，作为佛家法器的佛钟也日渐盛行，由此推动了铜钟铸造的进步。无锡的冶坊业不仅为本地寺庙铸造铜钟，还为全国各地许多著名寺庙铸造铜钟。在无锡的铜钟铸造史上，有一件十分值得骄傲的事。明洪武二十三年(1390)，由江阴侯监铸的洪武大钟铸成。这是由无锡地方官监铸的当时中国最大的铜钟，安放在具有中国古代都城钟楼之最的明中都凤阳钟楼中。明朝开国皇帝朱元璋当了皇帝后追封其父、其母为淳皇帝、淳皇后，其后下诏在家乡凤阳建造鼓

① 冯普仁：《无锡北周巷青铜器》，《考古》1984年第4期，第302、303页。

② 南京博物院、江苏省考古研究所、无锡市锡山区文物管理委员会：《鸿山越墓发掘报告》，北京：文物出版社，2007年，第88、94、117、144、148、230、252、338页。

楼、钟楼及铜钟，并令江阴侯吴良为监造。铜钟建造时，朱元璋命皇太子、秦王、晋王、楚王和靖江王前往凤阳，让他们观看祖宗肇基之地，并命宋濂陪同。宋濂目睹了明中都钟楼大钟的铸造全过程，写下了《凤阳府新铸大钟颂》一文，真实地记录了铜钟制作的全过程、铜钟的形制及钟鸣时雷旋霆奔、震撼太虚的现场感受。该文记载：洪武年间诏令江阴侯吴良监铸大钟以定众志，吴良派遣使者到浙江富春山中征召金工何成和徒属16人到安徽凤阳，搏泥成范，用一十又三炼青赤铜六万五千斤。熔铸前用牛、羊、豕各一头祝告先冶之神。铜水化后，循窦而入，肃肃有声。过了两天才开型，又用牲血涂其衅隙，以厌除不祥。铜钟高5.5米，直径3.5米，缘厚0.2米，铸成后架设簨虡，聚千夫之力，曳巨絙而登之。[①]该铜钟铸成后，成为当时中国最大的铜钟，比该时期的北京钟楼大钟要重3.4倍，其体积也大4倍。

众所周知，春秋中晚期的吴国青铜文化进入辉煌时期，青铜冶铸业的发展也跃居列国前茅。吴国铸造的剑、戈、矛等青铜兵器，无论文献记载还是出土实物所证，均质精物美，驰名列国。《楚辞·九歌》曰“操吴戈兮被犀甲”，说明吴戈是当时较为精良的武器装备。《战国策》云：“夫吴干之剑，肉试则断牛马，金试则截盘匜。”《史记·吴世家》记载了季札赠剑史事，在吴地广为流传，反映了吴国宝剑为世人所钟爱。《周礼·考工记》称“吴粤（越）之剑，迁乎其地而弗能为良”，独步一时。有学者统计，至2004年，全国出土先秦青铜农具246件，其中吴越地区出土165件，占比近70%。无锡地区在城区

中国铭文最长的吴王余眛剑

① 〔明〕宋濂：《凤阳府新铸大钟颂》，罗月霞：《宋濂全集》，杭州：浙江古籍出版社，1999年，第1216页。

及大箕山、马山和宜兴的分水都曾出土过吴国的青铜剑，埋在地下2000多年，剑刃依然锋利，[①]反映了这一时期无锡的青铜冶铸已达到了一定的范围和水平。

发达的无锡先秦冶铸业为明清以来无锡冶铸业的发展提供了历史基因。无锡人熟知的铁匠浜、冶坊浜、锡铁巷、铁匠弄、打铁桥、打铁弄、冶坊场、铸冶巷等无锡地名，就是最好的佐证。这些地区都是无锡历史上著名的冶铸场所，见证了无锡地区冶铸业的兴旺和发达。《无锡乡讯》曾登载过张永初关于无锡梅里的回忆文章，该文称冶坊浜在梅村镇西侧张更上旁，现已填没。传说冶坊浜两岸为吴国的工业区，有冶炼（炼铜）和制陶。阖闾迁都姑苏后，冶坊才迁走。关于无锡冶坊业的地域分布，惠农桥一带以五金花色炉为主；江阴巷、北闸街一带以乡作炉、匠作炉为主；东门、日晖桥一带以生产铁制炊具为主。无锡不仅自身的冶铸业十分发达，其铁工输出也惊人。清光绪三十四年（1908）出版的侯鸿鉴《锡金乡土历史》写道：“金石之工以铁工最为发达。业此者上海有数万人，南洋各岛、日本长崎等处，无不有我锡人铁业之踪迹。”[②]鸦片战争后，上海辟为商埠，无锡籍工商业者荣胜溢在上海开设瑞裕铁号，这是无锡人在上海开设铁业最早者之一。[③]在上海经销王源吉铁

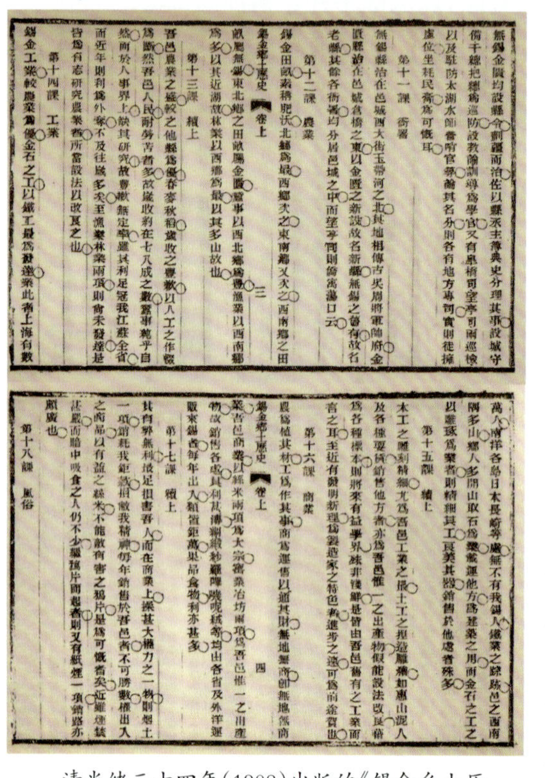
無錫金匱均設縣令劃疆而治佐以縣丞主簿典史分理其事設城守備千總把總爲巡防設教諭訓導爲學官又有梟橋司望亭司兩巡檢以及駐防太湖水師營哨官爭論其名分則各有地方專司實則徒擁虛位坐耗民膏爲可慨耳

第十一課 衙署

無錫縣治在邑城西大街玉帶河之北其地相傳古吳周將軍帥府金匱縣治在邑城倉橋之東以金匱之新設故名新縣無錫之舊有故名老縣其餘各衙署均分居邑城之中而望亭司則僑寓蕩口云

第十二課 農業

錫金田畝素稱肥沃北鄉爲最西鄉次之東南鄉又次之西南鄉之田畝瘠無錫東北鄉之田畝屬金匱縣事以西北鄉爲豐漁業以西南鄉爲多以其近湖故林業以西鄉爲最以其多山故也

錫金鄉土歷史 卷上 三

第十三課 續上

吾邑農業之盛較之他縣爲優春麥秋稻歲收之豐歉以八工之作輟爲斷然吾邑人民耐勞苦者多故歲收約在七八成之數竊事覩乎自然而於人事界上缺其研究故豐歉無定率雖其利足冠我江蘇全省而近年則利歸外來不及往歲多矣至漁業林業兩項則尚未發達是皆爲有志研究農業者所當設法以改良之也

第十四課 工業

錫金工業較農業爲優金石之工以鐵工最爲發達業此者上海有數萬人南洋各島日本長崎等處無不有我錫人鐵業之蹤跡邑之西南隅多山鄉人多開山取石爲業載運他方爲建築之用而金石之工之以雕琢爲業者則精細其工良美其器銷售於他處者殊多

第十五課 續上

木工之雕刻精細尤爲吾邑工業之最土工之捏造雕塑如惠山泥人及各種耍貨銷售他方者亦爲吾邑惟一之出產物假能設法改良藉爲各種標本則將來有益學界殊非淺鮮是皆由吾邑舊有之工業而言之耳至近有發明新理爲製造家之特色者進步之速可爲前途賀也

第十六課 商業

農爲植其材工爲作其事商爲運售以通其財無地無商即無地無商業吾邑商業以絲米兩項爲大宗蠶桑冶坊兩項爲吾邑惟一之出產物故銷售各處其利甚溥綢緞紗羅嗶嘰呢絨等均由各省及外洋運販來錫者每年出入額皆鉅萬果品食物利亦甚多

錫金鄉土歷史 卷上 四

第十七課 續上

其有弊無利或足損害吾人而在商業上操甚大權力之一物則煙土一項銷耗我鉅款損敝我精神每年銷售於吾邑者不可勝數權出入之商品以有益之絲米不能敵有害之鴉片是爲可慨者矣近雖煙禁甚嚴而暗中吸食之人仍不少繼鴉片而起者則又有紙煙一項銷路亦頗廣也

第十八課 風俗

清光绪三十四年（1908）出版的《锡金乡土历史》记载了无锡铁工遍布各地之事

① 顾一群：《运河名城——无锡》，苏州：古吴轩出版社，2008年，第67页。

② 侯鸿鉴：《锡金乡土历史》，王立人：《无锡文库》第2辑第20册，南京：凤凰出版社，2012年，第428、429页。

③ 赵永良：《无锡名人辞典》，南京：南京大学出版社，1989年，第94页。

锅的胡德培，于清道光三十年（1850）在上海南市三泰码头开办源来冶坊，系上海最早的大炉冶坊，后与无锡实业家周舜卿开办的新昌冶坊合并，称新源来冶坊，专门生产铁锅，经营规模居江苏八大冶坊之首。[①]其后，江浙冶业公所成立，办事处就设在新源来冶坊。清光绪四年（1878），周舜卿在上海开设震旦五金煤铁号，其后又开设昇昌铁行，并在国内无锡、苏州、常州、镇江、汉口及日本长崎等地开设分行，他是无锡人在海外开设铁业最早者之一。[②]清末资本家、工商实业家祝大椿自17岁起就在曹三房冶坊当学徒，于清光绪九年（1883）在上海开设源昌商号，专营进口煤、铁和五金，后又买轮船经营运输业，航线远至新加坡、日本，进而发展成为旧时上海著名的民族工商业实业家。[③]无锡籍实业家张卓仁早年在上海制造局铁工间当学徒，后任瑞镕造船厂铁工部总头目，同时开设张顺泰铁行，其后又创办远洋运输公司，自置远洋轮七艘，经营南洋及日本两条航线的运输业务。清光绪三十四年（1908），无锡籍工商业者朱寅生担任上海新开河万椿洋铁店经理，民国六年（1917）与族人合伙在新开河开设源椿五金铁号并担任经理，成为无锡帮专营白货五金钢铁的第一家。经过多年经营，源椿的牌子著称于市，成为同业翘楚。源椿

《无锡名人辞典》记录了荣胜溢、胡德培、周舜卿、祝大椿、张卓仁、张卓轩、张秋园、陆培之等十多位无锡籍实业家在上海冶铸业创业发展的历史

① 无锡市史志办公室：《无锡近现代名人》，北京：方志出版社，2014年，第73页。

② 赵永良：《无锡名人辞典》，南京：南京大学出版社，1989年，第110页。

③ 赵永良：《无锡名人辞典》，南京：南京大学出版社，1989年，第112页。无锡市史志办公室：《无锡近现代名人》，北京：方志出版社，2014年，第77页。

在发展中还培育了一批白货钢铁经营人才，许多源椿出身的店员自立开店，又从中分化出不少五金钢铁商店，至解放前夕，已达四十余家。[①]据史料记载，历史上曾有4个无锡人(上海源昌铁行经理张秋园、上海恒康铁行经理陆培之、上海张顺泰铁行经理张卓仁及弟张卓轩)先后出任上海铁业公会会长(理事长)，[②]在上海有8家冶坊是无锡人开办的，这些足以说明无锡籍实业人士在外地铁业中的影响之大。

民用铁锅属于传统手工冶坊，以铸锅工艺传派为划分，全国有苏帮、绍帮、汉帮、天津帮、大别山帮和浙江递浦帮等主要工艺传派，其生产的铁锅一般以帮派为名，如苏帮生产的铁锅称为苏锅，绍帮生产的铁锅称为绍锅，汉帮生产的铁锅称为汉锅。无锡是苏帮发源地之一，铸锅匠人数众多，影响很广，尤以九弄和十三边等地的匠人最为著称，技术高超，名望极高。苏帮工人大多是无锡溪南人。无锡溪南乡西南即夏家边的新庙一带是当年无锡冶坊工人会集拜师之地。

苏帮分布在江浙两省的许多县市，如苏州、无锡、常州、南通、张渚等地及浙江嘉兴、平湖一带。苏锅在江浙一带的人民群众中间享有很高的声誉，其代表企业——无锡王源吉冶坊自1837年创建字号以来，就一向以生产此锅而闻名。1930年创设“双吉”商标，从此，“双吉”牌铁锅以薄而匀、经久耐用、省柴等特色著称于世，并走进了成千上万户家庭。王源吉冶坊创造的不仅仅是一口铁锅，更是一项影响深远的非物质文化遗产。

曹三房和王源吉冶铸历史及冶铸工艺研究

无锡曹三房冶坊(后由王源吉冶坊传承其冶铸技艺)系钟鼎冶铸的代表性企业，王源吉冶坊系铁锅冶铸的代表性企业，它们在中国钟鼎冶铸、铁锅冶铸的发展

① 上海社会科学院经济研究所:《上海近代五金商业史》，上海:上海社会科学院出版社，1990年，第274、275页。

② 上海社会科学院经济研究所:《上海近代五金商业史》，上海:上海社会科学院出版社，1990年，第255页。赵永良:《无锡名人辞典》，南京:南京大学出版社，1989年，第135、142页。

获得国家出版基金资助项目、“十三五”国家重点图书出版规划项目的《中国铸造发展史》一书高度肯定了王源吉传统铸锅技艺

中做出了重要的贡献。许多历史学家及编史机构在中国冶铸史研究中都对曹三房冶坊、王源吉冶坊所做的贡献进行了记载。

由“全国铸造行业终身成就奖”获得者，资深冶金史、铸造史专家田长浒教授领衔主编，国家开放大学出版社、中国铸造协会编撰出版的权威铸造史研究专著《中国铸造发展史》称：“王源吉冶坊是较著名的历史名牌铁锅生产厂，创建于清道光十七年（1837），所产铁锅质优，闻名于大江南北。从创建到中华人民共和国成立后一直采用古代铁锅铸造的独特技术，全面继承了其优质造型材料和一套成熟的铁锅半永久泥型造型技艺，保留了历史悠久的苏炉（俗名鼓炉），用废杂铁及原生铁都能熔炼出流动性好的灰口铸铁金属液。这是研究我国古代铸锅技术不可多得的宝贵实物资料。”“半永久泥型造型材料不是通用泥型造型混合料，根据已知文献的简短记载和清道光十七年（1837）创建的我国著名历史名牌铁锅厂——王源吉冶坊（曾改名为无锡锅厂，是中国传统铸锅技艺传承最完整的铸锅厂）的资料，有关专家用可靠的研究方式，在生产现场观察分析，总结出古代半永久泥型造型材料的配方与制备技术，这是古代半永久泥型造型材料的典型选配制备工艺。”[①]书中还详细记载了王源吉冶坊的半永久型铸造造型技术及造型工艺。另外，由田长浒主编、航空工业出版社出版的《中国铸造技术史·古代卷》也对王源吉冶坊的传统铸锅技艺进行了详细的记载。

华觉明，江苏无锡人，原中国科学院自然科学史研究所副所长、研究员，主要从事古代钢铁技术及商周青铜器研究。他的研究成果在学术界有很大影响，被公认为这一领域的资深学者。他对无锡情有独钟，在研究古代钢铁技术和商周青铜技术的过程中，曾专门到无锡王源吉冶坊等企业寻访传统冶铸业艺人，请他们口述传统冶铸技艺。华觉明曾说过这些对他的研究工作都有很大的帮助，得以与出土器物及冶铸遗存所提供的工艺信息相互比照和印证，提升了研究的科学性和客观性。他的《中国古代金属技术——铜和铁造就的文明》对王源吉冶坊的冶铸技艺进行了专门的阐述。书中称：“成批生产的中、小型铸件采用能重复使用的多次型（半永久泥型），典型的是釜的铸造。《天工开物·冶铸篇》中记载了铸釜工艺。这种传统工艺直至近代仍广为应用，如创立于清道光十七年（1837）的无锡王源吉冶坊即以铸造薄壁铁锅著称”；“以王源吉冶坊所用苏炉为例，炉座用生铁铸造，呈釜形，侧面有轴，架在支座上，可以倾转。筑炉材料用黄泥和麦芒混合作外层泥料，炭屑、耐火泥、石英砂按不同比例混合分别用作炉底和炉膛。炉膛呈鼓形，以使燃烧充分，炉内接近还原性气氛”；“炉料用锅铁、铁屑等，由于炉温高达1500℃，具有增

1999年4月出版的《中国古代金属技术——铜和铁造就的文明》一书专门介绍了王源吉冶坊使用苏炉的有关情况

① 田长浒：《中国铸造发展史》第1卷下册，北京：国家开放大学出版社，2017年，第806、828页。

硅、去硫作用，可保证得到灰口铸铁，并能变白口铁为灰口铁，所铸薄壁件厚仅0.7毫米。由于燃烧均匀，炉况顺行，可连续工作六昼夜，每一刻钟出铁一次每次出铁量约12.5公斤”。[①]华觉明作为常务副主编，还主持了中国科学院“九五”重大科研项目《中国传统工艺全集》的编务工作，其中，专门将金属工艺列为一卷。《中国传统工艺全集——金属工艺》一书将无锡称为历史上的铸锅工业中心，同时也对王源吉冶坊的传统铸锅工艺进行了专门的论述，并给予了很高的评价。

有国外专家还对王源吉冶坊的化铁炉在现代熔炉设计中的作用进行了专门的研究。1959年，《铸工》杂志登载的苏联专家E.A.苏霍道尔斯卡娅、A.M.彼得里琴柯的《中国的化铁炉》一文曾对王源吉的化铁炉进行了专门介绍并给予了很高的评价。文章认为“中国化铁炉与欧洲化铁炉不同的地方，在于它的铁水过热，温度较高，容易炼出含碳量到4.0%甚至更高的铸铁。例如，无锡的一些冶炼厂，金属的温度就达到了1500℃。铸铁达到这样的高温，是由炉子结构和熔化规程的一些特点来保证的”，“在设计欧洲式化铁炉时也可大胆采纳”，“研究中国式化铁炉具有现实意义，有利于完善欧洲式化铁炉的熔化过程”。[②]这里所指的无锡的冶炼厂，华觉明在《中国古代金属技术——铜和铁造就的文明》中认为是指王源吉冶坊。从中可以看出，王源吉冶坊的这种中国式化铁炉曾在欧洲冶铸业中有一定的影响。

许多著作都对曹三房冶坊、王源吉冶坊的发展历史及它们的冶铸技艺、遗存文物、冶坊历代传人情况进行了记载，如《世界冶金发展史》《中国古代传统铸造技术》《江苏科学技术志》《吴地文化通史》《〔万历〕无锡县志》《〔乾隆〕金匮县志》《〔乾隆〕无锡县志》《无锡市志》《南通市志》《无锡通史》《无锡近代经济史》《文化无锡》《无锡工商大集》《无锡工业遗产图录》《瑰宝生辉——无锡近代工商文物》《常州文物古迹》《南长区志》《无锡市冶金工业志》《无锡工业企业发展亲历记(1949—2019)》《必经之路:无锡资本主义工商业社会主义改造资料集》等。

① 华觉明:《中国古代金属技术——铜和铁造就的文明》,郑州:大象出版社,1999年,第518、535页。

② 〔苏联〕E.A.苏霍道尔斯卡娅、〔苏联〕A.M.彼得里琴柯:《中国的化铁炉》,《铸工》1959年第6期,第36、37、15页。

1985年7月出版的《世界冶金发展史》一书专门介绍了王源吉冶坊传统铸锅技艺

我国众多的铸造业专家、学者对曹三房冶坊、王源吉冶坊的冶铸技艺进行了专门的研究，并发表了一系列研究论文，系统地介绍了其具有悠久历史的独特冶铸技术和冶铸工艺，如《机械工人》杂志登载的《铸锅——中国独特铸造工艺》，《铸工》杂志登载的《无锡王源吉冶铸厂的坯制苏炉》，《中国铸造装备与技术》杂志登载的《几种重要的艺术铸造工艺》，《成都科技大学学报》登载的《中国的铸锅技术》，《广西民族大学学报》登载的《继承大国工匠精神，恢复传统铸造绝艺》，《江苏科技大学学报》登载的《论吴文化冶铸——吴地历代冶金业的发展》，《吴文化资源研究与开发》杂志登载的《话说无锡的钟鼎冶铸》等。这些论文都充分肯定了王源吉冶铸技艺在中国铁锅冶铸史中的作用及在国际铁锅冶铸史上的影响，并将这一珍贵的非物质文化遗产展现在了世人面前。

曹三房冶坊的创立与发展

曹三房冶坊创立于明万历二年(1574)前，是中国钟鼎冶铸的代表性企业，它的400多年发展历史，艰辛曲折，历经沧桑，是许多钟鼎冶铸企业发展的真实写照；它的钟鼎冶铸技艺，源远流长，贯穿古今，传承了我国古人冶铁、冶铜的制范技术和锤锻工艺；它所生产的钟、鼎、炉、磬等法器，几乎遍及全国各地古寺名刹，在历史上为我国留下了许多珍贵的钟鼎文物。最终，它的冶铸技艺为王源吉冶坊所继承。

在动荡中诞生

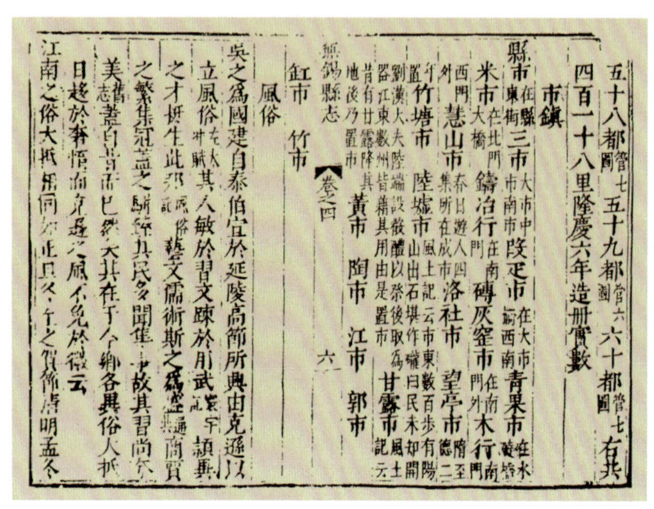
五十八都圖管七 五十九都圖管六 六十都圖管七 有共
四百一十八里隆慶六年造册實數
市鎮
縣市在縣東街 三市大市中市南市 跂足市在大市西南 青果市在水曉橋
米市在北門大橋 鑄冶行在南門 磚灰窑市在南門外 木行在南門
西門外 慧山市春日遊人四集所在成市 洛社市 望亭市隋至德二
置 竹塘市風土記云市東數百步有陽 陸墟市山出石堪作礦曰民未知開
劉漢大夫陸端設醮以祭後取爲 甘露市風土記云
器江東數州皆藉其用由是置市
昔有甘露降其地後乃置市 黃市 陶市 江市 郭市
無錫縣志 卷之四 六
缸市 竹市
風俗
吳之爲國建自泰伯宜於延陵高節所興由克遜以
立風俗其人敏於習文疎於用武頡頏
之才挺生此邦藝文儒術斯之爲盛商賈
之繁集冠蓋之驕馳其民多聞雅故其習尚矜
美舊志蓋自昔而已然大抵在于今鄉各異俗人抵
日趨於奢悟而免遜之風不免於微云
江南之俗大抵明孟冬

明万历《无锡县志》

曹氏冶坊的具体创立年份已无从考证，但从史料研究及文物研究两个方面可以推断出大致的创立时期。清乾隆《金匮县志》载："邑人曹、许二姓工铸，为钟鼎、投壶之类，擅其利者数世，设冶在南下塘尽处。"[①]南下塘地处无锡南门，这一带历史上曾有冶坊、砖窑。南下塘尽处的冶坊在明万历《无锡县志》就有记载："铸冶行，在南门。"[②]明万历《无锡县志》完稿于明万历二年(1574)，据此可推断，曹氏冶坊早在明万历二年前就已创设在无锡南门。

曹氏冶坊创立时的生存环境并不理想。明世宗以后，明朝逐渐趋于衰落崩溃，为了维护其统治地位，对商品经济的发展限制很严，特别是对具有手工业特征的冶铸业的影响尤为突出。到了清朝初年，清政府对于具有政治重要性而又有利可图的冶铸业紧抓不放，对民间冶铸业在经济管理上实行高额征税、低价收购；在统治上，或则限制开设，或则指定商民，或则约束工人。[③]曹氏冶坊正是在这些环

① 王允谦修，华希闵等纂：《〔乾隆〕金匮县志》卷十一《物产》，王立人：《无锡文库》第1辑第2册，南京：凤凰出版社，2012年，第703页。

② 周邦杰修，秦梁等纂：《〔万历〕无锡县志》卷四《市镇》，王立人：《无锡文库》第1辑第1册，南京：凤凰出版社，2012年，第361页。

③ 杨前军：《中国冶铸史》(下卷)，香港：香港荣誉出版有限公司，2003年，第871页。

境下诞生发展的，这注定它的发展是坎坷而曲折的。

明天启元年前，无锡曹氏冶坊一分为三，即曹大房冶坊、曹二房冶坊、曹三房冶坊，代代相传，时兴时衰。到了清嘉庆年间，曹氏冶坊进入较为兴盛时期。这一时期，曹氏冶坊被列为常州府官炉，产品作为军工产品，其他冶坊不得增设开炉，这对其发展起到了保护和促进作用。如清嘉庆二十三年(1818)，常州府《金匮、锡金冶坊花色炉告示》称："国朝定鼎军工，领同业曹渊随营铸造，剿服三藩红衣大炮及大小炮位……两邑境内凡铸造犁头、浴锅、铁墩、钟磬、香炉花色等物，止许许、曹两姓铸造，业传后裔。嗣后各有未值军工者，不许增设开炉。"[①]此时的曹氏冶坊独存曹三房，曹渊为曹氏冶坊主，无锡南下塘人，其开设的冶坊被清朝政府特许为官炉。

江苏巡抚陈夔龙于清光绪三十二年(1906)重修寒山寺，指令曹三房指导瑞记生冶坊重铸此钟

到了清代宣统年间，冶坊业的生存环境恶化，曹氏冶坊的生产不断萎缩，几乎濒临破产。到了民国初年，老业主病故，留下两个儿子，大儿子叫曹听泉(小名阿听)，小儿子叫曹寿泉(小名阿三)，家境十分困难。曹寿泉出生于光绪二十二年(1896)。他生性倔强，不愿依赖大哥生活，独自出门做小贩，开始是以沿街叫卖大饼、油条为生，逢年过节还卖纸做的长锭元宝。后来，曹听泉雇了几个铁匠打造农具，他就从大哥那里拿些锄头、铁耙，在跨塘桥旁摆个小摊售卖，平时省吃俭用，日积月累下也稍微有了些积蓄。不久，曹听泉在羊腰湾开起了"曹三房"冶坊，店号为"全记"，聘请唐履吉当大师傅，专做烧饭用的铁锅、汤罐之类，间或也做些寺庙

① 袁振清、吴彦芳：《话说无锡的钟鼎冶坊》，高燮初：《吴文化资源研究与开发》，南京：江苏人民出版社，1994年，第216页。

用的钟鼎。曹听泉的铁锅因铁水好、浇得匀、传热快、脐眼小、经久耐用而出名，渐渐生意好了，人手不够了，曹寿泉便在大哥的冶坊里帮衬。他细心观察，勤学技术，并结交了唐履吉的弟弟唐履福。

民国五年(1916)，曹寿泉20岁，大哥替他成了婚。新娘子戴爱宝的娘家比较富有，贴了些陪嫁。这时的曹寿泉一心想另开冶坊，只是他积蓄不多，妻子虽有些金银首饰，但资金仍不足，于是他便四处奔走，拉了几个股东，借了些债，在跨塘桥东堍(今南下塘17号)也开起"曹三房"冶坊来了。他把唐履福拉了过来当把作师傅，这唐履福不仅精通冶铸，还会刻字描花，于是便专门研制起寺庙的钟鼎。因曹寿泉一心想恢复祖业，便用他父亲的冶坊原来的字号，叫作"金记"。

在困境中发展

曹三房金记浇铸的钟工艺独特且含有响铜，因而撞击时声音洪亮、清脆而能远传。浇铸的鼎最高有4米左右，分成两段或三段浇铸，然后安装成型。由于每只鼎都要根据客户定制的要求制作，式样各异，因此要单独设计泥坯。泥坯上雕刻有阴文及图案花纹，铁水中据说还掺入少量黄金，因而产品色泽黑而红亮，表面细润，堪称法器工艺精品。由此曹三房金记名声大噪，远近前来订货的客户络绎不绝。生意兴隆了，曹三房金记又在北塘大街租了两开间店面用来开设门市部，专门负责营销工作。

清宣统三年(1911)，无锡曹三房冶坊所铸的炉台宝鼎，现存于姑苏寒山寺

曹三房金记在兴盛时，冶坊面积近300平方米，外面是3开间铺面，里面是5开间的楼房，再后面是作坊。冶坊资金有上千元，先后雇工近百人。其中好手除了唐履福之外，还有谢阿根、姚长山、李吉仁、郑荣保等。他们蓬头垢面、衣衫褴褛，在炙热的炉火

和通红的铁水旁辛勤操作，烟火色的脸上不时露出自豪的微笑。他们每到夏季便专门制作泥坯，到秋凉后便开炉冶铸。只见熔铁炉旁置有两米多长的手拉风箱两台，每台风箱需要两个人同时出力才拉得动。布满灰烬的风箱与炽烈的火焰，再加上堆积如山的焦炭，生动地描绘出一幅曹三房冶坊鼎盛时期的写照。[①]

民国十三年(1924)，一起在无锡城影响颇大的私藏军火案给曹三房冶坊的发展带来了很大的影响。6月，无锡县知事冯蛰斋接到苏常镇守使密令，要求他速查无锡南门外曹三房全记冶坊店主曹听泉私藏军火并有意勾结孙文图谋不轨之事。原因是薛某等42人(含7名曹三房冶坊工人)联名写信举报曹三房冶坊私藏枪支500支。6月10日，冯蛰斋派警署侦缉队会同苏常镇守使署参谋顾伯超，搜查了曹三房全记冶坊及曹听泉家庭住所，但并未查到任何军火物资，怀疑有人因私仇诬告。随后，曹听泉聘请律师提出反诉，并要求加以保护，以免再受伤害，但此事最终不了了之。[②]这一事件发生期间，《锡报》《新无锡》报先后九次进行了大篇幅报道，其他报刊也先后进行了报道。这次事件对曹三房全记冶坊、金记冶坊的冶铸业务均造成了一定的影响，特别是曹三房全记冶坊，从此一蹶不振，在无锡无立足之地。

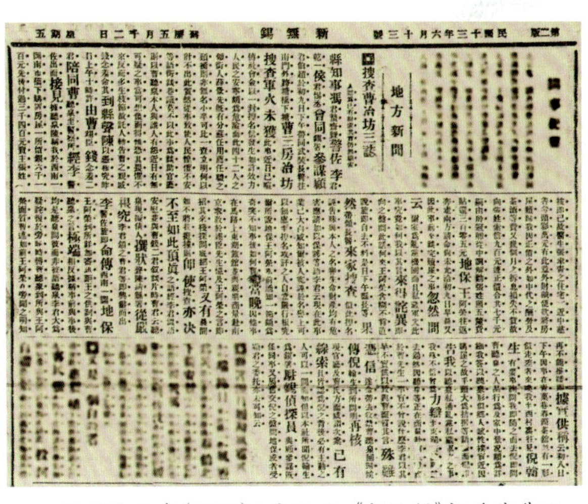

第二版 民國十三年六月十三號 新無錫

地方新聞

搜查曹冶坊三誌

搜查軍火未獲

民国十三年(1924)6月13日，《新无锡》报登载曹三房全记冶坊私藏军火案

民国十八年(1929)，曹听泉考虑到冶坊业与翻砂业在熔炉、工艺等方面有许多相通之处，即将曹三房全记冶坊改设为三新铜铁翻砂厂，资金为1000元，厂址设在惠农桥惠勤路。[③]后经理改由侯继泉担

① 钦颂:《无锡冶坊业中的奇葩——记曹三房全记冶坊的兴衰》,《南长文史资料选编》第1辑,1992年,第67、68页。

② 《搜查曹冶坊三志》,《新无锡》1924年6月13日,第2版。

③ 上海中支建设资料整备事务所:《无锡工业事情》,1941年,第68页。

任。民国二十六年(1937)8月前,月平均收入200元。日军占领无锡初期,工厂休业。民国二十七年(1938)复工开业后,月平均收入20元,且经营负担十分沉重,营业税、公会费、自卫团费、家屋税等名目繁多。民国二十九年(1940),三新铜铁翻砂厂资金为1500元,拥有化铁炉4只、吊车1台、翻砂箱60只,但因经营十分困难,工厂再度休业。[①]

在战火中衰败

民国二十六年(1937)11月25日,日军占领无锡,在无锡城内大肆烧杀抢掠,许多工厂、商店、民宅被烧,城乡内外繁华地段一片废墟。曹三房金记冶坊所在地段的南门外古运河畔大片厂房被烧,曹寿泉带了妻妾儿女避居乡下。

民国二十七年(1938),曹寿泉试图回到无锡,视情况决定是否恢复冶坊生产。他雇了船回家,上岸时,小老婆阿秀在前,大老婆爱宝在中间,他自己在最后。这时一个日本兵在远处看见他的两个老婆进了门,赶来找"花姑娘"。当时阿秀、爱宝已躲藏起来了,因为阿秀年轻貌美,日本兵抓住曹寿泉,一定要他交出阿秀。曹寿泉无奈,只好假装找人,但却带着日本兵兜圈子。最后来到羊腰湾的大竹园里,曹寿泉突然拔腿就跑,日本兵恼羞成怒,举手一枪,子弹从曹寿泉的右背进右胸出,他半睁着眼倒在血泊中,时年仅42岁。[②]

民国二十六年(1937)11月,日军侵占民船并将南门外古运河畔的大片厂房烧毁

曹寿泉死后,他的曹三房金记冶坊仍然勉强维持开业,但不再浇

① 南满洲铁道株式会社调查部:《无锡工业实态调查报告书》(中),1940年,第516页、532页。

② 刘霞、董平、荀天海:《南长人物》,北京:中国文史出版社,2007年,第91—93页。

铸法器，仅从事饭锅、汤罐之类的产品生产。这一时期，日军对无锡的掠夺更加疯狂，日军特务机关发动“皇军圣战捐献运动”，勒令无锡县各工商业单位和各保甲户按规定数量“捐献”铜、铁、锡、铅及各种有色金属。日军宪兵队和汪伪警察局派员挨户催缴。举凡各工厂商店的铁栅、铁门、铜制招牌，寺庙的铁鼎锡台，居户的蜡锡香炉、铜勺、铲刀，一齐征集。监督执行之爪牙，乘机敲诈，稍不如意，横祸立至。[①]在这种情况下，曹三房金记冶坊根本无法正常生产，冶铸业务逐渐萎缩。

抗战胜利后，曹三房金记冶坊的经营状况仍未有好转。阿秀堕胎身亡，爱宝跟人同居，长子吃喝嫖赌，幼子年事尚小，再加上国民党反动派的苛捐杂税，以及地痞流氓的敲诈勒索，1947年，曹三房金记冶坊倾家荡产，被迫停业。[②]

在波折中重生

曹三房金记冶坊停业当年，正值李云清在无锡市惠农桥沿河开设大隆冶坊，开始时只有大小炉各一只，生产铁锅、汤罐、滚筒、铁钴和炉排等。不久，李云清为了扩大业务，增加品种，将曹三房金记冶坊所有法器工匠全部纳入自己的冶坊，曹三房金记冶坊的钟鼎冶铸技艺因此得到了保留。

由曹三房全记冶坊改设的三新铜铁翻砂厂在解放战争时期及解放后恢复经济时期一直未有大的发展，在1956年公私合营时并入无锡市铸件厂。

1955年12月，大隆冶坊参加公私合营，并入公私合营的王源吉冶坊，成为王源吉冶坊的组成部分，曹三房冶坊的法器工匠传人和钟鼎冶铸技艺就此融入王源吉冶坊之中，这样，曹三房品牌成为王源吉冶坊旗下的一个著名冶铸品牌。1958年，王源吉冶坊与并入的新华铸件厂、南长七一钢铁厂共同组建地方国营王源吉冶铸机械厂，成为集食锅制造、机械铸件、有色金属冶炼等于一体的综合型国有冶

① 无锡市史志办公室：《不该遗忘的历史——抗战时期无锡地区人口伤亡和财产损失调研成果汇编》，北京：中共党史出版社，2010年，第14、15页。

② 钦颂：《无锡冶坊业中的奇葩——记曹三房冶坊的兴衰》，《南长文史资料选编》第1辑，1992年，第66页。

炼企业。

1963年3月，政府对王源吉冶铸机械厂进行拆分，缩小其规模，并更名为王源吉锅厂，重新恢复其专业化特色。1966年8月，王源吉锅厂更名为无锡锅厂。无锡锅厂为了传承曹三房冶坊的冶铸技艺，从1985年起，建立了法器工艺生产车间，由原来曹三房冶坊仅有的两位传人（师兄周宝兴、师弟郑荣保）带徒传艺。这一时期，虽然企业隶属关系也多次变化，企业名称也多次变更，但钟鼎冶铸业务从未停止，曹三房冶坊的钟鼎冶铸技艺被保留了下来，并在此基础上又有了新的传承和发展。

1994年12月，因产业结构调整需要，根据市政府统一安排，无锡锅厂被整体划拨给无锡压缩机股份有限公司，成为该公司的下属单位。

1995年年初起，锡山市长安冶金厂陆续有偿受让了无锡压缩机股份有限公司兼并原无锡锅厂之后的民用铁锅的生产设备、库存铁锅等产成品及王源吉冶坊长期以来使用的“双吉”商标所有权，并同时接收了部分有制锅经验的老工人，包括曹三房冶坊的冶铸技艺传人。锡山市长安冶金厂事实上传承了无锡锅厂及其前身曹三房冶坊、王源吉冶坊的产品、技艺、服务和文化。

第 31093615 号

商标注册证

曹三房

核定使用商品/服务项目（国际分类：6；8；21；35）

注册人 [illegible]

注册人地址 江苏省无锡市惠山区堰桥镇长东村胡巷67号

注册日期 2019年02月28日 有效期至 2029年02月27日

局长 发证机关

2019年2月，“曹三房”商标在国家知识产权局正式注册

2001年9月，锡山市长安冶金厂经工商变更登记核准，更名为无锡市王源吉锅厂，恢复了“王源吉”老字号。2007年10月，无锡市王源吉锅厂按照政府产业规划，搬迁至靖江，企业更名为靖江王源吉锅业有限公司。

2017年1月，为保护和传承王源吉冶坊传统地域特色和文化并提高企业的知名度和影响力，靖江王源吉锅业有限公司迁回无锡惠山区堰桥开发区，并更名为无锡王源吉冶坊有限公司。自此，王源吉品牌回到了它的发源地。

2018年以来，无锡王源吉冶坊有限公司一直在思考，如何将公司旗下的另一个品牌——曹三房品牌这一非物质文化遗产保护好、传承好。2018年7月29日，为挖掘和梳理400多年老字号曹三房的品牌和技艺，无锡王源吉冶坊有限公司隆重举行“无锡市曹三房品牌发展研讨会”，针对曹三房品牌的保护、传承等战略思维问题进行专门的研究。出席会议的人员有来自北京故宫博物院、省市非物质文化遗产专家、王源吉冶坊有关历任领导和专家等50多人。与会人员对曹三房的冶铸工艺给予了充分肯定，对曹三房品牌的保护、传承提出了宝贵意见。2019年1月，曹三房品牌传承人王青青成立曹三房金属制品有限公司，并出任法定代表人。同年2月，完成“曹三房”商标注册。从此，曹三房老字号品牌得到重生。

“曹三房”注册商标

曹三房法器熠熠生辉

曹三房冶坊特别出名的是浇铸的钟、鼎、炉、磬等法器，这些法器几乎遍及全国各地古寺名刹，许多寺院都会选择到曹三房定制法器，光是经考证已知的就有：

浙江普陀山福泉禅院香炉。普陀山福泉禅院在普陀山古刹梵宇中具有较大的影响，原名天妃宫、天后宫，明万历年间僧大慧建，光绪间，僧广莹、清念相继修葺，[①]现改名为福泉禅林。2010年5月，福泉禅林被批准为舟山市市级文物保护单位。民国时，高僧印顺、印实出家于此。1988年，普陀山佛学院建于此。高僧印

① 舟山市佛教协会：《舟山佛教寺院通览》，北京：中国文史出版社，2015年，第37页。

曹三房全记冶坊制作的普陀山福泉禅院香炉

顺一生专事佛学著作，所撰《妙云集》《中国禅宗史》为佛学巨著，影响深远。正因为这样，普陀山福泉祥院在宗教界及社会上影响也非同一般。

据《普陀山大辞典》记载：曹三房冶坊制作的福泉禅院香炉在明崇祯年间为福泉禅院大殿供物，质地为铜质，高37厘米，口径44厘米，重70.6千克。香炉呈直口，平沿、直壁、平底；腹部近口沿处饰圆形纹，近底部饰海浪纹，腹部主体纹饰为凸雕双龙，龙头相对；其间有一庵院正门图案，门为双重檐，上层镌有“福泉禅院”四字，下层中部镌“西方三圣座前”字样，右边镌“天运奎年季夏月吉立，汉口忠贤、慈圣，新心佛堂敬献”字样，另一侧正中为一宝鼎图案，镌“无锡曹三房全记造”字样。通体呈黑褐色，于2010年5月被鉴定为国家三级文物。[①]另外，《论吴文化冶铸——吴地历代冶金业的发展》一文中记载：浙江普陀山文物馆藏有一座铜香炉，是锡山曹三房冶坊于明代天启辛酉年(1621)铸造的。[②]

宁波天童寺千僧锅，明崇祯十四年(1641)锡山曹二房铸造

浙江宁波天童寺千僧锅。明崇祯十四年(1641)铸造，置于天童寺西厢大厨房隔壁灶房内，口缘直径236厘米，深107厘米，重约4000斤，可为千人做饭。锅沿上铸有“大明崇祯辛巳十四年

① 王连胜：《普陀山大辞典》，合肥：黄山书社，2015年，第351页。

② 肖梦龙：《论吴文化冶铸(下篇)——吴地历代冶金业的发展》，《江苏科技大学学报(社会科学版)》2006年第6卷第3期，第40页。

仲冬重铸造”“锡山良冶曹二房造”的铭文，可容米二石。[①]在天宁寺内，还有三只大铜锅，也为曹二房冶造。

江苏苏州寒山寺炉台宝鼎。清宣统三年（1911）铸造，置于寒山寺大雄宝殿露台，上有“大化陶镕”四字，鼎的正面铸着“一本正经”字样，背面铸有“百炼成钢”字样，侧面铸有“大清宣统三年无锡曹三房铸”“重建寒山寺造”字样。

江苏苏州寒山寺宝钟。清光绪三十二年（1906）铸造，现保存于寒山寺寒拾殿西南侧的钟楼里，系江苏巡抚陈夔龙重修寒山寺时，指令无锡曹三房指导瑞记生冶坊重铸此钟，钟上铸有“古寒山寺”“无锡南塘”“瑞记生造”等铭文，钟身高130厘米，口径124厘米，重达2吨多，色泽黝黑。[②③]

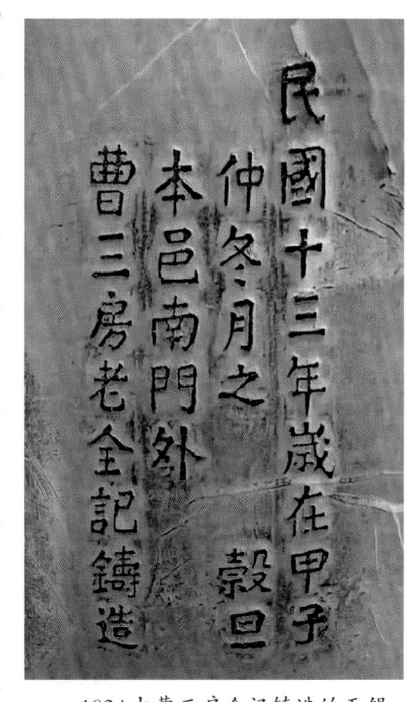

1924由曹三房全记铸造的无锡龙光塔塔刹铭文

江苏常州太平寺文笔塔塔刹（塔刹是指佛塔顶部的装饰，一般塔刹本身就是一座完整的古塔）。清光绪三十二年（1906）造，1937年遭日军破坏，于1981年5月重修。文笔塔塔身砌砖侧面刻有铭文“大清光绪乙巳年，太平寺住持清镕募化监造”，塔刹宝珠上刻有铭文“无锡曹三房造，光绪丙午三十二年（1906）孟秋月立常州东门外太平禅寺”。[④]

无锡龙光塔塔刹。民国十三年（1924）铸造，质地为铜质，形如葫芦，重1.5吨，高285厘米。2018年大修时发现其为无锡曹三房冶铸，上面用阴阳两种刻法刻有功德芳名，共200余人。其中118人名字为阳文，系浇铸时产生；其

① 郭学焕：《浙江古寺寻迹》，杭州：浙江古籍出版社，2018年，第76页。

② 舒华：《国宝级文物之谜》，《环境》2012年第5期，第71页。

③ 岚子：《寒山寺的日本捐赠仿唐铜钟》，《文史杂志》2021年第1期，第94页。

④ 包立本、陆开宇、徐伯元：《常州文物古迹》，北京：方志出版社，2007年，第79页。

余80多人名字为阴文，系后来雕刻而成。塔刹上刻有铭文："民国十三年岁在甲子仲冬月之榖旦，本邑南门外曹三房老全记铸造。"[①]

在江浙一带的曹三房产品还有早年为苏州各寺庙冶铸，现集中保存在寒山寺的光绪年间的铁钟、宣统年间的二层鼎、民国初年的磬、民国初年的铜钟，以及苏州西园宝鼎、南京栖霞山铜磬、无锡惠山不二法门铜钟、鼋头渚广福寺铜钟、常州天宁寺铜钟、镇江金山寺铜钟等。[②]

曹三房冶坊的冶铸产品不仅遍布于江浙一带，在我国其他省份的寺院也有其钟鼎产品的存在，如四川峨眉山寺院、安徽九华山寺、开封大相国寺都有其冶铸的法器产品，真可谓名闻遐迩。

曹三房冶坊所铸法器最有影响的系国民党元老胡汉民灵堂的"不匮"紫铜大鼎。胡汉民，清光绪五年(1879)生，字展堂，号不匮室主，中国近代民主革命家、中华民国南京国民政府主席、中国国民党主席。民国二十五年(1936)5月12日，突发脑溢血病逝于广州。13日，其大殓在广州举行。25日至27日，全国公祭(追悼)胡汉民3天，仅广州悼念活动人数就达40多万人。同时，南京、上海、北京等地也都召开了追悼会。其时，胡汉民的挚友筹资委托苏州护龙街金石研究家周梅谷制造一具长方形大铁鼎，献于胡汉民墓庐灵堂。周梅谷即与无锡市羊腰湾曹三房金记冶坊合作冶铸，并经上海转运至广州龙眼洞的胡汉民墓庐灵堂安置。刻鼎重十五担，高五十六寸，阔四十六寸。[③]《锡报》及《新无锡》副刊先后于民

曹三房冶坊为胡汉民灵堂制作的"不匮"紫铜大鼎

① 《龙光塔塔顶铜葫芦"身世"揭晓》，《无锡日报》2018年12月24日，第4版。

② 浦学坤：《古运河畔南长街》，北京：中国华侨出版社，1997年，第209页。

③ 《胡汉民灵堂巨鼎——本邑曹老三房冶坊出品》，《新无锡》副刊1936年10月18日，第4版。

国二十五年(1936)10月15日、18日就此事专门进行了报道。另外,载于台湾出版《广东文献》第8卷第4期的李大超文章《当代革命哲人胡汉民先生》一文也对这事进行了记载。文中称:“当时在上海的同志一百二十四人联名铸‘不匮’紫铜大鼎,由叶恭绰先生设计,请易孺先生敬书,苏州周梅谷在无锡冶铸。”该鼎的造型设计也十分讲究,颇具匠心。形制仿周方鼎,器身呈长方形槽状,足为圆柱形,双耳立于两短边的口沿之上。因为胡汉民不仅是孙中山“三民主义”的追随者、宣传者,也是早期“三民主义”的创立者和践行者,而且体现五权制度的《训政大纲提案说明书》也是由胡汉民起草并提交国民党全会的。因此,在其鼎的设计上充分体现了胡汉民在创立、践行、宣传“三民”“五权”中的突出作用。鼎的上半部分两旁各三乳,前后各五乳,象征着哺育“三民”“五权”思想。因胡汉民晚号“不匮室主”,故在鼎的正面铸有“不匮”两篆文。在鼎的另一面还铸有124名献鼎人士的名字。

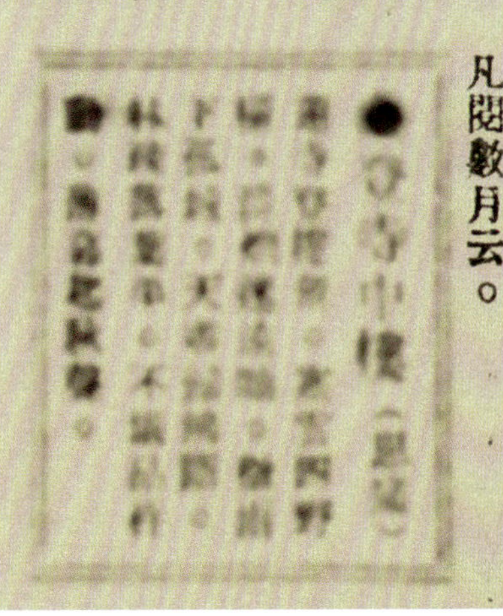

胡漢民靈堂巨鼎　（閑拾）

—本邑曹老三房冶坊出品—

胡主席展堂（漢民）先生自在港逝世後，舉國震悼。茲因國葬期近，胡氏摯友王寵惠、何世楨、李仙根、李曉生、李大超、汪嘯涯、胡文燦、胡宗鐸、孫鏡亞、夏奇峯、張知本、馮自由、程天固、葉恭綽、劉廬隱、薛篤弼等百餘人，醵資委託姑蘇護龍街金石研究家周梅谷製造長方形大鐵鼎一具，獻於胡主席墓廬靈堂。周氏與無錫羊腰灣曹老三房金記冶坊合作冶鑄，業已竣工，於前日運往上海轉粵安留。

該鼎重十五担强，高度五十六寸，闊四十六寸，鼎面有「不匱」二篆文，工作時期凡閱數月云。

曹三房冶坊为胡汉民灵堂制作巨鼎,《新无锡》副刊1936年10月18日专门进行了报道民国三十六年(1947)曹三房冶坊停业后,全部法器工匠被大隆冶坊收纳,并最终并入王源吉冶坊,后改名为无锡锅厂,还专门成立了法器工艺生产车间。这一时期,曹三房传人及法器工匠冶铸了一大批寺院钟鼎产品,其具体情况将在下一章节专门介绍。

王源吉冶坊的创立与发展

王源吉冶坊起源于清顺治十八年(1661),创建字号于清道光十七年(1837)。它继承和发展了曹三房钟鼎冶铸技艺,形成和丰富了王源吉铁锅冶铸技艺,在此后180多年的历史中,发展成为一个具有独立法人资格并拥有自主知识产权的老字号企业。它所创造的王源吉品牌是中国钟鼎冶铸业、铁锅冶铸业极具代表性的著名品牌,对我国铁锅冶铸业、钟鼎冶铸业的发展产生过十分积极的影响,是非物质文化遗产活化传承和活化利用的典型企业。

艰辛创立：1661年至1862年

王源吉汉庄厂牌，收藏于无锡市博物院

无锡的冶坊行业起源很早，清顺治十八年(1661)，山西人查氏在无锡市羊腰湾(原名杨窑湾)开设冶坊。发展至清嘉庆年间(约1800年前后)，查氏坊主想回原籍，因自己无子，就将冶坊作为嫁妆赠与女婿吴永昌，冶坊也由此改为吴永昌冶坊号。查氏回山西后，没有再到无锡，该冶坊一直传至清道光年间。另有一家冶坊主王氏世居在北门桃枣沿河，经营王源聚锅号(当时亦称冶坊)，专营铁锅，以“甩不破”铁锅为招牌，称誉北塘米市，行销大江南北。同时，王氏还经营布行、油行、钱庄、茶叶行等，与吴永昌冶坊素有往来。

至清道光十七年(1837)，吴永昌冶坊业主吴宏三感到经营不佳，难以维持，寻找王氏合伙经营。王氏因开设多家商店，资金雄厚，当即满口答应。双方经磋商，同意由王氏投入资金，吴氏投入设备和生产资料。王氏的出资人为王毓山、王奕三和王惇五兄弟三人，吴氏的出资人为吴宏三，当时共计出资资金为制钱四千五百千文(时一千文折合白银一两)。王氏投资双份，计制钱三千文，吴氏以设备和生产资料作价制钱一千五百千文，作为单份。合营冶坊名称为王源吉冶坊。“王源”取自王氏自家店号，“吉”是将“吴”的一捺抽去后倒写而成，意在表示冶坊源自吴氏。冶坊租用吴氏冶坊羊腰湾原址，继续冶铸铁锅等产品，王源聚为特约分销处。后来王、吴两氏原出资的四人过世后，传与子孙，王氏有十三房，吴氏有六房，各推出房长一人为股东代表，共计十九人。

王源吉冶坊在实际运营中，采取代理人制度，聘请经理负责日常生产经营管理，股东不过问生产经营情况，只听取经理每一年度（从七月至次年六月为一个年度）的营业报告，因此经理的素质高低对冶坊的成败影响很大。在冶坊创立初期，经理钱唐村对经营管理十分严格，制定了各项规章制度，强调坊规的严肃性，自己又以身作则，严于律己，为冶坊稳定发展奠定了基础。又如经理谢养田，注重增产节约，利用废料炭屑制成副产品，让铁锅冶铸减少了成本，增加了冶坊的收益。但也有素质不高的经理，不顾冶坊形象，贪图个人享乐，破坏坊规，勾结股东中的不良分子，挪用冶坊资金，大肆挥霍浪费，致使业务日渐萎缩，影响了冶坊的发展。

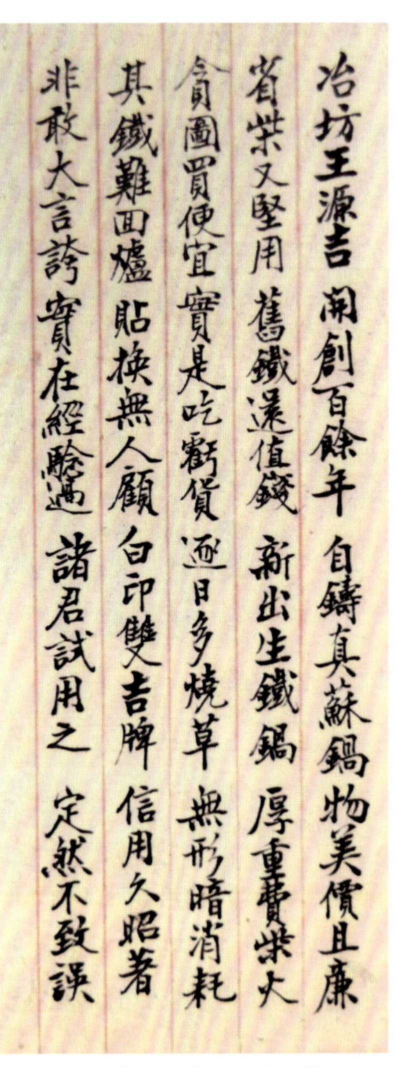
冶坊王源吉 開創百餘年 自鑄真蘇鍋 物美價且廉
省柴又堅用 舊鐵還值錢 新出生鐵鍋 厚重費柴大
貪圖買便宜 實是吃虧貨 逐日多燒草 無形暗消耗
其鐵難回爐 貼換無人顧 白印雙吉牌 信用久昭著
非敢大言誇 實在經驗過 諸君試用之 定然不致誤

王源吉冶坊早期宣传资料

王源吉冶坊创立初期，经营情况渐趋稳定。特别是鸦片战争爆发后的恢复时期，民众对铁锅的需求增加，给王源吉冶坊的生存和发展创造了有利条件。这一时期，年平均开炉只数4只，最低年开炉3只，最高年开炉5只。创立当年亏损1295千文，其后20多年里的年份大部分都有盈余，盈余资金主要用于分红，其中分配给股东约九成，分配给代理人与职员约半成。

清咸丰元年(1851)，太平天国运动爆发，清咸丰十年(1860)四月初十，太平军占领无锡。在其后的三年间，清军与太平军在无锡一带进行了残酷的争夺拉锯战，城内居民死伤过半，全城房屋毁之殆尽，“站在崇安寺，可以看到四周的城墙”。不仅无锡城区内千百年来的建筑“十不存一”，也导致城乡居民人口锐减，百姓流离失所，经济陷入停滞。[①]清咸丰十年(1860)太平军占领无锡时,王源吉冶坊在羊腰湾的全部厂房尽毁于战火,没有留下任何可用厂房。事前仅用木船两只,率领职工抢运工具设备及部分铁炭原燃料迁到苏北靖江十圩桥,开炉1只,临时经营。

太平天国时期,清政府担心民间武装私造或为太平军私造武器,将生铁称为“铁斤攸关利器”,对其采办和运输实行严格的印照管理,没有印照,禁止采办和运输。从清乾隆二十六年(1761)起,苏州布政使司管辖江南苏松常镇太等处,因此,咸丰年间的王源吉冶坊去外省采购生铁并运回无锡,都要到苏州布政使司申请办铁印照,否则一概不得进行生铁运输。清咸丰十年(1860),苏州布政使司为王源吉颁发的办铁印照称:“据常州府属之金匮县呈报冶户王源吉请办生铁伍百担,计重伍万斤,前赴浙江省松阳县购办请照采运前来合准”,“严禁照外多买”,“经过关津呈照查验有无夹带偷漏”,“沿途照不离铁,铁不离照”,“逾限不回,移查究办”。[②]从中可以看出,那一时期,清政府对冶铸业的管控措施给企业的生产经营带来了诸多的不便和问题,阻碍了企业的正常发展。

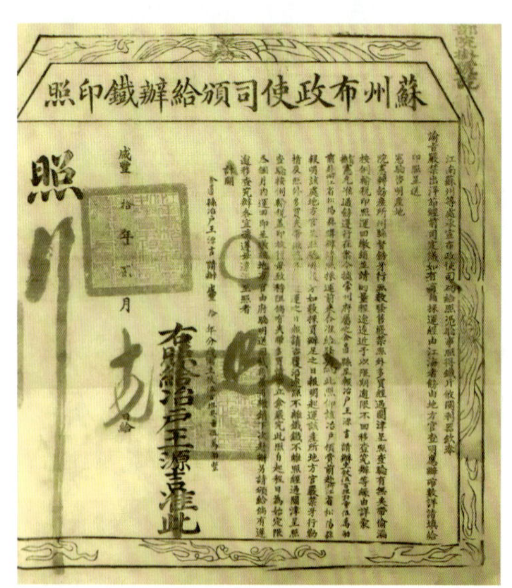
蘇州布政使司頒給辦鐵印照

照

咸豐拾年貳月

右照給冶户王源吉准此

苏州布政使司为王源吉冶坊办理的生铁运输印照(1860年)

由于无锡战事未熄,担心战火蔓延至靖江,清咸丰十一年(1861),王源吉冶坊又迁到了南通刘桥(古称北刘桥),由企业出资购置坊址,自建厂房,开炉生产。此时的王源吉冶坊要比著名民族实业家张謇后来创办的资生锅厂要早40余年。

据《南通日报》刊文记载:刘桥处于通扬运河十八里河口的运盐河上,它一头连

---

① 庄若江:《江苏地方文化史·无锡卷》,南京:江苏人民出版社,2021年,第413页。

② 《苏州布政使司颁给办铁印照》,1860年,无锡市档案史志馆藏,王源吉专辑。

着陈桥及河口，另一头连着石港，是一个四通八达的交通重镇，在此处设置冶坊，为冶铸原料及产品的运输提供了便利。坊址位于刘桥镇西，高家窑河北，书房桥东侧。冶坊四合大院，门东为店堂，门西一排是工人住宿用房。内设大作坊、大栈房等，大栈房用于存放成品锅、锅模、原料、燃料。里外有两个大晒场。大院西侧有门，出门便是港河，河边有石驳子码头。化铁的熔炉是无锡的黄泥炉子，有一只太平缸那么粗、两只太平缸那么高，炉膛是用焦炭灰和黄泥搪制成的，另加三层铁箍。燃料是木条炭，都是在无锡焖制后再用船运至南通刘桥冶坊。浇锅的原材料基本都是回收的旧铁锅、旧铁器。此处遗址现在只留下一堵门楼残墙。

刘桥的“王源吉锅厂”

史海回眸

刘桥的“王源吉”锅厂，2021年3月22日《南通日报》刊文

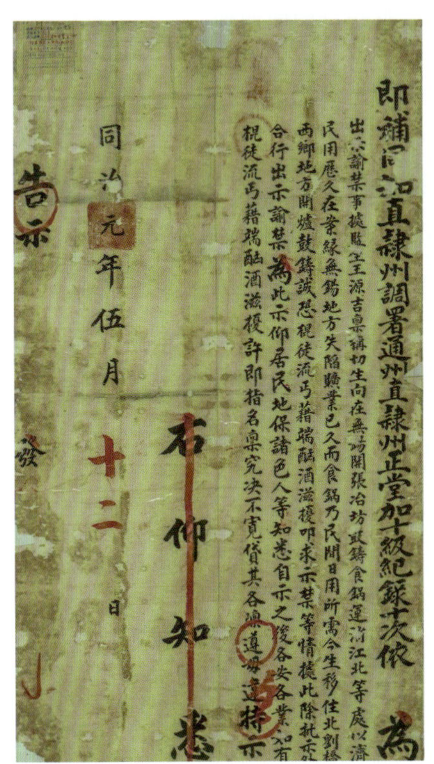

即補同知直隸州調署通州直隸州正堂加十級紀錄十次依 為
出示諭禁事據監生王源吉稟稱切生向在無錫開張冶坊鼓鑄食鍋運銷江北等處以濟
民用歷久在案緣無錫地方失陷歇業已久而食鍋乃民間日用所需今生移住北劉橋
西鄉地方開爐鼓鑄誠恐棍徒流丐藉端酗酒滋擾叩求示禁等情據此除批示外
合行出示諭禁 為此示仰居民地保諸色人等知悉自示之後各安各業如有
棍徒流丐藉端酗酒滋擾許即指名稟究決不寬貸其各凜遵毋違 特示
右仰知悉
同治元年伍月 十二 日
告示 發

王源吉冶坊迁至南通刘桥禀请制止滋扰通告（1862年）

王源吉冶坊迁往南通刘桥的那个时期，社会秩序较为混乱，经常受到社会上的一些恶棍及乞丐的骚扰，生产经营活动难以正常开展。清同治元年（1862）5月，王源吉冶坊禀请通州直隶州发布告示，制止滋扰事件发生。该告示称：王源吉“今生移住北刘桥西乡地方开炉鼓铸，诚恐棍徒、流丐借端酗酒滋扰，叩求示禁……自示之后，各安各业，如有棍徒、流丐借端酗酒滋扰，许即指名禀究，决不宽贷”。这一告示对王源吉冶坊的生产

经营活动起到了一定的保护作用。[①]

发展壮大:1863年至1919年

清同治二年(1863),王源吉冶坊从南通搬迁到无锡县堰桥镇,迎来了冶坊第一个发展高峰期。适逢太平天国运动结束,避难群众重建家园,纷纷购置铁锅,市场上的铁锅供应紧张,王源吉冶坊随即在堰桥租用胡氏宅基地,开设两只炉,积极组织铁锅生产。当时,堰桥镇的地主豪绅见冶坊利润丰厚、有利可图,纷纷投资冶坊,投资总额达白银10万两。同时,买家要货源必须付定金,冶坊以此借资经营,扩大生产。由于王源吉冶坊资金雄厚,销路宽广,不久,由原来两只炉增加到三只炉。[②]清光绪二十四年(1898),王源吉冶坊为了扩大业务,从股东盈余部分提取白银3万两,盘下常州陈元叙冶坊,更名为同源吉冶坊,坊址位于武进西仓桥。南通刘桥厂址改称王源吉北栈,成为王源吉冶坊分栈,负责苏北地区的铁锅销售业务。同时,王源聚锅号在无锡北门外桃枣沿河兴建房屋,推销本坊铁锅。这一时期,冶坊有7艘自备船在长江往返运输,最繁忙时在镇江还租用两艘英国商船和两艘美国商船用于出口货物运输及国内货物运输。

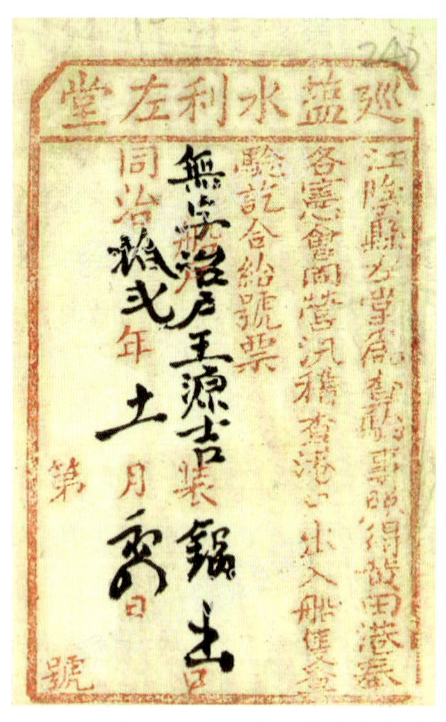
巡盐水利左堂
验讫合给號票
同治 年 月 日
第 號

王源吉冶坊黄田港出港货物号票(1873年)

① 《王源吉冶坊迁至南通刘桥禀请制止滋扰通告》,1862年,无锡市档案史志馆藏,王源吉专辑。

② 无锡市地方志编纂委员会:《无锡市志》第2册,南京:江苏人民出版社,1995年,第1163页。

冶铸业是明清时期极其重要的行业，政府对其实行严格的监管。清朝时，政府对冶坊的管理虽然没有明朝时那么严格，但仍实行官炉制度，对确定的官炉冶坊，一方面实行严格监管，一方面实行产品保护。王源吉冶坊即是当时的官炉冶坊之一。清光绪二十九年(1903)，湖广等地假冒王源吉冶坊牌号销售劣质铁锅的现象日趋严重，影响了王源吉品牌的声誉和销售，王源聚锅号的王氏三兄弟的后人王宗鋆(副贡生)为此专门打了一场官司并赢得了诉讼。其后，王宗鋆具函呈请清朝地方政府干预不法分子的假冒行为，江南商务总局为此发布了由四位头品、二品、三品官员署名的告示。告示称：“由苏抚宪发给牌示，准许开铸食锅在案，凡食锅出售，皆盖有王源吉牌号红字戳记……近有贩客转运湖广等处食锅，冒盖职坊牌号于常镇通海，以及苏淞各属乡镇混售其货……现值整顿商务之际假冒牌号，曾有明示在前，不容奸商混冒，致令用户受骗……自示之后，倘有奸商以伪货假冒该坊牌号出售渔利，一经该职查知，许即扭送就近地方官严究。”①这种由四位头品、二品、三品官员署名的告示，在当时是罕见的，它既明确了王源吉牌号系江苏巡抚签发的官炉牌号，又明确了仿冒王源吉牌号即扭送地方官严究，它对王源吉的发展起到了一定的保护作用。

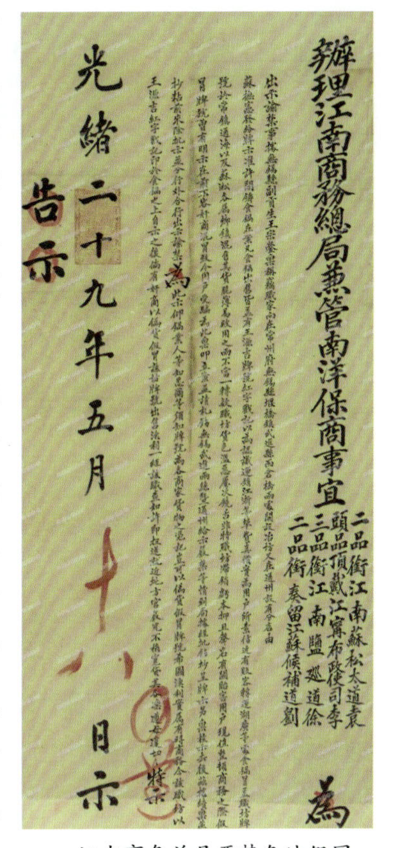
辦理江南商務總局兼管南洋保商事宜
二品銜江南蘇松太道袁
頭品頂戴江寧布政使司李
三品銜江南鹽巡道徐
二品銜奏留江蘇候補道劉　為
告示
光緒二十九年五月十八日示

江南商务总局严禁各地假冒王源吉铁锅的告示(1903年)

铁锅生产的燃料必须用优质木炭，当时湖北的木炭质优价廉，深受各地冶坊的欢迎。这种木炭堆置一年后再使用，火性退掉，下炉不爆，火力猛，温度高，再加上工人的熟练技术，出来的铁锅成品色泽光亮而轻薄。清光绪二十六年(1900)，

① 《江南商务总局严禁各地假冒王源吉铁锅告示》，1903年，无锡市档案史志馆藏，王源吉专辑。

漢口商務總會註册執照

為印發己酉年註册執照事今准
貴號來會聲稱本號係隸　籍於　年在漢口小夾街　街
開設王源吉油炭號股東王宗猛係江蘇　人經理張雲樣係鎮江　人
願請以[illegible]等照章註册等情前來除如請註册外相應印發執照以昭[illegible]信此
照給
王源吉寶號收執須至執照者
宣統元年二月拾柒日

王源吉油炭号汉口商务总会注册执照(1909年)

王源吉冶坊向湖北东湖县(今湖北宜昌市东湖区)南沱9家炭行户订购木炭,光绪二十九年(1903)又与东湖县罗甸溪4家炭行户订购木炭,轮流收购两地的木炭,以期长期交易。清光绪三十一年(1905),罗甸溪4家炭行户因自相涉讼,借口停供。王源吉经办人王宗猛遂向东湖县府提起诉讼并赢得了这场官司。为此,东湖县政府专门发布告示,明确:"各炭行户按订约供货,不得格外勒索。"

清宣统元年(1909),王源吉冶坊专门在汉口小夹街设立总庄,称为王源吉油炭号,并在汉口商务总会领取了注册执照。同时,在宜昌设立分庄,深入到湖北山区,收购木炭和废旧铁,价格低于其他市场。直至民国二十一年(1932),因市场变化,为节省开支,汉口总庄撤销。

到民国初年,无锡王源吉冶坊开基本炉4只,常州同源吉冶坊开基本炉3只,年产量共约240万张(每张约重1.25斤)。几年下来,业务量逐年上升,最高一年无锡王源吉冶坊开炉6只,常州同源吉冶坊开炉4只,年产量共约330万张,铁锅产多少就能销多少。业务范围独霸江苏,生产的铁锅在苏北约销70%,在苏南约销30%。因苏北地方辽阔,那时尚无冶坊开设,王源吉冶坊就通过在南通设立的王源吉北栈加强苏北的营销工作,信誉卓著,影响极大。

王源吉冶坊在兴盛发展中,与荣宗敬、荣德生等民族工商业家的产业也有着深厚渊源。那一时期,荣宗敬、荣德生在无锡建设工厂时,王源吉冶坊与他们建立了业务关系,为他们的进口机器铸造了大量的"底脚"(座基)和其他铸件,也为无锡留下了一批工业遗存。[①]

① 刘霞:《中国历史文化名街——清名桥历史文化街区》,苏州:古吴轩出版社,2011年,第168页。

这一时期，王源吉冶坊步入鼎盛时期。经理为孙伯英，经营点有五处：无锡堰桥有王源吉冶坊，北门桃枣沿河有王源聚冶坊，常州有同源吉冶坊，南通有王源吉北栈，江阴有隆泰源冶坊。这期间，资本额逐年升值，盈利额逐年增加。清光绪元年至二十三年（1875—1897）的23年间，其资本额升值制钱54000千文，盈利103000元；清光绪二十四年至三十四年（1898—1908）的11年间，其资本额升值制钱72750千文，盈利118000元；清宣统元年至民国六年（1909—1917）的9年间，资本额升值银元75000元，盈利96000元；民国七年至民国八年（1918—1919）的两年间，资本额升值银元93750元，盈利20000元。

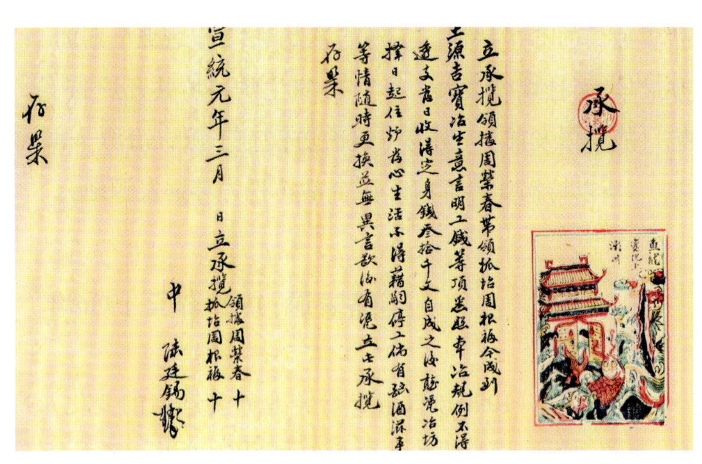

承揽

立承揽領振周棠春第領抓治周根福今成到
王源吉寶冶生意言明工錢等項悉照市冶規例不得
透支當日收得定身錢叁拾千文自成之後聽憑冶坊
擇日起任炉當心生活不得藉詞停工倘有酗酒滋事
等情隨時更換並無異言欲後有憑立此承揽
存照

宣統元年三月　日立承揽領振周棠春十　抓治周根福十

中　陸廷錫

存照

王源吉冶坊与冶炉施工工匠签订的承揽合同（1909年）

民国初年，由上海新源来、苏州沈余昌、无锡王源吉、常州同源吉、川诸任德泰、南通资生、瓜洲王源大7家冶坊，加上浙江乌镇沈亦昌（沈余昌联号），共8家冶坊组成江浙冶业联合会，设办事处于上海新源来冶坊内。江浙冶业联合会的办事处设在上海，是因为上海新源来冶坊是无锡人胡德培、周舜卿于清光绪二十六年（1900）合办的上海最大冶坊。胡德培最早在上海批销王源吉铁锅，因盈利颇丰而于清道光三十年（1850）开办了上海第一家冶坊——源来冶坊。江浙冶业联合会会长一席，请非业内人士姚伯棠担任，联合会每年召开两三次会议，主要商议各冶坊铁锅行销区域及价格、工资等问题，避免恶性竞争，而且严格控制工人自由流动，规定凡是工人被其中任何一家属于联合会的冶坊解雇或自愿离开者，联合会会员都不得接收他为工人。

这一时期，逐步形成了苏帮铸锅业。苏帮冶坊工匠大都来自无锡市，他们的技艺又大都源自王源吉冶坊。张謇开办资生冶厂时曾提到冶厂执事皆无锡素业冶人。王源吉冶坊独特的熔铁工艺、制模工艺，以及世代相传的工匠队伍，铸就了品质独具的苏帮铁锅。王源吉冶坊在江苏地带早期的11家生炉冶坊中，不仅开办最早，而且规模最大。早期11家生炉冶坊共开炉17只，王源吉就占有4只。到抗日战争爆发前夕，无锡铸锅冶坊仅有王源吉冶坊一家，铁锅销售数占全省三分之一，所以铸锅业界都将王源吉冶坊视为苏锅发源地。

萎缩衰退：1920年至1936年

民国九年（1920）起，由于冶铸业外部环境的变化及冶坊内部经营管理的不善，王源吉冶坊每年的开炉数和盈利额均出现下降，冶坊开始步入萎缩衰退时期。

从王氏、吴氏合伙创办王源吉冶坊以来，至20世纪20年代初，历时80余年，两姓族大人众，世代相传，股东已发展至50多户，资产情况也日趋复杂。民国九年（1920），王源吉冶坊对企业资产进行了一次清理，发现股东挪借企业资金达三万三千余元，多项资产未作价盘入。王源吉冶坊决定重新核定资产并核发给股东记名股单，将王源吉冶坊、同源吉冶坊、南通刘桥北栈三处实有资金（包括以前未作价盘入的南通刘桥北栈自置房产、地产及王源吉冶坊、同源吉冶坊自建房产等资产）以股单形式全部核发给股东，每股作价100元，共计发放王源吉冶坊股单108000元、同源吉冶坊股单66000元。自改发股单以后，王源吉冶坊的股权就发生了买卖转移情况，股东也不再局限于王、吴两姓了。

1905年由民族实业家张謇创建的资生铁冶厂

清光绪三十一年（1905）2月，张謇在南通唐家闸创办南通资生铁冶厂，为其早期创办的大生纱厂制造纺纱设备和机件，同时生产与民众生活相关的铁锅等器具。资生铁冶厂创办时开炉一只，后来逐步增开到三只炉子。该厂早期未将铁锅作为主业，生产的铁锅质量不好，销路不佳，未对王源吉冶坊造成太大压力。后来，资生铁冶厂专门成立了铸锅车间，招用原来王源吉冶坊的一批工匠，并加强质量管理，生产铁锅质量逐步提高，在苏北一带的市场占有率也逐年提升。同时，浙江、安徽、湖北等地的冶坊及扬州瓜洲新开设的王源大冶坊纷纷抢占江苏市场，特别是苏北市场，竞争十分激烈。上海、苏州、宜兴等地冶坊的竞争也严重挤压了王源吉冶坊的销售市场，影响了王源吉冶坊的生存空间。

民国十一年(1922)和民国十三年(1924)，两次直奉战争使得直系军阀孙传芳称雄东南。民国十四年(1925)10月，孙传芳出任苏浙皖闽赣五省联军总司令，他打着“保境安民”的旗号，加强江南五省管治。这期间，他曾下令禁止木炭收购，对王源吉冶坊的业务造成了很大的打击。王源吉冶坊不得不把汉口、宜昌等庄口撤掉，改向浙江采购乌江炭。此种木炭虽然质量也比较好，但其货源不足，无法满足供货要求。后来不得已，王源吉冶坊又改向安徽、江西等地采购栗炭，但与湖北木炭相比，质量较差，价格又高，而王源吉冶坊常常要堆存木炭二三万担，这提高了王源吉冶坊的生产成本，对王源吉冶坊真可谓是雪上加霜。

从民国十八年(1929)起，一些冶坊及店铺常有假冒王源吉牌号戳记刻在锅子上实行冒牌销售，这些冶坊掺用杂废铁铸锅，成本较低，倾销苏南地区，使王源吉冶坊蒙受了很大的损失。民国十九年(1930)，王源吉创设白色双吉商标，向商标局注册，商标印在锅子上面，以示识别。同时，刊登广告，散发传单，以杜绝假冒现象。

这一时期，王源吉冶坊的劳资矛盾十分突出，经常因劳资问题发生争吵，甚至引发罢工。民国十五年(1926)7月，王源吉冶坊抓坮工人联合领挡工人向坊主提出，要求改善条件，增加工资，被坊主拒绝。工人们即派出代表前往上海新源来冶坊、南通资生冶坊、溧阳德昌冶坊、常州同源吉冶坊、苏州沈

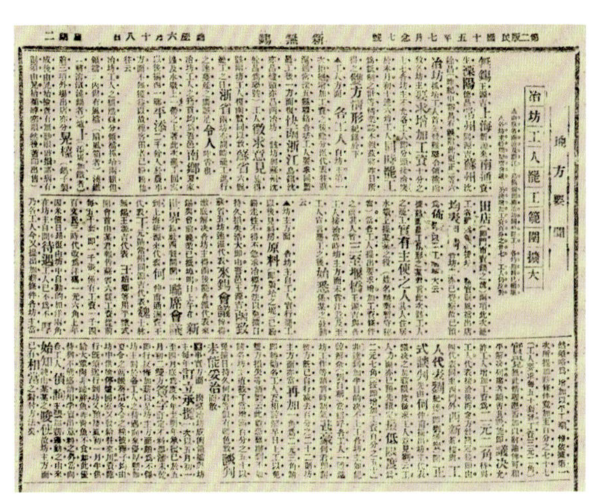
新無錫

地方要聞

冶坊工人罷工範圍擴大

王源吉冶坊工人联合六家冶坊工人大罢工，《新无锡》1926年7月27日专门做了报道

余昌冶坊，要求进行同盟罢工，同时发快函给浙江乌镇沈亦昌冶坊，要求其工人同时罢工。随即，七家冶坊抓坮工人联合领挡工人致函各坊主，要求增加工资十分之七七。这次罢工领头的虽然仅抓坮、领挡两个工种的工人，但风挡、出店等其他工种工人都表示同情，并有参与罢工的意向。当时资方由江浙冶业联合会出面，召开专门会议，商讨应对办法。劳方由老工人刘叙宝任代表，与资方进行谈判。刘叙宝在谈判中做了适当让步，但工人不买账，认为刘叙宝被收买，他们坚持不到各家冶坊去开炉。[①]资方最终担心冶坊损失过大，在相持了一个多月后，不得不表示妥协，将计件工资钱码改为洋码，罢工方告结束。这一事件在社会上引起了很大的轰动，《新无锡》等报刊都打破常规进行了大篇幅报道。

罢工潮的兴起，除了要求改善条件、增加工资外，与王源吉冶坊自身管理制度混乱、坊规遭受破坏、坊主失去民心是有密切关系的。民国九年(1920)，冶坊发行股票，凭股折按月付息，意在杜绝资金管理上的问题，但其后还有股东向冶坊宕支且长期不还，上行下效，在冶坊中形成了不良风气。到民国十三年(1924)，代理人吴元生、魏士林不顾企业利益，贪图个人享受，破坏坊规，勾结股东中的不良分子，挪用企业资金，挥霍浪费，在企业中造成了极坏的影响，职工对坊主失去了信任，对企业失去了信心。

民国十九年(1930)9月23日晚上，地处堰桥的王源吉冶坊因工人将吸剩的香烟头放置在房间内的帐子旁，不慎引起大火，火势十分猛烈，附近多地救熄会派车派人前往救火，第五区区长、公安十三分局局长亲临现场指挥。大火烧了一个半小时才扑灭，共计烧毁平屋七间，损失约三千元，曾一度影

堰橋鎮 王源吉冶坊大火

（一）焚去平屋七間 （二）損失一千餘元

第五區堰橋鎮西街王源吉冶坊、前日（二十三）下午八時許、南部工場內鍛坏間工人、因將吸剩香烟頭、放置帳子旁、以致燃及帳子、冒穿屋頂、頓時火光燭天、儼復燃着炭堆、火勢更猛、遂即鳴鑼報警、由附近各地救熄會暨、龍前往竭力澆救、中有劉巷鄉救熄會、係新式洋龍、澆救時功效最著、浙第五區長胡仲芳、及公安十三分局長王維新、亦親率長警、到場維持秩序、延燒一小時半、始行熄滅、共計焚去平屋七間、約計損失三千元餘云、

王源吉冶坊遭受火灾，《大公报》于1930年9月25日专门进行了报道

① 《冶坊工人罢工范围扩大》，《新无锡》1926年7月27日，第2版。

响了王源吉冶坊的正常生产。[①]

亏损改组:1937年至1948年

民国二十六年(1937)7月,抗日战争全面爆发,战火蔓延至无锡,王源吉冶坊虽僻处乡间,亦未能幸免。日军在城区大肆烧杀抢掠后,又到乡村抢夺各类物资。当时王源吉冶坊的木炭燃料被日军抢去大半,损失惨重,冶坊被迫停业。到民国二十七年(1938)秋间,王源吉冶坊拼凑了少量资金和原料重新复工,勉强开两只炉生产。

但要维持冶坊的正常生产却受到两个因素的影响:一是原材料运输的限制。日军对金属物资的运输实行控制,除用于军用外,其他一概不准运输。王源吉冶坊的冶铸原料是旧锅铁,大部分依靠苏北供给,由于苏南、苏北间无法正常运输,只能在南通刘桥北栈原址再分开一炉,增加了冶坊生产经营成本。二是原材料数量的匮乏。日军在无锡对金属的掠夺,是通过责令各乡公所使用威胁和强迫的手段直接向住户和农民收缴铜元、锡器和铁器的,最后连废铜烂铁也不放过。

王源吉1837年至1946年企业发展情况表

时期	年数	资本额升值	平均开炉只数	盈亏情况
1837年	1	原始资本4500千文	4	亏1295千文
1838—1874年	37	增值制钱36000千文	4	盈199000元
1875—1897年	23	升值制钱54000千文	4	盈103000元
1898—1908年	11	升值制钱72750千文	7	盈118000元
1909—1917年	9	升值银元75000元	7	盈96000元
1918—1919年	2	升值银元93750元	7	盈20000元
1920—1936年	17	升给股单174000元	6	盈89000元
1937—1946年	10	升给股单174000元	3	历年亏损
说明	从老式账簿表示不出正确的盈亏数字。在这110年中间,有盈余的年份占85%。以上所列盈余数字即历年分拆给各股东以及代理人各职员的红利,其中分配股东九成,代理人与职员各得半成,历年共约分拆去红利625000元(制钱以每千作一元计)。			

王源吉1837年至1946年企业发展情况表

民国二十八年(1939),王源吉冶坊在堰

①《堰桥镇王源吉冶坊大火》,《大公报》1930年9月25日,第4版。

桥正茂山货行栈房所堆存的废铁还被日军指控为接济新四军的物资，全部加封并声称要予以没收，同时要究办冶坊负责人。后由郭叔鸣找人进行疏通并担保，方予以发还。另有一次，王源聚锅号因存有不少铜钱，被汉奸向特务队告密，宪兵队军曹带领一批人将王源吉职员范少雄抓去，拳打脚踢，百般折磨，要他指出藏匿者。后由郭叔鸣找人去说情，最终将铜钱作伪钞价售给宪兵队，这事才算了结。那几年，冶坊生产所需原料常常断货，无法保证其正常生产，只能通过阶段性停炉和压缩开炉数来解决。

抗战时期，无锡的治安情况不佳，堰桥乡一带的治安问题尤其突出。民国三十年(1941)，王源吉冶坊经理陈瑞庆遭受绑架，绑匪敲诈勒索，要王源吉冶坊出重金赎人，被迫无奈，王源吉冶坊筹集重金才将陈瑞庆救出。其后，又有职员遭受绑架，有3人死于非命。受此一连串绑架案的打击，冶坊无意在堰桥乡继续经营，于民国三十二年(1943)搬迁至常州与同源吉冶坊合并，民国三十三年(1944)将羊腰湾出租的房屋收回并重加修葺，再迁回羊腰湾原址营业，仍开两炉生产，但生产经营状况未见好转。从民国二十六年(1937)至民国三十四年(1945)，王源吉冶坊年年亏损，从未盈利过。

王源吉冶坊
深夜遭盗劫

王源吉冶坊深夜遭盗劫，损失惨重，《江苏民报》于1946年2月12日专门进行了报道

抗战胜利后，由于上海裕源冶坊及无锡王源吉冶坊先后发明用废铁和矽铁制锅，解决了制锅原料旧锅皮不足的困难，各地新开冶坊的积极性与日俱增。同时，各沦陷区大多数人家的铁锅或损坏，或被日军掳走，急需添置铁锅，因此冶坊业一度畸形发展。几年间，无锡冶坊从1家陡增至9家，开炉数达到10只，产品供过于求，同业间不顾成本，削价倾销，竞争日趋激烈。新开炉的冶坊，其中有部分就是王源吉冶坊原来的大司务、领挡工人集资开设的，这严

重削弱了王源吉冶坊的竞争能力。而王源吉冶坊自身因受日寇掠夺，遭受盗抢，资金匮乏，无力增添炉子、增产铁锅来适应市场要求。王源吉冶坊遭此一连串打击，亏损严重，已无法维持正常生产经营，民国三十五年（1946）10月15日，正式宣告清理，停产歇业。同年12月27日，由无锡县金属品冶制工业同业公会致函商会并转函国税局，准予冶坊免缴所得税。①

随即，王源吉冶坊着手向社会筹集资金，依靠社会力量和社会资金对冶坊进行重新改组。改组后的新企业有股东64人，集资法币1亿元，职工68人，由王世勤任董事长，郭叔鸣任经理，改厂名为王源吉鑫记冶坊，租赁前王源吉“双吉”商标，开始铸锅生产。由于资金有限，仅开炉2只，每年平均产锅35万张。因品牌影响力尚在，售价比其他冶坊高5%。

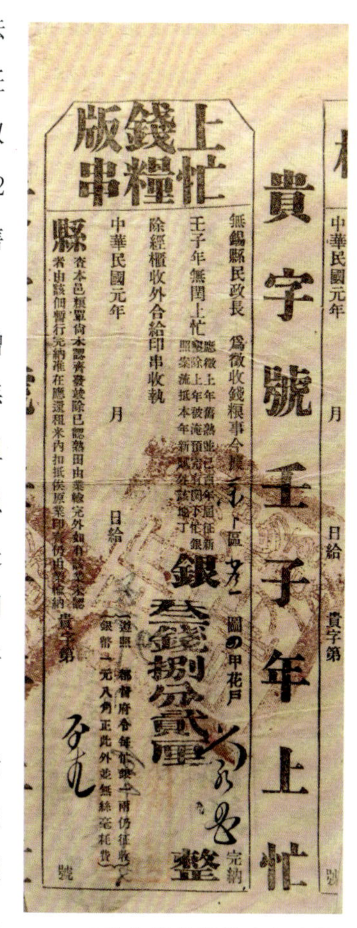
上忙錢糧版串
貴字號壬子年上忙
無錫縣民政長 為徵收錢糧事今據
壬子年無閏上忙
除經櫃收外合給印串收執
中華民國元年 月 日給
縣
銀 錢捌分貳釐 整
完納

王源吉缴纳钱粮后由无锡县政府开具的钱粮版串

其时，国民政府苛捐杂税繁多，缴纳钱粮数增加，货币不断贬值，政府又强行发行金圆券，造成恶性通货膨胀，加之苏北铁锅市场因时局紧张而阻断，王源吉鑫记冶坊在解放前的两年多时间里，虽有盈无亏，但盈余很少，也曾发过一次红利，却还是奄奄一息，无力回天，处于风雨飘摇之中。常州同源吉和南通北栈由职工借用企业生产工具，另行开炉进行生产自救。

王源吉冶坊发展历史中的起起落落，固然与诸多的外部因素有关，但是不能否认和企业内部存在的诸多因素也是分不开的。长期积累的很多问题没有得到解决。一是受制于设备落后因素的制约。自建坊以来，其设备几乎没有改进过，3种主要设备

① 《王源吉等冶厂早已亏蚀闭歇，无所利得，请免追课》，《人报》1946年12月28日，第2版。

中，熔铁炉、模型都系泥制，不耐用，损耗大；风箱是木制的，靠人力拉风，一直未改进过。二是受制于生产季节性因素的制约。每年分春秋两季开炉，全年开工时间通常为六七个月，如营业不佳还要缩短，工人半工半农，收入不稳定。三是受制于旧作坊管理方式的制约。生产过程完全是手工操作，以经验和手艺为规范，技术墨守成规，技艺传授封闭保守，历史上形成的行业陋规有数十种之多，支出占生产成本的5%左右。四是受制于工人生产生活条件因素的制约。工人劳动强度大，工作时间长（每天12小时以上），生产、生活条件则很差，如车间无降温设备，吃饭无饭桌，晚上睡地铺，洗浴几十个人合用二三只铁锅等。这些落后的生产关系，阻碍了冶坊的生产力发展，影响了冶坊的健康发展。

恢复发展：1949年至1954年

1949年4月上半月，无锡许多企业主听闻人民解放军即将渡江南下，出于疑虑，都在观望，担心能否正常坚持生产，是否对企业的发展产生长远的影响。王源吉鑫记冶坊按照往年季节性生产规律，应于5月底停炉，但企业主郭叔鸣于4月16日宣布提前停炉，冶坊生产陷于停顿。4月23日，无锡解放。仅时隔五天，市军管会即在城中公园嘉会堂召开由100余名公私营企业工人代表参加的座谈会，宣传共产党的政策，号召工人组织起来，维持和恢复生产。在接下来的几个月中，市军管会、市政府广泛宣传党的“发展生产，繁荣经济，公私兼顾，劳资两利”的政策，众多企业主对共产党扶持工商的政策有了初步了解，纺织行业、丝绸行业、粮食加工行业的一些企业相继复工复产，全市社会经济形势逐步趋于稳定。王源吉鑫记冶坊当年秋季开炉时

无锡人民欢庆解放的情景（1949年）

按期通知工人回厂生产，试探性地开炉2只。由于解放后苏北铁锅销售市场恢复较快，各地订货量大增，冶坊铁锅销售形势好转，企业生产经营开始步入正常轨道。

1949年10月，无锡市第一届冶坊工会宣告成立，工会主席由上级委派的张正南担任，办事员有陆洪奎、华文标、张更生等。1949年冬，在无锡市冶铸工会的指导下，王源吉鑫记冶坊基层工会及劳资协商组织建立，运用解决劳资争议、推动企业生产的方法化解企业的各类劳资矛盾。为了共渡难关、搞好企业，劳方主动提出按原工资八折支薪，资方则将临时炉改为基本炉，保证按商定的具体天数开工，确保工人收入稳定。同时，企业贯彻劳动保险条例，通过劳资协商，签订劳资协议书，提高职工福利待遇。

1951年5月，苏南区城乡交流物产展览会在无锡市召开。其时，许多企业对这次展览会并不看好，持犹豫观望的态度。王源吉鑫记冶坊当时抱有“探探行情”的想法参加了这次展览会，但出乎他们的意料，“双吉牌”铁锅深受欢迎，展览会上签订了许多铁锅订单，真可谓是“生意兴隆，满载而归”。1952年5月，华东区城乡物资交流大会在上海召开，去参加会议的王源吉鑫记冶坊同样收获满满，签订了许多铁锅订单，给企业增加了许多信心。由于铁锅一时旺销，冶坊决定增开1炉，共开炉3只。1951年的全年产量和税前利润分别比上年提高了12%和3倍多，企业生产经营形势进一步好转。

苏南区城乡交流物产展览会（1951年5月）

1952年开展“五反”运动时，王源吉鑫记冶坊被查出偷漏税、逃资，违法金额5079元。政府为照顾冶坊生产，决定只退补1951年一年的偷漏税款722元，占总违法金额的14%，占当时企业账内外总财产91062元的0.8%。另逃资289元，一并追缴入库。“五反”运动中将冶坊定为“基本守法户”。之后，再度出现铁锅滞销情况，产品积压，企业周转资金短绌，股东王世梁借出银洋5000元采办原材料维持生产。

1952年5月5日，由于企业忽视安全生产，发生了一起熔铁炉爆炸事故。原因是企业在购买废铁原料时，贪图便宜，购买杂铁，又不进行严格的分炼，导致废铁中夹杂的手榴弹弹头未被分炼出来。废铁进入炉子后，发生剧烈爆炸，工人陈泉根、许盘泉、徐耀坤因离炉子太近，当场被炸倒，另有工人秦炳初、王有生两人受轻伤，后陈泉根因救治无效死亡。[①]这场事故正值企业开展生产竞赛活动之际，给企业造成了极坏的影响。

“五反”运动以后，王源吉鑫记冶坊经理郭叔鸣认为“从商不如从工”，打算把他兼任经理的王源聚锅号并入王源吉鑫记冶坊，刚巧南通凌兴盛锅席油麻瓷器五金商店（1946年王源吉冶坊改组后曾投资该店）经理凌阆竹的看法与郭不谋而合，也想弃商从工。经三方协商，1952年7月，这两家商号一起并入王源吉鑫记冶坊，企业更名为“王源吉鑫记冶坊股份有限公司”，两店号原址分别改为公司的无锡门市部和南通批发站。

王源吉1949年至1956年上半年企业发展情况表

时期	资金额	开炉数（只）	产量（套）	职工人数	盈余数字	缴纳所得税款
1949年	500000000元伪币	2	35000	68		
1950年	180000000元旧币	2	35683	68	90480101元旧币	30480000元旧币
1951年	180000000元旧币	2-3	39882	97	402666267元旧币	244770000元旧币
1952年	819000000旧币①	2-3	41428	109	11003674元旧币	43170000元旧币
1953年	819000000旧币	3	54300	109	186630340元旧币	174480000元旧币
1954年	819000000旧币	3	57000	109	102871094元旧币	148800000元旧币
1955年上半年	81900元新币	3	28500	109	8927元新币	39586元新币
1955年下半年	162028元新币②	7-8	48287	385	30608元新币	
1956年上半年	121334元③	7	101319	372		
说明	①1952年资金额包括归并王源聚、凌盛兴资金及重估升值。 ②1955年下半年资金额系五家冶坊私私合并后的数额。 ③1956年上半年资金额系公私合营清产核资数额。 盈余数字是历年年终结算账面盈余数字，除有一部分转入资金外，大部分是缴纳当年所得税款，实际上所盈无几。					

王源吉1949年至1956年上半年企业发展情况表

1953年，企业进行改革，经劳资协商，取消解放初期职工八折支薪的

① 《无锡市王源吉冶坊熔铁炉爆炸死伤五人》，《工人生活》1952年5月10日，第2版。

权宜措施，恢复了原工资待遇，并决定开办职工食堂，改善工人伙食。为进一步加强职工内部团结和解放生产力，1954年，王源吉鑫记冶坊股份有限公司在无锡市总工会第三区工会办事处领导下，对历史上遗留下来的数十种行业陋规分别进行了清理。9月15日通过劳资双方协商会讨论，决定废除“起炉酒水”“大酒钱”“邀炉酒水”“折席折被”“新年折吃”“折炭基”“夏工上车台酒水”“做夹络酒水”“早班早点”“快炉”“抢火”“出栈”“焦光名下多三成头”“糠灰名下二厘头”“淘沙名下津贴”“堆铁堆炭”“扛炉子”“拷夕铁”“炭基下办”“夏工面甜粥”等83种陋规，处理意见经市劳动局批准执行，当年即为企业节约支出14600元。

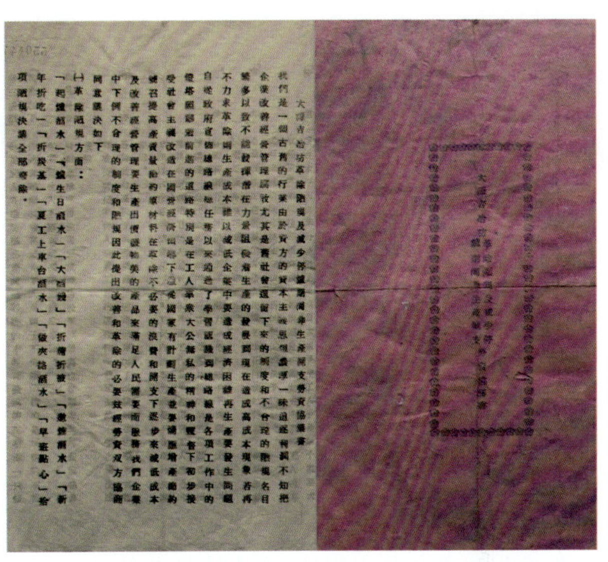

大源吉冶坊革除陋规劳资协议书（1954年9月）

1953年，市政府为帮助冶铸行业解决铁锅产销平衡问题，除由国营土产公司收购经销部分产品外，还把全市冶坊组织起来成立联购处，直接向产地采购原料和向外省推销产品。王源吉鑫记冶坊股份有限公司开始从自产自销向接受国家计划收购的方向转变。1954年起，贯彻党在过渡时期的“总路线”，无锡市冶铸业67%的产品由江苏省合作总社订购包销，王源吉鑫记冶坊股份有限公司的产品因质量好而几乎全被订购，不再自行销售，企业所属无锡门市部和南通批发站亦因不再需要而被撤销。由于冶坊自产自销时产品价格高出同业同类产品的5%—10%，订购包销后却执行统一价格，所以当年产量虽比上年增加5%，而税前利润却比上年下降45%。郭叔鸣对此有看法，他认为与合作社打交道要求高、价格低，没有自产自销时利润厚，但也承认这对企业提高产品数量、质量和降低成本起到了促进作用。[①]

1954年,王源吉鑫记冶坊股份有限公司在职工中广泛开展了提合理化建议活动,广大职工从减轻劳动强度、降低生产成本、提升工艺水平等方面提出了一系列有价值的建议。企业采纳职工建议,改进熔炉进风装置,用马达带动鼓风机,极大地降低了劳动强度,首次实现了机械化改造。

公私合营:1955年至1957年

无锡市冶铸业在实行订购包销后,产销依然不能平衡,各坊全年开工天数也因订购比例不同而多寡不等,给部分企业带来了较大困难。据1955年无锡市委私营工业调查办公室统计,全市冶坊业的总资产净值比1954年的账面总资本额减少15%,王源吉鑫记冶坊股份有限公司的资产净值也较原有资本81900元减少7300元。全市8家冶坊中,三元吉、江苏大元两坊已无力经营,主要依靠国家贷款组织职工生产自救;元兴、源隆两坊经政府批准歇业。

据无锡市工商行政管理局1955年9月统计,王源吉鑫记冶坊股份有限公司有熔铁炉3只、1匹二线马达1只、1.5匹三线马达3只、平屋33间197架、楼屋2间14架、土地九厘八毫。全部从业人员110人,其中生产工人84人、职员23人、资方从业人员3人。1954年,账面盈余虽然还有10287元,但实际亏损已达3895.81元。[②]

当时,全市各行各业相继进行私私合并,无锡市冶铸业同业公会筹委会正副主任委员郭叔鸣、张仁信(大源吉冶坊资方代理人)根据形势和同业处境,权衡再三,认为要摆脱困境,只有走私私合并的道路,倡议联名向市工商联提出申请。但各冶坊企业主想法不一,企业较大的怕合并后受小企业拖累而有顾虑,有困难的

① 高永明:《公私合营前后的王源吉冶坊》,无锡市政协:《无锡工业企业发展亲历记(1949—2019)》第4册,南京:凤凰出版社,2021年,327页。

② 无锡市工商行政管理局:《关于王源吉、大源吉、沈元吉、江苏大元、元兴、元隆、三元吉七家冶坊合并的意见》,1955年,无锡市档案史志馆藏。

企业则想在合并后依靠大企业而积极响应，也有抱着随大流思想而附和的。经过郭叔鸣等人多方协商，统一了大家的思想，并做了大量组织工作。

1955年10月3日，无锡市王源吉、沈元吉、大源吉、三元吉、江苏大元、元兴、源隆7户私营冶坊经批准合并，其中王源吉、沈元吉、大源吉、三元吉、江苏大元5家冶坊合并生产，元兴、源隆2家冶坊报歇，人员由合并后的王源吉冶坊统一安排，使用王源吉锅厂有限公司厂名和“双吉”牌商标，推举郭叔鸣任厂长，张仁信任副厂长。合并后的新企业有职工230名。由于受厂房条件限制，分设三个场地异址生产：即羊腰湾1号原址，开炉三只；南上塘沈元吉冶坊原址，开炉两只；吴桥东路大源吉冶坊原址，开炉两只，共开炉7只，于10月15日正式开工生产。冶坊成立总管理处管理全厂产、供、销业务。新企业在人员富余的情况下，对生产运行、原料供应、产品销售都相应进行了调整。

合并后不久，由于并入新企业的3家冶坊本无多少资金，经营也不正常，且有1家冶坊已资不抵债，企业流动资金严重不足，其所有职工也在合并时基本上都转进了王源吉锅厂有限公司。为进一步得到政府的帮助，私私合并才一个多月的王源吉锅厂有限公司与大隆冶坊一起又向无锡市第二工业局提交“申请公私合营报告书”。报告书提出：“参加了本月6日市工商联召开的执监会议，听到了范谷泉主任委员传达毛主席的指示和陈毅副总理的报告，明确的指出工商界应走的道路和方向”，“同业要求合并合营……请求政府批准全业公私合营”。[①]1955年12月23日，全业公私合

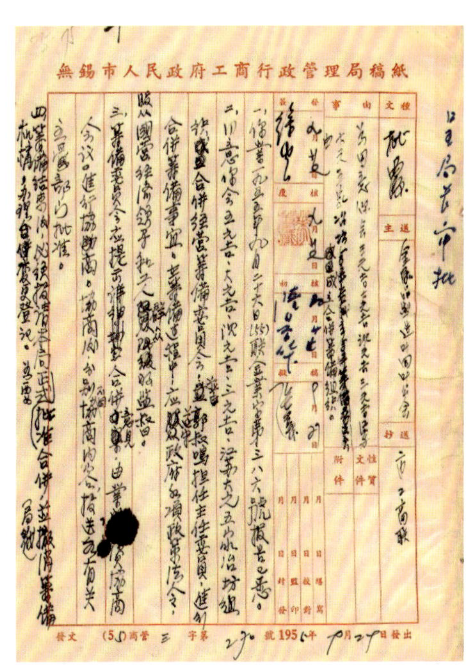
無錫市人民政府工商行政管理局稿紙

无锡市工商局关于成立王源吉、大源吉、沈元吉、江苏大元、三元吉冶坊合并筹备组织的文件（1955年9月）

① 《申请公私合营报告书》，1955年，无锡市档案史志馆藏，王源吉专辑。

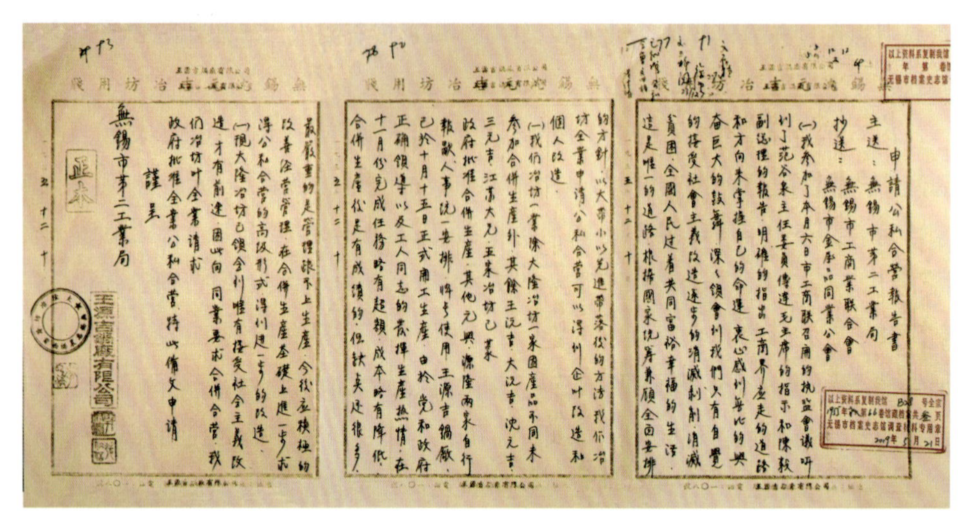

申請公私合營報告書

主送：無錫市第二工業局

抄送：無錫市工商業聯合會
無錫市金屬品同業公會

(一)我們參加了本月六日市工商聯召開的執监會議，聽到了范谷泉主任委員傳達毛主席的指示和陳毅副總理的報告，明確的指出工商界應走的道路和方向，來掌握自己的命運，衷心感到無比的興奮、巨大的鼓舞，深深領會到我們只有自覺的接受社會主義改造，逐步的消滅剝削，消滅貧困，全國人民过着共同富裕幸福的生活，這是唯一的道路。根據國家統籌兼顧全面安排的方針，以大帶小，以先進帶落後的方法，我們冶坊全業申請公私合營，可以得到企业改造和個人改造。

(一)我們冶坊一業除大隆冶坊一家因產品不同未參加合併生產外，其餘王沅吉、大沅吉、沈元吉、三元吉、江南大元、王來冶坊七家經政府批准合併生產，其他元興、源隆兩家自行報歇，人事統一安排，將來使用王源吉鍋廠，已於十月十五日正式開工生產，由於黨和政府正確領導以及工人同志的發揮生產熱情，在十一月份完成任務略有超額，成本略有降低，合併生產後是有成績的，但缺點是很多，最嚴重的是管理跟不上生產，今後應積極的改善經營管理，在合併生產基礎上進一步求得公私合營的高級形式，得到進一步的改造。

(二)現大隆冶坊已領會到唯有接受社會主義改造，才有前途，因此向同業要求合併合營，我們冶坊全業請求政府批准全業公私合營，特此備文申請

謹呈

無錫市第二工業局

正本

王源吉鍋廠有限公司

一九五五 十二 十

王源吉锅厂有限公司、大隆冶坊申请公私合营报告书

营申请被正式批准。1956年1月，全厂职工在市人民大会堂举行了公私合营庆祝大会。这样，原来全市8家私营冶坊合并成1家冶坊，名称为“公私合营王源吉冶坊”，归属市第二工业局领导。职工增加到372人，全部资产为12.1万元。1956年春，冶坊搬迁到伯渎港117—121号，为锅厂的主要加工场所。伯渎港107号改为职工宿舍，旁边原来的场地改为有色冶炼车间。公私合营后在大隆冶坊原址成立第四生产工场，开炉1只，增加了汤罐、浴锅、炉排、铁砧、犁头等白口产品。

公私合营王源吉冶坊在党支部、正副厂长的领导下，下设秘书室、生产技术科、计划统计科、财务科、人事劳动工资科、供销科、总务科、检验科、门市部，以及4个生产工场，共配备管理人员72人。党支部书记、公方厂长由上级部门委派，尤信桢任党支部书记，朱斌任公方厂长。对私方人员11人（党的十一届三中全会后有7人改变为小业主成分），根据他们的才能和专长全部做了适当安排。郭叔鸣、张仁信均被安排为副厂长，分管经营管理和生产。其余被安排为科长、组长4人，车间正、副主任2人，科室人员3人。同时还提拔9名工人参加科室和车间管理工作。被安排的私方人员除个别人在职位问题上有些情绪外，绝大多数人是满意的，工作表现也是积极的。

清产核资时，即以私私合并时7户冶坊和公私合营时新并入的大隆冶坊的资

产清册为基础进行了核实和调整，核定私股85户，资金为12.13万元。

公私合营后，临时炉改为基本炉，稳定了相当一部分工人的思想，为这部分工人提供了生活保障。1955年10月，冶坊决定，工作时间由十二小时改为八小时，将两班制改为三班制。恢复职工的原工资，改善职工宿舍条件，提高伙食标准。同时，建立和健全了各项管理制度，加强了生产计划性，改变了过去各户分散经营时管理混乱、盲目生产的被动局面。主要产品铁锅、汤罐、浴锅等由无锡市日杂批发站包销，铁砧、米滚筒等产品分别由无锡市五金公司、农贸公司订购，所需主要原材料逐步得到统一分配，产、供、销纳入国家计划。

公私合营王源吉冶坊在接下来的一段时期，广泛开展了劳动竞赛。1956年3月29日，冶坊召开了劳动竞赛评比给奖大会，第三生产工场6号炉业字班获得了优胜红旗。该班组在合营后的6个星期中，废品率平均为5.5%，比行政下达指标低4.5%，其他各项指标也都全面超额完成。[①]劳动竞赛的广泛开展，调动了职工的积极性，推动了企业各项生产任务的有效完成。

王源吉冶坊着手改進產品質量

本報在22日刊出批評王源吉冶坊降低質量規格的稿件后，該厂全体職工都進行了讀報和討論，領導上在進行思想檢查的同時，並迅速采取了一些改進產品質量的措施。24日，厂部向檢驗人員發出通知：从当天開始，產品驗收規格嚴格遵照省合作總社合約的規定，不合格產品一律不准出厂。同一天起，在部分班組中推廣6号爐業字班提高產品質量的經驗。这項經驗一个月以前就已經總結好，当時厂内有些人認为總結得不完整，因此沒有及時推廣。現在該厂決定一面先行推廣，一面繼續作進一步的總結。

王源吉冶坊6号爐質量最好得紅旗

公私合營王源吉冶坊在24日举行劳動競賽評比給奬大会，第3工場6号爐業字班獲得了优勝班的循环紅旗。大会宣布了它的成績：从去年年底到今年2月8日的6个星期中，廢品率平均为5.5%，比行政指标低4.5%；而其他各爐的廢品率一般都在10%以上。6号爐業字班的產量等各項成績，也都全面超額完成。（鄒盤根）

王源吉冶坊广泛开展红旗竞赛，着力提高产品质量，《工人生活》于1956年3月29日专门进行了报道

1956年5月份，公私合营王源吉冶坊因分散生产已不适应企业发展的需要，报经市第二工业局与有关部门协商，并经市人民委员会批准，将该厂第二生产工场（原沈元吉冶坊厂址）厂房与伯渎港缫丝第五厂所属原华新丝厂厂房对调，并加

① 《王源吉冶坊6号炉质量最好得红旗》，《工人生活》1956年3月29日，第1版。

以扩建。[①]

随后，公私合营王源吉冶坊又在新厂房旁征用土地6亩多进行扩建。基建投资69.17万元，为企业私股资金的5.7倍，建造主要生产车间1800平方米、辅助车间800平方米，还修葺了宿舍、食堂、浴室等生活用房，均于当年9月5日竣工。新的铸锅车间安放着7只熔铁炉，铸锅车间南面还有24间一长列的辅助车间，用来进行加工模型等工作。原来分散的4个工场全部集中到新厂房生产，这不仅方便了管理，节省了人力、物力和财力，还为企业推进各项改革创造了条件。新的职工宿舍是利用原华新丝厂厂房改建的，新增了156张双人木床，可以让职工根据班别住在这里。在宿舍的周围，还有一个小花园，供工人们业余时间休息。[②]

王源吉冶坊搬進新厂房

昨天上午八时，公私合营王源吉冶坊，在隆重开工典礼和爆竹声中，7只熔铁罏点起了罏火，正式在新厂房投入生產了。这天第一批生產的铁鍋，經过技术人員的檢驗，質量比原来的提高；其中7号熔铁罏，經过风力加大，改装以后，產量比原来提高10%以上。

这家远在太平天國前就开办的王源吉冶坊，本来分散在三个地方生產的，厂房低矮、簡陋，劳动条件差，现在集中在新厂房生產，这些情况就改变了。它有一座高大鑄鍋車間，占地面積756平方公尺，安放着七只熔铁罏仍很寬暢；車間二旁，还装有明亮的大窗格和百叶窗，屋頂还設有一長列气樓，車間里光綫充足，自然通风設备很好。該厂負責人指着車間兩壁的圓洞，对記者說：这里还要按装鼓风机，这样，将改变过去夏季長期停工現象。

在鑄鍋車間南面，还有24間一長列的輔助車間，用来進行加工模型等工作。他們的職工宿舍，是利用原華新絲厂的厂房改建的，这次又新添了156张双人木床，工人們可以根据班別，分别住在这里。在宿舍的周围，还有一个小花园，供工人們業余休息。

（楊志海）

上面照片是工人已开始在新厂房里生產。

公私合营后的王源吉冶坊搬进新厂房，《工人生活》于1956年9月9日专门进行了报道

1956年7月下旬，公私合营王源吉冶坊的职工用白口生铁原料试制成功平面米刀。这种刀具是米厂必用的一种重要机件，过去都是用扁铁制造的，现在用白口生铁来代替，不仅价格便宜（每块成本价从原来的1.4元降低到0.447元），而且经久耐用。市五金公司决定大量收购这种刀具，预估半年内可为国家节约资金6195元。[③]

1957年4月，公私合营王源吉冶坊第一届职工代表会议召开，这次会议有70名正式代表参加，还邀请了有关人员列席了会议。会议

① 《公私合营无锡缫丝第五厂、王源吉冶坊关于互调厂基房屋使用的共同报告》，1956年，无锡市档案史志馆藏。

② 《王源吉冶坊搬进新厂房》，《工人生活》1956年9月9日，第1版。

③ 《白口生铁制米刀　质量好来价钱巧》，《工人生活》1956年8月2日，第2版。

想尽各种办法　到处收集廢料

王源吉冶坊战勝原料不足困难

在金屬材料供应紧張，生产任务不足的情况下，本市王源吉冶坊想尽各种办法，到处收集廢旧金屬材料，解决生产上原料不足的困难。

該厂在去年，曾分别派人到南京、济南、青島、北京等各大工业城市收集机械厂加工切削下来的廢金屬屑，并將当作垃圾、多年堆积在戚墅堰机車厂池塘内的廢鉄屑，也从一人多深的地方挖掘出来，当作生产上的原料。就在去年，該厂从各地收集到的廢金屬鉄屑有2751吨、破旧鉄鍋1529吨。去年一年中，該厂利用这三千吨左右的廢旧金屬材料，澆鑄成占全省鉄鍋四分之一强的产品——70万2千余只鉄鍋，供应本省各地农村、城市日常生活的需要，並为国家全年上繳利潤15万余元。利用60%的廢金屬鉄屑，和40%的破旧鉄鍋所澆鑄成的鉄鍋，經質量檢驗后，都合乎标准，并且質量坚韌，不易掉碎。在成本方面，比过去用全旧鉄鍋鑄成的还低12%，平均每月可为国家节約1万2千多元。（知行）

王源吉冶坊战胜原料不足困难，《工人生活》于1957年2月20日专门进行了报道

着重讨论了如何切实贯彻“勤俭办企业”的工作方针，以增产节约为中心，广泛开展社会主义劳动竞赛。会议审查和通过了《王源吉冶坊增产节约方案》，明确了超额完成国家计划和对私改造的双重任务。

按照传统冶坊行业的季节性生产规律，1957年5月，冶坊准备按常规安排停炉歇夏，但1957年的农村形势起了翻天覆地的变化，合作化运动如火如荼。当工人们听说歇夏后农村将限制他们回家种田，工人们纷纷担心夏季家庭经济收入减少会影响生活，部分工人停工闹事，虽经企业和第二工业局领导做了大量工作，但仍无济于事。企业领导与第二工业局领导一起到市委做了专题汇报，市委当即采取措施：1. 季节性停工后，对有实际困难的职工，通过民主评议，给予适当的经济补助；2. 停炉后留城做临时工，以补充停工后的经济收入；3. 市委出面到县里协商，让工人在停工期间可以适当做一些农活。最终，较好地维护了职工的利益，稳定了职工的情绪，平息了这次停工事件。

1957年9月8日，江苏省铁锅业生产技术经验交流会召开，公私合营无锡王源吉冶坊在会上进行了经验交流，重点介绍了操作熔炉、减少杀斑、消灭焦花脐等方面的经验。会议指出：公私合营无锡王源吉冶坊的熔炉操作经验，是详细而具体的一整套经验，值得在全省各冶坊企业推广。要统一工作步骤，制订推广计划，积极稳步推进。

按规划设计建造的新厂房内建有模型烘房，可以不受季节限制随时制模，还在高温车间装置了降温设备，为夏季开炉做好了准备。1957年秋季开炉时，企业正式

宣布改季节性生产为常年生产，同时对工人工资进行调改。根据国家工资政策，在不降低职工全年工资总收入的前提下，以全年原工资总收入为调整依据，再参照历年开工月数及夏工月数，加停工伙食每月12元的津贴，停工后工资按80%计算，得出调改后的每月每人的工资标准。根据这计算方法，每月职工工资基本上都有所增加。调改工资后还建立和核定了工人的技术等级，从此冶坊工人消除了过去因收入不稳定而带来的后顾之忧。随着工人积极性的普遍提高，产品的花色品种不断增加，深型耳锅、铁面盆、鏊子锅等10多个新品种一经推出，深受市场欢迎。

中华人民共和国成立初期，王源吉鑫记冶坊股份有限公司曾对鼓风设备进行技术改造，开始以鼓风机代替风箱，后来又改装了电力热风炉，减轻了工人劳动强度，产量提高8.47%，燃料耗用量下降4.28%。其后几年，技术改造进展不大。公私合营不久，江苏省手工业局拨出专款，抽调技术力量在公私合营王源吉冶坊进行铸锅机械化科学试验。为了适应企业常年生产的需要，试验先从改革泥制模型着手，曾搞出手扳铰链式、电动铰链式、丝杆升降式、行架起重式等6种单机自动敞扣模机，成为后来铁骨水泥混合模的雏形。接着进一步搞环形流水线的攻关，由1名技术员负责设计，4位老技工参加制作。虽然当时还有一些技术问题未完全解决，但为60年代中期全国第一条机械化制锅环形流水线的诞生迈出了重要一步。

1957年，公私合营王源吉冶坊利用废铁熔炼和一模多铸造型的传统技术，为上海市三联翻砂厂、无锡市安全开关厂翻浇铸件，创造性地以废铁屑直接浇铸灰口铸铁件，既节约了生产成本，又提高了生产效率，受到了这些企业的好评，有关新闻媒体均进行了报道。

跃进调整：1958年至1977年

1957年年底，全国“大炼钢铁”运动拉开了帷幕。无锡市在“大炼钢铁”运动中树立了两面旗帜，“大炼钢铁”运动前期的“土法炼铁”期间的旗帜是无锡市公私合营王源吉冶坊，“大炼钢铁”运动后期的“土洋结合”期间的旗帜是无锡钢铁公司（后改名为无锡市钢铁厂）。

1958年年初，“大炼钢铁”运动尚未开始之际，苏联专家彼得利琴柯和上海材料专家周惠元到公私合营无锡王源吉冶坊考察，当他们看到王源吉冶坊运用传统冶铸技艺制作出如此轻薄、均匀、光滑的铁锅后，十分惊讶地说：“薄型灰口铸件不用切削加工，一次铸成铁锅的技术，世界上可居第一。”得到这些专家的肯定，也足以说明王源吉传统冶铸技艺在中国冶铸业乃至世界冶铸业中的影响。

无锡市的“大炼钢铁”运动是以公私合营王源吉冶坊等企业土法炼铁为标志拉开序幕的。从1958年第二季度初，无锡市就指定公私合营王源吉冶坊等企业先行试验土法炼铁。前期试验曲折坎坷，制作的炼铁炉多次未获成功。经反复研究，决定以0.16立方米熔铁炉为原型，改建0.25立方米土炉一只，经过日日夜夜的奋战，终于在6月12日炼出了全市第一炉铁水。全厂职工敲锣打鼓，来到市委、市人委报喜。市人委领导专门接见了公私合营王源吉冶坊职工代表，祝贺冶坊成功炼出第一炉铁水。为此，公私合营王源吉冶坊获得了无锡市工厂企业上半年社会主义竞赛先进单位。无锡《工农生活》还专门配发了评论《第一炉铁水说明什么》。[①]

第一爐鉄水說明什么

沈泉耕

你知道嗎？本市新建數以千計的土高爐中，流出第一爐鉄水，是从王源吉冶鑄机械厂流出来的。

这个厂的煉鉄炉是三号鼓形煉鉄炉，原是熔鉄炉，相傳有一百二十多年历史。这种爐子是历代劳动人民的智慧結晶。全炉不用一磚、一鋼。而是用黄泥、炭屑、火泥、石英砂混合制成的土耐火材料，做了炉身、炉膛，可耐一千五百度高溫，連續生产在一百四十四小时以上，然后小修。出鉄的質量很高。

有些“重洋輕土”論者曾說“土炉寿命短，出鉄少質量差”；有的看到有的單位新建了土高炉一时出不出鉄来，更加認为土高炉不行，主張把土高炉毁掉。

看了王源吉冶鑄机械厂土高炉出鉄的情况，在事实面前，可沒有什么話可講了。

“大炼钢铁”时，王源吉冶坊炼出无锡第一炉铁水，《工农生活》于1958年8月24日专门刊发了评论文章

6月29日，市人委召开土高炉炼铁专门会议，要求全市从速全面推开。会议将1958年全市钢铁工业生产计划指标初步定为完成10万吨铁、3万吨钢。7月6日，市人委在建造土高炉现场会议上提出“土洋结合，先土后洋，以土为主，土中出洋”的方针，认为土高炉投资少、建设快、用料省，能解决大问题。现场会议后，全

① 《第一炉铁水说明什么》，《工农生活》1958年8月24日，第1版。

1958年，王源吉冶坊土高炉生产的生铁

市第一次“钢铁战役”正式打响。

公私合营王源吉冶坊立即召开了第一次“钢铁战役”动员会，决定扩大炉型，增加产量，掀起“大炼钢铁”的新高潮。随即，建造了1.58立方米高炉10只，于8月1日正式投入了生产，日产量从500公斤提高到5000公斤，生铁质量也有了提高。在取得经验的基础上，全厂职工以军事化方式投入第一次“钢铁战役”。正式成立了王源吉钢铁营，区委组织部刘部长任营指导员，厂长沈泉根任营长，下设七个连。市人委专门将其划为一个炉群，由区委派出工作组，进驻冶坊进行工作指导。随即，建成了0.16立方米小炉16只、0.25立方米小炉1只、0.5立方米小炉1只、1立方米高炉70只、1.58立方米高炉40只、3立方米高炉10只。

在建造高炉的同时，公私合营王源吉冶坊响应党中央提出的“全党全民办工业”的号召，积极创办子厂，实现全面跃进。冶坊首先创办了一个化肥厂，制造丁酸菌肥，支援农业生产。同时，依靠并入企业的技术力量，成立了机械子厂。厂部提出要创造条件生产机床，实现从修到造的转变。在条件十分困难的情况下，机械子厂的职工克服了技术、工艺、设备、材料等各种困难，经过一个多月，终于试制成功了第一台机床，走上尝试机床制造的路子。

1958年8月，公私合营王源吉冶坊在土法炼铁取得经验的基础上，着手进行新式熔炉的试制。经过全厂职工的全力攻关，试验成功了全国第一座顶帽式天平炉，可用废铁屑和刨花铁直接熔炼铸锅，被南京、北京两机械研究所命名为“中国式熔铁炉”，沿用已久的泥制熔铁炉从此被淘汰。[①]该熔铁炉试制工作由李云清等人组织实施。熔铁炉有两层楼高，料斗在下面，装料后用电动机提升到上方投料

① 高永明：《公私合营前后的王源吉冶坊》，无锡市政协编《无锡工业企业发展亲历记(1949—2019)》第4册，南京：凤凰出版社，2021年，331页。

口自动投料。投料口处搭有平台，由推料工把料推均匀，故有天平之说。熔铁炉用钢板圈成圆筒外壳，炉内四周用耐火砌块堆砌，炉顶藏有铸钢弯管，环形沟通，利用炉内燃烧火焰烧热钢管，让空气回流到炉子进风管内，变原来冷风进炉为热风进炉，大大提高了炉内熔化速度。由于炉身高，炉内容积大，可用废铁屑和刨花铁直接熔炼铸锅。此炉可连续开炉一周，早中晚三班连续生产，故生产效率较泥制熔铁炉高许多，极大地提高了企业的经济效益。

王源吉冶坊职工在新建成的天平炉前投料

1958年8月，无锡市委、市人委赠给王源吉冶坊的“大搞钢铁冶炼工业，争取短期内赶过英国”锦旗

8月21日，市委、市人委举行全市人民钢铁战斗誓师大会，会议充分肯定了公私合营王源吉冶坊在“大炼钢铁”中取得的成绩，授予了王源吉一面锦旗（现收藏于无锡博物院），上面书有“大搞钢铁冶炼工业，争取短期内赶过英国”字样。会议号召全市人民投入第二次“钢铁战役”，苦战20天，突击炼铁4000吨、炼钢1000吨。会后，全市第二次“钢铁战役”全面打响。

为了在第二次“钢铁战役”中发挥公私合营王源吉冶坊的骨干作用，市委决定将三家布厂及“七一”钢铁厂等小炉群划入公私合营王源吉冶坊，实行集中统一领导。同时，从淮阴专区调来了400名“钢铁战士”加入王源吉钢铁营，使王源吉钢铁营战士总数扩充到700人。在公私合营王源吉冶坊内部，机械、化肥、铸件等车间的工人全部来支援钢铁生产，王源吉冶坊又一次掀起了“大炼钢铁”的高潮。

在第二次“钢铁战役”中，公私合营王源吉冶坊职工发挥聪明才智，凝聚智慧力量，经过反复试验，在吸取了河南低温炼钢经验的基础上，结合自身冶坊土炉炼铁的实践，创造了全省土平炉炼钢的先声，紧接着又创造了大面积土平炉坩埚炼钢、反射炉炼钢、撬炉炼钢等多种经验。其中，值得一提的是大面积土平炉坩埚炼钢法，在多家报刊有登载，并且在全国许多城市得到推广。这种坩埚炼钢炉是利用冶坊的炼锡炉试制成功的，原来有许多人认为炼锡炉面积大，炉温易散失，不可能进行炼钢。但王源吉冶坊的干部职工冲破思想束缚，落实技术保障，反复进行试验。第一次试验共装炼钢坩埚112只（以前一炉仅放三四只），4小时出一炉，炼成中碳钢1520斤，第二次试验又炼出中碳钢1620斤。这种坩埚炉一天可开炉三次，日产钢两吨以上，炼锡大土窑真正变成了炼钢丰产炉。[①]

为了贯彻“从土到洋”的方针，8月中旬，市委给公私合营王源吉冶坊专门下达了建造2只13立方米高炉的任务。接到任务以后，王源吉冶坊立即行动，组织13立方米高炉会战，成立了基建领导小组，明确了土建、机械协作、安装各环节的责任分工，8月23日与无锡市营建公司签订了施工协议，8月25日正式开工建造。经过日日夜夜的奋战，2只13立方米高炉终于建成，公私合营王源吉

一炉放一百多只坩堝炼鋼
王源吉試驗成功大面積生產的坩堝炼鋼法

王源吉冶鑄厂職工在土法炼鋼运动中，大胆冲破坩堝炼鋼只能小量生产的「常規」，在本月十七日，試驗成功了一爐放一百多个坩堝（一般一爐只放三、四个）的大面积生产的坩堝炼鋼法。

这种坩堝炼鋼爐是利用該厂的炼錫炉試成的。当該厂車間領导干部黃明瑚、錢錫明和孫进善等，开始提出利用原来的炼錫炉試搞大面积坩堝炼鋼的建議时，在羣众中曾經引起爭論。有人認为：炼鋼的炉温比炼錫所需炉温高，炼錫炉面积大，炉温易散失，不能「冒失」瞎搞。另一部分人却認为既然小坩堝炉里能炼鋼、只要大胆試驗、多想办法，炼錫炉里一定也能炼出鋼来。中共南長区委和厂的党总支积极支持这一創議。在羣众中展开「要不要力爭快出鋼，多出鋼？」的專題辯論，冲破右傾保守的「思想关」，發揚敢想敢干的共产主义风格。在十六日晚上，大胆进行試驗，結果在第一炉內共裝炼鋼坩堝一一二只；四个小时出一炉，炼成中炭鋼一五二〇斤，上午9时再进行第二炉試驗，又炼出鋼一六二〇斤。这种坩堝炉一天可開炉三次，日产鋼二吨以上，炼錫大土窑变成了炼鋼丰产炉。

这种土坩堝炼鋼炉，上馬快、出鋼多、設备簡單、技术容易掌握。炉身結構簡單，一天就能建成，所需坩堝也是用土法自制的。

王源吉冶坊试验成功大面积生产坩埚炼钢法，《工农生活》于1958年10月27日专门进行了报道

① 《王源吉试验成功大面积生产的坩埚炼钢法》，《工农生活》1958年10月27日，第2版。

冶坊从此跨入了冶炼厂的行列。10月25日，中共无锡市委、市人民委员会组成贺喜队，由市委第一书记包厚昌亲自带队到创造先进纪录的王源吉冶坊进行祝贺。[①]

公私合营王源吉冶坊在"大炼钢铁"的同时，阵地文娱活动同样搞得红红火火，为"钢铁战士"提供了丰富的文化娱乐生活。在区文化馆的指导帮助下，8月31日，王源吉钢铁营文工团正式成立。文工团经常组织钢铁战地慰问队深入炼钢营地进行慰问演出，在广播中演唱自编的锡剧、说唱、歌曲，并且编排大型歌舞剧，还参加全市的会演，获得了创作奖和优秀演出奖，被评为无锡市文娱活动优秀单位。[②]

在第二次"钢铁战役"中，公私合营王源吉冶坊被确定为全市"大炼钢铁"重点单位。为了发挥重点单位的作用，1958年，市委决定将新华铸件厂、南长七一钢铁厂并入公私合营王源吉锅厂，形成食锅制造、机械铸件、有色金属冶炼为一体的综合型冶铸企业，恢复因"大炼钢铁"中停止生产的铁锅、汤罐、铁砧等产品，党组织由支部晋升为总支，厂名改称为地方国营王源吉冶铸机械厂（以下简称王源吉冶铸机械厂）。

地方国营王源吉冶铸机械厂生产车间（1959年）

1960年4月，淮阴锅厂派人来到无锡王源吉冶铸机械厂，要求帮助他们解决"炉温烧不高，铁水流不出"的问题。王源吉冶铸机械厂连夜派出以市劳动模范挂帅的攻关小组赶赴淮阴，对炉子做了一系列改进，及时解决了淮阴锅厂炉子的结构问题和进风问题，确保炉温升得快，铁水流得畅，而且使炉子在修理后一次可连续使用时

① 无锡哲学社会科学研究所：《无锡十年大事记（1949—1959）》，无锡：无锡人民出版社，1959年，第112页。

② 《王源吉钢铁营文工团成立》，《无锡日报》1958年9月3日，第5版。

王源吉冶铸机械厂生炉车间(1959年)

间从过去3天延长到14天。为此,淮阴锅厂十分感激,专门给无锡王源吉冶铸机械厂送来了锦旗。①

“一哄而起”的“大炼钢铁”运动,它违背了生产力发展的客观规律,也带来了消极后果,不仅使国民经济比例严重失调,而且造成极大浪费,导致钢铁生产成本极高。公私合营王源吉冶坊生产的生铁同样如此,特别是利用小高炉土法生产的生铁质量低劣,有许多只能作为废铁处理,造成了很大的浪费。但在这段历史中,公私合营王源吉冶坊得到了锻炼,积累了大量技术人才,丰富了企业冶铸技艺,形成了较为完整的生产体系,在接下来的发展和调整中,很快成为了无锡的利税大户。

1961年1月,党的八届九中全会正式通过了针对国民经济的“调整、巩固、充实、提高”的方针。为了认真贯彻这一方针,8月,无锡市经济计划委员会批复市轻工业局、南长区方案,将南长农机厂并入第三通用机械厂,部分设备人员充实王源吉冶铸机械厂。凡是王源吉冶铸机械厂能用的原材料留给该厂使用,按价付款。凡属原南长农机厂所用之铁炭和其他原材料归第三通

王源吉冶铸机械厂鸟瞰(1959年)

① 《共产主义大协作的小故事——记无锡王源吉冶铸锅厂帮助淮阴赶江南一事》,《无锡日报》1960年7月6日,第2版。

用机械厂使用。债权债务归第三通用机械厂负责处理，原南长农机厂外接任务转给第三通用机械厂。①

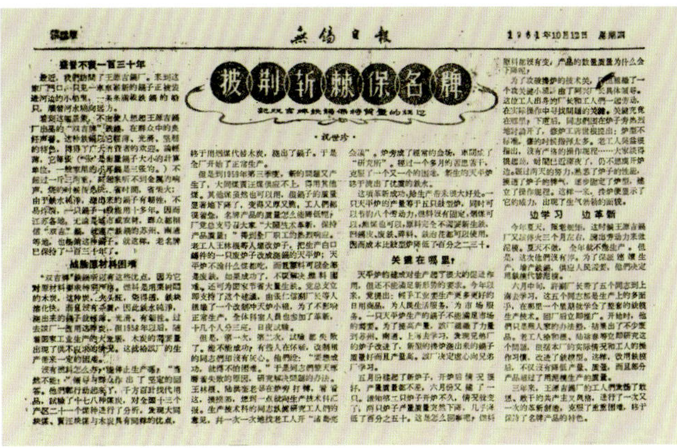
无锡日报　1961年10月12日　星期四

披荆斩棘保名牌

边学习　边革新

王源吉冶铸机械厂披荆斩棘保名牌，《无锡日报》于1961年10月12日专门进行了报道

王源吉冶铸机械厂在认真贯彻中央“调整、巩固、充实、提高”方针中，确立了三个工作重点：一是巩固冶坊生产取得的成果；二是充实冶铸产品的品种；三是提高产品质量和经济效益。1962年，王源吉冶铸机械厂针对企业的实际，提出了“保质量、保名牌”的口号，在降重量、提质量上下功夫，提高王源吉品牌的社会影响力。在活动中，王源吉冶铸机械厂坚持两手抓：一手抓降低重量，采取措施，改进操作，在保证铁锅浇得光滑、厚薄均匀、修得光滑、浇口圆正的基础上降低重量。另一手抓提高质量，抽调技术骨干，充实检验力量，提高职工操作技能。同时，不定期举办质量分析会，让群众进行分析讲评，提高了大家的质量意识。经过全厂职工的共同努力，铁锅质量有了较为显著的提高，较国家规定每张铁锅重量1.3市斤的标准降到了1.221市斤，锅脐也从5公分缩小到4公分，在内外光洁、口圆边齐、厚薄均匀等方面也有了一定程度的提高。

这一时期，王源吉冶铸机械厂利用废铁屑、刨花铁铸锅经验在全国范围内产生了很大的影响。1962年8月、1966年6月，中华全国手工业合作总社五金局先后两次发出通知，推广无锡王源吉冶铸机械厂利用废铁屑、刨花铁铸锅的经验，认为无锡王源吉冶铸机械厂利用废铁屑、刨花铁铸锅的经验很好，能有效地解决原材料缺少的困难，增加铁锅生产产量，有在全国推广的价值。通知要求有关省、市

① 无锡市经济计划委员会：《关于南长农机厂并入三通用，部分装备人员充实铁锅生产的通知》，无锡市档案史志馆藏。

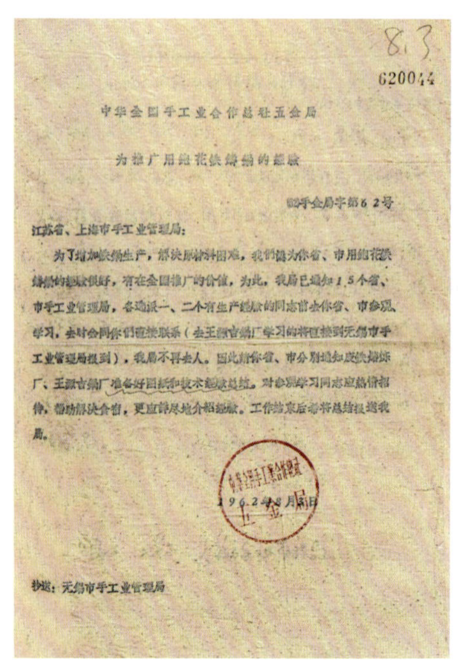
8.3

620044

中华全国手工业合作总社五金局

为推广用刨花铁铸锅的经验

62手金局字第62号

江苏省、上海市手工业管理局：

为了增加铁锅生产，解决原材料困难，我们认为你省、市用刨花铁铸锅的经验很好，有在全国推广的价值，为此，我局已通知15个省、市手工业管理局，各选派一、二个有生产经验的同志前去你省、市参观学习，去时会同你们直接联系（去王源吉锅厂学习的将直接到无锡市手工业管理局报到），我局不再去人。因此请你省、市分别通知废铁熔炼厂、王源吉锅厂准备好图纸和技术经验总结。对参观学习同志应热情招待，帮助解决食宿，更应详尽地介绍经验。工作结束后希将总结报送我局。

1962年8月3日

抄送：无锡市手工业管理局

中华全国手工业合作总社五金局关于推广王源吉锅厂用刨花铁铸锅经验的通知（1962年8月）

手工业局，选派有生产经验的同志去无锡王源吉冶铸机械厂参观学习冲天炉（即天平炉）利用废铁屑、刨花铁铸锅的经验。①1962年，江苏省电影制片厂还专程来到无锡王源吉冶铸机械厂拍摄纪录影片《双吉牌铁锅》，并在有关企业中组织观看，有效地扩大了王源吉品牌的社会影响。王源吉冶铸机械厂从1960年到1965年共利用废杂铁1.9万吨，生产铁锅429万只，铸铁管1000余吨，上缴国家调拨再生铁800余吨，并五次降低铁锅出厂价格。

1962年9月14日，无锡王源吉冶铸机械厂铸锅模型烘房失火，东面烘房4间及糠灰间1间全部被烧毁，连带损坏一部分模型，共计损失4100元。这些烘房是1961年10月利用原有砖木结构的旧房屋整修改建而成。在使用过程中火锅经常发生损坏漏火，致烘房平顶长期受高温熏灼，产生危险现象，但企业没有及早采取预防措施，致使发生了这起失火事故。江苏省手工业管理局对这一事故在全省范围内给予了通报。②

为了贯彻“调整、巩固、充实、提高”的方针，结合王源吉冶铸机械厂土法炼铁方式已淘汰的实情，1963年3月，市委决定从王源吉冶铸机械厂分出南长农机厂、南长有色金属冶炼厂（后更名为内燃机配件厂），成为独立建制企业。原企业名称改为王源吉锅厂，成为铁锅冶铸专业企业。5月份起，加快淘汰土法炼铁设备，先

① 中华全国手工业合作总社五金局：《为推广用刨花铁铸锅的经验》，1962年，无锡市压缩机股份有限公司档案室藏。

② 江苏省手工业管理局：《关于无锡市王源吉锅厂发生失火事故的通报》，1962年，无锡市压缩机股份有限公司藏。

后拆除小高炉2座、热风炉3座、除尘器3座、出铁棚234平方米，保留大型热风炉1座、32米烟囱1座、100吨水塔1座、鼓风机房及锅炉房130平方米。

一不伸手　二不坐等

废铁变宝铸好锅

共产党员必须懂得以局部需要服从全局需要这一个道理。如果某项意见在局部的情形看来是可行的，而在全局的情形看来是不可行的，就应以局部服从全局。反之也是一样，在局部的情形看来是不可行的，而在全局的情形看来是可行的，也应以局部服从全局。这就是照顾全局的观点。

毛泽东《中国共产党在民族战争中的地位》

服从大局　自力更生　找米下锅

英雄制服天平炉　废铁一次铸好锅

王源吉锅厂废铁变宝铸好锅，《无锡日报》于1966年2月9日专门进行了报道

1963年，王源吉锅厂发动群众深入开展了以提高质量为中心，以降低成本为主要内容，以实现“五好”为目标的增产节约运动。总结推广了柳友福同志勤出灰、提高炉温的先进经验，领挡老师傅唐荣甫消灭缩节废品的经验，生产能手袁天宝师傅抓得干、瓦得平、浇得准的操作经验和徐和根小组的“七清三注意”操作责任制等经验，全年利用废旧杂铁4312吨，为国家节约新生铁3090吨，成品率达到93.92%，铁水质量经北京机械研究所测定，符合质量要求。全年提前38天完成了109万只铁锅任务，提前57天完成了14.2万只汤罐任务，提前106天完成了浴锅任务。

1964年，王源吉锅厂打破常规，利用天平炉熔炼废杂铁直接浇铸铸铁坑管，既节约了成本，又增加了利润。1965年，市计委决定由王源吉锅厂接收无锡铸造一厂小口径铁管生产业务，并将该厂所属小口径铸铁管的工模具和15名技工全部划归王源吉锅厂，同年10月投入生产，为此王源吉锅厂自行设计制造两个小口径连续拉管机组。由于铸铁管也是以废旧铁为原料，所以成本低，利润高，增加了企业的经济效益。

1965年，王源吉锅厂的铁锅在全国质量评比中名列第一名。这次评比是轻工业部组织的全国铁锅行业铁锅质量综合性评比，规定参加评比的企业提供五只样品锅运至无锡，集中于评比检测场所。无锡王源吉锅厂、广东增城锅厂、内蒙古赤峰锅厂等20家企业参加了这次评比。评比中，按评委会制定的检测细则，逐项

打分，最终进行综合排名。王源吉锅厂在这次评比中，各项主要指标及综合评分均高于其他企业。特别是在其中一项关键检测项目——过火关检测中，王源吉锅厂的铁锅连续七次不炸裂，证明了其铁质的韧性十分突出。过火关检测就是将铁锅放置在炉子上加热，锅内再放入0.1公斤铅块，待铅块变成液体后倒出，再用一桶冷水倒入锅内，观察其在冷热激变中是否炸裂。在这项测定中，许多企业铁锅在第一轮中就被淘汰出局。经过考评，王源吉锅厂的铁锅获得了全国铁锅质量评比第一名。

1966年5月，王源吉锅厂以敢闯敢创的精神，建成了全国第一条机械化铸锅流水线。早在1965年，王源吉锅厂就在全厂掀起了群众性技术革新热潮，专技人员、领导干部、工人群众齐心搞设计，先后研制出了手扳绞链式、电动绞链式、丝杆升降式、行架起重式等6种机动敞扣模，为机械化铸锅打下了基础。进入1966年后，王源吉锅厂一方面聘请外厂技术人员来厂指导，组织技术攻关协作；另一方面，组成领导干部、技术人员、生产工人“三结合”攻关小组，日夜进行技术攻关。经过20多天的突击攻关，36台锅模装上流水线，反复进行测试、调整、改进，终于制成了全国第一条机械化制锅环形流水线。采用流水线生产后，产量比手工生产提高30%左右，质量也有一定程度的提高。[①]

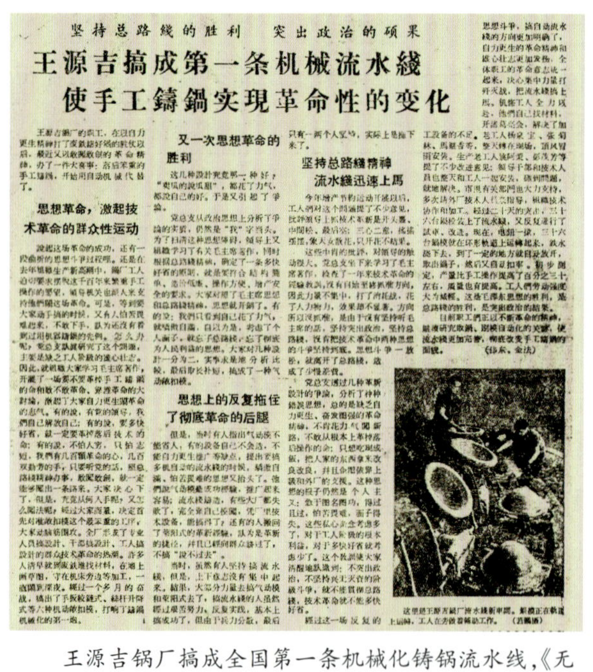

坚持总路綫的胜利　突出政治的硕果

王源吉搞成第一条机械流水綫

使手工鑄鍋实現革命性的变化

又一次思想革命的胜利

思想革命，激起技术革命的群众性运动

坚持总路綫精神　流水綫迅速上馬

思想上的反复拖住了彻底革命的后腿

（伟东、金法）

王源吉锅厂搞成全国第一条机械化铸锅流水线，《无锡日报》于1966年5月20日专门进行了报道

①《王源吉搞成第一条机械流水线 使手工铸锅实现革命性的变化》，《无锡日报》1966年5月20日，第1版。

在企业社会影响不断提高的同时，企业职工的工资水平、生活品质和社会地位也不断提高，许多职工家中手表、自行车、绒线衣样样都有，钞票还有多余存银行。王源吉锅厂生产车间都是男青年，但他们的婚姻问题从来不用愁，因为社会上许多女青年都以能嫁给王源吉锅厂的男青年为荣，这从另一个侧面也反映出了王源吉企业和职工的社会地位。

无锡锅厂厂牌

1966年8月24日，王源吉锅厂更名为无锡锅厂，“双吉”牌商标更名为“工农”牌商标。

铁锅系炊事用具，关系到城乡人民生活的安定。中华人民共和国成立以来，人民政府对该行业十分重视，王源吉冶坊属地方管理时，一直由无锡市手工业管理局管理（后转入无锡市轻工业局管理）；隶属江苏省轻工业厅领导时，铁锅生产计划由江苏省轻工业厅下达，主要原燃料纳入计划，焦炭、生铁、废杂铁每年下达计划，由地方按计划供给。这种办法一直延续到1968年为止，1969年起划归地方安排。

“文化大革命”期间，无锡锅厂无政府主义思潮泛滥，派性斗争不断，严重影响了企业的正常生产秩序，党政组织瘫痪，制度遭到破坏，企业时常处于无序状态。“文化大革命”后期，企业开始整顿，生产秩序逐步恢复。直至1976年粉碎“四人帮”后，企业才真正走上正常发展的道路。

从1956年至1977年王源吉锅厂产量变化情况和生产利润情况可以描绘出这一阶段企业的发展变化趋势，详见《王源吉锅厂1956年到1977年铁锅产量分析表》《王源吉锅厂1956年至1977年铁锅生产利润分析表》。这一方面与我国整个社会经济形势密切相关，另一方面也与企业规划发展、生产经营、技术工艺、成本控制密切相关，是王源吉锅厂发展的真实写照。

1953年，王源吉鑫记冶坊的铁锅产量仅为98万张，利润0.074万元。私私合并和公私合营中全市8家企业合为1家企业，成为无锡铁锅冶铸的独家企业，企业规模、产量、利润情况发生了质的变化。在1956年至1977年的22年时间里，企业产量和利润出现过三次低谷时期、两次高峰时期。下列两表直观地反映出了企业在这一时期的发展状况。

第一次低谷时期出现在1958年至1960年。1958年下半年起，“大跃进”运动进入高潮，企业的铁锅冶铸全面停产，工人绝大部分转入“大炼钢铁”中，铁锅产量利润双双下降，全年铁锅产量为297万张，利润为36万元。1959年在农村集体化运动中，取消了一户一灶，农民们到食堂吃大锅饭。此时，王源吉锅厂以生产大锅为主，产量、利润有所提高，但到1960年，铁锅产量、利润又双双下降，全年铁锅产量为335万张，利润为17.54万元。

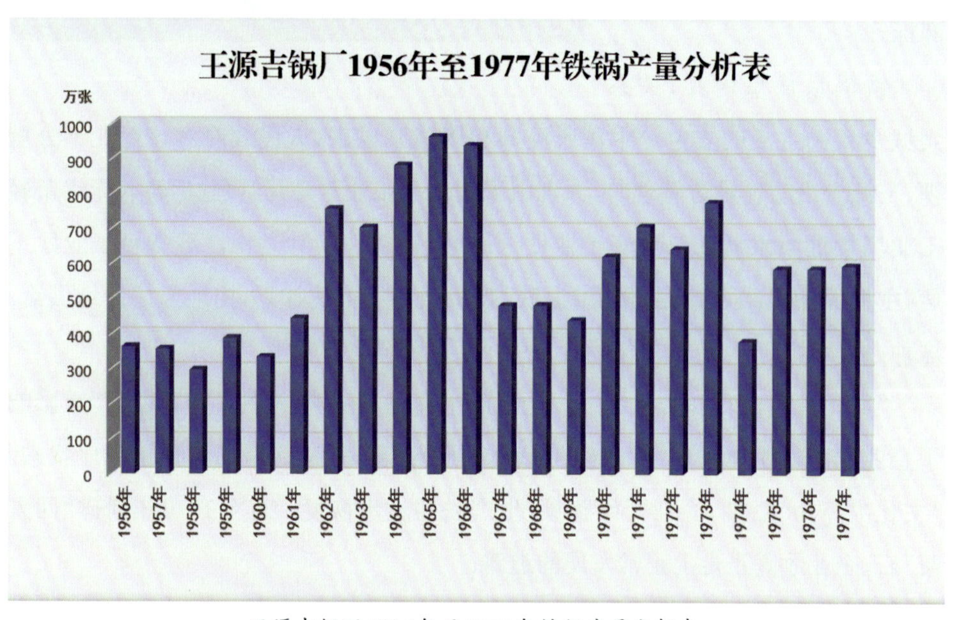

王源吉锅厂1956年至1977年铁锅产量分析表

第一次高峰时期出现在1963年至1966年。王源吉锅厂的铁锅产量一直保持在历史最高水平。1965年全年铁锅产量为965万张，利润为127万元。焦炭由省轻工业厅直拨，使用北京冶金焦，原料全部为废杂铁，质量较好，价格便宜，数量充

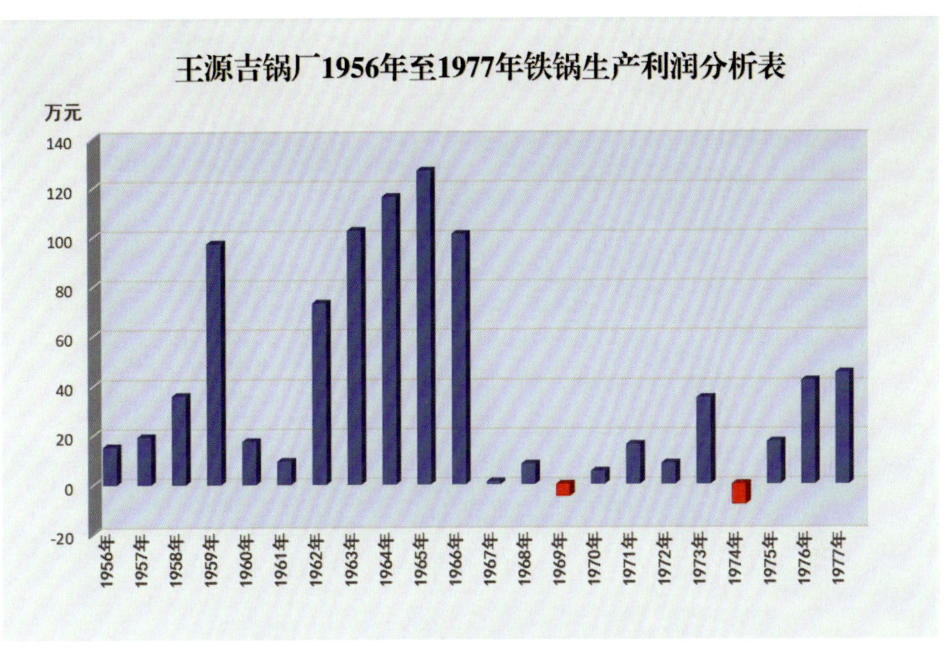

王源吉锅厂1956年至1977年铁锅生产利润分析表

足，铁锅成本在全国各铁锅生产厂家中名列第一位。试制成功的全国第一条机械化流水线又极大地提高了生产效率。因此，这4年共上缴利润447.6万元，特别是1965年上缴利润达127万元，成为无锡市四大超百万利润企业之一，为无锡市的经济社会发展做出了极大的贡献。同时，在全国铁锅生产厂家中也名列前茅，影响极大。

第二次低谷时期出现在1967年至1969年。企业内部派性斗争严重，企业生产秩序遭到严重破坏，经常停工停产。生产计划由省下达改为市下达，相应的焦炭、生铁、废杂铁计划也时常落空，影响了正常的生产组织。1969年的情况特别严重，铁锅产量仅441.82万张，为1965年铁锅产量的45.8%；利润为-4.83万元，系企业公私合营后第一次出现亏损的年份。

第二次高潮时期出现在1971年至1973年。无锡锅厂在全厂职工中持续开展了“工业学大庆”活动，以提高产品质量为重点，加强现场管理，健全规章制度，坚持质量分析，落实质量检验，在无锡召开的1972年江苏省铁锅专业会议的铁锅质量观摩中得到了全省的好评。1973年企业着眼长远发展，制订了无锡锅厂“五五规划”。该年

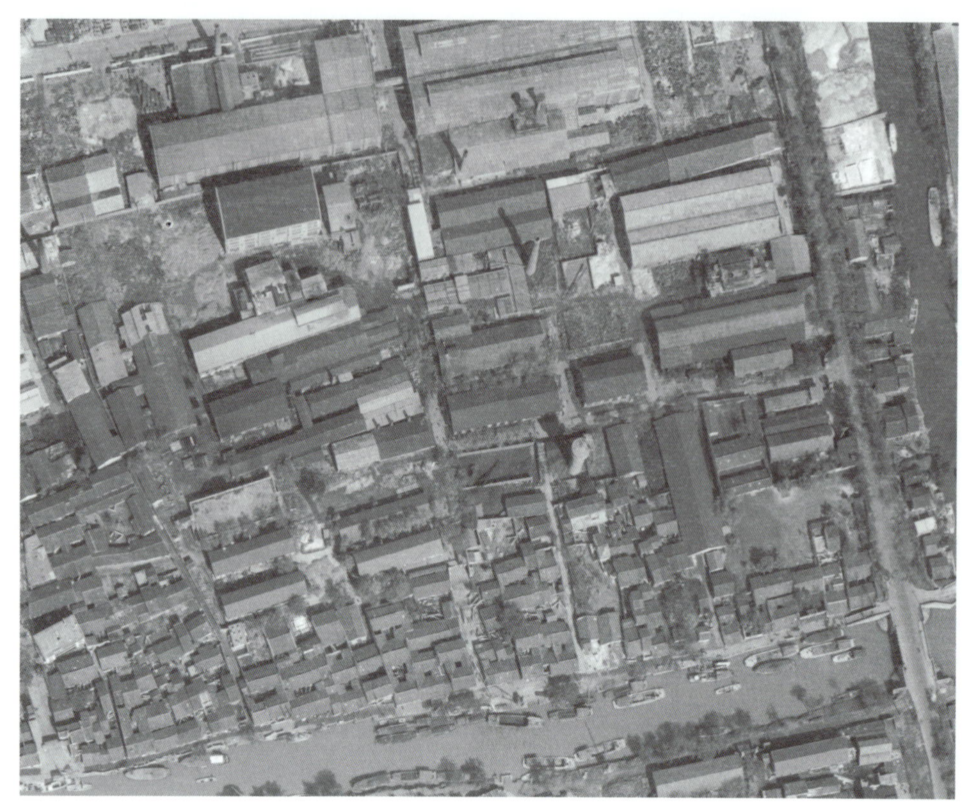

无锡锅厂厂区鸟瞰(1977年航测图)

铁锅产量达到777.77万张,为企业历史第二高值,但利润并不高,仅为34.97万元。

第三次低谷时期出现在1974年。受“批林批孔”运动的影响,各种批判活动占据了大量的时间,企业生产经营不正常。1973年“五五规划”提出的各项指标基本没有得到落实,铁锅产量仅381.45万张,系60年代以来产量最低的年份;利润为-8.11万元,系企业公私合营后第二次亏损。直到1975年才止跌回升,逐步走上正常发展轨道。

改革发展:1978年至1994年

党的十一届三中全会以来,全党工作重点转移到了社会主义现代化建设方面，给企业带来了新的生机和活力。通过开展企业整顿，狠抓产品质量，改进生产工艺，增加产品品种，十多年时间里，企业产量和利润一直保持在高位运行，双吉牌铁锅的市场影响力也不断扩大。进入90年代中期，企业按照市政府产业调整的总体部署，并入无锡压缩机股份有限公司，完成了产业布局调整的任务。

*重视产品质量，恢复品牌声誉。*由于受“文革”的影响，无锡锅厂的铁锅质量曾一度出现下降的情况，在1978年全省铁锅质量评比中，无锡锅厂生产的“工农”牌铁锅位列倒数第一。1979年，无锡锅厂痛下决心，提出了“还我荣誉，恢复名牌”的口号，从每一道生产工序入手，排查质量问题，狠抓质量管理，强化质量考核，打好质量翻身仗。1979年5月5日至9日，在无锡召开的省铁锅质量评比会上，无锡锅厂的铁锅再次被评为第一名。1979年10月，无锡锅厂铁锅产品恢复了“双吉”商标，受人喜爱的“双吉”产品又进入千家万户。

名牌铁锅更好了

无锡锅厂生产的工农牌铁锅（原名王元吉铁锅），是有一百四十多年历史的传统名牌产品。它具有口元边齐、色泽白亮、内外光滑、厚薄均匀、脐小平[illegible]、不偏不侧、不炸不裂、轻薄省柴等特色，驰名全国，畅销各地。

前几年，在“四人帮”的干扰破坏下，这个厂生产的铁锅，质量下降，名牌不硬了。粉碎“四人帮”以后，职工们提出了“还我荣誉，恢复名牌”的战斗口号，狠抓产品质量，使铁锅质量合格率达到百分之九十，内在质量恢复到历史水平。最近，他们又采用新技术，试制成功压铸铁锅。这种铁锅不仅保持了传统名牌特色，还具有底薄边厚、铁质紧密、经久耐用等新优点，使名牌铁锅更上一层楼。

（包伟兴）

先进制

无锡
线电四厂
有关研究
门最近联
研制成功
用封闭式

“还我荣誉，恢复名牌”，名牌铁锅更好了，《无锡日报》于1978年7月20日报道

*增加产品品种，适应市场需要。*1979年，无锡锅厂为了增加产品品种，适应自来水厂和化工、石油、煤气等行业需要，成功生产出了6米长的铸铁管。为了生产这种铸铁管，无锡锅厂新建了1638平方米的新型拉管车间，自制5台可连续浇铸6米长的各种口径的机组。用这种连续拉管机组生产的铸铁管能经受15公斤的压力，质量符合部颁标准，为大批量生产6米铸铁管奠定了基础。[①]同时，为了适应人民生活水平的提高，以及对铁锅花色品种的追求，无锡锅厂努力增加花色品种，与无锡搪瓷厂合作生产铸铁搪瓷锅。该锅的优点是不氧化，不生锈，耐高

① 《六米长铸铁管》，《无锡日报》1979年8月14日，第2版。

温，传热快，不腐蚀，不污染食品，密封性好，坚固耐用，深受民众欢迎。

改革压铸工艺，延长铸模寿命。铸锅压铸模具在所有压铸模具中要求最高，难度最大。黑色金属压铸工艺在国外较长时期得不到发展，主要是模具使用寿命太短，关键问题是热稳性和导热系数差，透气性和容让性与高强度难以调和。无锡锅厂的李燮鑫等人组成攻关小组进行专门攻关，通过成分配比的调整，前后经过了343次试验，摸索出压铸铁锅模具的特殊工艺要求，对模具制造801配方进行了彻底的改革，使压铸锅模具的使用次数达到了300次左右，其使用寿命延长了3倍，有效降低了模具生产成本。

增添生产设备，进行挖潜改造。为了更好地贯彻“调整、改革、整顿、提高”的八字方针，1979年，国家经委和省轻工业局分别给无锡锅厂拨款33万元和30万元进行挖潜、革新、改造，专门增添了3吨冲天炉1台，安装了15吨双梁行车1台、5吨双梁行车1台、5吨单梁行车1台，满足了大口径铸铁管的生产需要，扩大了铸铁管的品种，铸铁管年生产能力增加了1倍，达到15000吨。同时，为了保证铸铁管的配套生产，1980年年底，电炉转产，生产各种铸铁管配件，增强了铸铁管的市场竞争能力。1980年11月，2417平方米新车间又正式建成投产，新车间高大、宽敞、通风好，改变了车间的生产环境，改善了职工的生产条件，企业脏乱差的面貌有了很大的改变。

开展企业整顿，实行承包经营。从1983年四季度起，无锡锅厂在全厂范围内持续开展了企业全面整顿工作。在活动中，以“五项整顿”为主要内容，以提高经济效益为中心，以完善经济责任制为突破口，促进企业健康稳定发展。发动职工制定了以

自找压力　自我奋起

改革给无锡锅厂带来希望

编者按：十二届三中全会《决定》指出，“增强企业活力是经济体制改革的中心环节。”要增强企业活力，企业自身应该发挥自我改造和自我发展的能力。无锡锅厂虽不是实行厂长负责制的试点单位，但他们都能自我奋起，从实行厂长负责制着手，搞得厂里生产充满生机。相比之下，我市有些厂的领导，对改革还在等“红头文件”，缺乏主动精神，请这些同志看看无锡锅厂的报道，考虑一下自己应当怎么办？

在改革中奋起的无锡锅厂，成了人们称颂的实行厂长负责制“自学成才”的单位。

无锡锅厂既不是市里实行厂长负责制的试点单位，又不是局的试点单位，但是他们出于改革的紧迫感，在上级的支持下，自己实行厂长负责制，使厂里生产从亏损边缘转为大幅度增利。今年五月，他们自己实行厂长负责制的第一个月，利润就由上月的一千八百元增加到五万七千多元，以后逐月递增，到九月份，月利润已逾十万元，比改革前增加五十倍。

无锡锅厂（前身是王源吉冶坊）是一个有一百四十多年历史的老厂，主要生产民用铁锅和铸铁管。由于企业内党政不分等弊端，致使管理混乱，今年四月份，生产几乎陷于瘫痪状态，连发工资都有困难，更谈不上发奖金了。

在改革热潮中，他们坐不住了，强烈的事业心驱使他们发奋图强，自行搞起了厂长负责制。厂长自行组阁，聘用了一批年富力强的中层干部。同时，厂部和供应科、生产车间签订了承包合同，对各科室各部门层层落实经济责任制。形成了一个以厂长为中心的高效率的生产指挥和经营管理系统。供应科主动四出“找米下锅”，保证了前方车间正常生产。由于生产经营决策快，全厂职工人人发挥积极性、主动性和创造性，使一个趋于瘫痪的企业充满生机。现在，工资有了保证，每人都拿到奖金，最多的每月可拿四、五十元。以前，一些职工对工厂失去信心，要求调离；现在，看到工厂有活力，有前途，主动撤回了调厂的要求，并以主人翁的姿态积极工作。　（仁生、巨凯）

改革给无锡锅厂带来希望，《无锡日报》于1984年11月5日报道

包（包工）、保（确保）、协（协作）、核（考核）为内容的分级考核经济责任制，把经济责任制与企业的经济成果挂起钩来，把干部职工的个人利益与劳动成果挂起钩来，解决了工作好坏一个样的问题。实行“联利计奖”承包合同，厂长与车间及有关部门签订了“联利计奖”全面考核承包合同，奖金实行上不封顶，下不保底，完不成生产任务就扣除10%的工资。加强基础管理，建立了全面计划管理、全面经济核算、全面质量管理、全员培训管理等一整套管理制度，将各项工作纳入规范化管理。1984年下半年，通过了五金工具工业公司及轻工业局的整顿验收。

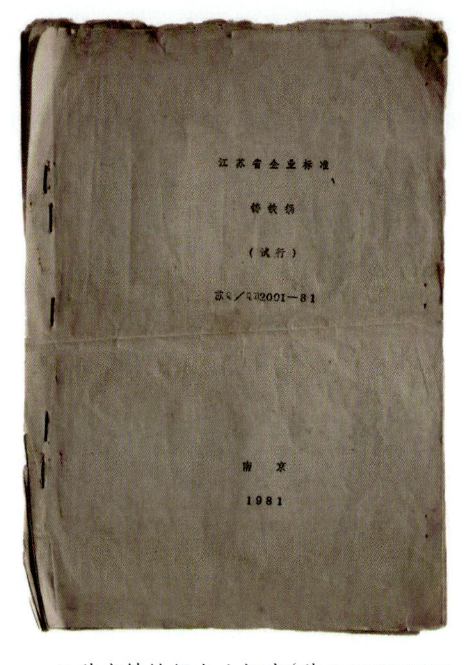
江苏省企业标准

铸铁锅

（试行）

苏Q／QB2001—81

南京

1981

江苏省铸铁锅企业标准（苏Q/QQB2001—81）

参与标准制订，凸显企业影响。改革开放后，国家高度重视行业标准的制订工作，国家级、省级铁锅标准制订工作逐步展开。无锡锅厂受有关部门邀请派出冶铸工程师李燮鑫（系出生于大隆冶坊世家）多次参加并主导了铸铁锅国标、省标图纸设计工作。李燮鑫于1961年进入王源吉冶铸机械厂，学习大隆冶坊、王源吉冶坊铸铁锅冶铸技艺，成长为一名铸铁锅冶铸技艺传人、冶铸工程师。1978年在广州增城召开的全国铁锅标准化会议上，李燮鑫受委托参加铁锅标准制订工作并执笔起草锅型图纸，得到了轻工业部负责同志的首肯，并确定无锡锅厂为华东片组长单位。1981年又受委托参加了江苏省铸铁锅企业标准（苏Q/QQB2001—81）的制订工作，他将无锡锅厂业已成熟的企业标准主要内容融入江苏省铸铁锅企业标准之中。1986年，轻工业部又委托潍坊锅厂、武汉锅厂、上海锅厂、北京锅厂、沈阳锅厂起草国家铸铁锅专业标准（ZBY69001—85），因为无锡锅厂系华东片组长单位，因此，上海锅厂又专门聘请李燮鑫代表该厂参加国家铸铁锅专业标准的制订工作，并负责锅型图纸设计工作。这一期间，王源吉锅厂被推荐为全省锅业组长厂，厂部党总支书记袁振清还多次参加全省铁锅的质量评比、技术操作规程制订、铁锅价格审议等，在全省有很大的影响。也是这一时期，无锡锅厂拥有了行业规则的话语权，凭借制定行业标准，一方面抢占了市场先机，获得了经济利益，另一方面促进了专利保护，提升了企业形象。

恢复法器生产，传承古法技艺。这一时期，全国各地寺院经“文革”破坏后都在恢复修建，无锡锅厂的钟鼎铸造任务应接不暇。1985年，无锡锅厂专门成立了法器工艺生产车间，由曹三房最后一代徒弟周宝兴、郑荣保带徒传艺，打破了家族封闭式传承的陋习，培养出了一大批年轻工匠，“工匠精神”在企业中得到了积极倡导。周宝兴在16岁时就师承江南铸鼎高手唐老二学艺，他还是“全国一只鼎”的苏州民丰锅厂铸鼎巧匠李吉人的师兄。他以刻字雕龙见长，刀法老练，刀路清楚。郑荣保天资聪颖，幼时曾随唐老二、姚长山等多位铸鼎、铸钟高手学艺，博采众长，自成一家。1985年，无锡开源寺进行整修，周宝兴、郑荣保为开源寺专门铸造了两吨大铜钟1座及双层宝鼎1座。在制作大铜钟的过程中，他们从熔炼工艺、浇注工艺、凝固工艺入手，大胆进行改革，并采用加固腰箍等方式，提高浇铸铜钟的质量。做出的铜钟不仅整体造型庄重大气，而且钟声音质优美。扬州市佛教协会副会长、大明寺负责人如浩法师和宁波七塔寺悟能和尚，听了开源寺铜钟钟声后都称赞说声音洪亮低沉，余音长久，回音缭绕，胜过许多著名寺院的钟声。

开拓法器市场，产品声名远播。从1985年开始，无锡锅厂铸造了一大批钟鼎，产品遍及我国江苏、浙江、山西、河南、安徽、陕西、云南、上海、天津、台湾等地及日本、泰国等国家的许多寺庙，无锡锅厂冶铸钟鼎再次声名远播。这一时期生产的产品主要有：为上海静安寺制作三层宝鼎1座，为宁波市七塔寺制作双层宝鼎1座，为宁波市天童寺制作三层宝鼎1座，为浙江溪口雪窦寺制作三层宝鼎1座，为普陀山观音山禅寺制作

无锡锅厂为上海静安寺制作的三层宝鼎

香炉1座，为宁波市招宝山宝陀禅寺制作铜钟1座，为浙江慈溪五磊讲寺制作云板1块，为镇江金山寺制作三层宝鼎1座，为镇江金山江天禅寺制作香炉（天炉）1座，为常州市九龙寺制作宝鼎1座，为常州金坛念佛堂制作宝鼎1座，为无锡市鼋头渚广福寺制作宝鼎1座及香炉1座，为无锡市梅园开源寺制作三层宝鼎1座及香炉1座，为无锡南禅寺妙光塔制作铜风铃56只，为无锡市吴文化公园制作直径3.06米大铜钱1只及2吨铜钟1座，为无锡市阳山镇清水古洞制作2层宝鼎1座，为江阴市骷骨庵制作铜钟1座。还先后为无锡坊前朝阳寺、南山寺、袁村庙，荡口甘露寺，雪浪净慧寺，钱桥龙泉寺，鸿声植福寺铸造宝鼎、香炉、铜钟、铜磬等法器。还有，天津大悲禅院、崇明寿安寺、云南鸡足山寺院也到无锡锅厂订制过法器。这一时期，无锡锅厂钟、鼎产品还远销我国台湾及泰国、日本等地。

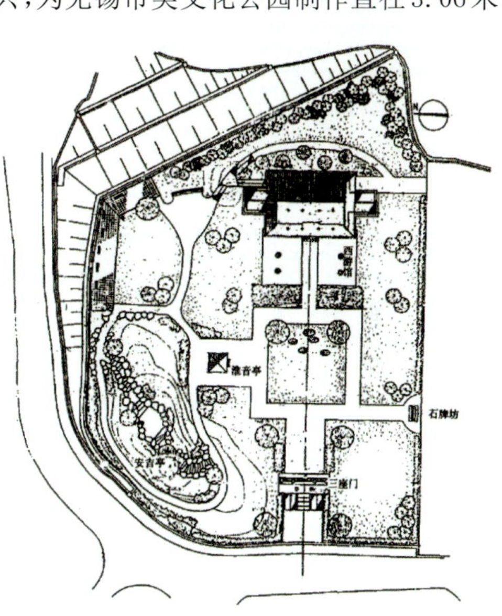

无锡锅厂铸造的铜钟悬挂在日本西山町故乡公苑淮音亭内

值得一提的是，无锡锅厂产品还为中日友好做出过贡献。周恩来总理的故乡淮安市人民政府曾委托无锡锅厂铸造一座铜钟，拟赠送给日本前首相田中角荣的故乡西山町（淮安市与西山町系友好城市）。锅厂接到这一任务后，立即组织专门力量，精心设计、精心配方、精心铸造，以体现中国的铸钟水平。经过广大干部职工的日夜奋战，一座体现中日友谊的精品铜钟被送达了日本西山町。这口铜钟的钟声洪亮悠长，韵律宽厚悦耳，受到了日本友人的高度赞扬。中国淮安市政府和日本西山町政府为了促进中日文化交流，经商议后在西山町田中角荣故居西侧山坡上建立了一座西山故乡公苑，于1997年4月正式竣工并对公众开放。公苑包括田中角荣纪念馆、故乡馆、西游馆、西游园和淮音亭、安吉亭，集中展示淮安市和西山町的历史、人文、风俗、物产。在公苑中央草坪北侧建有一座琉璃瓦顶方亭，亭额题匾为“淮音亭”，亭柱木本色，对联为：“夜半钟声传北斗，朝初紫气挹西山。”无锡锅厂为其铸造的铜钟就悬挂在“淮音亭”内。

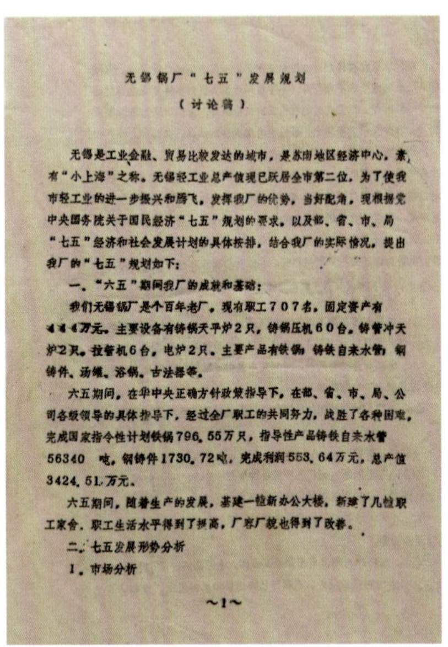

无锡锅厂“七五”发展规划

（讨论稿）

无锡是工业金融、贸易比较发达的城市，是苏南地区经济中心，素有“小上海”之称。无锡轻工业总产值现已跃居全市第二位，为了使我市轻工业的进一步振兴和腾飞，发挥我厂的优势，当好配角，现根据党中央国务院关于国民经济“七五”规划的要求，以及部、省、市、局“七五”经济和社会发展计划的具体按排，结合我厂的实际情况，提出我厂的“七五”规划如下：

一、“六五”期间我厂的成就和基础：

我们无锡锅厂是个百年老厂，现有职工707名，固定资产有444万元。主要设备有铸锅天平炉2只，铸锅压机60台，铸管冲天炉2只，拉管机6台，电炉2只。主要产品有铁锅，铸铁自来水管，铜铸件、汤罐、浴锅、古法器等。

六五期间，在华中央正确方针政策指导下，在部、省、市、局、公司各级领导的具体指导下，经过全厂职工的共同努力，战胜了各种困难，完成国家指令性计划铁锅796.55万只，指导性产品铸铁自来水管56340 吨，铜铸件1730.72吨，完成利润553.64万元，总产值3424.51万元。

六五期间，随着生产的发展，基建一幢新办公大楼，新建了几幢职工家舍，职工生活水平得到了提高，厂容厂貌也得到了改善。

二、七五发展形势分析

1．市场分析

~1~

《无锡锅厂“七五”发展规划》

制定七五规划，推进品牌创优。1986年7月，无锡锅厂在广泛调研的基础上，制定了《无锡锅厂“七五”发展规划》，规划提出：坚持“以锅为主、开发新品、提高效益、增添后劲”的指导思想，推进锅厂持续发展。工业总产值将从“六五”期末的533.29万元发展到898.62万元，年平均递增速度为11%。开发胶木攀铁锅（已试制成功）、彩色搪瓷不粘锅。采用国际先进的真空密封造型工艺和各种色彩的彩搪工艺，开发中高档铁搪瓷浴缸。规划还明确提出：以提高产品质量为中心，恢复双吉牌铁锅的八大特色，创造条件将双吉牌铁锅打入国际市场。在贯彻这一规划中，无锡锅厂坚持抓质量，努力创名牌，继1985年在全国铁锅质量评比中获得第四名后，1986年在全省同行业质量评比中又获得了丰收。参加评比的三个系列产品中，宽边锅获得了第一名，耳锅获得了第二名，单边锅获得了第三名，总分平均为第二名。[①]无锡锅厂并未满足于这一成绩，于1987年1月专门制定出台了《1987年铁锅创优工作意见》，提出了建立创优领导小组，建立创优保证体系，执行高于部颁标准的企业内控标准。1990年，无锡锅厂在全省铸锅化铁炉分等级考评中荣获了“一等炉”称号。

贯彻“三个条例”，推行厂长负责制。1987年，根据无锡市轻工业局关于推行厂长负责制会议精神，无锡锅厂被确定为局首批推行厂长负责制单位。无锡锅厂早在1984年就“自学成才”，先行搞起了厂长负责制，积累了一些经验。在1987年全局推行厂长负责制的过程中，该厂对照轻工业局的意见精神，重新制定了《无锡锅厂关于推行厂长负责制的工作意见》，进一步明确了指导思想、方法步骤和具体

① 《无锡宽边锅全省评比第一》，《无锡日报》1986年10月3日，第4版。

措施，召开厂工会委员会扩大会议，审议本厂“三个条例”实施细则及厂长任期目标材料。在此基础上，于1987年6月底参加轻工业局召开的签订厂长任期目标责任制会议，签订厂长任期目标责任书，正式推行厂长负责制。

无锡锅厂贯彻三个条例的实施细则

（试　　行）

第一章　总　　则

第一条　根据中央两个通知和三个条例精神，结合本厂实际，使厂长、党总支、职代会三方面职责权限更为明确，关系更为协调，使条例的贯彻更为具体化、程序化，特制定本综合实施细则。

第二条　本细则以中央两个通知和三个条例为依据，对规定比较原则的加以具体化、程序化。

第二章　关于厂长的地位作用

第三条　本厂厂长是本企业的法人代表，对企业负有全面责任，处于中心地位，起中心作用。厂长不仅要对企业物质文明建设负责，也要对精神文明建设负责，对于企业生产经营活动及其后果，厂长不仅要对职工负责，更要对国家负责。

第三章　关于工厂管理委员会

第四条　工厂管理委员会由厂长负责召集，每季召开一次。厂长应提前把会议的主要议题通知各委员，以便充分加以研究，以利深入讨论。

第五条　管委会在讨论经营管理重大问题中，意见不一致时，厂长有权作出决定，但要慎重从事。

第四章　关于重大问题决策

第六条　为使企业重大问题的决策民主化、科学化，要根据决策的内容和职责权限制定相应的决策程序，并严格执行。

第七条　党、工、团的脱产人员编制和工作机构的设置、调整，总支应本着精简、效能的原则根据有关规定提出方案，同厂长协商。

无锡锅厂贯彻“三个条例”实施细则

探索经营模式，拓展业务领域。从1983年起，无锡锅厂为了拓展业务领域，曾与多家企业实行联合经营、联合生产或联合经销，包括无锡锅厂、锁厂与无锡县八士农机厂的联营，无锡市锁厂、锅厂与橡胶机械厂的联营，无锡锅厂与轻工铜材厂的联营，无锡锅厂与青龙山管件厂联合生产小口径铸铁管，无锡锅厂与锡山市物资回收利用总公司拆旧厂联合经销铁锅。在这过程中，有成功的经验，也有失败的教训。1983年10月，无锡市锁厂、无锡锅厂与无锡市橡胶机械厂签订了联营协议书，但在联营期间，由于设备选型、生产管理、经营管理等方面的问题，导致联营企业出现亏损，再加上双方主管部门对处理亏损的意见不一致，使联营无法继续进行。锁厂、锅厂退出联营后，三方未能就终止联营的事项进行充分磋商，致使联营厂在解体后多年也未能了结纠纷。直至1989年，无锡市锁厂、无锡锅厂向无锡市中级人民法院提起诉讼，最终由法院作出民事调解才终结了这一联营合同纠纷。1986年下半年起，无锡市轻工铜材厂由于种种原因面临严重困境，由无锡市轻工业局出面协调，于1986年11月促成无锡锅厂、无锡市轻工铜材厂签订了“联合生产铜材协议”，实行联合生产后，轻工铜材厂保留法人地位，人、财、物、产、供、销则由锅厂统一负责。在全厂职工的共同努力下，1986年实现了扭亏增盈。1987年12月，无锡锅厂、无锡市轻工铜材厂又签订新协议，组建国集合营无锡市轻工铜材厂，主营铜管及有色型材，兼营其他有色金属制品，合营企业开始摆脱困境，超额完成了当年上级下达的各项经济指标。1988年3月，无锡市轻工铜材厂改为轻工业局直接领导，无锡锅厂帮助无锡市轻

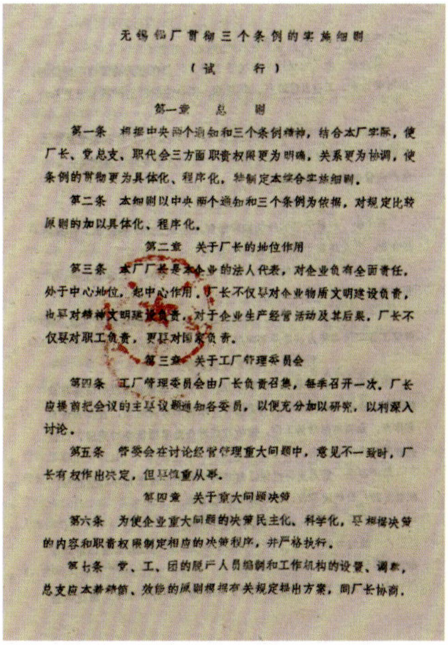

工铜材厂脱困的目标如期完成。

落实中央政策，平反冤假错案。党的十一届三中全会以来，无锡锅厂根据中央的有关部署和有关政策要求，对各类冤假错案重新进行复查，审查和纠正了对冤假错案有关人员的错误结论，实事求是地对冤假错案进行了平反和纠正。其中恢复党籍1人，纠正错误性质18人，并通过大会当众平反，恢复名誉，经济上给予适当的补助。同时根据“五小”政策，改变原资方从业人员7人的成分，另有2人被批准为工会会员。

关心职工生活，改善职工福利。随着生产形势不断发展，职工福利也得到不断改善。这一时期，无锡锅厂充实了保健站医务力量，共配备医师1名、医士2名、护士2名、练习员1名，开设轻病疗养室，改善职工健康状况。增添托儿所，配备专职保育员，减轻职工家庭育儿负担。改善浴室条件，添置0.5吨链条锅炉1台，为女浴室装置了淋浴。建造中心厕所，绿化厂区和花房，改善职工集体宿舍条件，设有270张床位。1978年在扬名二村建造职工住宅331平方米，1986年在永泰二村购买商品房180平方米，先后共解决40户职工的住房困难。整顿食堂，设置熟食间，修理蒸气小锅炉，添置蒸饭器。1978年实行职工自行车车贴和公共汽车补贴规定，全厂职工享受上下班自行车补贴待遇的有196人，享受私车公用补贴待遇的44人，享受公共汽车补贴待遇的35人，享受县、郊区车辆补贴待遇的166人。享受营养补贴的职工有所增加，从原439人增加到526人，补贴费从每人每月2.5元上升到3.5元。

制订扭亏方案，落实增盈措施。进入1993年，企业面临了严重困境，遭受了三重打击：一是遭受原燃材料价格上涨的打击，废杂铁、刨花铁由计划采购改为议价采购，每吨上涨600元，生铁价格每吨上涨1100元，焦炭价格每吨上涨100元，直接增加了企业生产成本。二是遭受生产开工天数不足的打击，由于停电及避高峰，原每周生产5天减至4.5天，直接影响了企业的产值及效益。三是遭受企业费用增加的打击，水、电、油、煤费用及运输、医保、福利费用均有较大幅度上涨，塘南路拓建拆迁也使企业增加了费用支出，直接减少了企业自由流动资金。1993年5月，企业出现亏损，当月亏损额达24万元。

1993年6月，无锡锅厂制订出台扭亏增盈方案，一方面围绕资金难题，提出了

“借”“讨”“销”“集”“套”等措施，缓解资金压力；另一方面针对改革不彻底、管理不到位的问题，提出了深化内部改革，切实抓好生产管理的相关措施。但由于企业的困难和矛盾积累较多，至1994年上半年，企业仍处于亏损状况。

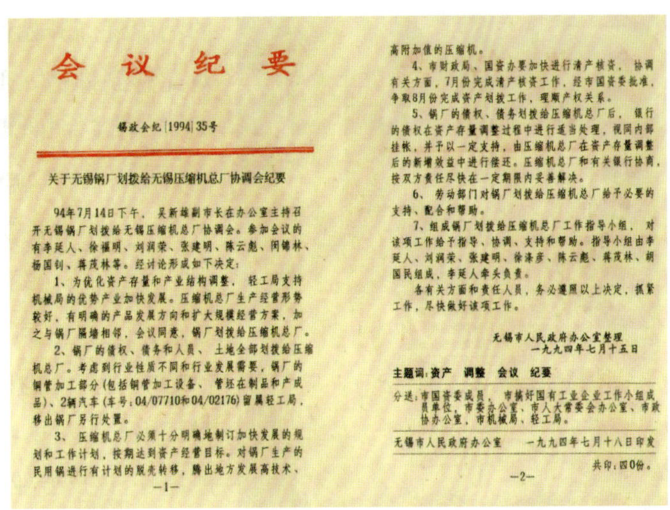

会 议 纪 要

锡政会纪[1994]35号

关于无锡锅厂划拨给无锡压缩机总厂协调会纪要

94年7月14日下午，吴新雄副市长在办公室主持召开无锡锅厂划拨给无锡压缩机总厂协调会。参加会议的有李延人、徐福明、刘润荣、张建明、陈云彪、闵锦林、杨国钊、蒋茂林等。经讨论形成如下决定：

1、为优化资产存量和产业结构调整，轻工局支持机械局的优势产业加快发展。压缩机总厂生产经营形势较好，有明确的产品发展方向和扩大规模经营方案，加之与锅厂隔墙相邻，会议同意，锅厂划拨给压缩机总厂。

2、锅厂的债权、债务和人员、土地全部划拨给压缩机总厂。考虑到行业性质不同和行业发展需要，锅厂的铜管加工部分（包括铜管加工设备、管坯在制品和产成品）、2辆汽车（车号：04/07710和04/02176）留属轻工局，移出锅厂另行处置。

3、压缩机总厂必须十分明确地制订加快发展的规划和工作计划，按期达到资产经营目标。对锅厂生产的民用锅进行有计划的脱壳转移，腾出地方发展高技术、

—1—

高附加值的压缩机。

4、市财政局、国资办要加快进行清产核资，协调有关方面，7月份完成清产核资工作，经市国资委批准，争取8月份完成资产划拨工作，理顺产权关系。

5、锅厂的债权、债务划拨给压缩机总厂后，银行的债权在资产存量调整过程中进行适当处理，视同内部挂帐，并予以一定支持，由压缩机总厂在资产存量调整后的新增效益中进行偿还。压缩机总厂和有关银行协商，按双方责任尽快在一定期限内妥善解决。

6、劳动部门对锅厂划拨给压缩机总厂给予必要的支持、配合和帮助。

7、组成锅厂划拨给压缩机总厂工作指导小组，对该项工作给予指导、协调、支持和帮助。指导小组由李延人、刘润荣、张建明、徐泽彦、陈云彪、蒋茂林、胡国民组成，李延人牵头负责。

各有关方面和责任人员，务必遵照以上决定，抓紧工作，尽快做好该项工作。

无锡市人民政府办公室整理
一九九四年七月十五日

主题词：资产　调整　会议　纪要

分送：市国资委成员，市搞好国有工业企业工作小组成员单位，市委办公室、市人大常委会办公室、市政协办公室，市机械局、轻工局。

无锡市人民政府办公室　一九九四年七月十八日印发

共印：四0份。

—2—

无锡市政府办公室《关于无锡锅厂划拨无锡压缩机总厂协调会纪要》

服从产业布局，加入集团企业。1994年年初，为抢抓改革与发展新机遇，推进国有大中型企业战略性改组，无锡市政府启动了“四化”（集约化、多元化、国际化、现代化）集团军工程。7月14日，吴新雄副市长主持召开协调会，考虑到无锡压缩机股份有限公司生产经营形势较好，有明确的产品发展方向和扩大规模经营方案，加之与锅厂隔墙相邻，决定将无锡锅厂划拨给无锡压缩机股份有限公司。锅厂的债权、债务和人员、土地全部划拨给无锡压缩机股份有限公司，要求无锡压缩机股份有限公司对锅厂生产的民用锅进行有计划的脱壳转移，腾出地方发展高技术、高附加值的压缩机产品。[①]在接下来的5个多月时间里，无锡锅厂完成了人员分流、资产评估、清理债权债务等工作，1995年年初，无锡锅厂、无锡压缩机股份有限公司办理完了各项划拨手续，为全市产业布局调整做出了积极的贡献。

艰辛转型：1995年至2016年

1994年，无锡锅厂并入无锡压缩机股份有限公司后，“王源吉”这个声名远播

① 无锡市人民政府办公室：《关于无锡锅厂划拨给无锡压缩机总厂协调会纪要》，1994年，无锡市档案史志馆藏。

铁锅老艺人、无锡市王源吉锅厂厂长王汉伦

的品牌逐渐开始淡出人们的视野，许多人对此感到惋惜。但就在这个时候，有一个人对“王源吉”的身世及发展表示出了浓厚的兴趣，这个人就是无锡县长安冶金厂（后更名为锡山市长安冶金厂）厂长王汉伦。

王汉伦，1943年出生于无锡，祖上几代曾有多人在王源吉冶坊做工匠，对王源吉冶坊有着深厚的感情。1993年，王汉伦担任无锡县张村中学校办企业——长安冶金厂厂长，该厂专业生产铸铁锅等产品，与铁锅冶铸结下了不解之缘。当他了解到无锡压缩机股份有限公司对原无锡锅厂生产的民用铁锅产品拟进行有计划的脱壳转移，腾出地方发展高技术、高附加值的压缩机产品时，就萌生了接收无锡压缩机股份有限公司中原无锡锅厂的技术力量、品牌商标、生产设备及库存产品，创办无锡市王源吉锅厂的想法。他想通过这一举措扩大企业生产能力，增强企业竞争实力，传承王源吉的冶铸技艺，在铁锅冶铸领域创出一片新的天地。

购买铸锅设备，有偿受让商标。1995年2月，无锡县长安冶金厂在与无锡压缩机股份有限公司进行多轮协商的基础上，签订了关于铸锅设备转让意向书，双方根据无锡市产业结构调整的总体布局，本着互利共赢的原则，协商决定将原无锡锅厂铸锅车间所有设备一次性打包以评估价转让给无锡县长安冶金厂，转让总价格为49.37万元。在进一步磋商的基础上，于1995年3月正式签订转让协议。但鉴于49.37万

无锡县长安冶金厂生产车间

元转让总额中，不能用于生产的设备价格达36.5万元，可用于生产的设备价格仅12.87万元，给无锡县长安冶金厂造成了很大的压力。在无锡县长安冶金厂的请求下，无锡县长安冶金厂与无锡压缩机股份有限公司又签订了补充协议，同意原无锡锅厂库存产品由无锡县长安冶金厂进行处理，以弥补其在接受设备转让中的部分损失。与此同时，两家企业还协商决定了由无锡县长安冶金厂有偿受让王源吉长期以来使用的“双吉”商标所有权，并同时接收70名有制锅经验的老工人。至此，无锡县长安冶金厂事实上传承了无锡锅厂及其前身王源吉的产品、技艺、服务和文化，成为王源吉品牌的传承企业。

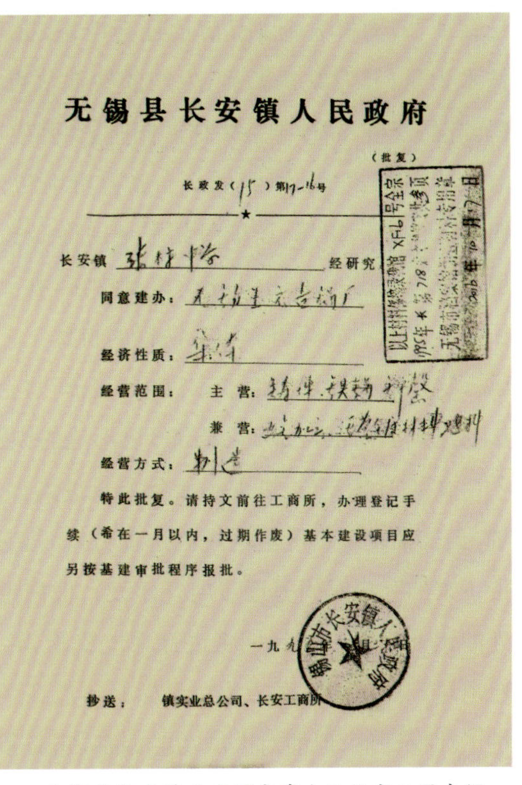

无锡县长安镇人民政府

（批复）

长政发（15）第17-16号

长安镇张村中学 经研究

同意建办：无锡县王源吉锅厂

经济性质：集体

经营范围： 主 营：铸件、铁锅、钟鼎

兼 营：[illegible]

经营方式：制造

特此批复。请持文前往工商所，办理登记手续（希在一月以内，过期作废）基本建设项目应另按基建审批程序报批。

一九九[illegible]年[illegible]月[illegible]日

抄送： 镇实业总公司、长安工商所

无锡县长安镇政府同意建办无锡市王源吉锅厂批复

完成注册变更，扛起品牌大旗。为了进一步打响“王源吉”品牌，让这一非物质文化遗产真正地传承下去，1995年6月，无锡县张村中学向无锡县长安镇政府提出建办无锡市王源吉锅厂的报告。8月，长安镇政府批复同意建立无锡市王源吉锅厂，经济性质为集体企业，主营铸件、铁锅、钟鼎，厂址设在长安镇张村锡安桥，此地紧邻锡北运河，交通运输便利，厂房面积1500平方米，主要生产设备为24台铸锅压机。2001年9月，在酝酿准备多年后，锡山市长安冶金厂进行改制，经无锡工商局变更登记核准，更名为“无锡市王源吉锅厂”，注册资本40万元，法人代表为王汉伦。这一举措在传承非物质文化遗产，防止“王源吉”品牌消亡方面起到了积极的作用。

发挥品牌优势，拓展铁锅市场。在这一时期，企业一手抓新品开发，一手抓质量管理，着力扩大企业品牌的社会声誉，提升企业产品的市场占有率。企业组织技术力量，开发铁锅新品，生产的铁锅从直径30厘米的家用锅到2.13米的巨型锅，产品规格、品种丰富多样。同时，加强生产管理、质量管理和工艺管理，坚持精益求精、精雕细刻，以优质产品赢得市场和客户的信赖。企业产品不但占据了无锡地区的铁锅市场，还辐射到了全国许多省份，甚至出口日本、美国等国际市场。曾经有位美国客商，千里迢迢来到中国，找到企业，有意订购大型铁锅。王汉伦厂长用一口流利的英语介绍了铁锅的特殊工艺和冶铸流程，使这位美国客商惊讶不已。这位客商通过上海一家进出口公司与企业签订了一份铁锅供货合同，企业每年为这位客商供货300只至500只不等的铁锅，最大的铁锅直径达2.13米。

服从调整大局，完成企业拆迁。进入21世纪后，无锡市政府根据城市总体规划，正式批复惠山区新区规划选址方案，规划用地约14平方公里的惠山区新区在接下来的几年时间里逐步展开建设。根据惠山区新区的功能布局，王源吉锅厂所处的锡北运河沿岸区域将进行环境整治，并对其功能进行相应调整，工业企业需迁出这一区域。王源吉锅厂虽然几年前在环境整治方面做了大量的工作，并已通过了环保评估，但面对区域功能调整，它必须服从大局，再一次接受异地迁移的考验。2007年10月，无锡市王源吉锅厂按照产业规划，服从调整大局，与惠山区长安街道拆迁安置办公室签订拆迁协议书，同意拆迁位于长安街道张村的各类建筑物1908.92平方米及构筑物、附属物并将设备搬迁，长安街道拆迁安置办公室给予相应的补偿。

重新选址布局，实现跨江迁移。王源吉锅厂的迁移选址问题，又一次摆在了锅厂领导的面前。纵观整个无锡市的产业布局，铸造企业已被列入淘汰行业，无奈只能在邻近城市选择迁移地点。经过多地考察，综合各方面因素，最终确定将企业迁往水陆要津、咽喉据郡的靖江市马桥镇。选择此地主要考虑两大因素：一是交通便利的因素。此地位于京沪高速沿线，过江阴长江大桥后仅20公里路程，便于企业的原材料、产成品运输。二是产业集聚的因素。江苏省是一个铸造大省，其中靖江市又是一个铸造企业较为集中的县级市，有利于铸造企业的生存。根据企业住所异地变更的相关法规，无锡市王源吉锅厂于2008年1月11日更名成立“靖江王源吉锅业有限公司”，在靖江市市场监督管理局正式注册，注册资本为50万元人民币，注册地址为靖江市马桥镇侯河南街8号。同时，王源吉锅厂停止生产经营，落实人员安置，成立清算小组，清理债权债务，并于同年8月注销无锡市王源吉锅厂。靖江王源吉锅业有限公司成立后，依托王源吉原有的技术优势和产品优势，继续从事铁锅的制造、生产和销售，延续王源吉品牌的社会影响力。

优化企业布局，转移生产基地。铁锅冶铸行业是半手工操作行业，对操作工的冶铸技艺要求较高，一般一个合格的操作工需要三年工夫才能“上手”生产。因此，铁锅生产企业要持续发展，必须要有大批量的熟练操作工。而江西是铁锅生产大省，有较多的熟练操作工。因此，2012年，靖江王源吉锅业有限公司从优化企业布局出发，将生产基地又搬到了江西鹰潭安家落户，实现公司总部与生产基地的分离，对于补充熟练操作工，降低劳动力成本，减少企业各项费用支出都有较大的帮助。

保护历史建筑，守望珍贵遗产。20世纪前后，王源吉锅厂从伯渎港迁到惠山区长安镇，再从惠山区长安镇迁到靖江市马桥镇，但它在伯渎港留下了一笔珍贵的文化遗产——一组“王源吉锅厂旧址”建筑，它受到了无锡市文物保护部门的重

江苏省文物保护单位——祝大椿故居

视，并得到了有效保护。

1956年上半年，为适应企业发展的需要，公私合营王源吉冶坊第二工场厂房与南门伯渎港缫丝第五厂所属原华新丝厂厂房对调，华新丝厂厂房产权归公私合营王源吉冶坊（后更名为无锡锅厂）所有。1994年，无锡锅厂并入无锡压缩机股份有限公司，原华新丝厂部分厂房（祝大椿故居第三、第四进老房子）也一起划归无锡压缩机股份有限公司。华新丝厂厂房原为无锡工商实业家祝大椿的祖产及扩建房产，是一处建筑艺术价值较高的历史建筑。祝大椿（1856—1926），字兰舫，江苏无锡人，1908年由清政府赏给二品顶戴。清末资本家，工商实业家（旧时上海十大民族工商业实业家）。曾任上海商务总会董事、锡金商务分会总理。晚年任上海总商会董事。华新丝厂的这部分房子，其主轴线上的四进房子建于清代，均为面阔3间的硬山顶平房，其中第三进梁架做法奇特，上雕如意云纹，前有船篷形廊轩，后为双步廊，建筑艺术价值较高。主轴线两侧的房子都是后来扩建的，其中西侧有面阔3间、前后4进平房；东侧则为三开间两进、高二层的小转盘楼。2003年6月，无锡市人民政府将这组建筑以“王源吉锅厂旧址”的名称，核定公布为市级文物保护单位。2006年，江苏省人民政府将这组建筑以“祝大椿故居”的名称，核定公布为省级文物保护单位。2008年，无锡市政府又将“王源吉锅厂旧址”列入无锡市工业遗产保护名录。现保存下来的王源吉锅厂厂房除祝大椿故居第三、第四进房子外，还有一栋原王源吉锅厂办公楼（后改为王源吉职工住房）及20世纪50年代建造的一座水塔。

重振发展：2017年至今

2017年1月，为了重振王源吉非物质文化品牌，靖江王源吉锅业有限公司迁回无锡惠山区堰桥开发区，并更名为无锡王源吉冶坊有限公司，法定代表人为王青青，公司经营范围包括：金属工艺品的研发、制造、加工；模具、五金件的制造、加工；五金产品、日用品、机械设备及配件、电子产品的销售等，铸造基地仍保留在江西鹰潭，企业发展进入了一个全新的时期。

这一时期，王源吉锅厂老厂长王汉伦的女儿王青青作为王源吉技艺的传承人

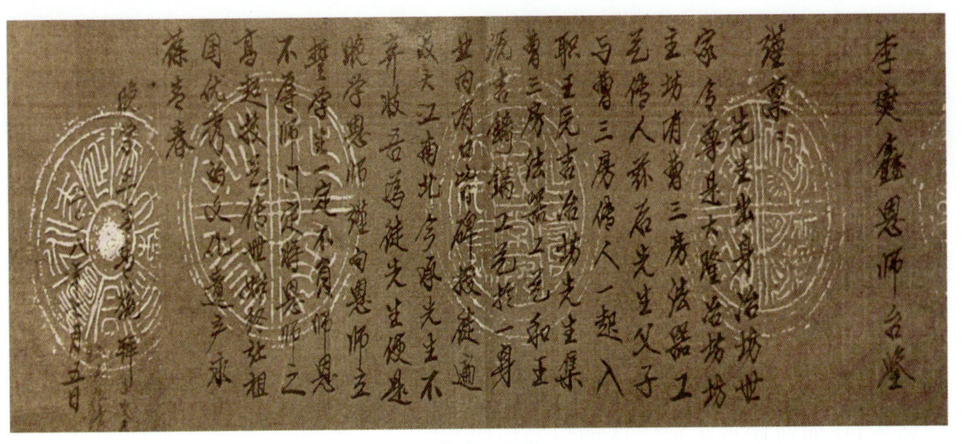
李燊鑫恩师台鉴
谨禀：先生出身冶坊世
家，令尊是大隆冶坊坊
主，坊有曹三房法器工
艺传人苏启先生父子
与曹三房传人一起入
职王元吉冶坊，先生集
曹三房法器工艺和王
源吉铸锅工艺于一身
世内有口皆碑，桃李遍
及大江南北。今承先生不
弃收吾为徒，先生便是
晚学恩师，从此恩师立
规学生一定不负师恩
不辱师门，定将恩师之
高超技艺传世，将发扬祖
国优秀的文化遗产永
葆青春
晚学生王青青拜

王青青拜师帖

正式接管企业。王青青，女，1974年出生，江苏无锡人。1997年进入王源吉锅厂，师从冶坊世家、原王源吉锅厂工程师李燊鑫和父亲王汉伦，学习、传承传统铁锅制作技艺。她进厂工作后，刻苦钻研，虚心好学，到每一道工序去轮番实习，熟练地掌握了铁锅设计、配料、浇铸、抛光的全部流程。她一方面扩大企业的业务范围，增加企业的产品品种，依托企业集团推动可持续发展；另一方面重视企业的品牌建设，加强企业的商标保护，寻求王源吉铁锅冶铸技艺和曹三房钟鼎冶铸技艺的活化传承和活化保护方式。短时间内，王源吉的销售额得到了快速增长，2018年销售额506万元，2019年销售额998万元，2020年销售额1491万元，2021年销售额2007万元，其中，2021年的海外销售额达1003万元。

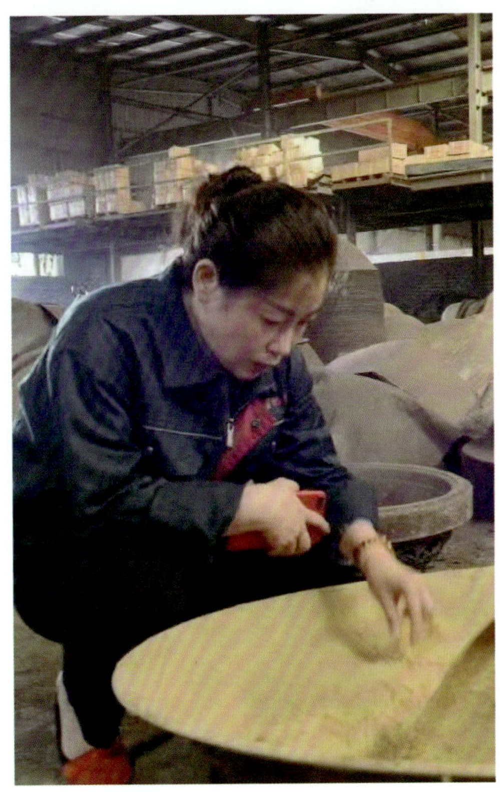
王源吉新一代传人、江苏王源吉新材料集团有限公司董事长王青青

重视非物质文化遗产传承，强化活化保护。2018年7月29日，为推动王源吉铁锅冶铸技艺和曹三房钟鼎冶铸技艺的活化传承和活化保护，无锡市惠山区政协学习文史和文教卫体委员会在王源吉冶坊有限公司的支持下组织举办了王源吉（曹三房）冶坊历史文化遗产传承研讨会，北京故宫博物院专家和省、市非物质文化遗产专家及王源吉冶坊历任领导和传承人共50多人参加会议，与会人员对王源吉冶铸技艺和曹三房冶铸技艺给予了充分的肯定，对王源吉冶铸技艺和曹三房冶铸技艺的活化传承和活化保护提出了一系列宝贵意见。故宫博物院古器物部主任、研究馆员丁孟表示，无锡是中国重要的铸造之乡，打铁冶坊的传统手工业历史悠久，在如何让古法制作铁锅技艺适应新时代发展方面，故宫博物院愿意提供智力支持。这次会议，明确了王源吉品牌的发展战略、传承方式和保护策略，对于王源吉冶坊有限公司的可持续发展具有十分重要的意义。同年12月，无锡市商务局下发《关于认定第二批“无锡老字号”（第一轮及培育企业）的通知》（锡商通〔2018〕275号），认定无锡王源吉冶坊有限公司的“王源吉”品牌为“无锡老字号”。2019年1月，江苏省商务厅下发《关于认定第二批江苏老字号的通知》，认定无锡王源吉冶坊有限公司的“王源吉”品牌为江苏老字号。2022年1月，无锡王源吉冶坊有限公司当选为无锡老字号协会副会长单位。2022年6月，无锡市人民政府公布王源吉铁锅制作技艺为“无锡市非物质文化遗产代表性项目”。目前王源吉冶坊还保存着世世代代流传下来的100多件铁锅青铜模板、铁锅模具、制锅印章、制锅工具及1000多件珍贵历史档案，形成了一整套完整的非物质文化遗产实物，为我国冶铸技艺非物质文化遗产传承做出了重要的贡献。

《民国商标图典》载王源吉“白色双吉”铁锅商标

重视商标注册，保护知识产权。王源吉商标从1930年第一次注册“双吉”商标至今已有90多年历史，其后，还注册过“单吉”“三吉”“四吉”三种不同的商标。这期间，曾经历过注销再注册过程，也因“文革”原因更名为“工农”牌商标，直至1979年由无锡锅厂再次恢复注册为“双吉”牌商标，它承载着企业的形象、文化、美誉和口碑。在企业重振发展中，商标保护已成为刻不容缓的任务。从2018年起，王源吉技艺传承人王青青对其商标的保护范围进行了专门研究，在此基础上，以王青青的名义逐批进行注册，以最大限度地保护王源吉品牌。一方面，对王源吉发展历史中并入企业的名称进行注册。如对“吴永昌冶坊”“曹大房”“曹二房”“曹三房”“同源吉”“王源聚”“大隆冶坊”“沈元吉冶坊”“大元吉冶坊”进行了注册；另一方面，对与王源吉、曹三房品牌相似、相近、相关的名称进行注册。如对与王源吉品牌相似、相近、相关的名称“王源吉冶坊”“王源吉火山”“王源吉湖庄”“王元吉”“王吉源”“王吉吉”“铁吉吉”“王冶坊”“元吉”“双吉”“吉吉”“喆”进行了注册；对与曹三房品牌相关的名称“曹三房冶坊”“曹氏冶坊”“曹三房老全记铸造”进行了注册。另外，对“炉冶夫人”“百年苏锅王”“苏锅”“百年吉源”“吉源宝宝”“大国小锅”“六代人一口锅”及“佩玫”“肃品”“域见疆来”“围炉煮茶”“震昌铁号”“吉源珐琅”等产品名称进行了注册。至2022年3月底，企业共注册439个不同类型商标，其商标的经营范围涉及铁锅、锅炉、日用陶器、祭祀用具、烹调装置、化妆用品、清洁制剂、金属艺术品、银制艺术品、玉雕艺术品、大理石艺术品、漆器工艺品、竹木工艺品、厨房用具、五金器具、园艺工具、金属锁具、净水设备、工业机器人、包装机械、洗衣机、洗碗机、电暖器、室内设计、服装设计、包装设计等众多行业。

1979年，无锡锅厂将“文革”中注册的“工农”牌商标恢复注册为“双吉”牌商标

利用品牌优势，加速企业扩张。这一时期，王源吉冶坊有限公司布局多元化

发展，以组建企业集团为目标，将企业的业务渗透到多个领域。2017年12月，无锡王源吉文化传媒有限公司成立，注册资本100万元。该企业以品牌宣传、品牌营销、品牌服务为主要业务，组织文化艺术交流活动及非物质文化遗产保护的咨询服务，承担会议、展览服务及文化礼仪服务；设计、制作、代理和发布国内广告业务；负责企业营销策划；负责金属制品、日用品及工艺品的销售。2019年1月，无锡曹三房金属制品有限公司成立，注册资本50万元。该企业依托曹三房的品牌优势，以金属制品的制造、加工、销售为主要业务，进行金属工艺品（不含金银饰品）、模具、五金件的制造、加工；五金产品、日用品、机械设备配件、电子产品的销售。2021年5月，无锡王源吉冶坊有限公司长安分公司成立，法定代表人为王青青，主要从事工艺美术品、礼仪用品、日用品、五金产品、电子产品的销售等。2021年11月，江苏王源吉新材料集团有限公司成立，标志着企业跨入集团化经营之路。该企业法定代表人为王青青，注册资本1000万元，经营范围涉及新材料技术研发、推广服务；技术开发、咨询、转让；金属制品、五金产品研发；机械设备、机械零部件、模具、电子产品、五金产品、日用品、工艺美术品、礼仪用品、办公用品销售；企业管理咨询、信息咨询服务；企业形象策划、市场营销策划等。经过紧锣密鼓的筹备，资本融资、新品开发、门店布局、市场拓展等项目已有序展开。

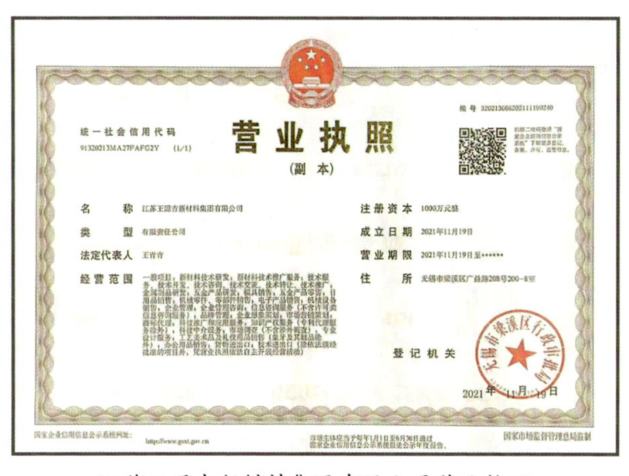

编号 320213666202111190240

统一社会信用代码
91320213MA27FAFG2Y (1/1)

营业执照
（副本）

名称	江苏王源吉新材料集团有限公司	注册资本	1000万元整
类型	有限责任公司	成立日期	2021年11月19日
法定代表人	王青青	营业期限	2021年11月19日至******
经营范围	一般项目：新材料技术研发；新材料技术推广服务；技术服务、技术开发、技术咨询、技术交流、技术转让、技术推广；金属制品研发；五金产品研发；模具销售；五金产品零售；日用品销售；机械零件、零部件销售；电子产品销售；机械设备销售；企业管理；企业管理咨询；信息咨询服务（不含许可类信息咨询服务）；品牌管理；企业形象策划；市场营销策划；商标代理；科技推广和应用服务；知识产权服务（专利代理服务除外）；科技中介服务；市场调查（不含涉外调查）；专业设计服务；工艺美术品及礼仪用品销售（象牙及其制品除外）；办公用品销售；货物进出口；技术进出口（除依法须经批准的项目外，凭营业执照依法自主开展经营活动）	住所	无锡市梁溪区广益路208号200-8室

登记机关 无锡市梁溪区行政审批局

2021年11月19日

国家企业信用信息公示系统网址：http://www.gsxt.gov.cn

市场主体应当于每年1月1日至6月30日通过国家企业信用信息公示系统报送公示年度报告。

国家市场监督管理总局监制

江苏王源吉新材料集团有限公司营业执照

制订企业标准，规范铁锅生产。为了适应企业集团化经营的需要，江苏王源吉新材料集团有限公司成立后，随即展开了古法泥膜铸铁锅的企业标准（Q/320213WYJ01—2022）制订工作。该标准主要起草人为王鹏飞，于2022年3月完成，并在企业标准信息公共服务平台正式发布并实施。该标准按照GB/T1.1—2020《标准化工作导则第1部分：标准化文件的结构和起草规则》的规定起草，详细地规定了古法泥膜铸铁锅的产品分类、原材料、技术要求、试验方法，以及标志、包装、运输、贮存、保质期等一系列规范要求。该标准规定了王源吉的铁锅分为双耳圆底锅、双耳平底锅、单柄圆底锅、单柄平底锅四大类。双耳圆底锅、双耳平底锅的基本规格有直径26厘米、28厘米、30厘米、32厘米、34厘米、36厘米、38厘米、40厘米八种；单柄圆底锅、平底锅的基本规格有28厘米、30厘米、32厘米、34厘米、36厘米四种。这次标准的制订在坚持古法泥膜浇铸工艺压铸成型的基础上，更加突出了质量标准。在锅边平面度，锅身渗水性能，锅身与锅盖配合度，抗跌落性能，手柄抗疲劳性能、抗压性能、抗扭性能，耐高温性能，抗炸裂性能等方面都提出了具体的技术参数，形成了一套较为系统的质量标准体系，为生产高质量古法泥膜铸铁锅奠定了良好基础。该标准已于2022年3月25日起开始实施。

江苏王源吉新材料集团有限公司董事长王青青(左)与冶铸工程师李燮鑫(右)在生产车间

创新服务模式，赢得社会赞誉。王源吉冶坊有限公司坚持线上线下结合，积极拓展服务平台，创新铁锅销售的服务模式。自公司迁回无锡后，王源吉冶坊有限公司就着手在无锡市布局线下实体店。2018年在惠山区哥伦布广场设立了王源吉冶坊销售店，并在店内设立了王源吉冶坊非物质文化遗产展示厅。继而于2021年11月又在中国著名历史文化街区南长街设立了王源吉冶坊销售店，同样也在店内设立了王源吉非物质文化遗产展示厅。至此，王源吉回到了曾经创立和发展的无锡清名桥地区。与此同时，王源吉冶坊有限公司还在天猫、京东、拼多多等平台设有线上销售网店，2019年还开通了抖音直播平台，在天猫、京东、抖音店

江苏省现存仍在经营的最年长老字号

“王源吉”重返南长街

本报讯 24日，江苏省现存仍在经营的最年长老字号“王源吉”冶坊在创立360年之际，重返南长街经营。

诞生于顺治十八年（1661）的王源吉冶坊专事铁锅制作，被业界公认为“苏锅”的创立者。从上世纪50年代起，“王源吉”是清名桥地区最有名的工厂之一，其后50年一直在国内同行业中处于翘楚地位。新世纪，工厂退城进园离开了南长街。此番重返南长街，“王源吉”不仅设立了销售旗舰店，还开办了“苏锅”非遗文化展示馆，其中一张光绪二十九年（1903）五月由4位一品、二品、三品官员联合署名的告示，内容专为保护“王源吉”铁锅不被同业者假冒，堪称锡城商标保护第一案例。

（卢易 图文报道）

王源吉重返南长街，《无锡日报》2021年11月25日专门进行了报道

直播带货，提高了铁锅的销量，增加了客户的黏度。同时，王源吉冶坊有限公司在产品的各个销售平台都突出宣传王源吉的品牌历史和王源吉独有的冶铸技艺，让客户在购买产品的同时，加深对王源吉品牌的了解。2019年，王源吉冶坊有限公司在无锡市惠山区政府的关心和支持下，在惠山区文化馆设立了王源吉冶坊展示馆，将王源吉的发展历史、冶铸技艺、产品品种及商标注册等内容系统地展示在观众面前。2022年11月，王源吉冶坊有限公司代表江苏省老字号企业参加第五届中国国际进出口博览会，一方面，展厅上用老式灶头布置的展位勾起了观众们的儿时记忆；另一方面，展厅上展出的用非物质文化遗产技艺制作的铁锅更受到了国内外客户的青睐，展位前始终熙熙攘攘，人头攒动。江苏省省长许昆林、副省长方伟等专门视察了展位，并对王源吉非物质文化遗产技艺给予了充分的肯定。2023年2月，江苏省委书记信长星在无锡调研期间专门视察了王源吉旗舰店，并对王源吉非物质文化遗产技艺传承和保护提出了殷切期望。

创新服务理念，探索全程服务。王源吉冶坊有限公司十分强调“客户至上”的理念，从客户实际需求出发，建立公司独特的服务体系，确保优质服务覆盖产品设计、生产、销售、修缮全过程，真正体现王源吉产品的全寿命服务、全流程服务。1984年至1992年，无锡锅厂曾先后为无锡市梅园开原寺建造了1座二层宝鼎、1

座三层宝鼎和1座大钟。2019年6月，鉴于开原寺的上述钟鼎法器已历经二三十年光阴，多少都有些氧化生锈和磕碰损坏，王源吉传承人王青青便亲自登门拜访开原寺方丈能超法师，提出为开原寺免费修缮所有王源吉制作的法器，这一修缮工程受到开原寺众僧的好评。接着，王源吉又列出一批年代久远，需要修缮的法器名单，逐个上门进行修缮。在铁锅售后服务方面，王源吉承诺，客户在网上下单后，可以享受极速退款服务。这是企业为诚信会员提供的退款流程的专项特权，额度根据每个用户当前的信誉评级情况而定。另外，消费者在满足7天无理由退换货申请条件的前提下，可以提出7天无理由退换货的申请。

倡导企业文化，坚持薪火相传。解放初，王源吉鑫记冶坊的石库门门头上清晰地写着“鸿炉锻炼”四个大字，这四个字是王源吉企业文化的最好写照，它是几代王源吉人总结提炼的王源吉工匠精神。现在王源吉冶坊有限公司仍然将它作为企业文化激励着广大员工努力工作。它要求企业的所有工作要服务于产品的锻造，服务于人才的锻炼。在重振发展的过程中，王源吉冶坊有限公司十分重视企业文化建设，将此作为一项系统工程加以实施。公司将王源吉工匠精神编写成学习资料，用历史传说、系列故事、宣传图册等形式在企业职工中进行培训授课，教育广大职工在产品铸造中必须精益求精、精雕细刻、精心制造，在个人成长中必须善于学习、善于钻研、善于传承，将王源吉工匠精神融入各项工作之中。同时，

江苏王源吉新材料集团有限公司董事长王青青在省锡中实验学校红领巾实践基地向少先队员介绍王源吉历史

王源吉冶坊有限公司还注重做好王源吉工匠精神的社会传播工作，除了在惠山区文化馆设立王源吉冶坊展示馆外，还在江苏省锡山高级中学实验学校设立红领巾实践基地，将王源吉工匠精神融入学校的课程教学及实践活动之中。2021年11月，无锡市商务局、教育局确定王源吉冶坊为无锡市老字号校外传承基地，王源吉企业文化生生不息，薪火相传，得到了更为广泛的传播。

合并分立企业发展概况

王源吉冶坊的发展历史，从某种意义上说，它就是一部无锡市冶坊业发展历史。在许多历史时期，它就是无锡市唯一的冶坊企业。解放初，虽然无锡市冶坊企业数量达8家，但在公私合营中，合并成了1家企业。其后，又分立出多家企业。因此，研究王源吉冶坊的历史，必须研究其众多合并分立企业的发展历史，从这些企业的发展轨迹中，寻找王源吉冶坊乃至无锡整个冶坊行业的发展过程和发展规律。

大隆冶坊

《无锡市工业基本情况调查表(大隆冶坊)》(1953年4月)

李云清,清光绪三十一年(1905)生,无锡市人。民国八年至十年(1919—1921)在称钮作当学徒,之后在无锡开设称钮作。民国二十七年(1938)开设大隆磅厂永鑫秤店,任经理。民国三十六年(1947)在无锡市惠农桥堍7号开设大隆冶坊,并任冶坊经理。惠农桥堍7号系租用原党和国家领导人陆定一家族的房产。大隆冶坊创立初期时,即将当时已停业的曹三房全部法器工匠纳入自己的冶坊,开大小炉各一只,生产铁锅、汤罐、滚筒、铁钻和炉排等。

大隆冶坊的产品生产使用的是热风炉。李云清在公私合营后按热风炉原理,亲自设计并试制成功了天平炉。该炉以焦炭代替木炭来熔铁铸锅,可保持一周不熄炉,当时在全国处于领先水平,并得到宣传推广。

无锡解放初期,大隆冶坊停炉,生产陷于停顿。1950年开始复工复产,但是劳资矛盾时有发生,经市冶铸厂同业公会出面调解后,生产逐步趋于正常。1951年,大隆冶坊的产量持续上升,位居全市冶坊企业第三位。同时,生产品种逐渐增多,但企业盈利状况不佳。旺季时职工人数达93人,其中生产工人71人。拥有资金3816万元,其中固定资金5771万元,流动资金亏1955万元(1949年至1952年统计资金额为第一套人民币计值,第一套人民币1万元折合第二套人民币为1元)。当年生产皮锅2280套、矽锅13845套、大浴锅3995只、汤罐14661套、耕犁

211942料、铁砧2208担。1952年，大隆冶坊产量有所下降。旺季时职工人数为71人，其中生产工人67人。拥有马达2只共10匹，除冶铁利用马达风箱外，其余都系手工制造。拥有资金3743万元，其中固定资金6137万元，流动资金亏2394万元。拥有熔铁泥炉1只、熔铁铁炉2只。当年生产皮锅255套、矽锅3776套、大浴锅2788只、汤罐12212套、耕犁137838料、铁砧2865担。[①]在接下来的两年时间里，李云清亲自参与企业的生产组织，加强技术指导，拓展产品品种。同时，小炉生产雇用了镇江帮和扬州帮员工，二帮之间相互竞争，产品质量因此有了进一步的提高。

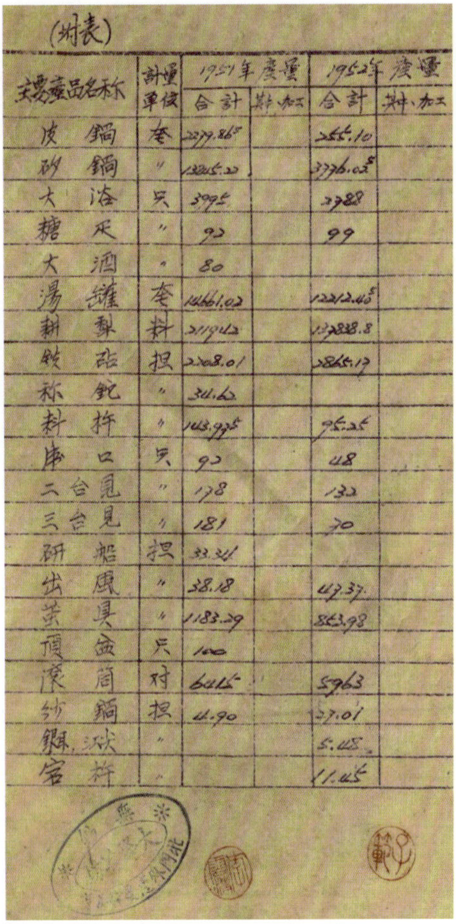

(附表)

主要產品名称	計量單位	1951年度量		1952年度量	
		合計	料.加工	合計	料.加工
皮鍋	套	2279.865		255.10	
砂鍋	〃	13215.22		3776.025	
大浴	只	3995		2788	
糖爪	〃	92		99	
大酒	〃	80			
湯罐	套	14661.02		12212.405	
耕犁	料	211942		137838.8	
鉄砧	担	2208.01		2865.17	
袮鉈	〃	34.62			
耕件	〃	143.995		95.25	
庚口	只	92		48	
二台見	〃	178		132	
三台見	〃	181		70	
研船	担	33.21			
出風	〃	38.18		47.37	
茶具	〃	1183.29		853.98	
頂盒	只	100			
滾筒	对	6045		5963	
紗鍋	担	44.90		27.01	
鋼.沃	〃			5.48	
窨件	〃			11.45	

《无锡市工业基本情况调查表(大隆冶坊)》附表:主要产品名称

1955年10月3日，无锡市王源吉、沈元吉、大源吉、三元吉及江苏大元5家冶坊合并，企业名称为王源吉锅厂有限公司。另外，元兴、源隆两家冶坊报歇，人员由合并后的王源吉锅厂有限公司统一安排。在这次合并中，由于大隆冶坊与这7家冶坊生产产品不尽相同，大隆冶坊未加入合并行列。但在公私合营大潮的影响下，1955年12月10日，私私合并才一个多月的王源吉锅厂有限公司与大隆冶坊一起向无锡市第二工业局提交了申请公私合营报告书。12月23日，两企业公私合营申请被正式批准，完成了冶坊业全行业公私合营，企业名称定为公私合营王源吉冶坊。

① 《无锡市工业基本情况调查表(大隆冶坊)》附表，1953年，无锡市档案史志馆藏。

沈元吉冶坊

位于无锡市滨湖区方桥街的沈瑞洲故居(无锡市文物保护单位)

沈瑞洲，清光绪二十三年(1897)生，无锡市方桥西村人。系上海大资本家，经营桐油、棉花、杂粮三大类物资，并在上海购置地产，兴建住房，成为拥有百万元资产的巨富。其桐油经营尤为突出，被誉为中国的“桐油大王”。早期，其父沈和生在上海浦东开设小炉，生产汤罐、浴锅、犁头等产品，经营颇佳，民国九年(1920)后交由沈瑞洲经营。民国二十七年(1938)派员来无锡开办沈元吉冶坊。投资3000元，坊址设在清名桥南长塘26号，俗称15间头，后作为丝织一厂厂址。起初仅开小炉1只，民国三十年(1941)停办小炉，改开大炉2只，共有职工近百人。由于企业规模较大，内部管理复杂，因此，管理层更迭较多。首任经理是任泰昌，后相继由穆伯勤、朱湧法、倪锡华和李至涵任经理之职，由许万钧掌管供销。小炉产品销往上海、嘉兴、平湖一带，铁锅销往苏北、苏南各地。

该冶坊初期经营比较顺利，头年盈余较多，冶坊即将全部盈利作为设备投资，次年获利达实物木炭千余担，铁锅千余套之多。后由于经营不善，管理不严，又两次被经理友人骗去巨款，亏耗甚多。幸投资人沈瑞洲资金雄厚，先后两次增资，才得以维持企业的正常生产经营。1949年，沈元吉冶坊共有职工45人，每月生产皮锅1900套或矽锅2200套。每月需用原料皮铁600担或废铁660担加矽铁26担，由客户带来换新锅或向各地收购。每月需用燃烧木炭850担，主要向杭州及邻近城市采购。①

① 无锡市工商业联合会筹备委员会:《工业调查表(沈元吉冶坊)》,1949年,无锡市档案史志馆藏。

1951年，据全市工业基本情况调查，沈元吉冶坊拥有熔铁炉1只，职工人数42人，其中生产工人34人。拥有资金17000万元，其中固定资金1660万元，流动资金15340万元。当年生产皮锅1011套，矽锅9964套，其他产品1592万元。[①]1953年至1955年的3年时间里，沈元吉冶坊在熔铁炉数量、职工人数不变的情况下，产量大幅度上升，拥有资金也有所增加，但每年均出现亏损。1953年开工210天，生产食锅288340张，产值79993元，实际亏损6647元。1954年开工268天，生产食锅437539张，产值126653元，实际亏损9394元。1955年上半年开工135天，生产食锅274431张，产值66728元，账面亏损1198元，账面资产为30236元。1955年公私合营前夕，沈元吉冶坊拥有职工43人，其中生产工人31人。拥有熔铁炉1只，5匹三线马达、1匹三线马达，0.75匹二线马达各1只，平屋25间175架。[②]

1955年10月3日，无锡市沈元吉、王源吉、大源吉、三元吉，江苏大元五家冶坊私私合并，企业名称定为王源吉锅厂有限公司。

大源吉冶坊

创设于民国三十六年(1947)6月，由顾似初、张仁信合伙开设，坊址设在吴桥东路172号，全部资金合大米200石。顾似初为经理，张仁信为协理，负责冶坊生产管理。冶坊主营铁锅，兼营油麻。民国三十六年(1947)开大炉1只，民国三十七年(1948)增至2只。所产铁锅商标为“合”字，主要销往苏北等地，以广锅为主。职工总数50余人，其中职员7人，每年有盈余，但不分拆，将全部盈余投入再生产，因此资金较为充足。张仁信是冶坊工人出身，一直在冶坊工作，熟悉铁锅生产管理和技术管理，因此，大源吉冶坊的企业管理状况一直较好，铁锅产量较为稳定，质量也较好，所产铁锅深受民众欢迎。加上冶坊开设地点在吴桥，该处为水上交通枢纽，是

① 《无锡市工业基本情况调查表(沈元吉冶坊)》，1953年，无锡市档案史志馆藏。

② 无锡市工商行政管理局：《关于王源吉、大源吉、沈元吉、江苏大元、元兴、源隆、三元吉七家冶坊合并的意见》，1955年，无锡市档案史志馆藏。

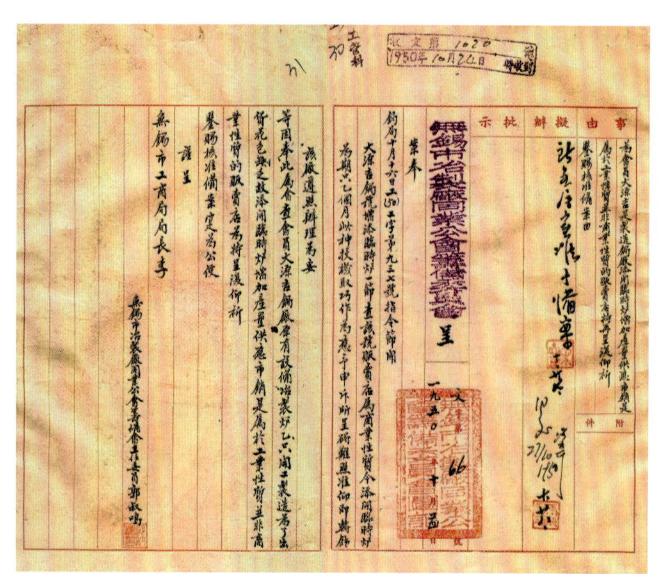

冶铸厂同业公会筹备委员会关于大源吉添开临时炉的呈复(1950年10月)

粮食、山北货、杂品等商品的集散地,有利于铁锅的运输和销售。冶坊前店后坊,便于产品出样推销和推向市场。

1950年冶坊工商登记时改由张仁信为经理,顾洪德为协理,并经市工商局核准添置熔铁锅1只。1951年10月,大源吉冶坊响应抗美援朝总会"六一"号召,劳资双方订立"爱国增产捐献合同",明确了增产计算基数,提出了轻煤、木炭、索绳等原料物品的节约目标,以此为依据开展了4个半月的爱国增产捐献活动,增产节约资金的25%捐献给国家。①从1953年起的3年时间里,企业运行较为正常,生产较为稳定,产量逐年上升,但盈利水平不高,利润逐年下降。1953年开工206天,生产食锅636317张,产值174536元,账面盈余13785元,实际盈余798元。1954年开工262天,生产食锅864361张,产值

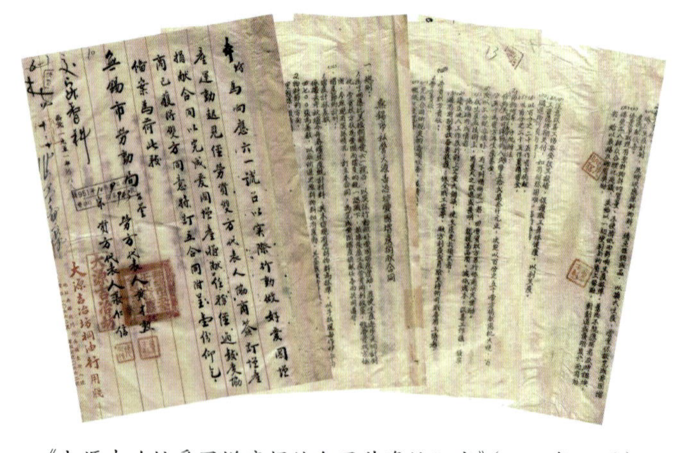

《大源吉冶坊爱国增产捐献合同劳资协议书》(1951年10月)

① 《无锡市私营大源吉冶坊爱国增产捐献合同》,1951年,无锡市档案史志馆藏。

225274元，账面盈余7713元，实际亏损1322元。1955年上半年开工148天，生产食锅451873张，产值106786元，账面盈余5308元，账面净值34316.59元。1955年公私合营前夕，大源吉冶坊拥有职工71人，其中生产工人57人，拥有热风炉2只、2.5匹马达2只、平屋5间35架、凉棚4间。[①]

1955年10月3日，无锡市大源吉、王源吉、沈元吉、三元吉，江苏大元五家冶坊私私合并，企业名称定为王源吉锅厂有限公司。

三元吉冶坊

顺丰昌冶坊工人袁廷荣于1949年建立新元昌冶坊。1950年8月，袁廷荣找到南通人夏金顺商议共同投资建立冶坊，并联系新中染织厂袁建华、协成木行俞佳书作为保证人，随即完成了工商登记，名为三元吉冶坊，并将新元昌冶坊报歇。新成立的三元吉冶坊主营冶制食锅，兼营汤罐、浴锅，并推举夏金顺为经理。夏金顺女婿宣望屺在惠河镇双河尖口39号有房地产，宣望屺以房地产作股金入股，并将冶坊设于此地，供三元吉开炉生产。同时在吴桥东路西首设立门市部销售铁锅，产品以“吉”字为商标，主要销往苏北各地。

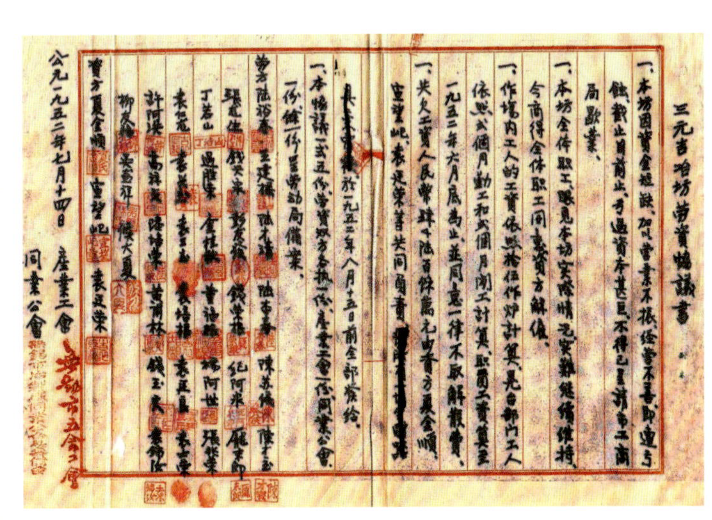
三元吉冶坊劳資協議書

一、本坊因資金短缺、加以营業不振、经营不善、即遭亏蝕、截止目前止、亏蝕資本甚巨、不得已呈請市工商局歇業、

一、本坊全体職工、照見本坊实際情况、实難継續维持、令商得全体職工同意資方解僱、

一、作場内工人的工資依照[illegible]作炉計算、先台部门工人依照弍個月勤工和弍個月閑工計算、職員工資算至一九五二年六月底為止、並同意一律不取解散費、

一、共欠工資人民幣肆千陆百餘萬元由資方夏金順、宣望屺、袁廷荣等共同負責[illegible]
[illegible]於一九五二年八月十五日前全部發給、

一、本協議一式五份、由勞資双方各執一份、產業工會一份、同業公會一份、呈劳动局備案、

劳方 陆裕春 王建林 [illegible] 陈[illegible]
資方 夏金順 宣望屺 袁廷荣

產業工會
同業公會

公元一九五二年七月十四日

三元吉冶坊呈报市工商局关于同意歇业劳资协商协议书（1952年7月）

三元吉冶坊开设之时，正值无锡市各冶坊开设高峰，由于三元吉冶

---

① 无锡市工商行政管理局：《关于王源吉、大源吉、沈元吉、江苏大元、元兴、源隆、三元吉七家冶坊合并的意见》，1955年，无锡市档案史志馆藏。

坊盲目开设，加之经营管理不善，企业一直处于亏损状况。1952年“五反”运动时，在补缴欠漏税后，冶坊资金出现短缺，欠职工三个月工资。经无锡市五金工会、冶制厂同业公会筹委会协调，签订劳资协商协议书，资方夏金顺、宣望屺、袁廷荣同意以固定资产抵作工资，交付职工，并呈市工商局批准歇业。职工以此作为生产资料进行生产自救，恢复生产，冶坊性质改为私营职工合伙企业，名称改为三元吉公记冶坊，公推侯大复为企业负责人。当时有虚资五千元，职工30人，其中生产工人26人。1952年生产矽锅7916套。之后，侯大复因故去职，由张龙生接任。1953年开工196天，生产食锅259229张，产值64807元，账面盈余1302元，实际亏损573元。1954年开工234天，生产食锅362746张，产值90687元，账面盈余6990元，实际盈余1881元。1955年上半年开工120天，生产食锅216111张，产值52618元，账面盈余4615元，拥有资产10902元。1955年公私合营前夕，三元吉冶坊拥有职工35人，其中生产工人28人，拥有熔铁炉1只，无电力设备。

1955年10月3日，无锡市三元吉、王源吉、沈元吉、大源吉、江苏大元五家冶坊私私合并，企业名称定为王源吉锅厂有限公司。

江苏大元冶坊

坊地前身系上海近代五大营造商之一陶桂松创办的大元冶坊的炭窑。陶桂松，清光绪五年(1879)生，上海川沙人。民国九年(1920)创办陶桂记营造厂，因承建永安新厦、外滩中国银行新厦等而闻名上海，被推选为上海市营造同业公会理事。后创办上海大元冶坊，任董事长、总经理。民国三十四年(1945)抗战胜利后，因上海大元冶坊扩大生产所需，设在无锡前夹城的炭窑改为冶坊工场，为上海大元冶坊分工场，因坊址在江苏省，因此取名江苏大元。后由杨福熙任沪、锡两地总经理，邱仲禄为江苏大元经理，由邱仲禄和大司务许正泉两人负责经营。冶坊创办时开炉1只，产量不高，职工人数不多，后逐年增加。1949年年初，经理改为许正泉。他盲目扩大设备，增加熔铁炉1只，职工人数最多时达70余人，其中职员7人。后由于铁锅销量骤降，被迫停炉1只。由于经营不善，负债累累，债务超过全部资产。至1949年下半年，最高月产量仅2100套食锅，但每月原燃料需要废铁

700担、皮铁100担、矽铁40担、木炭1000担。职工工资以米计算,供给膳食,停炉时停给。[1]因无法维持正常生产经营,于1950年上半年报歇。1950年10月,由原江苏大元失业职工28人筹建生产自救委员会。每人出资100—500元,共筹得资金3600元,公推尤肇卿为生产自救委员会主任,负责全面工作,开一只炉。在生产自救中,大家同心协力,经营一年即获利2500元。1951年4月,原资方杨福熙将江苏大元前欠债务全部还清,与冶坊生产自救委员会签订协议,重新接管冶坊生产经营,改名为江苏大元新记冶坊,杨福熙自任经理,尤肇卿负责供销。1953年开工193天,生产食锅281808张,产值72847元,账面盈余353元,实际亏损2370元。1954年开工238天,生产食锅376551张,产值105001元,账面盈余14450元,实际盈余5718元。1955年上半年开工112天,生产食锅186553张,产值46568元,账面盈余1995元,账面资产18193元。1955年公私合营前夕,江苏大元冶坊拥有职工33人,其中生产工人26人。另外,有熔铁炉1只,平屋29间240架,楼房4间32架,无电力设备。[2]

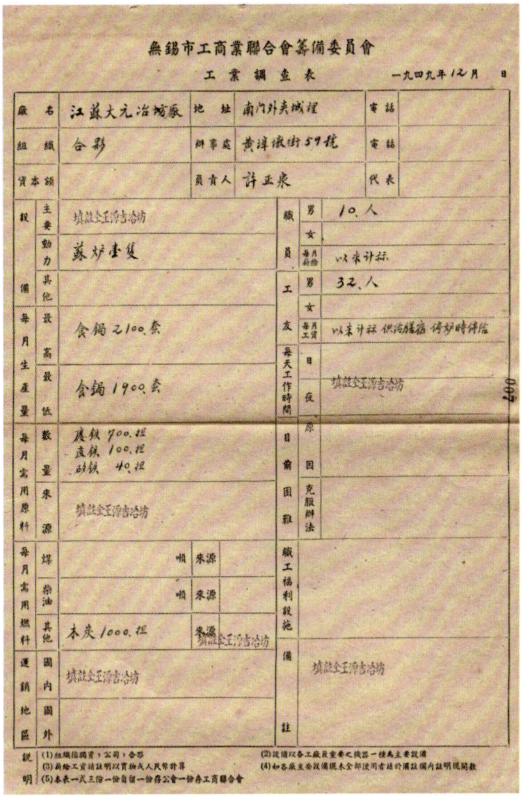
無錫市工商業聯合會籌備委員會
工業調查表　一九四九年12月　日
廠名：江蘇大元冶坊廠　地址：南门外夾城裡　電話
組織：合夥　辦事處：黃埠墩街59號　電話
資本額　負責人：許正泉　代表
設備　主要：填註全王源吉冶坊
動力：蘇炉壹隻
其他
每月生產量　最高：食鍋2100套
最低：食鍋1900套
每月需用原料　數量：廢鐵700担　皮鐵100担　矽鐵40担
來源：填註全王源吉冶坊
每月需用燃料　煤　噸　來源
柴油　噸　來源
其他：木炭1000担　來源：填註全王源吉冶坊
運銷地區　國內：填註全王源吉冶坊
國外
職員　男：10人　女　每月薪給：以米计标
工友　男：32人　女　每月工資：以米计标 供给膳宿 停炉時停给
每天工作時間　日　夜：填註全王源吉冶坊
目前困難　原因
克服辦法
職工福利設施
備註：填註全王源吉冶坊
說明　(1)組織指獨資,公司,合夥　(2)設備以各工廠最重要之機器一種為主要設備
(3)薪給工資請註明以實物或人民幣計算　(4)如各廠主要設備現未全部使用者請於備註欄內註明規間數
(5)本表一式三份一份自留一份存公會一份存工商聯合會
400

无锡市工商联合会筹备委员会会《工业调查表(江苏大元冶坊)》(1949年12月)

该坊地址设在前夹城,办事处设在黄埠墩街59号,门市部设在吴桥东路东

① 无锡市工商联合会筹备委员会:《工业调查表(江苏大元坊坊)》,1949年,无锡市档案史志馆藏。

② 无锡市工商行政管理局:《关于王源吉、大源吉、沈元吉、江苏大元、元兴、源隆、三元吉七家冶坊合并的意见》,1955年,无锡市档案史志馆藏。

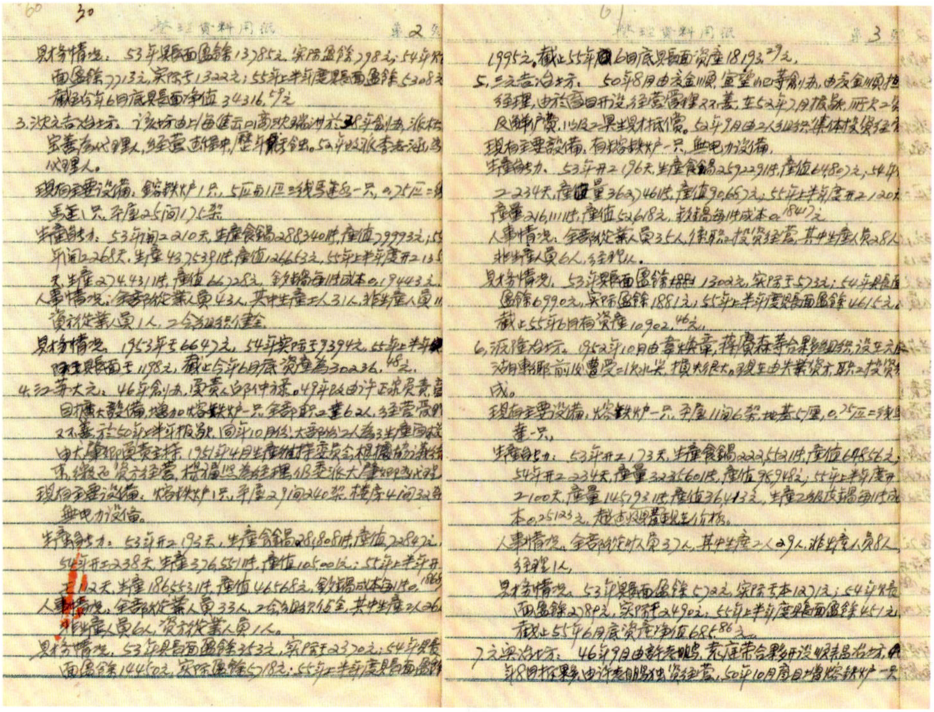

无锡市工商行政管理局《关于王源吉、大源吉、沈元吉、江苏大元、元兴、元隆、三元吉七家冶坊合并的意见》江苏大元冶坊相关内容

首。该坊生产铁锅商标“苏”字，原料由上海运往无锡，销售以扬州、淮阴地区为主，皖北和本市县有少量销售。

1955年10月3日，无锡市江苏大元与王源吉、沈元吉、大源吉、三元吉五家冶坊私私合并，企业名称定为王源吉锅厂有限公司。

元兴冶坊

民国三十五年(1946)9月，许志鹏、袁廷荣合伙开设顺丰昌冶坊，民国三十七年(1948)8月拆伙，许志鹏独资经营设立元兴冶坊。资金4000余元，坊址设在冰池头22号。两处门市部分别设在吴桥东路西首34号和黄埠墩街34号。1951年11月，两处门市部被撤销，改设一处门市部于吴桥东路161号。全坊职工近30

人，其中生产工人26人，开炉1只，铁锅商标为“顺风”。主要销售去向为泰州、滨海、阜宁、盐城、宿迁、响水等地。1950年盲目增加熔铁炉1只，加上生产组织混乱，经营管理不善，冶坊运行极不正常，造成连年亏损。1951、1952年两年曾大批生产扁耳锅销往上海。1953年开工111天，生产食锅166375张，产值47998元，亏损4997元。1954年开工99天，生产食锅188910张，产值54170元，亏损1216元。1955年上半年开工33天，生产食锅67011张，产值14233元，账面盈余508元，负资本373元。1955年公私合营前夕，元兴冶坊拥有职工33人，其中生产工人25人，拥有熔铁炉1只，平屋13间78架，竹屋2间，楼屋1间8架，1匹2线马达1只。

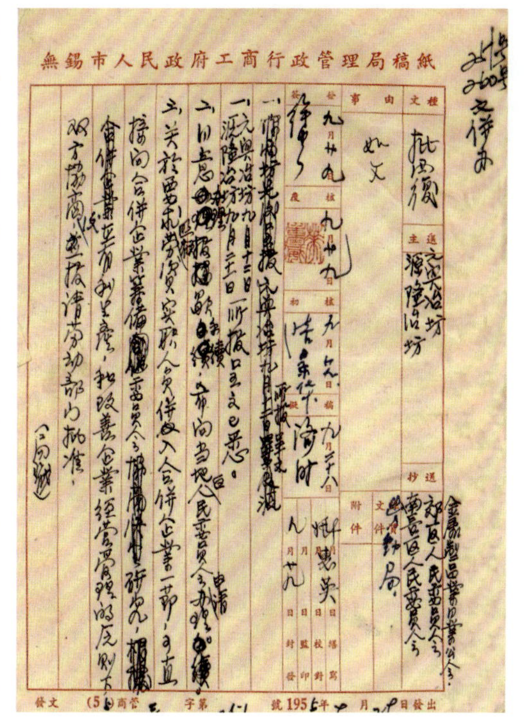

無錫市人民政府工商行政管理局稿紙

无锡市工商行政管理局《关于同意元兴冶坊源隆冶坊报歇的批复》(1955年9月)

1955年10月，在冶坊私私合并过程中，为防止拖垮新企业，元兴冶坊未被列入合并企业范围，单独报歇，职工并入由5家冶坊私私合并而成的王源吉锅厂有限公司。

源隆冶坊

1952年10月，王源吉鑫记冶坊原职员韦焕章、蒋赓森合伙设立源隆冶坊，坊址设于太湖边周大巷(元生冶坊旧址)，职工绝大部分是原王源吉鑫记冶坊的失业人员。1954年，因水灾无法正常生产，搬迁到伯渎港41号大江煤球厂旧址(房主童幼志)，后因政府不同意其迁移方案，又迁到郊区木排头。门市部设在大桥下桃枣沿河1号。该坊拥有熔铁炉1只，平屋1间6架，0.75匹2线马达1只。生产时

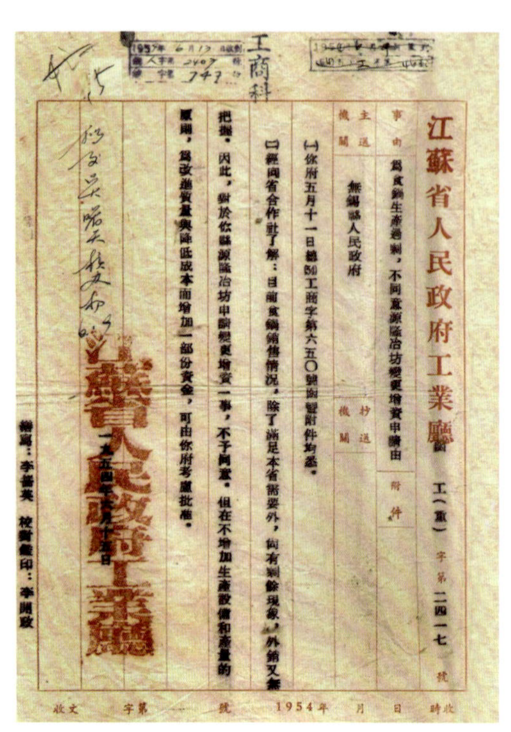
江蘇省人民政府工業廳函　工(重)字第二四一七號

事由　爲食鍋生產過剩，不同意源隆冶坊變更增資申請由

主送機關　無錫縣人民政府

抄送機關

附件

(一)你府五月十一日錫[illegible]工商字第六五〇號函暨附件均悉。

(二)經向省合作社了解：目前食鍋銷售情況，除了滿足本省需要外，尚有剩餘現象，外銷又無把握。因此，對於你縣源隆冶坊申請變更增資一事，不予同意。但在不增加生產設備和產量的原則，爲改進質量與降低成本而增加一部份資金，可由你府考慮批准。

一九五四年六月十五日

擬稿：李善英　校對監印：李開政

收文　字第　號　1954年　月　日　時收

江苏省工业厅出具的不同意源隆冶坊变更增资申请的公函(1954年6月)

断时续，经营管理不善，开业后一直处于亏损状态。1953年开工173天，生产食锅222552张，产值64856元，账面盈余572元，实际亏损1271元。1954年5月，源隆冶坊不顾铁锅市场需求状况及自身生产经营情况，向无锡市政府提出变更增资申请。后经江苏省工业厅了解情况后，认为除了满足本省需要外，尚有剩余现象，外销又无把握，故不同意源隆冶坊变更增资。其当年实际开工234天，生产食锅323560张，产值98948元，账面盈余2789元，实际亏损2490元。1955年上半年开工100天，生产食锅145193张，产值36413元，账面盈余451元，资产净值685元。

1955年10月，在冶坊私私合并过程中，源隆冶坊因大部分职工是原王源吉鑫记冶坊失业人员，曾申请加入私私合并行列。政府为了防止拖垮新企业，未将源隆冶坊列入合并企业范围，单独报歇，职工并入由5家冶坊私私合并而成的王源吉锅厂有限公司。

有色金属冶炼厂

20世纪60年代初，王源吉冶铸机械厂有色冶炼车间主要回收锡箔、铜屑、铝屑，是无锡电缆厂加工铝锭、浇铸线材填料的定点单位。为了贯彻“调整、巩固、充实、提高”的方针，结合王源吉冶铸机械厂土法炼铁方式已淘汰的实情，1963年3月，市委决定将地方国营无锡王源吉冶铸机械厂有色冶炼车间划出，设立地方国营无锡市有色金属冶炼厂，成为独立建制企业。工厂坐落于无锡市伯渎港，以有色金属冶炼和铸造有色金属铸件为主，有职工300人。建厂初期，生产规模迅速扩大，建厂当年和次年为全盛期，月产有色金属达百余吨。1965年，地方国营无锡铸造厂的有色铸造车间被划入有色金属冶炼厂。1969年，为响应国家大力发展农业机械的号召，转型生产农用发动机铝活塞。在上海内燃机研究所的帮助下，克服种种困难，经过反复研制，于1970年6月试产成功S195柴油机（我国第一台自主研发柴油机）上所用的铝活塞，并为当时柴油机行业领军企业——常州柴油机厂配套。1971年，工厂更名为无锡市内燃机配件厂。1978年，随着企业的发展，工厂原有的场地已不能适应发展的要求，为此在河埒口上里东征用32000平方米土地，建造了23000平方米厂房。1979年年底，企业整体迁至河埒口上里东224号。1980年5月，无锡市内燃机配件厂兼并了无锡市低压电器厂，成立国营无锡市电器厂，企业为“两个厂名、一套班子”。1982年9月，无锡市人民电器厂整体并入无锡市电器厂。20世纪80年代初，工厂稳居全国活塞行业第三、第四的地位，是全国活塞行业统计协会理事长单位，活塞产品在市场上供不应求。1989年4月，无锡市电器厂与日本光洋电子株式会社成立无锡市机械局第一家中外合资企业——无锡华光电子工业有限公司（CKE），生产、销售可编程序控制器（PLC）。2000年3月，企业整体转制，挂牌成立无锡市华星机电制造有限责任公司。2003年12月，公司二次转制，国有股全部退出，成为民营企业。2009年12月，企业被江苏新苏机械制造有限公司收购，更名为无锡华星机电制造有限公司。

无锡市有色金属冶炼厂在技术革新运动中改造车床（1970年5月）

西漳铸造厂

西漳铸造厂于1986年年底筹建，1987年10月试产，1988年正式投产。该厂为钱桥公社西漳大队社办企业，系无锡锅厂代加工企业，由无锡锅厂转让生产白口制品。开一只掺炉，生产汤罐、浴锅、米滚筒、铁砧、炉排等。原燃料由无锡锅厂提供，对外用无锡锅厂名义，汤罐、浴锅、米滚筒盖无锡锅厂牌号。建厂初期，日产大浴锅50只，汤罐400只左右，其他如铁砧、炉排等产品自产自销。1988年，铸件产量1245吨，产值195万，销售1090吨，销售金额171.4万元。1989年，铸件产量1100吨，产值187.5万，销售1070吨，销售金额179.2万元。1990年，企业共有职工114人，其中生产工人81人。企业占地面积3亩，厂房76间，其中生产用房52间。

王源吉冶坊的管理体系与运作

解放前，无锡冶坊行业有其独有的生产季节管理、劳动时间管理、工人工资管理模式及经营波动性特征。解放后，我国冶坊行业管理体系及其运作发生了深刻的变化，特别是计划经济的实行及季节性生产的改变，冶炼设备的革新，生产条件的改善，工资制度的改革都给冶坊行业带来了新的面貌。冶坊行业的管理内容有了增加，除了日常生产管理外，计划管理、价格管理、成本管理、财政补贴等也成了企业管理体系的重要方面。王源吉冶坊同样如此。

冶坊的生产季节管理

王源吉冶坊搬進新厂房

昨天上午八时，公私合营王源吉冶坊，在隆重开工典礼和爆竹声中，7只熔铁爐点起了爐火，正式在新厂房投入生產了。这天第一批生產的铁鍋，經过技术人員的檢驗，質量比原来的提高；其中7号熔铁爐，經过風力加大，改装以后，產量比原来提高10%以上。

这家远在太平天國前就开办的王源吉冶坊，本来分散在三个地方生產的，厂房低矮、簡陋，劳动条件差，现在集中在新厂房生產，这些情况就改变了。它有一座高大鑄鍋車間，占地面積756平方公尺，安放着七只熔鉄爐仍很寬暢；車間二旁，还装有明亮的大窗格和百叶窗，屋顶还設有一長列气樓，車間里光綫充足，自然通風設备很好。該厂負責人指着車間兩壁的圓洞，对記者說：这里还要按装鼓風机，这样，將改变过去夏季長期停工現象。

在鑄鍋車間南面，还有24間一長列的輔助車間，用来進行加工模型等工作。他們的職工宿舍，是利用原華新絲厂的厂房改建的，这次又新添了156張双人木床，工人們可以根据班别，分别住在这里。在宿舍的周圍，还有一个小花園，供工人們業余休息。

（楊忠海）

王源吉冶坊搬进新厂房，《工人生活》1956年9月9日报道

王源吉冶坊从创立到公私合营前，每年以秋季白露前后开炉至翌年小满后停炉，中间的阴历新年停工20天，这一生产周期谓之一熟。夏季天热停工，专门制造模型，名曰“夏工”，有一个月时间。因此冶坊一年通常生产的时间为6—7个月，如企业营业不好，则最多生产5—6个月。

由于冶坊行业生产铁锅是以手工操作为主，其工人以农民为主，他们世居农村，当冶坊停工时，也是正值农村农忙之际，工人就回家养蚕种田。农忙后即是冶坊开工之日，工人又回到工厂做工，实际冶坊工人的作业性质具有半工半农的特点。

公私合营后，企业性质和生产关系发生了根本变化，逐渐具备了季节性生产变为常年生产的条件。铁锅产品被列入国家计划，冶坊搬进新厂房，夏季高温，车间安装了降温设备，建造了模型烘房，模型随时可制作，改变了以往只能夏工做模型的常态。故冶坊决定自1957年秋季起，季节性生产改为常年性生产。

冶坊工人的劳动时间管理

解放前，在劳动时间管理方面，冶坊工人一般每天工作12小时，但另外要加1—2小时的准备辅助工作，所以，实际上工人每天要工作14小时以上，而且没有星期天。冶坊生产设备和工具一般都比较落后，生产过程全是手工操作，定员定额及每道工序都卡得十分死，劳动条件也十分落后。当时冶坊工人被人们称为“三

公”，浑身上下黑得像“包公”，破烂的工作服像“济公”，铁水通红熏得像“关公”。

解放后，政府首先需要解决的是复工问题，因此仍然沿用了原有劳动时间管理制度，仅在改善劳动条件方面做了较多的努力。公私合营后，临时炉又改为基本炉，生产生活才有了较为稳定的保障，安定了相当一部分人员的思想。1955年10月11日，无锡市冶坊业合并经营劳资协商会议第二次会议专门协商讨论了工时制度改革问题并形成决议，决定二班制改为三班制，12小时工作时间改为8小时工作时间，受到了冶坊职工的欢迎，调动了冶坊职工的生产积极性。冶坊并以此进行了工资制度改革，制定了各部门、各车间的职责范围，完善了相应的规章制度，健全了生产管理模式。

冶坊工人的工资管理

解放前，由于冶坊工人是季节性工人，全年的工资普遍低下，只能做一天算一天，收入不稳定，生活无保障。

抗战前，工资最高的是“焦光大司务”，每月合米4石零3升（一石约为一百五十斤），外加快炉四份，可再得米3石零2升。最低是“做水”（副炉工），每月合米1石，外加快炉一份，可再得米八斗。因此，按不同职务分工（可分领挡、抓抬，包炉、做水、浇铁、焦光大司务、风挡等），收入也不一样。除了“浇铁”不做夏工，其他工种在夏天都要做模型夏工，做不满一个月按一个月计算，超过一个月的相应增加工资。辅助工和学徒工的工资收入最低，不过企业全部供给他们膳宿。到抗战时期改为月工资，每份5石零6升。解放初期，为尽快恢复生产，

公私合营王源吉冶坊工资改革方案（1956年）

工人和资方通过劳资协商协议，将月工资改为4石零4升8合，当时米价是每石23.10元，工资仍按季节计算发放。工人全年工资包括夏工能拿到七八个月的收入。

公私合营后，由于两班制改为三班制，12小时工作时间改为8小时工作时间，工人工资也相应得到了调整。1956年10月，根据国家工资改革政策，公私合营王源吉冶坊制定了工资改革方案，在不降低职工全年工资总收入的前提下，以全年原工资总收入为调整依据，参照历年开工月数及夏工月数，再加停工伙食每月12元的津贴，停工后工资按原80%计算，得出调改后的每月每人的工资标准。根据这一计算方法，这次工资改革后，冶坊职工每月工资都有一定幅度的增加。

冶坊的设备管理

王源吉冶坊的生产设备，从创立到解放前夕，一直沿用着简单陈旧的生产设备。其中主要的是熔铁炉、风箱和模型三种。熔铁炉是用泥等制成炉桶，用特铸的大广锅当炉底，因其形如花鼓，才称鼓形炉。风箱用独木挖空制成，拉风箱的拉杆以白栗树为最好，取其坚韧。风箱由二人交替鼓风。模型以黄泥为主，混入大量籼稻的芒制成，俗称坮坯。

王源吉冶铸机械厂为了生产60英寸大型铁锅，改用水泥做的永久性模型（1960年4月）

鼓形炉以木炭作为燃料，炉温高、铁水活。原料是旧铁锅，含硫量低、杂质少。铸出的锅子称皮锅，轻薄光亮，经久耐用。之后又发明矽锅。关于矽锅的发明，有三种说法，第一种说法是由浙江递浦派首先生产矽锅，运至无锡倾销；第二种说法是民国二十八年（1939），上海裕源冶坊资方蒋东富的友人过持智帮助在原料中搭用刨花铁加少量矽，铸成锅，称矽锅，但生产是保密的，年余后才为外人知道；第三种说法是在前王源吉资方代表王世勤致王世梁信中说，他于1942年在当时沪江大学化学系主任唐宁康博士的指导下，由他亲手操作在民谊药厂试验，加矽于熔铁中，使生铁改良品种，增加其易塑性，并降低其熔点，并在上海新源来冶坊试铸了一批铁锅，品质与皮锅接近，之后将此方法转告王源吉并投入生产，解决了当时冶坊业缺少锅铁处于半停工状况的困境，使冶坊业均得复苏。

公私合营后王源吉冶坊的车间生产场景

公私合营后，王源吉冶坊逐渐开始改造种种生产设备。1955年，人力鼓风改为电力热风筒鼓风；1958年8月，试制成全国第一座顶帽式天平炉；1959年年初，用掺炉代替鼓形炉，以白煤代替木炭铸锅；1960年，推广以生铁铸成骨架，涂上水泥等，做成锅模，称铁坮坯；1963年，完全用密筋式天平炉，采用灰口生铁、刨花铁、生铁屑和各种废杂铁等直接铸造铁锅；1966年，制成了全国第一条机械化制锅环形流水线；1978年9月开始，部分小型铁锅用冲压工艺铸造。经过多次设备改革，逐渐形成半机械化生产方式。目前，王源吉冶坊有限公司在对生产工艺进行改革完善的基础上，仍然沿用的是半机械化生产方式。

小炉冶坊及花式炉的生产管理

小炉(生炉)冶坊主要生产汤罐、浴锅、犁头、铁砧、炉排和米滚筒等白口产品。熔铁炉又称掺炉，炉腔小，以焦炭为燃料，以白口铁等为原料，电力鼓风。通常每生产8小时就要停炉，对炉腔进行修理才能再开炉生产，8小时生产出铁水2—3吨。

汤罐，又名圆罐或金罐，其应用晚于铁锅，但历史亦悠久，原料采用白口铁和

王源吉冶坊民国时期生产的老虎灶盛水器，汤锅水即源于此

30%—40%灰口铁。汤罐呈菱形，口底小，腰部（中间）宽，表面呈青灰色，断面为白色铁，含硫量高，铁质脆硬、易碎，不耐高温，但不易生锈腐蚀。汤罐大小共有7种，一般多用于加温用水，不能煮饭。最大号汤罐为市镇老虎灶烧开水用（后改用铁皮加工做成）。小号汤罐在民间则是将它砌在灶台二锅之间的上角，利用烧锅时的余热加温用水。另有一种与汤罐的生产方式相同，但比汤罐口广、底尖、身短，叫料锅，又叫牛头锅。料锅大小有四种，从前打铁店将它吊在炉子上烧水。小型面饭店用它煮汤，后淘汰不再生产。

浴锅与汤罐同样由掺炉生产，采用白口铁加20%灰口铁，铁质色泽与汤罐相仿，不耐高温，易碎，但不易生锈，农村常用此锅洗浴，故名浴锅。农村屠宰场用此锅烧热水，将猪整只放入热水锅中浸烫去毛。

犁头很久以来一直是农村用以耕田翻土的工具，现在少数偏僻的乡村尚可见到利用犁头耕田。

花色炉的炉型与燃料基本上与小炉相同，包括专门为寺庙庵馆使用而制作的香炉、钟、磬、大鼎、烛扦和云板等法器。花色炉的工艺技术复杂，尤其在铸件上要饰以各种图案、文字，必须精工细作，在浇铸巨鼎时，还必须挖地很深，工程技术难度较大。

冶坊的营销管理

解放前，铁锅营销一直呈现出波动性特点，而且这种波动是不确定的。因为铁锅虽是日常生活的必需品，但却不是日常需要固定更换的，它的销售量与总人口的增减、农村农民收成多少（无锡的农村人口占80%）、灾害带来的破坏程度、战争带来的破坏程度有着十分密切的关系。灾害年份、战争年份，其铁锅销量明显减少；灾后恢复、战后恢复时期，铁锅销量会明显增加。所以，一般冶坊每年都会根据这些因素的变化，决定其产量的多寡。王源吉冶坊同样如此。受清咸丰十年（1860）至同治二年（1863）太平军占领无锡的影响、民国二十年（1931）水灾的影响、民国十三年（1924）齐卢战争中两军在无锡激战的影响、民国二十六年（1937）至三十四年（1945）日军占领无锡的影响，这些年份的开炉数及铁锅产销量都处于极低的水平，甚至逼着企业进行迁移。一般在战后、灾后的几年中，因民众需大量添置铁锅而出现报复性反弹，开炉数及铁锅产销量则出现明显回升。王源吉冶坊抓住了每一次战后、灾后恢复时期的良机，起死回生，发展自己。

王源吉冶坊在清朝时期，因其为官府确定的官炉，受到了政府的保护。同治十三年（1874），常州府武进县曾发布告示，要求各冶坊将私添卤锅模槽呈官府验毁，今后如再发现，从重究办，决不宽贷。光绪二十九年（1903），江南商务总局曾因湖广铁锅假冒王源吉牌号而发布告示，禁止其他企业仿冒王源吉产品。政府公布的类似告示在各个不同时期都曾出现。同时，政府加大打击增添私炉和假冒伪劣的力度，为王源吉铁锅的正常经营创造了良好的条件。

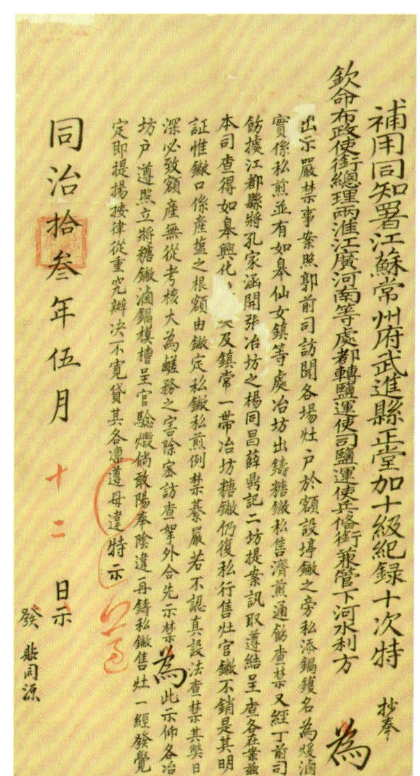
補用同知署江蘇常州府武進縣正堂加十級紀録十次特

欽命布政使銜總理兩淮江廣河南等處都轉鹽運使司鹽運使兵備銜兼管下河水利方 抄奉 為

出示嚴禁事案照郭前司訪聞各場灶戶於額設𨱇鐅之旁私添鍋鑊名為煖滷實係私煎並有如皋仙女鎮等處冶坊出鑄糖鐅私售濟煎通飭查禁又經丁前司飭據江都縣將孔家涵開設冶坊之楊同昌薛興記二坊提案訊取遵結呈查各在案茲本司查得如皋興化、[illegible]及鎮常一帶冶坊糖鐅仍復私行售灶官鐅不銷是其明證惟鐅口係產鹽之根額由鐅定私鐅私煎例禁綦嚴若不認真設法查禁其弊日深必致額產無從考核大為鹺務之害除密訪查拏外合先示禁 為此示仰各冶坊戶遵照立將糖鐅滷鍋模槽呈官驗燬倘敢陽奉陰違再鑄私鐅售灶一經發覺定即提揚按律從重究辦決不寬貸其各凛遵毋違特示

同治拾叁年伍月十二日示

發

常州府武进县发布告示，要求各冶坊将私添卤锅模槽呈官府验毁

王源吉冶坊在民国时期的铁锅产量约占江苏省的三分之一，抗战前铁锅的70%销于苏北南通、泰州等地，仅30%销于苏南。抗战中因敌伪封锁，交通阻隔，铁锅无法运出，即在南通制炉销售，解决苏北地区的铁锅供货问题。抗战胜利后，王源吉冶坊还在河南新辟铁锅市场，扩大产品销售。王源吉铁锅由于历史悠久，信誉好，因此各个历史时期销量都比较大。一些冶坊及销售商店曾假冒王源吉牌号戳记，使其业务蒙受影响。王源吉冶坊在民国十九年（1930）创设

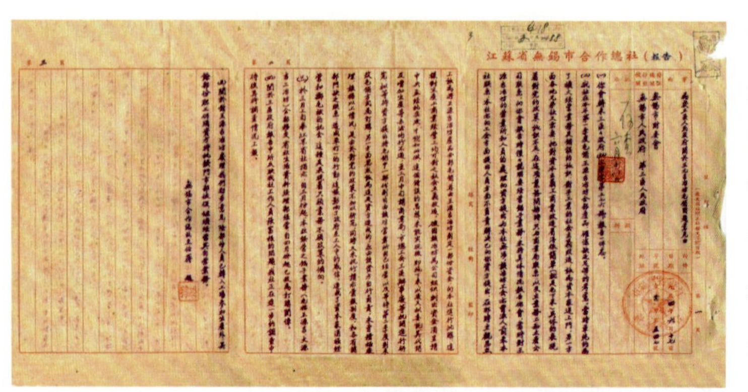
江苏省无锡市合作总社（报告）

无锡市合作总社关于王源吉冶坊包销问题意见函（1954年6月）

白色“双吉”商标并向商标局注册，同时注册的还有“单吉”“三吉”“四吉”三种不同的商标，在广大人民群众中广为传播，对王源吉冶坊的铁锅销售起到了十分积极的作用。

王源吉鑫记冶坊在1952年参加过各地的物资交流会，销售不多。1953年组织联购联销，到外省参加交流，产品开始销往省外。1954年起，绝大部分由江苏省合作总社无锡批发站订购。1955年全行业公私合营后，由省总社收购包销70%，自销30%。1960年1月起，全部由市土产废品公司包销。1962年下半年起由省土产站包销。当时产量较多，铁锅供过于求，大量积压，库存达40余万只。王源吉锅厂及时总结“双吉”牌铁锅的八大特色（口圆边齐、色泽白亮、内外光滑、厚薄均匀、脐小平整、不偏不侧、不炸不裂、轻薄省柴），印制套色广告，大量分发省内外，还有工业部门、商业部门双方派员同往省外推销，先后在河南的南阳、信阳、驻马店、光山等县，四川的重庆、成都、绵阳、涪陵和陕西的汉中、宝鸡等地打开了销路。由于锅的质量好、价格低，很受欢迎。当时所有库存销售一空，变成求过于供。从此“双吉”牌铁锅驰誉省外，开拓了省外渠道。其后的几年，更远销至贵州、福建、广西、广东、江西等省，产品远远不能满足各地需要。2017年，王源吉冶坊有限公司建立并回迁无锡后，注重线上线下全方位销售，在无锡市惠山区哥伦布广场及南长街设立王源吉冶坊销售店，在惠山区文化馆设立非物质文化遗产展示厅和产品展示厅，在梅村集市等有影响的大型集市设立展位，在中国上海进出口博览会设立展位，在天猫、京东、拼多多等平台设有线上销售网店，2019年还开通了抖音直播平台，在天猫、京东、抖音店直播带货，提高了铁锅的销量，在保持原有销售重点区域的情况下，还带动了北京、上海、广东等地的铁锅销售，王源吉铁锅成了这些地区的热销产品。

冶坊铁锅的价格管理

铁锅的计价，以张为计算单位，每只锅是以锅的重量和容量相结合进行核标而定张数。一般每张约重0.6公斤（铁锅的容量、重量和计价方式见第130页附2）。

抗日战争时期，各冶坊用木炭、旧铁锅作原燃料，生产工具陈旧，全是手工操作，产量低，成本高，日伪苛捐杂税又多，铁锅每张零售价合米8升之多（是历史最

王源吉鑫记冶坊1952年1月至1956年3月铁锅价格表

年份	1952	1953	1954	1955	1956（1-3月）
每张（元）	0.3975	0.396	0.324	0.237	0.273

注：1955年前，由于私营，价格并不统一，根据季节旺淡和内在质量好差有上下波动。

公私合营王源吉冶坊1956年4月至1960年12月铁锅价格表

年份	1956（4月起）	1957	1958	1959	1960
每张（元）	0.2485	0.2485	0.2623	0.2623	0.3155

注：1956年以后，经江苏省锅罐价格平衡会议决定，出厂价格从每张0.237元，统一调整到每张0.2485元。

王源吉冶铸机械厂1961年1月至1963年12月铁锅价格表

年份	1961	1962	1963上半年	1963下半年
每张（元）	0.3155	0.33	0.24	0.2

无锡锅厂1963年6月至1975年12月铁锅价格表

规格	出厂价 每张（元）	批发价 每张（元）	零售价 每张（元）	批发差率 %	零售差率 %
7张以下	0.187	—	—	—	—
7.5—17张	0.197	—	—	—	—
18张以上	0.207	—	—	—	—

无锡锅厂1976年1月至1984年4月铁锅价格表

规格	出厂价 每张（元）	批发价 每张（元）	零售价 每张（元）	批发差率 %	零售差率 %
7张以下	0.224	0.252	0.29	12.5	29.46
7.5—17张	0.214	0.242	0.28	13.08	37.25
18张以上	0.204	0.232	0.27	13.73	32.35

无锡锅厂1984年5月至1988年3月铁锅价格表

规格	出厂价 每张（元）	批发价 每张（元）	零售价 每张（元）	批发差率 %	零售差率 %
7张以下	0.284	0.3195	0.38	12.5	33.8
7.5—17张	0.274	0.3083	0.36	12.5	31.39
18张以上	0.264	0.297	0.35	12.5	32.58

无锡锅厂1988年4月至1988年8月铁锅价格表

规格	出厂价 每张（元）	批发价 每张（元）	零售价 每张（元）	批发差率 %	零售差率 %
7张以下	0.444	0.4995	0.59	12.5	32.88
7.5—17张	0.434	0.4883	0.58	12.5	33.64
18张以上	0.424	0.477	0.56	12.5	32.08

无锡锅厂1988年9月至1989年12月铁锅价格表

规格	出厂价 每张（元）	批发价 每张（元）	零售价 每张（元）	批发差率 %	零售差率 %
9张以下	0.6	0.675	0.8	12.5	33.33
10张以上	0.7	0.788	0.93	12.57	32.85

无锡锅厂1990年1月至1991年4月铁锅价格表

规格	出厂价 每张（元）	批发价 每张（元）	零售价 每张（元）	批发差率 %	零售差率 %
9张以下	0.85	0.956	1.13	16.59	32.94
10张以上	1.03	1.159	1.37	12.52	33

高价）。解放战争时期，情况也无改善。解放后，尤其采用天平炉生产后，原燃料改用杂铁和焦炭，从手工操作改为半机械化生产，产量大幅度增加，成本降低，党和政府关心群众生活，减轻人民负担，从1960年到1965年五年中间，铁锅降价达五次之多。

批发价格的计价，解放前后是以套作为单位计算的，每套为20张，通常称多少钱一套。公私合营后，开票就直接以张计算，不再折合套计算了。

注：按省颁标准，铁锅如有1—2个砂眼，就不能作为正品，但经过修补尚可使用的，可作为二等品处理。价格为正品的75%，锅上盖有二等品戳记。1980年起，二等品取消。

冶坊铁锅的成本管理及财政补贴

冶坊的成本管理是企业生产经营的一个重要内容，它直接关系到企业的生存和发展。王源吉冶坊从1956年公私合营后到1990年这35年时间里，其铁锅生产

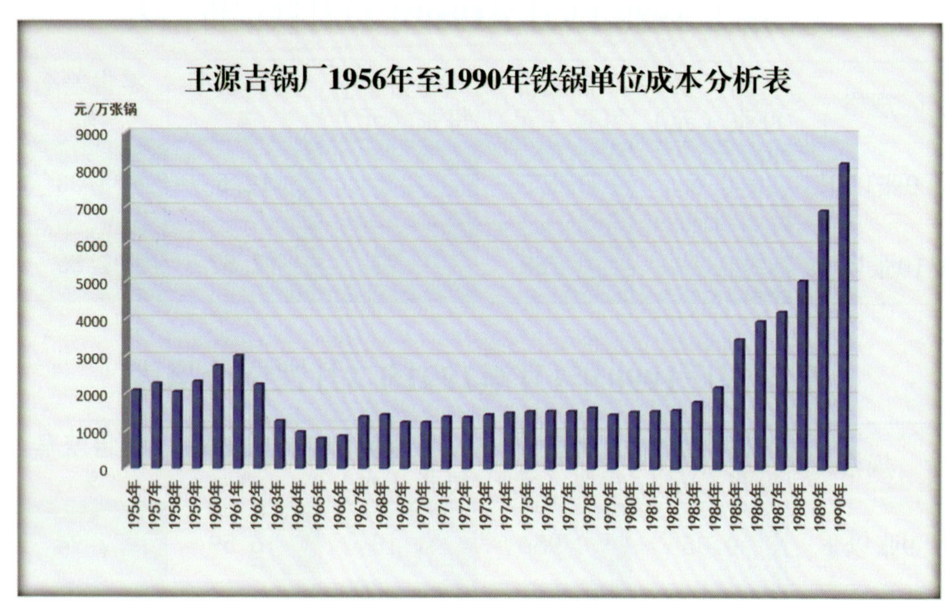

王源吉锅厂1956年至1990年铁锅单位成本分析表

成本出现了“高峰—低峰—平台—高峰”的变化状况。第一次高峰出现在1961年，铁锅成本达到了3023元/万张锅；低峰出现在1963年至1966年，铁锅成本在1281—814元/万张锅之间波动；平台出现在1973年至1982年，铁锅成本在1454—1643元/万张锅之间波动；第二次高峰出现在1983年后，铁锅成本每年以较大幅度持续上升，至1990年达到8210元/万张锅。

无锡锅厂1981年至1990年铁锅财政补贴情况表

年份	1981	1982	1983	1984	1985
金额（万元）	21.91	22.96	20.58	53.17	35.73
年份	1986	1987	1988	1989	1990
金额（万元）	32	32	30.12	39	43

1963年至1966年，铁锅成本处于较好水平的主要原因是作为燃料的焦炭由省厅直拨，使用北京冶金焦，原料全部使用废杂铁，价格便宜，数量足。因此，这一时期，冶坊处于生产成本最低、利润最高的年份。1967年后，受"文革"影响，产量下降，成本上升，效益下降，以后逐步回升。1981年后，由于生产铁锅用的生铁、焦炭等价格逐年调高，提价上升幅度大，企业无法承受，出现亏损情况。为维持铁锅正常生产，满足人民生活需要，经江苏省有关部门协调，由当地财政采取补贴办法，对铸锅行业予以适当补贴和扶持。

1981年至1990年的10年中，财政补贴共330.47万元。根据这10年铁锅产量共生产1300.16万口/8062.8万张计算，每口平均补贴0.2541元/每张平均补贴0.041元。

冶坊的领导体制

清嘉庆年间（约1800年前后），吴永昌冶坊号创立，创始人吴永昌自己经营冶坊。当时，商品经济不发达，冶坊行业基本都是由单个业主出资建立的冶铸作坊，业主既是冶坊财产的所有者，又是冶坊的经营者。

清道光十七年（1837），王源吉冶坊正式创立，王、吴两氏合伙经营，业主自己不经营冶坊，聘用经理来管理冶坊，实行的是一种代理人管理制度。王源吉冶坊自王、吴合伙经营后，王、吴两氏原出资人四人相继过世，产业传给子孙。王氏有13房，吴氏有6房，各推出房长1人为股东，共19人。1946年后发展为百余户。王源吉冶坊经理一职先后由钱濂林、吴子良、谢养田、谢筠坡、孙叔英、魏士林、俞岱清、孙伯英、陈瑞庆和郭叔鸣等人担任。其中，钱濂林时期为管理较为规范时期，孙伯英时期为极盛时期。经理独揽大权，下管总账、批发门市部、管作、伙食、采购推销等部门，各部门互不干涉，各遵其规。管作一职相当于现在的技术工程员，掌握冶坊的生调、计统、劳力调配等部门。许多股东一般都闲居在家，平时不来冶坊，仅在秋天到冶坊看账，并就经营活动商讨分配情况及制定下年经营目标。

1955年12月，王源吉正式批准公私合营，建立了厂长负责制，并突出了党组织在企业领导体制中的作用。1957年4月，制订了《公私合营王源吉冶坊机构编制方案》，明确冶坊设立秘书室、生产技术科、计划统计科、财务科、人事劳动工资科、供销科、总务科、检验科、门市部，以及4个生产工场，共配备管理人员72人。党支部书记、公方厂长由上级部门委派，对私方人员11人适当进行了安排。

王源吉冶坊各历史时期主要领导（经营者）名单

历史时期	年份	主要领导（经营者）名单
冶坊前身	1661—1836	吴宏三
创立发展时期	1837—1919	钱濂林 吴子良 谢养田 谢筠坡 孙叔英 魏士林 俞岱清 孙伯英 陈瑞庆 郭叔鸣
萎缩衰退时期	1920—1936	
亏损改组时期	1937—1946	
恢复发展时期	1947—1954	王世勤 郭叔鸣
公私合营时期	1955—1957	顾阿三 郭叔鸣 尤信桢 朱斌
跃进调整时期	1958—1977	沈泉根 徐伟杰 毛金寿 林世凡 唐荣菊 黄才勋 唐盘林 丁阿兴 路生瑞
改革发展时期	1978—1994	黄才勋 杨九皋 陈海林 袁振清 戴生和
艰辛转型时期	1995—2016	王汉伦
重振发展时期	2017年至今	王青青

王源吉冶坊各历史时期主要领导(经营者)名单

“文化大革命”期间，冶坊原有领导体制受冲击而终止。1968年3月，经无锡锅厂大联委请示，无锡市革命委员会批复成立无锡锅厂革命委员会，由15人组成，设常委5人、主任委员1人、副主任委员1人。1970年12月，恢复建立党总支。这一期间，厂革委会下设生产指挥组，负责无锡锅厂的日常生产经营工作。

1980年，无锡锅厂革委会被撤销，恢复原有的企业领导体制。1987年5月，无锡锅厂推进企业领导体制改革，实行厂长负责制，全面负责企业的生产经营和行政工作，党组织积极发挥好保证监督作用。同时，制定《无锡锅厂贯彻三个条例的实施细则》，明确厂长、党总支、职代会三方面的职责权限，使三者关系更为协调。在一系列举措的推动下，无锡锅厂新的企业领导体制逐渐形成，它对提高企业领导效能，促进企业健康发展起到了十分重要的保证作用。

其后，在企业演变过程中，因企业性质的变化，其领导体制及管理方法也发生了相应的变化。改制后的无锡市王源吉锅厂系个人独资企业；异地变更成立的靖江王源吉锅业有限公司、无锡王源吉冶坊有限公司及新组建的无锡曹三房金属制品有限公司、江苏王源吉新材料集团有限公司系自然人投资的有限公司，按《中华人民共和国公司法》规范运行。

附1：无锡市冶坊业同业公会的演变和作用

在抗战以前，无锡市冶坊业因企业数量一直较少，故未创立同业公会，仅参加江浙冶业联合会，直至20世纪40年代才创立同业公会。民国三十年(1941)，无锡各冶坊提议创立同业公会，但由于冶坊数较少，故联合各铁锅营销商共同创立无锡市冶坊业同业公会，同业公会推举郭叔鸣任主任。民国三十二年(1943)，无锡市冶坊业同业公会改称为无锡市冶铸厂业同业公会。民国三十四年(1945)，无锡市冶铸厂业同业公会又改称为无锡市金属品冶制工业同业公会。在这期间，同业公会几度改选，均推举郭叔鸣任会长或理事长。同业公会在市场秩序维护、市场信息发布、同业矛盾疏解、参与社会救济等方面做了一定的工作，但发挥作用并不大。解放后，政府对原有的商会、同业公会等工商组织进行

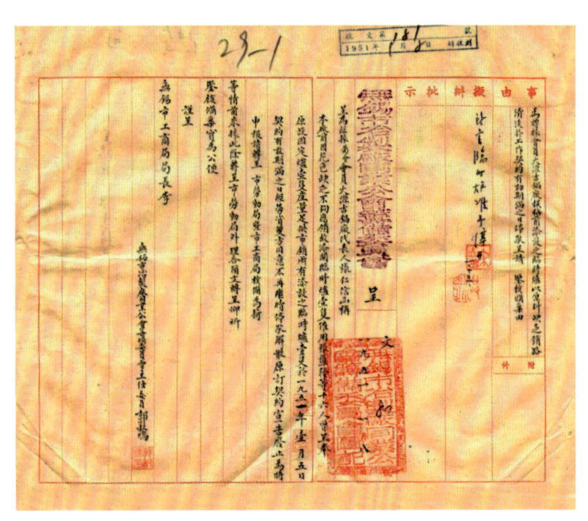

无锡市冶制厂同业公会筹委会呈请市工商局核准大源吉增炉期满停歇事宜

整顿、改造，逐步形成新的社会经济组织。1951年1月，无锡市冶制厂同业公会筹备会成立，王源吉鑫记冶坊经理郭叔鸣任筹备会主任委员。筹备会成立后，立即配合政府着手进行企业工商登记工作，发动企业投身抗美援朝运动，组织企业开展劳动竞赛，动员企业承购人民胜利折实公债，组织企业参加城乡物资交流，发挥了同业公会应有的作用。特别是在冶坊企业向政府申报歇业、申请复产、增加炉数等事项中，积极收集信息，搞好调查摸底，及时地向政府转呈报告，在冶坊企业与政府部门之间起到了桥梁作用。无锡市工商业联合会成立后，无锡市冶制厂同业公会参加了无锡市工商业联合会。

附2:铁锅的容量、重量和计价

铁锅以“张”为计量计价单位。“张”是以锅的重量和容量相结合测算而来，一般每张平均为0.6公斤，但不是所有都以0.6公斤为一张，因锅大小和锅形不同而有差异，如大锅和耳锅每张不到0.6公斤，小锅和边锅则每张0.6公斤。锅的容量以公升为计算单位，每一公升等于1公升水的体积。铁锅的每张容量大约为2.645升，其中广锅平均每张2.97公升，边锅平均每张2.3公升，深耳锅平均每张2.15公升，浅耳锅平均每张2.13公升，各有差异。因此每种铁锅以其重量、容量结合核算，制订张数，以每张单价来确定每种铁锅的价格。

铁锅实际应用效率:大体上每煮一市斤米饭需1.5公升的容量，一市斤米粥约需6公升容量，用蒸笼蒸一市斤米饭的水约0.6公升。省厅容量标准是容量计算到锅沿，煮食时需与锅盖保持一定的空隙，所以不能机械测算烧煮多少。

王源吉冶铸技艺的传承与发展

冶坊业的冶铸生产特点是“冶炼技术”加“手工操作”，无需加工即成产成品，因此其冶铸技艺就成为十分关键的要素，也成为典型的非物质文化遗产。王源吉的冶铸技艺主要有两大类：一是曹三房传统钟鼎冶铸技艺，二是王源吉传统铁锅冶铸技艺。它们是几百年来曹三房工匠和王源吉工匠智慧的结晶，其蕴含的历史价值、技艺价值、民生价值和文化价值得到了社会的广泛认可。2022年6月被评为无锡市非物质文化遗产项目。

曹三房传统泥型铸钟技艺

曹三房冶铸技艺的传承有十分严格的规范要求和标准化引导，规范要求主要包括工艺参数、工艺条件、工艺流程、质量标准等内容。同时，每一类器物都由技艺传承人制作一件标准样件，作为徒弟制作时的参照物，被曹三房技工们尊称为技艺衣钵，一代代相传至今。

此物件为曹三房工艺传承人制作的青铜龙鼎标准样件，被曹三房技工们尊称为技艺衣钵

宗教用器作为一种特殊艺术品主要包括宝鼎、香炉、天炉、烛台、云板（火典）和钟等。一般来说，这些器物批量极小，多为单件，适于泥型铸造。制作过程为：(1)设计器物造型；(2)雕塑泥模实体（整体或局部）；(3)翻制铸型，制作泥芯；(4)烘焙、拼合与加固；(5)浇注及铸后清理。曹三房有一整套铸钟、铸鼎工艺方案。本例铸钟工艺方案由无锡“曹三房”传人张鸿亮主持、制定并实施，[①]上海博物馆黄龙整理。

一、制钟造型工艺

钟的造型工艺分为三大部分：蒲牢（钟纽）、钟体、钟体内芯的制作。

1. 蒲牢

蒲牢，中国古代神话中的一种海边兽物。薛综在《西京赋》中注曰：“海中有大鱼曰鲸，海边又有兽名蒲牢。蒲牢素畏鲸，鲸鱼击蒲牢，则大鸣。凡钟欲令声大者，故作蒲牢于上。所以撞之者，为鲸鱼。”由此可见，蒲牢造型近似龙体，实际上就是钟的钟钮部分，而把敲钟的木杵制作成鲸的形状。敲钟时，让鲸一下又一下撞击蒲牢，使之“响入云霄”且“专声独远”。

通常，根据钟体的尺寸来确定蒲牢尺寸，并制作铁骨架（芯骨），最后用泥雕塑。具体过程概述如下：

---

① 谭德睿、陈美怡：《艺术铸造》，上海：上海交通大学出版社，1996年，第451—458页。

（1）在铁骨架上堆上稻草泥，塑出蒲牢大致形状。阴干两天后，用绳树（一种用麻绳材质制成的拍打工具）敲拍，隔两天敲拍一次，直至泥坯紧实、无裂缝为止。

（2）敷一层稻草泥于泥坯上，用刀在此层泥上修成凹凸形状，隔日用刀任意划线打毛，敷上稻草泥，为制面层（老煤泥层）做准备。

（3）敷上5—10毫米厚的老煤泥，修整成蒲牢形状。修整完毕后进行精雕，随后阴干。基本阴干后再次修型，直至蒲牢形象逼真，线条流畅，表面光洁。阴干九成后，移到阳光下烘晒数天，也可送入烘焙炉进行低温烘焙，干透后对蒲牢做最后修整。

（4）在蒲牢四周堆放杂木，并用铅丝扎紧，再堆放稻草点火烧。隔日清理后，对蒲牢表面略作修整，涂刷桐油数次，蒲牢实模即制成。整个过程需20—40个工时。

蒲牢实模制成后，即可翻制蒲牢铸型：

（1）在平板上撒上分型剂干糠灰，堆上稻草泥，压成20毫米厚的泥板，在泥板上再铺上一层3毫米厚的老煤泥，待用。

（2）在蒲牢实模表面涂刷脱模剂，传统方法是刷菜油等，将上述待用泥板覆压在实模上，有老煤泥的一面紧贴实模表面，均匀施力，用绳树（一种用麻绳材质制成的拍打工具）敲拍，压紧铸型，制成半块铸型。

（3）挖一个与半块铸型形状相似的蒲牢砂坑，把连带铸型的实模反扣在砂坑中，用砂围紧，取出实模。

（4）把定制的木片或竹片（传统称为开档）按规定放置在修整过的铸型内，撑住铸型两侧，以减少阴干时产生的收缩变形。阴干12天左右，取出铸型，再阴干数天。

（5）重复上述步骤制成另外半块铸型，然后着

铜钟顶部的蒲牢

重修整两个半块铸型的连接面，阴干后再在太阳下烘晒干透（或送入烘焙车间进行低温烘焙），并进行表面检查与修整。

（6）点火闷烧铸型，隔日清理，用手弹敲而发出脆声，则铸型已达要求，质量上乘，等待与钟体铸型安装。制作蒲牢铸型一般需30个工时。

2. 钟体铸型

制作钟体铸型，首先要制作钟体块坯模，然后再在钟体块坯模上制出钟体铸型。

（1）钟体块坯模是按所铸钟的净尺寸放大制成的。一般来说，铸造100公斤至5吨重的钟，为便于铸型制作与装配，通常在高度方向上分为四段，与之相对应，块坯模也分成四段。块坯模在高度方向上的放高目的是留出：①钟顶层钟体厚度；②钟顶层焦泥层与糠灰层厚度；③为安装蒲牢铸型而加放的装配层；④层层之间为装配而设置的紧绞座高度。块坯模在直径方向上放大的目的是留出钟体厚度与车制钟体铸型焦泥层与糠灰层厚度。因此，块坯模放大的一般规律是：在直径方向上加放60—100毫米；在垂直方向上，钟顶层一段加高50—100毫米，其余三段各加高30—50毫米。

（2）按各分段块坯模的加放要求制作四块车板，然后砌出分段块坯初模。以第一分段为例，在块坯初模中心地面上钉上车桩头，将相应分段块坯模车板安置在车板中心轴上，人字架一头搁在车板中轴中心点上，另一头搁在搭手架上，并在人字架上压放重物，使之稳定，调准车板至水平与垂直。然后，在块坯初模上堆放稻草泥，车制钟体块坯模。车板应以与车板刀口相反的方向运转，不能倒车，否则会产生车毛现象。阴干1—2天后，把搅拌均匀的水泥置于稻草泥层上，用车

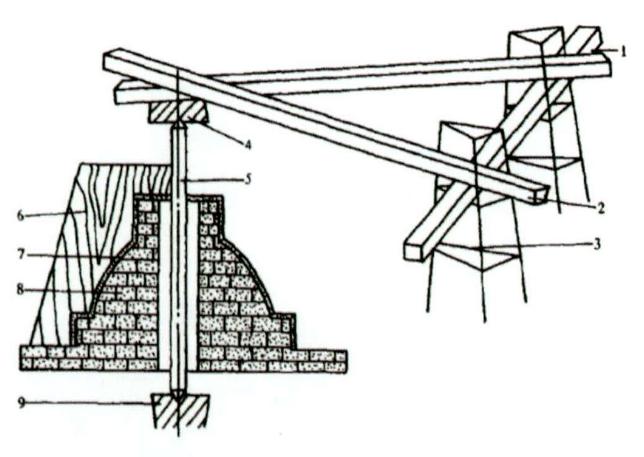

图1　钟体块坯模制作过程示意图

1.横搁；2.人字架；3.三角架；4.上桩头；5.车板中心轴；6.第一分段(钟顶层段)块坯模车板；7.稻草泥层与水泥层；8.块坯初模；9.地桩头

板车制，直至光滑；阴干3天后，即可准备翻制相应分段钟体铸型，如图1所示。

(3)把第一分段铸型铁骨架放在块坯模上，放入425号水泥与1号焦子混合料，拍成水泥铸型坯，2小时后，打出透气眼；阴干5天，即可取出，倒置。用类似方法制作其他三分段的钟体水泥铸型坯。

(4)按钟体净尺寸制作一块钟体整体车板，另外制作一块车制紧座绞小车板。把第一分段铸型坯口朝天放置，下置三个木塞枕，在钟顶铸型中心地面上钉上车桩头，架起整体车板，稳定人字架，在整体车板相应分段线上架上紧座绞小车板，用水平仪测量与校正至水平与垂直，并用水平仪测量第一分段铸型坯，移动木塞枕，调节至水平。钟顶层铸型坯必须水平，否则会导致全套铸型倾斜。

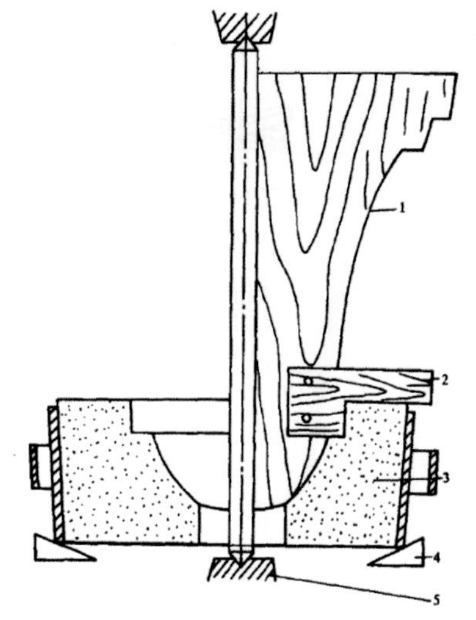

图2　车制紧座绞

1.整体车板；2.紧座绞小车板(覆盖在1上)；3.水泥焦子铸型层；4.木塞枕；5.地桩头

然后，在紧座绞处堆放一层焦泥，移动车板，车出紧座绞，如图 2所示。隔天将第二分段铸型坯拼装在钟顶外模上，将紧座绞小车板移至第二、第三分段线上，车制第二分段紧座绞；依此重复，而第四分段紧座绞则由整体车板车制而成。

(5)在钟体全套铸型坯内表面处粘上稻草泥，用洗帚按序有力刷到粘住为止，放上中层焦泥，转动车板，自下而上车成钟体铸型中间层。2天后，在钟体内堆放杂木，点火闷烧。闷烧完毕，吹清灰尘，趁余热在内表面处放上钟体面料糠灰泥，并重新安置车板，自下而上车至光滑，阴干2天，如图3所示。

(6)在钟体铸型内表面上划中心线和等分线，在外表面每段连接处，按内表面中心线划制线条以便安装。然后，吊拆四段铸型并修整。在内表面上以中心线为基准，按要求刻制文字与纹饰，一般中心线处刻制寺院名，字体最大，深度为3—6毫米不等，要求刻得清晰、整齐，反映原貌，深浅一致。复查后无错，则钟体铸型制成。

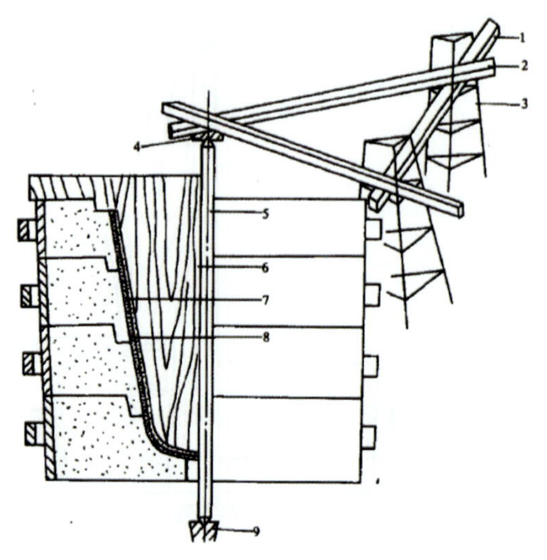

图3　制作钟体铸型

1.横搁;2.人字架;3.三脚架;4.上桩头;5.车板中心轴;6.整体车板;7.中层焦泥层;8.糠灰泥面层;9.地桩头

3.钟体内芯

钟体内芯也由车板造型而成。

(1)制钟顶部分内芯时，把钟顶分段铸型口朝上放置，内四周铺一层4—8毫米厚红砂，底面上放三块30—60毫米厚物块。放入内芯铁骨架，中间放置一个直径60—100毫米的中空柱，内置车桩头。用425号水泥(25%)加1号焦子(75%)混合料制作内芯。1小时后，在水泥芯上扎气眼，取出车桩头。阴干5天后，水泥内芯口面朝下平放于下垫三只木塞枕的铁板上，并架好泥芯车板，调节木塞枕，使车板与铁板有1毫米间隔。将稻草泥粘在水泥内芯上，用洗帚来回刷;然后放上中层焦泥，车成内芯焦泥层。阴干2天，点火闷烧。闷烧完毕，趁热车出内芯糠灰泥面层，厚3—10毫米，阴干。

(2)制作下部内芯。按要求制作一块下部内芯车板，把内芯车板安装在大平板上，砌一砖质圆柱，缠上数圈草绳后堆上一定厚度稻草泥，转动车板，车出下部内芯。隔天用绳树拍打，直到阴干、结实，一般为5天。然后在内芯上用刀任意打毛，用洗帚粘上稻草泥，再放上中间焦子泥，转动车板，车出焦子泥层。阴干3天，点火闷烧，随后趁热车出糠灰泥面层，阴干3—5天。

(3)将第四段铸型与下部内芯套配，重合紧座绞，观察铸型与内芯配合位置，若符合要求，则可取走铸型，按要求在内芯下部刻制水浪纹饰。

(4)点火闷烧所有铸型、内芯。闷烧完毕，吹去尘灰，在表面上涂刷轻煤水涂料。再次点火闷烧烘干涂料，准备拼装。

二、装配与加固

1.蒲牢铸型与钟顶铸型的装配。此项装配在制作钟体内芯之前进行，把钟顶铸型口面朝下平放，测试至水平；为便于安装蒲牢，在钟顶铸型内砌一砖质柱体至蒲牢安装线处。把蒲牢铸型按头朝钟正面中心线、蒲牢中心线与钟体中心线呈一直线放置。两边各放一个浇口与冒口，用中层焦子泥封好空隙。在蒲牢铸型上，用直径6.5毫米圆钢烧焊加固，再用水泥与焦子混合料（425号水泥30%，1号焦子40%，2号焦子30%）加固，隔日取出浇口、冒口，用中层焦泥修整浇口、冒口。阴干5天后，把铸型反置在适当高度的垫物上，用糠灰泥修整蒲牢与钟顶铸型交接处及浇口、冒口与铸型交接处。

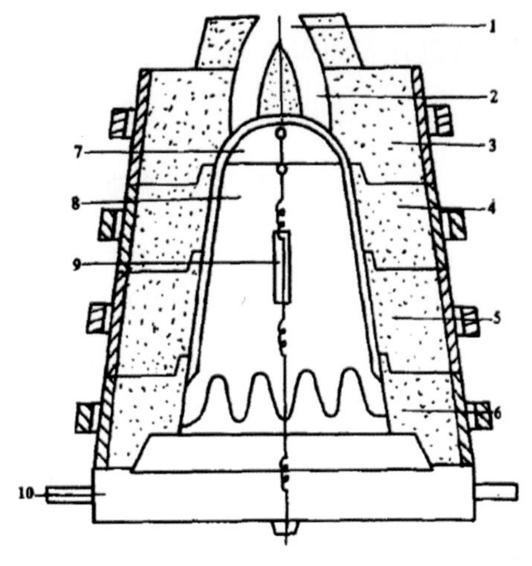

图4　钟的整体铸型示意图

1.浇口；2.蒲牢；3.钟顶铸型（第一分段铸型）；4.第二分段铸型；5.第三分段铸型；6.第四分段铸型；7.上部内芯；8.下部内芯；9.螺丝紧固件；10.底板

2.钟体铸型与内芯的装配。将钟体铸型第四分段与钟体内芯装配，密合紧座绞；依次套合第三、第二分段；再拼合钟体上、下内芯，拼合处用老煤泥修整，用喷灯烘干；最后套合钟顶铸型。装配时必须注意第四分段铸型定位中心线与钟体下内芯水浪划线中心线垂直；其他分段铸型的原定位线成为连接线。

3.加固。主要指段段之间的紧固及铸型与内芯底模之间的紧固。在每个配合面均需用泥黏结并绕数圈草绳，外糊稻草泥。一般而言，对1吨以下的器物，用拉紧螺丝吊紧，1吨以上、5吨以下的器物，用直径18—22毫米的长螺丝紧固。图4是钟的整体铸型示意图。

三、浇注与铸后清理

在钟体铸型上加上浇口圈、冒口圈，浇入液态金属，浇注进行片刻之后，点燃放在铸型下面的稻草，引走铸型内部气体。若听到小炮般轰轰声，说明情况正常。

根据合金材料与器物大小估计冷却时间，待金属液体凝固后，立即在泥芯中打出风，即凿出几条凹槽，以避免器物毛坯表面热裂，这道工序非常重要。隔日清理修整并进行最后精加工，铸铁件经三次油漆后再进行描金工序；铸铜件则按要求打光或进行表面着色处理。至此，整个铸钟过程便结束了。

王源吉铁锅半永久泥型造型技艺

《中国铸造发展史》(第一卷)(第二卷)是中国当前较具权威的铸造发展史专著。该书由“全国铸造行业终身成就奖”获得者，资深冶金史、铸造史专家田长浒教授带领的编写团队历经六年精心打磨而成，已成功入选“十三五”国家重点图书出版规划项目。该书对王源吉铁锅铸造技艺做出了很高的评价：“王源吉冶坊是较著名的历史名牌铁锅生产厂，创建于清道光十七年(1837)，所产铁锅质优闻名于大江南北。从创建到中华人民共和国成立后一直采用古代铁锅铸造的独特技术，全面继承了其优质造型材料和一套成熟的铁锅半永久泥型造型技艺，保留了历史悠久的苏炉(俗名鼓炉)，用废杂铁及原生铁都能熔炼出流动性好的灰口铸铁金属液。这是研究我国古代铸锅技术不可多得的宝贵实物资料。”

该书还指出：“半永久泥型是泥制铸型中的一种，它不是一铸即毁，而是重复使用多次的特种泥制铸型。这种铸型很可能是受石制铸型的启发而创造，古代多用于大批量铸造铁锅、犁铧、犁镜及铁砧等简单的手工工具和农业生产用具。铁锅是人民生产生活一日不可或缺的器具。中国古代生活用铁锅有传热面积大、锅壁薄而均匀、传热速度快、不炸不裂等特点。只要采用中国先民所独创的世代相传的一套优质造型材料及成熟造型技术，就能铸造出大批高质量铁锅，不仅在国内畅销，而且在历史上也曾大量出口亚洲各国，深受国内外人民欢迎。由此表明，半永久泥型铸造是我国古代流传下来的一项铸锅特技，在中国铸造发展史上具有不可忽视的地位，是研究古代半永久泥型造型技术最典型的实例。”①

一、半永久铸锅泥型造型工装

铸锅泥型造型是在专用工作台(车台)上作业，用车刮板等主要部件及工具组

① 田长浒：《中国铸造发展史》第1卷下册，北京：国家开放大学出版社，2017年，第828、829页。

成的一套工装来完成。

1.造型车台

造型车台由平台、车马头、架柱、木车芯等几个主要部件组成，如图5所示。平台前端呈半圆形，直径约1100毫米，台上能够放置各种大小口径的型坯。台面用红烧土做成，中心有一边长40毫米的方洞，洞内垂直穿入一根下车芯，车芯在台面上的长度可调节，以调整车规高度。车马头前端设有上车芯，与下车芯相对，可以随意稳定在所要求的位置。

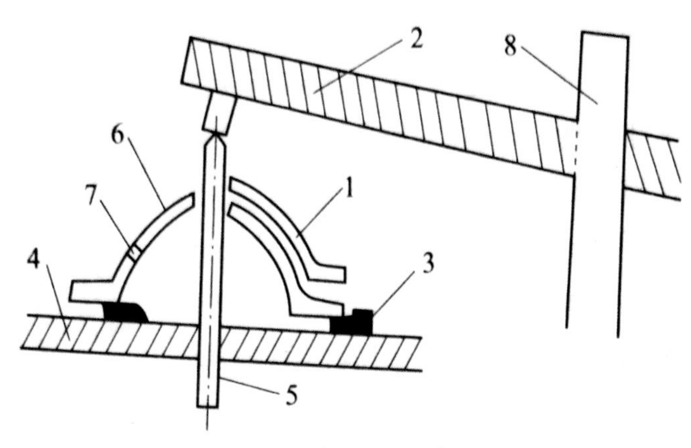

图5　铸锅造型工装

1.车轨;2.车马头;3.车塞;4.平台;5.木车芯;6.底模;7.透气孔;8.架柱

车规，也叫锅规，即车板，是制锅型的主要工具，尺寸要求精确，厚度约5毫米，宽度为50—70毫米，由黄铜铸成。车规的曲线形状是根据用户要求的尺寸、规格、厚度而设计的，如图6所示。车规轴两端为尖头，轴线必须与锅口平面垂直。车规的曲线形状须与铁锅形状、壁厚变化一致，一般锅底比锅身稍厚，从锅底到锅身逐渐变薄，到锅边又稍增厚。车规的内沿是锅身的下模曲线，外沿是上模曲线。车规是磨损件，须经常检查校正，其检

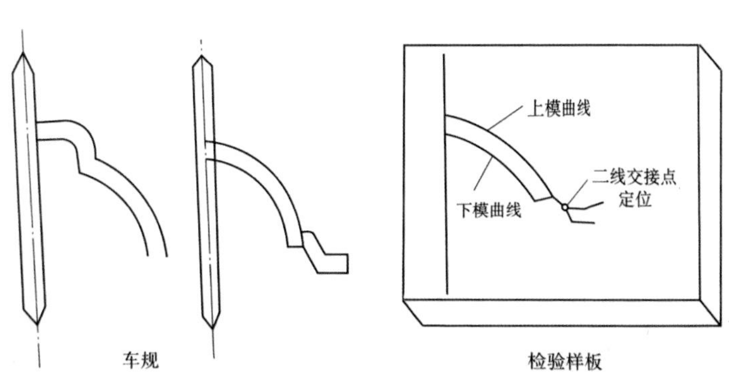

图6　车规及检验样板

查校正方法如图6所示。先在平板上涂一层黑烟或白粉，将车规平铺在上面，沿车规内沿划出曲线，再沿立轴划出一直线；然后将车规顺轴线上移，当锅边部分重合时，再作外沿曲线。两条曲线之间（阴影部分）就是所需锅的断面，按照它来修整车规。

2. 铸锅泥型造型小工具与用途

铸锅泥型造型小工具多种多样，如图7所示。其用途如下：

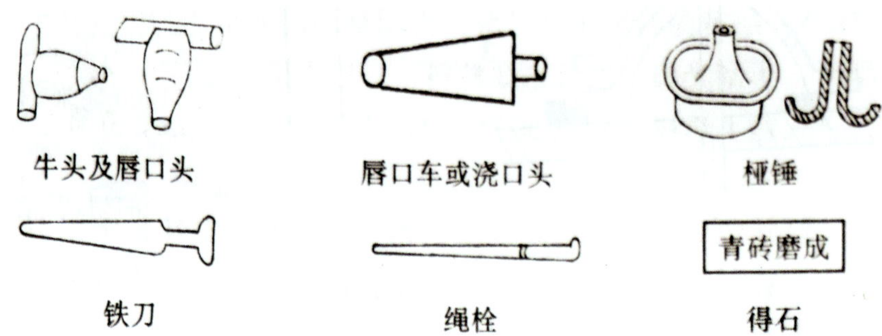

图7 铸锅造型小工具示意图

牛头及唇口头：硬木车制，修整浇口。

唇口车或浇口头：硬木制成，涂面料，修光浇口内外。

桠锤：铁片制成，涂面料，研磨泥型表里。

铁刀：长约450毫米，柄长100毫米，修整铁锅坯形。

绳栓：用4—5毫米粗棕绳绕紧，分长、弯、短三种，打紧黄泥坯。

得石：青砖磨成，型坯稍干时，打紧型坯。

二、半永久铸锅泥型造型工艺过程

现将铸锅泥型造型工艺过程简介如下。

1. 制备造型材料

半永久泥型造型材料的配制及性能要求的相关内容参阅本部分第三、第四小节。

2. 焊制上下泥型用铁骨架

泥型用铁骨架如图8所示。

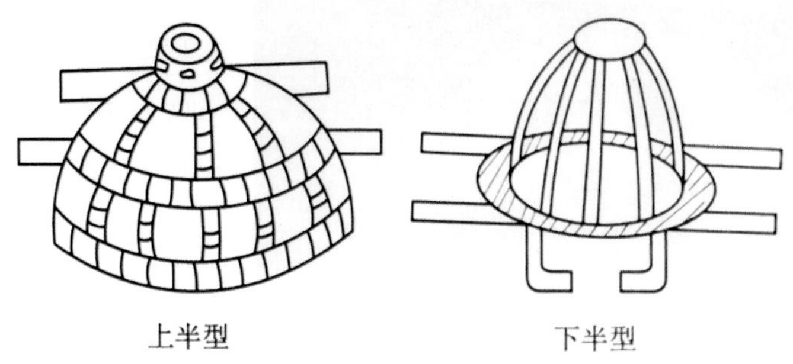

图8　泥型用铁骨架

3.制坯

制下坯(内模):可以利用旧上半型作为模子,也可以用砖坯和黄泥做成新的模子,需注意黄泥收缩率比较大(约4%)。用旧上半型作为模子时,需砍去型边外皮,另抹上一圈厚20—30毫米的黄泥料,再刮上一层交口料(分型料);待干燥后,即成造型用坯模;将坯模仰放平地上,刷一层磁泥水,撒上糠灰或木炭灰作为分型剂。用黄泥料做泥型坯模,厚40—60毫米,自然干燥约10天。通常隔一夜即可用绳拴在泥型上,有顺序地周身拍打4—6次。待泥型半干后,在靠型边处挖出4只提型用的手提洞。打气孔的直径约16毫米,每隔50—60毫米扎一孔。待型坯阴干后,再将其从上半型模子中取出,因泥型收缩率大,容易脱模。由于表面粗糙,须加以修理,可用铁刀刮平,移上车台,涂挂一薄层黄泥,车刮光滑后,再移至通风处晾干,即成下坯(内模)。

制上坯(外模):利用旧下半型作模子,平放地上,堆黄泥料,抹成平顶锥形的上型。捏4只搬运用的泥"鼻子",拍打如下半型。在顶部开80—90毫米口径的浇口孔,用牛头修整浇口。每距100毫米扎一气孔,直径约15毫米。干后拔出作模子用的旧下半型。在车台上修出泥型边,拍打结实,阴干后,以桠锤将泥型内表面研磨光滑,即成。

4.涂中层粒料

操作方法上半型、下半型基本相同,仅改变车规正反方向。当车台上一切调整就绪,使车规与泥坯间隔5—8毫米,抹上一层黄泥料。车刮平滑,再调整距离

王源吉珍藏的铸锅用铁锅泥模实物

使车规距泥坯6—10毫米，涂抹粗粒料，均匀涂抹整个型面。车刮光整，然后撒细粒料，一边手搓，一边车刮，至表面均匀平整为止。涂完中层粒料之后，于火盆上烘烤（温度500℃—600℃）至表面发红，立即移上车台。

5.涂面料

面料是泥型表层，涂抹的质量直接影响泥型的寿命，要细心涂抹，使泥型牢固黏结，表面光洁，无气孔。当泥型烧红移上车台时，调整车规，操作同上文所述。趁热在泥型边缘交口处搓涂交口料，刮一遍，反复进行3次。

6.修整泥型和浇口

泥型虽经车规车光，但因烘烤过后表面各处收缩不一，有时因车规走动型面尺寸会有变化，须用细砂纸摩擦修整，使合型后型腔厚薄均匀，主要着重修下半型。

浇口修整时，先用铁刀将浇口研磨光滑，注意不要将浇口边刮得过大。然后涂上糠灰料，用“浇口头”及“唇口车”转动修整，使糠灰牢固黏附在浇口壁上。

7.刷涂料

浇注前，上半型、下半型表面须刷一层松灰水涂料，刷时动作要求快速，厚薄均匀。新泥型刷一遍后，须充分烘干，但也要防止烤焦。在进行连续浇注时，每次脱型后，要趁热刷一次涂料。

三、半永久铸锅泥型造型混合料的性能要求

半永久泥型造型混合料的性能要求为：第一，耐火度要高，铸钢为1350℃—1550℃，铸铁为1300℃以上，多次浇注后，不被熔化、软化或烧结，不破坏型腔的光整；第二，高温膨胀系数要小，为了避免铸型变形和开裂，其系数越小越好；第三，强度和黏结性要高，铸型须经受金属液的静压力和动压力的反复冲击与压迫，

并需多次搬动后，仍能保持其尺寸正确和形状完好；第四，发气量要低，透气性要好，要求造型材料的颗粒度要均匀，最好是球形，浇注时产生的气体能顺利逸出；第五，必须具有良好退让性和可塑性；第六，抗热震性要好，半永久泥型在骤冷骤热条件下工作，因此必须要有抗热疲劳、抗氧化、耐热腐蚀等性能。

四、半永久铸锅泥型造型材料的配制工艺

《中国铸造发展史》称：半永久泥型造型材料不是通用泥型造型混合料，根据已知文献的简短记载和清道光十七年（1837）创建的我国著名历史名牌铁锅厂——江苏王源吉冶坊（后改称为无锡锅厂，是中国传统铸锅特技承传最完整的铸锅厂）的资料，有关专家用可靠的研究方式，在生产现场观察分析，总结出古代半永久泥型造型材料的配方与制备技术，这是古代半永久泥型造型材料的典型选配制备工艺。

制作磨具原材料

1.面料及分型面料

面料由紫泥和糠灰组成。紫泥是无锡宜兴等地区特有，从山麓开采出来的灰黑色含有机胶质的黏土，黏性、韧性都很强。紫泥的化学成分是：SiO_2为45.56%、Al_2O_3为34.71%、Fe_2O_3为10.24%，灼减量为10.43%，耐火度为1480℃。紫泥应妥善储放在潮湿的地方，或放在水缸内，经常喷洒清水，保持湿润。冷天还要盖稻草帘，以免受冻。如果干枯或冰冻，其黏结性将下降。由此可见，古代铸造匠师十分重视黏土质量。糠灰是稻壳经充分燃烧后剩余的灰分，可用作面料和分型面料，最好用籼稻谷壳烧成，以烧透为洁白的最好。糠灰的化学成分是：SiO_2为73.45%、Al_2O_3为10.43%，还有少量K_2O、Na_2O和C，其耐火度高达1670℃—1690℃。

面料又称糠灰料，其配方是粗糠灰18千克、细糠灰8千克、浓紫泥浆19千克及水14.5千克。分型面料又称交口料，其配方是粗糠灰12.5千克、细糠灰12.5

千克、浓紫泥浆52.5千克及水14.5千克。分型面料是上下型接触的部位，要求有较高的强度。面料的混制方法是，将浓紫泥浆加上清水，调稀倾入铁臼内，先取粗细相混的糠灰70%，加入拌和，用脚跟往料上踩，边踩边翻，其余30%的糠灰在混合过程中逐渐加入，一直踩到面料发光，就是有韧性了。再做性能试验，即泥料下垂40毫米左右不断或折断泥条后在断面上看见很多小气孔为止。这项操作需耗时2小时以上。

2. 中间层粒料

中间层粒料就是型坯与面料之间的粗料，由紫泥和缸瓦碎片或煤灰渣等组成。缸瓦碎片是黏土性耐火熟料，经过击成碎粒，若干次直接火焰喷烧，作为中间层粒料用，其化学成分是SiO_2为45%—55%、Al_2O_3为45%—50%，灼减量为0.5%，耐火度为1700℃。煤灰渣是打炉剩余物，亦可作中间层粒料，使用前要晒干、砸碎，筛去细末。颗粒度粗的为3—5毫米，细的1—3毫米，其化学成分是：SiO_2为40%—60%、Al_2O_3为20%—30%、Fe_2O_3为5%—10%、CaO为3%—10%、MgO为0.2%—2%、SO_3为1%—2%。

涂抹磨具涂料

中间层粒料分为粗、细两种配制。粗粒中间层用粒度3—5毫米的煤灰渣或缸瓦屑3.9千克、浓紫泥浆5.4千克加清水4.5千克进行配制。细粒中间层用粒度为1.5—3毫米的煤灰渣或缸瓦碎屑15千克、浓紫泥浆5.4千克和清水1.5千克进行配制。其混制方法是：首先调拌浓紫泥浆，将紫泥放入铁锅内，加适量清水用铁耙拌和，稠度以滴落台面滴痕不消失为宜。根据粗、细中间层料的配方，将浓紫泥浆调稀倾入铁臼中，分别加入粗、细煤灰渣，用铁耙反复翻动，混合均匀，而后由人用脚踩揉5—

6遍，直到泥料充分发性，用于泥型中间层的涂抹。

3.背料

背料是以黄泥为主的泥型坯料，由黄泥或白泥、稻芒组成。黄泥是一种浅黄色瘦黏土，全国各地都有，从稻田深处和山麓挖掘后打碎、晒干使用，其化学成分是：SiO_2为63.10%，Al_2O_3为20.10%，Fe_2O_3、K_2O和Na_2O均为2.23%，灼减量为8.10%，耐火度为1420℃。白泥全国各地均有，其化学成分是：SiO_2为60%—70%，Al_2O_3为15%—35%，Fe_2O_3为1.5%—7%，CaO、MgO少量。稻芒即稻谷壳芒，质轻性韧，将其掺入黄泥浆中能起到连接作用，增强所用泥料的黏结力和强度。籼稻芒质量好，凡发霉、发黄的，其性能变差，最好不用。稻芒在使用前应用清水泡软。

背料配方为黄泥50千克、稻芒4.5—5千克、清水44千克。其混制方法是：将已晒干的黄泥放入泥池中，其深约400毫米，加水浸透，捣成浆状；除去硬泥块，掺入稻芒，用铁耙反复翻动，混合均匀，而后用人脚踩揉，如此五到六遍，直到泥料充分发性；然后放置一夜，即可用于泥型制坯。

4.涂料

涂料是泥型工作面的保护层，新泥型必须刷一遍涂料后，将其充分烘干，但一定要注意不能烤焦。涂料是用松烟灰调制而成的水涂料。松烟灰是松树根烧过以后收集的烟灰，其耐火度高，且有一定的黏性，是古代调制涂料的好原料。

5.修型料

修型料是用于修补泥型工作面出现缺陷的糠灰料。其配方是：粗糠灰12.5千克、细糠灰23千克、浓紫泥浆35千克及清水3千克，修型料的混制方法与面料相同。

原生态制作的松烟脱模剂

王源吉冶坊用上述优质泥型造型材料和一

模具制作场景

套成熟的铸锅泥型制造技艺及具有悠久历史的苏炉(鼓形炉)来熔化废杂铁及原生铁,获得流动性好的灰口铁水,生产出质量优良的铁锅,闻名大江南北。铁锅壁厚仅为0.7—1毫米,锅脐附近厚度也只有2—3毫米,而且是灰口断面,有一定韧性,400毫米口径可压缩到290毫米,不崩不裂。英美等国均认为我国的薄壁铸锅是奇迹,并将其珍藏于博物馆中。苏联专家A.M.彼德里钦科等对宋应星在《天工开物》中记载的"这种铸型浇注后不立刻毁坏,不产生粘砂现象,浇注后可以将铸型打开,当铸件修正后,再将其重新合上"的铁锅修补工艺做出了高度的肯定:"中国古代的铸造工作者在制备高质量造型材料上获得极大的成就,几千年前,中国铸造工作者就已掌握了制造高质量铸型用混合料的制备秘诀。"[①]

《中国铸造发展史》对以上总结的半永久泥型造型技艺是这样评价的:江苏王源吉冶坊铸锅特技,就是从中国古代流传下来的典型的半永久泥型铸造造型技术实例,应是现代铁锅铸造的基础技术,并称从明宋应星《天工开物》对半永久泥型铸锅特技的简短记载开始,历经清康熙、雍正、乾隆、嘉庆等年间,到清道光十七年(1837)创建江苏王源吉冶坊止,在这一段时间里,无论是从铸锅的发展史,还是从传承延续到近代或现代的半永久泥型铸锅生产厂,都可证实,中国古代半永久泥型造型材料配方秘诀一直在中国铸锅生产中广泛使用,没有失传的任何可能性和机会。

---

① 田长浒:《中国铸造发展史》第1卷下册,北京:国家开放大学出版社,2017年,第808页。

王源吉铸锅工艺流程的完善发展

王源吉传人、冶铸工程师李燮鑫在设计铜钟蒲牢

王源吉铁锅素以色泽白亮、轻薄省柴、口圆边齐、脐小平整、内外光滑、厚薄均匀、不偏不侧、不炸不裂而享誉大江南北。王源吉的铸锅工艺流程就是根据企业自身铸锅生产技术条件和铸锅生产技术特点，结合冶坊历史上长期积累的经验而制定的，并且在各个不同历史时期不断进行了完善和发展，它是王源吉非物质文化遗产传承的一项重要内容。它要求在传承传统加工工艺的前提下体现经济上的合理性、技术上的创新性、工艺上的独特性。王源吉铸锅工艺从1961年以来60年间改革了四次，而且每次都是重大改变。曾经主导过铸铁锅国标、省标图纸设计工作的无锡锅厂冶铸工程师李燮鑫(出身于大隆冶坊世家)多年来一直在不断总结完善铸锅工艺流程，并把王源吉铸锅工艺流程归纳为六个方面63项基本工艺流程，然后根据这一基本工艺流程制订工艺操作规程，以此指导生产、调度生产、把控质量、提高效率，使整个铸锅作业趋于标准化、规范化。其基本工艺流程为：

1. 制模

(1)设计锅型及各部位厚度图纸；

(2)加缩率做出内外铸模合型线；

(3)浇铸或切割制模车规坯料；

(4)制作涂刮模具面料车规；

(5)制作水泥混合模印模车规；

(6)铸造模型外壳铁架；

(7)用泥料车出水泥混合模凹凸印模；

(8)在印模上铺上脱坯纸张，放上铁壳架子；

(9)用425号水泥和颗粒15—20毫米的焦粒或煤渣，按比例加水拌和后，填进铁壳架内；

(10)用直径15毫米尖头钢钎在水泥料上打透气孔；

(11)两天后将铁架水泥混合锅模从印模上倒出；

(12)去除脱坯纸张，局部用水泥修补；

(13)铁架水泥模每天浇水保养1个月。

制作车板

2. 备料

(1)将稻壳堆置，四周围放稻草，从底部外围点燃，顺其自然，燃成白灰；

(2)稻壳白灰凉后，用60目筛网过筛，去除杂物；

(3)用筛网备好3毫米粗细焦子；

(4)用燃过的焦炭碾成老煤粉；

(5)燃制松烟；

(6)松烟加水加铁球，用球磨机磨浆过滤；

(7)取惠山严家棚附近制作惠山泥人的地下层紫泥浸水、淘浆，并用波美表测定浓度；

(8)将筛好的焦子和泥浆拌成刮模具的第一层料；

(9)按比例把稻壳灰、泥浆、水、铁球放入球磨机打成刮模具的面料。

3. 浆模

(1)使用过的模具，将原来的焦子、糠灰面层铲清；

(2)用车规校正好合适的焦子层厚度，四周一致；

(3)涂刮焦子泥浆粗料；

(4)第一次烘干；

(5)涂刮糠灰泥浆面料；

(6)填塞模型轴孔；

(7)修正模型浇口；

(8)第二次烘干；

(9)模具刷上松烟；

(10)第三次烘干。

4.熔铁

(1)精选炉料，大小敲匀；

(2)炉料按比例进行过磅称重；

(3)熔铁炉内用耐火砖、耐火泥砌筑；

(4)炉内用干柴烘干；

(5)均匀投料；

(6)熔铁时及时出渣；

(7)出铁。

5.浇铸

(1)铁水吊包、浇包内用老煤粉和上白泥搪涂；

(2)吊包、浇包烘干；

(3)上下模合正、夹紧；

(4)铁水倒进吊包、浇包时，放上稻草灰，裹住浮渣，将其撇清；

(5)铁水倒入模型时，用马勺挡住浮灰；

(6)铁水冷却前，用马勺将多余铁水舀出；

(7)锅具凝固后，上下模松开，取出锅具；

(8)趁热在模具上刷上脱模松烟，水分蒸发后，继续铸锅；

(9)再次合模时，用鸡毛帚掸清灰尘；

(10)取锅称重，确保符合标准；

刷松烟

浇铸铁锅

(11)浇铸后多余的铁水倒入涂好脱模剂的铁槽中,凝固后再投入炉中使用。

6.检验整理

(1)化验铁锅成分;

(2)称重;

(3)测平整度;

(4)测圆度;

(5)测厚薄均度;

(6)查砂眼、漏眼;

(7)打磨;

(8)除黑;

(9)钻孔;

(10)装柄;

(11)上油;

(12)打印;

(13)装箱。

王源吉冶坊的坯制苏炉(1959年)

1959年,一机部机械制造与工艺科学研究院铸造研究所曾专门整理了《无锡王源吉冶铸厂的坯制苏炉》一文,刊登在《铸工》杂志上。编者按中指出:无锡王源吉冶坊创始于公元1837年,在冶铸技术上有着悠久的历史。解放以来,尤其是在"大跃进"中,由于党的重视,生产上有了迅速的发展。本文介绍了该厂的一种祖国冶铸遗产——苏炉,它的优点是筑炉材料简便易得,操作方便,熔化性质良好,使用期长,适用于小型铸造厂,特别是人民公社铸造薄壁铸件。[①]以下即为该文内容。

王源吉冶铸厂制锅所用的化铁炉,是我国古代民间流传下来,有悠久历史的

① 一机部机械制造与工艺科学研究院铸造研究所:《无锡王源吉冶铸厂的坯制苏炉》,《铸工》第4期,1959年,28—31页。

一种小土炉。冶坊工人习惯上称为苏炉，这种炉子在王源吉冶铸厂一直使用了百余年。过去，由于各方面条件的限制，设备和技术上改进很少。解放后，在党和人民政府的英明领导下，又由于职工们的不断学习努力，各方面都有显著的提高和改进。现已采用电动鼓风机鼓风，安装了热风装置，并试用成功焦炭代替传统采用的燃料——木炭，熔炼废铁屑废钢屑、烂铁皮仍能化成灰口铁铸件。炉子的结构及所用的材料亦有适当的改进。因而，生产效率不断提高，铁水质量也比过去好。现在这种炉子，在结构上和性能上，都仍具有独特的特点，与一般化铁炉（冲天炉）不同。归纳起来有下列几个特点：

1. 设备简单，成本低。坯制苏炉大部分材料可就地取材，修炉只用黄泥和一些土制耐火材料，不需要钢材。炉子矮，操作方便，不用加料台。如无电力设备，仍可采用木制风箱鼓风。

2. 熔化性能好，铁水质量高。由于炉温集中，熔化出来的铁水温度可高达1500°C左右，适合浇铸薄铸件，如铁锅、犁头等。浇出铁锅壁厚仅0.7毫米，外观白亮仍是灰口铁，火烧不裂。经化学分析，含碳量最高至4.6%，含硫量仅0.02%，含磷量在0.1%左右。

3. 寿命长，用途多。虽炉子容积较小，但能连续熔炼144小时以上。除化铁外，还能炼铁，炼锰铁。用于炼铁，每昼夜能炼出生铁300公斤以上。用于炼锰铁，可以从锰铁中炼含锰量46%锰铁，还可以采用劣质烟煤做燃料。

一、修炉材料

修炉所用的材料都是当地容易找到的原材料，共有如下几种：黄泥、磁泥、紫泥、耐火泥、石英砂、炭屑（即烧剩的木炭粒）及少量耐火砖。

修炉混合料的配制：

1. 黄泥料。黄泥80%—90%、稻芒10%—20%，加适量的清水拌和搅烂，脚踩至有塑性，即可供做炉壳。

2. 炉底料。炭屑70%，普通耐火泥20%，石英砂10%，放在铁臼里，加入适量磁泥浆，用臼锤舂压拌和而成。

3. 炉膛料。炭屑40%，耐火泥30%，石英砂30%放入铁臼内打碎，筛去细末，再放入臼内，加入适量磁泥浆，用木榔头舂打，拌匀。

4. 紫泥料。紫泥加适量清水，调成具有韧性的可塑泥团，供做进风管。

二、炉子的结构

炉子外形像腰鼓，见下图苏炉操作示意图。整个炉子由炉底、炉壳、炉膛及进风管四个主要部件组成。在炉膛中间炉底上有用两块耐火砖砌成的炉缸，此处系铁水熔化的中心。炉子的内腔形状见图甲——苏炉侧面剖面图。

三、修炉工艺过程

整个炉子分几段修筑，首先分别修好炉底与炉壳，将炉底摆上支架，安上炉壳，构成炉体。然后搪上炉膛料，修成炉膛，用耐火砖修砌风头石（即正对进风管的一块耐火砖）和炉缸，压上进风管即成为苏炉。

苏炉操作示意图

1. 修炉底。利用旧厚锅，锅口直径71公分，深度25公分，填满炉底料，置于室内阴干处，自然干燥。稍干后，就用绳柱拍打，每天拍打1—2遍，一般需拍打30遍左右。视气候变化情况，酌量增减拍打遍数，但务必拍打至结实。同时，注意表面不得有裂纹，甚至微小裂纹都不允许存在。待完全干透后即成为炉底。

2. 修炉壳。利用与炉底直径相同的铸锅下型坯，平放地上，沿型坯边缘堆上黄泥料，用手修出一定高度的泥围墙，如过高，泥墙易坍塌下来。待稍干后，泥墙已有一定强度，再堆上一段泥墙，如此，按炉子的外形逐段堆成炉壳。放在阴干处，稍干后，外壁用绳柱经常拍打至干透结实，内腔借压在型坯中心上的刮板来车刮结实。同时，修整进风管和出铁口部分。至近干时，在炉壳外皮扎孔，可减少表面收缩裂纹。炉壳完全干透后，移开，扎上铁皮条加固。先在进风管口和出铁口两边炉壳上分别竖摆上二十条铁皮，用三根铁条分别在炉口、炉腰、炉脚三处，将竖放的四十条铁皮扎紧在炉壳上。最后，用木柴烧烤炉壳内壁，使其完全烤干。

3. 摆炉。由于炉壳的外形前长后短，炉底摆在三脚架上，具有一定斜度，前缘下倾，比后缘低19公分，见图乙——炉底剖面图。此时，由炉底与炉壳构成整个炉体，仍稍向后倾斜，见图甲——苏炉侧面剖面图。在炉壳与炉底相连之处用铁钩及铅丝扎紧，内外边缘上都抹上一层炉膛料，烘干后连成一体。在炉底前后下边缘有在倒铁水时供倾斜炉子的铁钩，见图甲——苏炉侧面剖面图。

4. 搪炉膛。炉子摆好后，将炉壳内壁划毛，就可以开始搪炉膛。先从炉底开始，从炉壳下部出铁水的出口处，在前半部炉底上摆进两块耐火砖（称为侧石）成八字形，作为炉缸。二侧石前端即靠出铁口之间距离约10厘米。在炉底中心处上，二石之间的距离为15厘米，见图丙——苏炉正面剖面图。在两侧石前端上面，摆上一块耐火砖（称为风头石），风头石与进风管孔相对，离炉口垂线5厘米，离进风管前端26厘米，见图丙——苏炉正面剖面图。然后，从炉底四周往炉口逐步搪上炉膛料，按图甲——苏炉侧面剖面图的形状，搪成炉膛。同时，在炉膛后下部，靠近炉底上，修出一个口径13厘米的进风管孔，向下倾斜10 度，在炉膛中，孔长约35厘米，进风管孔须居中，不能有丝毫偏斜。将风管伸入炉膛35厘米与炉壁平，见图甲——苏炉侧面剖面图。在风头石下面修出一个稍向上倾斜的出铁口。最后，用木柴或木炭将炉膛烘干，约需6小时，完全干透后，即可开炉。

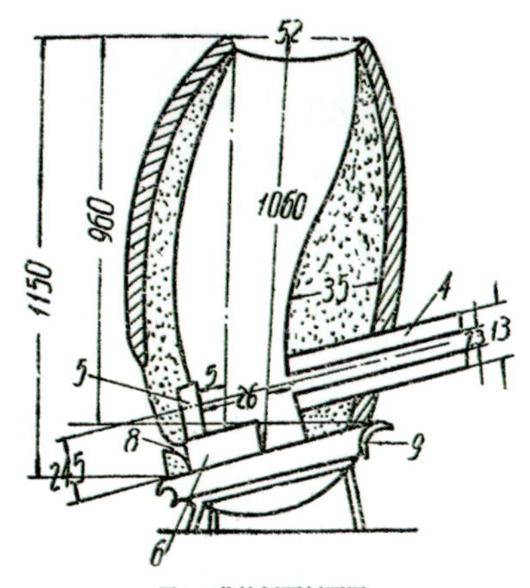

甲——苏炉侧面剖面图

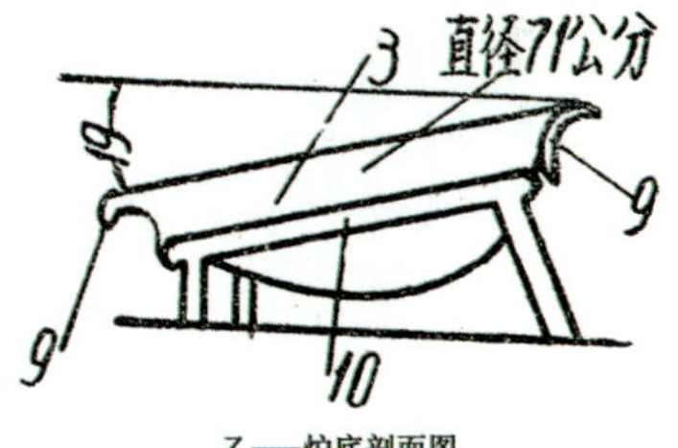

乙——炉底剖面图

丙——苏炉正面剖面图

苏炉剖面侧面图

1. 炉壳；2. 炉膛；3. 炉底；4. 进风管；5. 风头石；6. 侧石；7. 炉缸；8. 铁水口；9. 倾斜炉干铁钩；10. 三脚架（尺寸：公分）

5. 装进风管。进风管是用紫泥料做成的直管，内径7.3厘米，外径13厘米，长67厘米。将其插入进风管孔（从炉桶外壁量起10厘米，开炉后经常保持以上长度，熔耗要逐步深入）在孔中前后移动，并能少许上下左右移动，以调整风向。插入的进风管前端与进风管孔前缘相平，见图甲——苏炉侧面剖面图。熔化一定时间后，进风管会熔损，为了保持进风管前端的一定位置，须随时前移进风管。每根进风管约用过4小时后就需要换用新的。

四、熔化工艺过程

1. 开炉前的准备工作。安装鼓风设备及热风装置，装配时参考苏炉装配线路图。过去使用木制大型风箱鼓风，解放后，改用1—2匹马力的离心式鼓风机。热风装置是用铁板做成的圆铁桶（或利用大型旧油桶代替），中间串通二十多根铁管，桶中设三层隔板，以增加受热面积及时间。桶的底盖焊上后，吊在炉口上。冷风从桶上部进口管进去，经过桶内隔板，回旋加热而下，从下部出口管出来，导向炉上进风管。吹进炉内的空气温度约200°C。

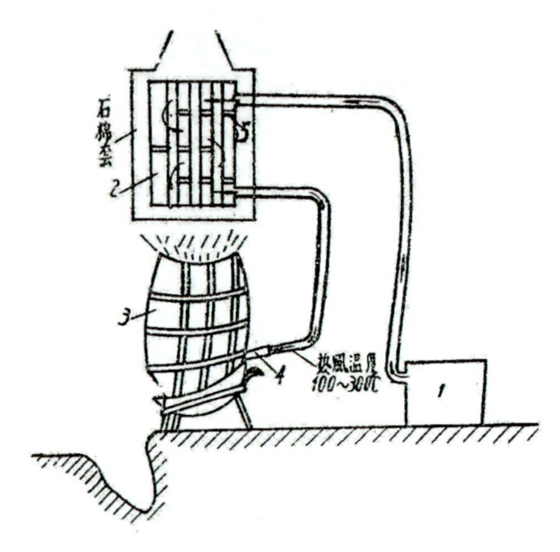

苏炉装配线路图

1.鼓风机；2.热风装置；3.苏炉；4.风管；5.隔板

在修好的炉子内，放进木炭和木柴，点火烘5小时后，开始送风，再烧20多分钟就可以开始加料。

2. 正常熔化操作。每隔10分钟加一次铁料燃料。铁料主要采用旧锅片和铁屑，每次约20—25斤。用木炭或大同烟煤作为燃料，木炭或烟煤每次共加20斤。另外，每次加石灰石2斤。熔化13分钟出铁水一次，每次约25斤铁水。

这种炉子所需风压、风量都不大，用一般大型木制风箱即能满足要求。采用煤炭作为燃料，风量须适当增加。现使用2—6匹马力鼓风机鼓风。

3. 修补炉子。连续熔化6天以后，炉膛熔损，须停炉修补。对风口的炉膛部分，温度高，最易损坏，应根据损坏情况，重修炉膛，更换风头石与侧石。

停炉后，将炉门凿开，炉内剩料随即流出，用水浇灭火焰。稍冷，即可进行修补，两个小时就能修好。再用木炭和木柴烧烘5小时后，又可以继续开炉。一般一个炉子能使用一年多。

王源吉产品品种的变化与创新

王源吉锅厂生产的“双吉”牌铁锅品种众多，锅型丰富，历史上生产过的铁锅品种曾达十一大类一百多种，为广大百姓所喜爱。改革开放以来，特别是21世纪以来，王源吉以铁锅文化引领，不断创新生产工艺，不断推出铁锅品种，以满足人们对铁锅的不同需求。铁锅以色泽白亮、轻薄省柴、口圆边齐、脐小平整、内外光滑、厚薄均匀、不偏不侧、不炸不裂而享誉大江南北，在国际上也产生了一定影响。

铁锅锅型分类

王源吉产品琳琅满目，深受市民欢迎

随着企业的发展，王源吉铁锅锅型的分类不断增加及调整，以适应社会及民众的需要。根据1964年3月无锡王源吉锅厂企业标准划定，锅型分为有边锅（连锅、斗锅、飞边锅）、无边锅（广锅、直口锅）、深耳锅（解放锅）、浅耳锅（炒菜锅）和平底锅（煎锅）五大类。据1964年资料记载，当时王源吉锅厂有有边锅26种、无边锅31种、深耳锅5种、浅耳锅15种、平底锅6种，合计83种。其中大号、二号工业锅系"大跃进"年代生产的，少部分用于"土法上马"的化肥、农药、纺染等生产。大饭锅、广锅大多数用于当时的大兵团生产劳动，如治淮工程开河、围湖造田等。11种比苏北常用广锅口宽而浅的广锅，是根据四川省要求仿照当地用锅制作的。有7种比本市口广而浅的耳锅（6—12码）系广西、福建诸省所订制，是为了增加花色品种供民用的。还生产过铁面盆、铁锅盖和鏊子锅（煎锅）。很久以前还生产过用于染纱的染纱锅、用于酿酒的酒尺、用于制饴糖的重糖锅和用于烘干鲜茧的茧锅等。随着工业生产的不断改革，多种行业的作坊式生产方式改变成现代化生产方式，以上有些专用产品日渐被淘汰，同时又有许多新品种出现，被充实到产品品种系列之中。至20世纪90年代，王源吉曾经生产过的铁锅品种已发展到一百多种，品种类型包括广锅、连锅、浅广锅、印锅、深耳锅、扁耳锅、园耳锅、胶耳双边、平底锅、工业锅、出口锅等十一大类。具体铸铁锅老品名见下表。

江苏王源吉新材料集团有限公司成立后制订的企业标准，将铁锅锅型归为双耳圆底锅、双耳平底锅、单柄圆底锅、单柄平底锅四大类。双耳圆底锅、双耳平底锅的基本规格有八种，单柄圆底锅、单柄平底锅的基本规格有四种。

王源吉铸铁锅老品名

铁锅类型		铁锅品名						
日用锅	广锅（单边锅）	三广	三半	申四	申五	苏六	苏七	苏八
		申九	申十	十二张	十四张	十六张	十八张	二十张
		二十四张	三十张	六十张	一百张			
	连锅（宽边锅）	尺四	尺五	尺六	斗六	连四	小斗八	申八
		小斗二	江二二	申二二	斗七	小口斗七	舟肖	新七半
		罗二	小口罗二	斗十二	杭六	板六	平三尺	刘六
		折九	折十	大酒	大饭锅	二百五十张	三百二十张	
	浅广锅	大三	大三半	大四	大五	大六	大七	大八
		大十	浅十六	平大四	鏊子锅			
	印锅	北四	北五	北六	北七	北八	北十	
	深耳锅	小小串	小申	中申	大申	七耳	八耳	
	扁耳锅	扁中耳	扁大耳	放大耳				
	圆耳锅	元三	元三半	元四	元五	电碗		
	胶耳双边	胶二	胶三	胶三半	胶四	胶五		
	平底锅	四煎	五煎	六煎	八煎	二尺煎	二二煎	放大煎
		月煎						
工业锅		糖匹	盐匹	酒匹	菜匹	茧锅	化工锅	
出口锅		3英尺	4英尺	5英尺	6英尺	7英尺		

铁锅内在质量分类

生产铁锅因原燃料和冶炼炉型的不同，锅的质量也有所不同。历史上王源吉铁锅有以下六个品种：

1. 用鼓形炉冶炼，木炭为燃料，全部用旧锅铁（又叫皮铁）作原料所生产的叫皮锅。

2. 原料中混入一些刨花铁、废熟铁，同时加入少量矽，叫矽锅。从20世纪30

年代末40年代初开始生产。

3. 1949年以后，因为矽不易采购，许多冶坊铁锅生产中不再加矽，而是在皮铁中搭少量废熟铁进行铸锅生产，这种锅称为改良皮锅。

4. 公私合营后，以上三种产品均不再生产。用刨花铁三成、生铁屑三成、锅铁四成铸锅生产，这种锅称为“三三四”皮锅。

5. 1959年，因封山育林，木炭无货供应，曾一度用白煤块代替木炭作为燃料，用小掺炉生产。

6. 1963年以后，完全用天平炉生产，用焦炭作为燃料，用各种废铁作为原料。由于天平炉炉温高、铁质好、产量高，这种锅统称为铁锅。

深耳锅的由来。深耳锅又名解放锅，顾名思义，这款产品是解放以后才生产的。它的创制人是大司务(做锅模车样的技工)许祖祺，他见到铝锅在市场上供应很紧俏，就动脑筋按照铝锅式样设计锅模车样，经过反复多次试铸方才成功。但锅上的耳环如果用老法(用松香皮纸、糠灰做成耳环壳)做，则成本高，产量低；如果带环浇，则会是扁耳朵，群众不欢迎，又易断环。他又想方设法，设计翻砂耳环，并与电焊技工研究焊环，经过多次修改锅边和耳环造型，才铸成现用深耳锅。据当时他的助手许锡初讲，许祖祺设计成深耳锅是下过一番苦功的。同时，他还设计铸成适用于煎油条的平大四锅。深耳锅和平大四锅于1953年在源隆冶坊首批投入生产，销路很好，嗣后各坊相继仿制，市场占有量逐年提高。

铁锅产品品种的创新

改革开放以来，特别是21世纪以来，王源吉以铁锅文化引领铁锅工艺创新，不断推出铁锅新品种，以满足人们对铁锅的不同需求。即从过去单纯满足百姓的民生需求发展到同时顾及一些中高端人士的品位需求，包括审美、舒适、收藏等方面的功能，以期全方位地占领铁锅市场。当然，这些产品大都保留了王源吉的传统工艺，其中尤其突出的是古法系列、精铸铁系列、珐琅系列，深受广大市民的喜爱。

1.王源吉古法系列铁锅

品名:苏锅王炒锅

规格:有圆底、平底两种,直径有30厘米、32厘米、34厘米、36厘米四种。

重量:1.43公斤/1.57公斤/1.93公斤/2.02公斤。

特性:

(1)苏南地区传世经典老锅;

(2)一口回味儿时家的味道的老锅;

(3)古法工艺,手工泥模浇铸,1600度的高温提炼,保证铁质的纯度;

(4)铸造时自然形成的龟纹细腻,经得起打磨,不易裂;

(5)沿用祖传秘方,松烟脱模,无任何化学涂层。

品名:望江南炒锅

规格:有圆底、平底两种,直径有30厘米、32厘米、34厘米、36厘米四种。

重量:1.32公斤/1.59公斤/1.62公斤/1.91公斤/2.06公斤/2.11公斤/2.2公斤。

特性:

(1)选用优质灰口铁,经1500度高温提炼浇铸而成,使其铁水更纯。

（2）泥膜使用太湖流域稻壳、惠山紫泥等配方，浇铸时流动性更好，使锅体厚薄均匀、表面光滑，受热蓄热性能极佳。

（3）采用严格的选材和配方，脱模时利用热胀冷缩形成独一无二的细腻光滑龟纹。

（4）沿用祖传秘方松烟脱模，使锅体达到物理不粘、不易生锈、油烟极少的效果。

（5）手柄使用北美胡桃木，材质细腻，表面光滑，设计形状符合人体力学。

品名：氮化生铁炒锅

规格：平底，直径有32厘米、34厘米两种。

重量：1.95公斤/2.24公斤。

特性：

（1）真正的无涂层不粘锅；

（2）采用航空领域的窒化工艺，让铁锅不生锈、不粘锅、易清洗；

（3）强度高，耐磨，耐高温，使用寿命长。

品名：双喜王炒锅

规格：直径33厘米。

重量：3.51公斤。

特性：

（1）4000万颗铁矿颗粒，使得锅

壁表面更加紧密，物理不粘；

(2)释放二价铁离子，健康补铁；

(3)窒化工艺处理，不粘不锈；

(4)4毫米加厚锅体，受热均匀，强势少烟。

2.王源吉精铸铁系列铁锅

品名：精铸铁炒锅

规格：平底，直径有32厘米、34厘米、36厘米三种。

重量：1.64公斤/1.80公斤/1.93公斤。

特性：

(1)古法工艺与窒化工艺的结合体；

(2)无任何化学涂层；

(3)锅壁1.5毫米，使用轻薄方便，导热快速均匀，不易粘锅，不易生锈；

(4)外观时尚，深受年轻消费者的喜爱和推广。

3.王源吉珐琅系列铁锅

品名：双耳珐琅炒锅

规格：直径有30厘米、32厘米、34厘米三种。

重量：2.04公斤/2.17公斤/2.20公斤。

特性：

（1）安全无涂层，表面光滑；

（2）双耳一体化浇铸，锅体厚实，导热率高，持久恒温；

（3）里外均为进口高品质黑珐琅，黑珐琅吸油佳，锅体不易生锈，更加不粘；

（4）无惧铁铲、钢丝球。

4. 王源吉刀具

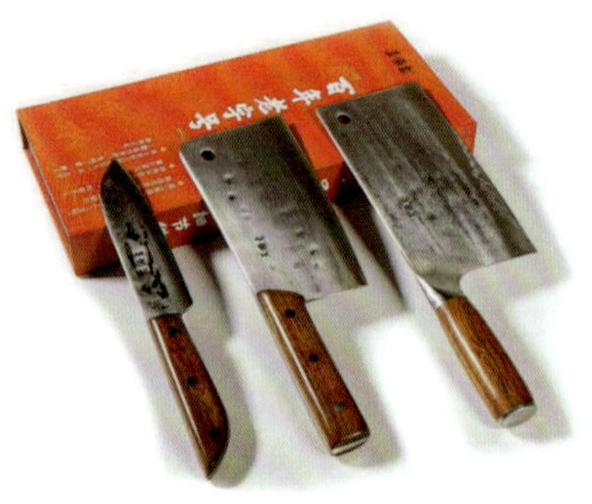

特性：

（1）手工锻打，千锤百炼，赋予刀具灵魂，每把刀都具有自己独特的纹理外观；

（2）蛤式开刃，纯手工开刃，机器无法替代，每一把都经过反复打磨，保障开刃角度的精确，这样的刀刃锋利耐久；

（3）用植物油淬火的传统工艺，不易生锈。

5. 王源吉铁壶

特性：

（1）采用优质铸铁，历经一道道工序，手工精细锻造，无任何涂层，采用碳氮共渗技术，防锈油亮的同时保证饮用的安全；

（2）手工蜡膜浇铸，一壶一模，古朴自然，经典素肌纹理；

（3）煮水过程中能去除水中的

氯，释放二价铁离子，会出现山泉水效应，茶水更为清甜。

4.其他产品

品名：铁铲铁勺

规格：40厘米*9.5厘米。

重量：0.22公斤。

特性：

（1）表面光滑，数控打磨，造型时尚，一体设计；

（2）质感细腻，耐磨损，弧形设计，不伤锅；

（3）流线型柄身，配上坚硬榉木手柄，耐高温，隔热防烫；

（4）挂口设计，易于悬挂，节省空间。

品名：红檀木铜头福筷

规格：两双装/五双装。

重量：0.14公斤/0.17公斤。

特性：

（1）天然红檀木制作，结构细密有光泽，光滑耐腐，抗白蚁；

（2）手工打磨，不涂漆，不打蜡，无任何化学加工，有微香；

（3）圆铜头设计，科学合理，防止戳伤、划伤，福字预示好运，家庭幸福美满。

品名：金檀木砧板

规格：直径36厘米。

重量:2.97公斤。

特性:

(1)东南亚进口金檀木,纹路别致,美观大方,使用寿命长,不易开裂;

(2)材质坚硬,适宜切砍,不易起木屑,抗腐蚀,耐干燥;

(3)微波高温烘干灭菌技术,材质更健康、更稳定、更耐裂;

(4)圆弧设计,手工精细打磨,食品级不锈钢提手,稳固耐用。

王源吉冶坊发展大事记

王源吉的历史丰富多彩，源远流长，是一部非物质文化遗产技艺探索形成的历史、活化传承的历史、展现魅力的历史。本部分大事记记载的内容跨越400多年历史，信息的数量多达260多条，它从冶坊发展演变、冶坊技艺传承、冶坊文化传承、冶坊产品传承等方面，较为完整地展示了王源吉发展的整个历史过程，是王源吉技艺传承和活化利用的生动记载，具有较高的史料价值，对研究王源吉发展历史有十分重要的作用。

明万历二年(1574)前

曹氏冶坊创设于无锡南门。

明天启元年(1621)前

曹氏冶坊一分为三,即曹大房冶坊、曹二房冶坊、曹三房冶坊。

明天启元年(1621)

曹三房冶坊为普陀山福泉禅院制作香炉1座,质地为铜质,高37厘米,口径44厘米,重70.6千克。2010年5月被鉴定为国家三级文物。

明崇祯十四年(1641)

曹三房冶坊为浙江宁波天童寺制作千僧锅1只,口缘直径236厘米,深107厘米,重约4000斤。

清顺治十八年(1661)

山西人查氏在无锡羊腰湾开设冶坊。道光时,查氏后人将冶坊作嫁妆赠给吴永昌,称为吴永昌冶坊号。

清乾隆七年(1742)

王允谦修、华希闵等纂《金匮县志》刊行,其中卷十一物产篇记载了曹氏冶坊设在南下塘尽处之事。

清嘉庆二十三年(1818)

常州府发布《金匮锡金冶坊花色炉告示》,将曹氏冶坊列为常州府官炉,其他冶坊不得增设开炉。

清道光十七年(1837)

吴永昌冶坊业主吴宏三与王毓山、王奕三、王惇五合伙经营冶坊,名称为王源吉冶坊,坊址设在吴永昌冶坊原址羊腰湾。

清咸丰十年(1860)

2月,苏州布政使司为王源吉颁发办铁印照,准予赴浙江省松阳县购办生铁。

是年,太平军占领无锡,王源吉冶坊全部厂房毁于战火,冶坊被迫迁至苏北靖江十圩桥。

清咸丰十一年(1861)

王源吉冶坊迁至南通刘桥,出资购置坊址,自建厂房,开炉生产。

清同治元年(1862)

5月,通州直隶州发布告示,准予王源吉冶坊开炉铸锅,并警告棍徒、流丐等不得借端酗酒滋扰该冶坊生产经营。

清同治二年(1863)

11月,江阴县左堂为王源吉开具铁锅经黄田港出口的号票。

是年,王源吉冶坊从南通搬迁到无锡县堰桥镇,租用胡氏基地,开炉生产。

是年,王源吉迎来冶坊第一个发展高峰期,投资总额达白银10万两,开炉3只,生产铁锅。

清同治四年(1865)

王源吉租用美国、英国商船,在清政府新开设的镇江关署办理各项申报、查验、纳税业务,并持续了多年,以此确保铁锅出口业务的正常进行。

清同治八年(1869)

9月,常州府靖江县为王源吉颁发办铁护照,准予从江阴黄田港进口铸锅用废铁。

清同治十三年(1874)

5月,常州府武进县为保护官炉生产而发布告示,禁止各地私添糖盐卤锅。

清光绪二十四年(1898)

王源吉冶坊盘下常州陈元叙冶坊,更名为同源吉冶坊,坊址设于武进西仓桥。

是年,王源吉冶坊南通刘桥厂址改称王源吉北栈,成为王源吉冶坊的分栈。

清光绪二十六年(1900)

王源吉冶坊与湖北东湖县南沱9家炭行户签订协议,购买其木炭用于铸锅生产。

清光绪二十九年(1903)

年初,王源吉冶坊因湖广等地铁锅假冒王源吉铁锅而提起诉讼,最终赢得这场诉讼。

5月,江南商务总局因湖广铁锅假冒王源吉坊牌号而发布告示,严禁仿冒王源吉牌号,发现仿冒者即扭送地方官严究。

同月,无锡县因湖广等处铁锅冒盖王源吉坊牌号而发布告示,严禁仿冒混售王源吉铁锅,违者严查究办。

是年,王源吉冶坊与湖北东湖县罗甸溪4家炭行户签订协议,购买其木炭用于铸锅生产。

清光绪三十一年(1905)

王源吉冶坊因湖北东湖县罗甸溪4家炭行户停止供应木炭,向东湖县政府提起诉讼,东湖县府判定4家炭行户败诉,并发布告示,明确各炭行户按订约供货,不得格外勒索。

清光绪三十二年(1906)

江苏巡抚陈夔龙重修江苏苏州寒山寺,指令曹三房指导瑞记生冶坊重铸寒山寺铜钟1座。

是年,曹三房冶坊为江苏常州太平寺文笔塔制作塔刹1座。

清光绪三十四年(1908)

侯鸿鉴的《锡金乡土历史》刊行,该书记载了无锡铁工遍布全国各地之史实。

清宣统元年(1909)

2月,王源吉冶坊在汉口小夹街设立总庄,称王源吉油炭号。汉口商务总会颁发注册执照。

是年,王源吉冶坊在宜昌设立分庄。

清宣统三年(1911)

曹三房冶坊为江苏苏州寒山寺制作炉台宝鼎1座。

民国元年(1912)

曹听泉在无锡羊腰湾创设曹三房全记冶坊。

民国五年(1916)

曹寿泉在无锡羊腰湾创设曹三房金记冶坊。

民国九年(1920)

王源吉冶坊对企业资产进行了一次清理,重新核定资产,核发给股东记名股单,并允许股权买卖转移。从此,股东就不再局限于王、吴两姓。

民国十三年(1924)

6月,无锡县知事收到署名举报信,查处曹三房全记冶坊私藏军火案,后查无实据,确认为私仇诬告。

是年,曹三房冶坊为无锡龙光塔制作塔刹1座。

民国十五年(1926)

7月,王源吉冶坊工人联合六家冶坊工人大罢工,相持一个多月方告结束。

民国十八年(1929)

曹听泉将曹三房全记冶坊改设为三新铜铁翻砂厂,厂址设在惠农桥惠勤路。

民国十九年(1930)

9月23日,地处堰桥的王源吉冶坊失火,共计烧毁平屋七间,损失约三千元。

是年,王源吉冶坊创设白色双吉商标,向国家商标局注册,同时注册的还有单吉、三吉、四吉三种不同的商标号。

民国二十一年(1932)

因铁炭市场变化,为节省开支,王源吉汉口总庄撤销。

民国二十四年(1935)

2月,王源吉冶坊一运货船在江阴附近江面被轮船撞毁。

民国二十五年(1936)

10月,曹三房冶坊为中华民国南京国民政府主席、中国国民党主席胡汉民灵堂制作长方形大铁鼎1座,鼎重十五担,高五十六寸,置于广州龙眼洞胡汉民墓庐灵堂。

民国二十六年(1937)

11月,日军占领无锡,王源吉冶坊被迫停业,王源聚锅号被毁。

是年,曹三房冶坊为峨眉山某寺院制作巨钟1座。

民国二十七年(1938)

秋间,王源吉冶坊开始复工生产,王源聚锅号重建房屋进行营业。

是年,曹三房金记冶坊主曹寿泉遭日本人枪杀死亡。

是年,李云清开设大隆磅厂永鑫秤店并担任经理。

是年,沈瑞洲派员来无锡开办沈元吉冶坊,坊址设在清名桥南长塘26号。

民国二十九年(1940)

由曹三房全记冶坊改设的三新铜铁翻砂厂因经营困难休业。

民国三十年(1941)

王源吉冶坊经理陈瑞庆遭绑架,冶坊花重金将他救出。

是年，无锡市冶坊业同业公会成立，郭叔鸣出任主任。

民国三十二年(1943)

王源吉冶坊搬迁至常州与同源吉冶坊合并。

是年，无锡市冶坊业同业公会改称为冶铸厂业同业公会，郭叔鸣出任主任。

民国三十三年(1944)

王源吉冶坊迁回无锡羊腰湾原址。

民国三十四年(1945)

杨福熙将开设的上海大元冶坊无锡炭窑改为冶坊工场，取名江苏大元冶坊，所产铁锅商标为“苏”字。

是年，无锡市冶铸厂业同业公会改称为金属品冶制工业同业公会，郭叔鸣出任理事长。

民国三十五年(1946)

2月，王源吉冶坊深夜遭盗劫，被劫法币13万余元及金表、金戒指等物。

10月15日，王源吉冶坊因亏损严重，无法维持正常生产经营，宣告清理，停产歇业。

是年，无锡县金属品冶制工业同业公会理事长、王源聚经理郭叔鸣筹集资金，改组王源吉冶坊，厂名为王源吉鑫记冶坊。

民国三十六年(1947)

6月，顾似初、张仁信合伙开设大源吉冶坊，坊址设在吴桥东路172号，所产铁锅商标为“合”字。

是年，曹三房金记冶坊停业。

是年，李云清在无锡市惠农桥堍7号开设大隆冶坊，将已停业的曹三房全部法器工匠纳入自己的冶坊。

民国三十七年(1948)

8月，许志鹏设立元兴冶坊，坊址设在冰池头22号，两处门市部设在吴桥东路西首34号和黄埠墩街34号。

1949年

4月16日，王源吉鑫记冶坊宣布提前停炉。

秋季，王源吉鑫记冶坊按往年常规通知工人回厂上班。

冬季，王源吉鑫记冶坊基层工会及劳资协商组织建立。

是年，袁廷荣从顺丰昌冶坊析出，投资设立新元昌冶坊。

1950年

上半年，江苏大元冶坊因无法维持正常生产经营，报无锡市工商局请求同意歇业。10月，职工筹得资金组织生产自救委员会开展生产自救。

8月，袁廷荣与夏金顺投资设立三元吉冶坊，坊址设在双河尖口39号，所产铁锅商标为“吉”字。同时，新元昌冶坊报歇。

1951年

1月，无锡市冶制厂同业公会筹备会成立，王源吉鑫记冶坊申请加入，郭叔鸣任筹备会主任委员。

4月，江苏大元冶坊资方将所欠债务全部还清，与冶坊生产自救委员会签订协议，重新接管冶坊生产经营，将冶坊改名为江苏大元新记冶坊。

5月，王源吉鑫记冶坊参加苏南区城乡交流物产展览会，签订了一批铁锅订单。

11月，元兴冶坊原两处门市部撤销，改设1处门市部，地址位于吴桥东路161号。

1952年

5月5日，王源吉鑫记冶坊发生了一起熔铁炉爆炸事故，造成冶坊职工一死四伤。

同月，王源吉鑫记冶坊参加华东区城乡交流大会，签订了一批铁锅订单。

7月，王源聚锅号、南通凌兴盛锅席油麻瓷器五金商店并入王源吉鑫记冶坊，企业更名为王源吉鑫记冶坊股份有限公司，两店号原址分别改为公司的无锡门市部和南通批发站点。

10月，韦焕章、蒋赓森合伙设立源隆冶坊，坊址设于太湖边周大巷，门市部设在大桥下桃枣沿河1号。

是年，三元吉冶坊因资金短缺，报无锡市工商局批准歇业。同时职工拿出冶坊抵付工资进行生产自救，企业名称改为三元吉公记冶坊。

是年，在“五反”运动中，王源吉鑫记冶坊被查出偷漏税、逃资等违法行为，有关资金追缴入库，“五反”结论被定为“基本守法户”。

1953年

企业取消解放初职工八折支薪的权宜措施，恢复职工的原工资待遇。

是年，王源吉鑫记股份有限公司除由国营土产公司收购经销部分产品外，还直接向产地采购原料和向外省推销产品。

1954年

9月15日，王源吉鑫记股份有限公司通过劳资双方协商会讨论，决定废除83种陋规，处理意见经无锡市劳动局批准执行。

是年，王源吉鑫记冶坊股份有限公司因产品全部由江苏省合作总社订购包销，不再需要自行销售，企业所属无锡门市部和南通批发站点撤销。

1955年

10月3日，王源吉、沈元吉、大源吉、三元吉、江苏大元、元兴、源隆7户私营冶坊经批准合并，其中王源吉、沈元吉、大源吉、三元吉、江苏大元5家冶坊合并生产，元兴、源隆2家冶坊报歇，人员由合并后的王源吉冶坊统一安排。厂名为王源吉锅厂有限公司。

10月11日，无锡市冶坊业合并经营劳资协商会议第二次会议专门协商讨论了工时制度改革问题并形成决议，决定两班制改为三班制，12小时工作时间改为8小时工作时间。

10月15日，合并后的王源吉锅厂有限公司正式开工生产，共开炉7只。

同月，中共无锡市委组织部发文，撤销大源吉党支部，全部党员转入王源吉党支部。

12月23日，王源吉锅厂有限公司、大隆冶坊公私合营申请被批准，厂名为公私合营王源吉冶坊，至此，无锡冶坊业实现了全行业公私合营。

是年，王源吉锅厂有限公司人力鼓风改为电力热风筒鼓风。

是年，王源吉锅厂有限公司产品由江苏省合作总社收购包销70%，自销30%。

1956年

1月，公私合营王源吉冶坊在无锡市人民大会堂举行公私合营庆祝大会。

春季，公私合营王源吉冶坊广泛开展劳动竞赛，召开劳动竞赛评比给奖大会。

5月，经市人民委员会批准，将公私合营王源吉冶坊第二工场(原沈元吉冶坊厂址)厂房与伯渎港缫丝第五厂所属原华新丝厂厂房对调。

同月，公私合营王源吉冶坊在新厂房旁征用土地6亩多进行扩建。建造主要生产车间1800平方米、辅助车间800平方米，还修葺了宿舍、食堂、浴室等生活用房，均于当年9月5日竣工。

7月，公私合营王源吉冶坊职工用白口生铁原料试制成功平面米刀。

10月，制定并实施工资改革方案。

是年，公私合营王源吉冶坊完成搬迁。伯渎港117—121号为主要生产场所，伯渎港107号为职工宿舍，旁边原来工场改为有色冶炼车间，大隆冶坊原址成立第四工场。

是年，曹三房全记冶坊改设的三新铜铁翻砂厂在公私合营时并入无锡市铸件厂。

1957年

4月16日，公私合营王源吉冶坊第一届一次职工代表会议召开，会议有70名正式代表参加。会议审查和通过了《王源吉冶坊增产节约方案》，明确了超额完成国家计划和对私改造的双重任务。

4月，制定《公私合营王源吉冶坊机构编制方案》，明确冶坊设立秘书室、生产技术科、计划统计科、财务科、人事劳动工资科、供销科、总务科、检验科、门市部，以及4个生产工场。

5月，部分工人担心歇夏期间家庭经济收入减少会影响生活而停工闹事，无锡市委和第二工业局制订了多项措施，维护了职工的利益，稳定了职工的情绪，平息了停工事件。

9月，江苏省铁锅业生产技术经验交流会召开，公私合营王源吉冶坊在会上做了经验交流。

同月，公私合营王源吉冶坊宣布改季节性生产为常年生产，同时对工人工资进行了调改。

是年，公私合营王源吉冶坊利用废铁熔炼和一模多铸造型的传统技术，创造性地以废铁屑直接浇铸灰口铸铁件。

1958年

年初，苏联专家彼得利琴柯和上海材料专家周惠元到公私合营王源吉冶坊考察，称王源吉薄型灰口铸件不用切削加工，一次性铸成铁锅的技术在世界上可居第一。

3月1日，公私合营王源吉冶坊向无锡市轻工业局上报《关于报送本厂第二个五年计划规划的报告》。

二季度，无锡市指定公私合营王源吉冶坊等企业先行试验土法炼铁。

6月12日，公私合营王源吉冶坊炼出全市第一炉铁水。

7月，公私合营王源吉冶坊获得无锡市工厂企业上半年社会主义竞赛“先进单位”称号。

同月，无锡市南长区工业分局发文，将原纬通布厂厂房及生活用房移交给王源吉冶坊使用。

8月1日，公私合营王源吉冶坊建造成功1.58立方米高炉10只并投入生产。

8月21日，无锡市委、市人委举行全市人民钢铁战斗誓师大会，会上授予了公私合营王源吉冶坊一面锦旗，上面书“大搞钢铁冶炼工业，争取短期内赶过英国”。该锦旗现收藏于无锡市博物院。

8月31日，王源吉钢铁营文工团正式成立。

同月，公私合营王源吉冶坊以军事化方式投入“大炼钢铁”，正式成立了王源吉钢铁营。

同月，公私合营王源吉冶坊试验成功全国第一座顶帽式天平炉，可用废铁屑和刨花铁熔炼后直接铸锅，被南京、北京两机械研究所命名为“中国式熔铁炉”。

同月，公私合营王源吉冶坊建成0.16立方米小炉16只，0.25立方米小炉1只，0.5立方米小炉1只，1立方米高炉70只，1.58立方米高炉40只，3立方米高炉10只。

9月，公私合营王源吉冶坊建成13立方米高炉2只，从此跨入冶炼厂的行列。

10月17日，公私合营王源吉冶坊试验成功大面积生产坩埚炼钢法。

10月25日，中共无锡市委、市人民委员会组成贺喜队，由市委第一书记包厚昌亲自带领到创造先进纪录的王源吉冶坊进行热烈祝贺。

是年，公私合营王源吉冶坊响应党中央提出的“全党全民办工业”的号召，积极创办子厂，先后创办了一个化肥厂、一个机械子厂，成功制造出了丁酸菌肥和第一台机床。

是年，无锡市委决定将新华铸件厂、南长七一钢铁厂并入公私合营王源吉冶坊，形成食锅制造、机械铸件、有色金属冶炼等综合型冶铸企业，厂名改为地方国营王源吉冶铸机械厂。

1959年

2月17日—22日，中央第一机械部全国泥型铸造经验交流会在无锡市举行，参加会议的400多位代表来自全国27个省、自治区、直辖市，王源吉冶铸机械厂等企业介绍了泥型铸造的先进经验。

6月4日，王源吉冶铸机械厂第二届一次职工代表会议召开，会议听取和审议了《关于增产节约运动的总结报告》《关于1959年度生产计划的报告》《关于开展九比红旗竞赛的报告》。

是年，王源吉冶铸机械厂用掺炉代替鼓形炉，以白煤代替木炭铸锅。

是年，一机部机械制造与工艺科学研究院铸造研究所专门整理了《无锡王源吉冶铸厂的坯制苏炉》一文，刊登在《铸工》杂志上。

是年，《铸工》杂志登载苏联专家E•A苏霍道尔斯卡娅、A•M彼得里琴柯的文稿《中国的化铁炉》，对王源吉化铁炉进行了专门介绍并给予了很高的评价。

1960年

1月起，王源吉冶铸机械厂产品全部由无锡市土产废品公司包销。

是年，王源吉冶铸机械厂为了生产60英寸大型铁锅，将锅模改成水泥做的永久性模型。

是年，受“大跃进”的影响，王源吉冶铸机械厂大部分车间和工人均投入了“大炼钢铁”运动。其铁锅产量、利润双双下降，全年铁锅产量为335万张，利润为17.54万元。

1961年

8月，无锡市经济计划委员会批复市轻工业局、南长区方案，将南长农机厂并入第三通用机械厂，部分设备人员充实王源吉冶铸机械厂，凡是王源吉冶铸机械厂能用的原材料都留给该厂使用。

9月26日，制定下发《推行“三包一奖四固定”制度暂行办法》。

12月11日，江苏省手工业局发布《王源吉锅厂鼓足干劲力争上流生产节节上升的通报》。

12月28日，王源吉冶铸机械厂第三届一次职工代表会议召开，会议审议通过了《关于修改“三保一奖”方案的报告》。

同月，王源吉冶铸机械厂与市建筑工程公司签订冲天炉工程合同并组织实施。

1962年

8月3日，中华全国手工业合作总社五金局专门发出通知，要求15个省、市手工业局各选派一二名有生产经验的同志去无锡王源吉冶铸机械厂参观学习利用刨花铁铸锅的经验。

9月14日，王源吉冶铸机械厂铸锅模型烘房失火，东面烘房4间及糠灰间1间全部被烧毁，连损坏一部分模型共计损失4100元。

9月24日，江苏省手工业局向无锡市王源吉冶铸机械厂发出贺信，祝贺该厂在“产量质量双跃进，成本用料两降低”活动中取得良好成绩。

是年，江苏省电影制片厂专程来到无锡市王源吉冶铸机械厂拍摄纪录影片《双吉牌铁锅》，并在多地企业组织观看。

是年，王源吉冶铸机械厂被评为无锡市1962年度社会主义建设先进集体。

是年，王源吉冶铸机械厂铁锅产品改由江苏省土产站包销。

1963年

2月，王源吉冶铸机械厂第四届一次职工代表会议召开，会议审议通过了《关于进一步开展社会主义劳动竞赛的报告》。

3月，无锡市委决定从王源吉冶铸机械厂分出南长农机厂、南长有色金属冶炼厂（后更名为内燃机配件厂），成为独立建制企业。企业名称改为王源吉锅厂，成为铁锅冶铸专业企业。

5月26日，王源吉锅厂向无锡市手工业局提交《无锡市王源吉锅厂关于清除小高炉的计划》。

6月1日—7月30日，王源吉锅厂加快淘汰土法炼铁设备，先后拆除小高炉2座、热风炉3座、除尘器3座、出铁棚234平方米。保留大型热风炉1座、32米烟囱1座、100吨水塔1座、鼓风机房及锅炉房130平方米。

7月，无锡市手工业党委向市委组织部、市人事局报批同意，将王源吉锅厂定为三类企业。

是年，王源吉锅厂深入开展以质量为中心，以降低成本为主要内容，以实现五好为目标的增产节约运动。

是年，完全用密筋式天平炉，采用灰口生铁、刨花铁、生铁屑和各种废杂铁等直接铸造铁锅。

1964年

3月，王源吉锅厂厂长黄才勋参加江苏省群英会，并在会上做了《学先进，保名牌，增产价廉物美的双吉牌铁锅》的交流发言。

同月，王源吉锅厂制定发布铁锅企业技术标准(Q/J S.S.G—64)，并确定了83种锅型及其技术标准。

8月，王源吉锅厂经无锡市城市建设局审批同意建造铸工车间，该车间为砖混结构，1层14间12架，建筑面积756平方米，工程造价42456元。该工程于同年11月竣工。

同月，王源吉锅厂制订参加国庆十五周年展览会方案，并做好参展的各项具体工作。

是年，王源吉锅厂成功利用天平炉熔炼废杂铁直接浇铸铸铁坑管。

1965年

无锡市计划委员会决定由王源吉锅厂接收无锡铸造一厂小口径铁管生产业务，并将该厂所属小口径铸铁管的工模具和15名技工全部划归王源吉锅厂，同年10月投入生产。

是年，王源吉锅厂在全厂掀起了群众性技术革新热潮，先后搞出了手扳绞链式、电动绞链式、丝杆升降式、行架起重式等6种机动敞扣模。

是年，王源吉锅厂的铁锅在全国质量评比中名列第一名。

是年，王源吉锅厂对部分车间、仓库实施改建，其范围为：炉房混砂间平房8间，白口辅助车间平房7间，成品库平房8间，炉棚3间，工程由南长建筑站施工。

是年，王源吉锅厂上缴利润创历史最高水平，年上缴利润达127万元，成为无锡市四大超百万利润企业之一。

1966年

5月，王源吉锅厂试制成功全国第一条机械化制锅环形流水线。

6月，中华全国手工业合作总社五金局专门发出通知，要求有关省、市手工业局，选派有生产经验的同志去无锡王源吉锅厂参观学习利用刨花铁铸锅的经验。

8月24日，王源吉锅厂更名为无锡锅厂，“双吉”牌商标更名为“工农”牌商标。

1967年

受“文化大革命”影响，无锡锅厂生产秩序遭到严重破坏，经常出现停工停产现象。

1968年

3月，无锡锅厂革命委员会成立。

12月，无锡市革命委员会下发通知，明确无锡市伯渎港小学由无锡锅厂管理，并要求派驻工宣队。

同月，无锡锅厂报请无锡市革命委员会同意，将无锡市伯渎港小学更名为无锡锅厂工农学校，并派出由5名成员组成的工人毛泽东思想宣传队进驻无锡锅厂工农学校。

是年，受“文化大革命”影响，无锡锅厂生产秩序仍不正常，时常出现停工停产现象。

1969年

无锡市革命委员会发文，同意无锡锅厂建造并铁熔炉1只。

是年，无锡锅厂铁锅生产计划由省轻工厅下达改为地方政府下达。

是年，受“文化大革命”影响，无锡锅厂生产秩序极不正常，企业出现公私合营后第一次亏损现象。

1970年

12月，恢复建立无锡锅厂党总支。

1972年

江苏省铁锅专业会议在无锡召开，会议代表赴无锡锅厂观摩铁锅生产，无锡锅厂受到了会议代表的好评。

1973年

1月，无锡锅厂制定下发《无锡锅厂"五五"规划》。

1974年

受"批林批孔"运动的影响，企业生产极不正常，当年亏损8.11万元，为企业公私合营后利润最低年份。

1975年

是年，无锡锅厂成立企业管理工作组，逐步建立健全各项规章制度。

1977年

6月，无锡锅厂"七一"献礼项目——泥模压铸项目在经过近2个月的攻关后正式试制成功，为华东地区首创，并向江苏省轻工业厅报喜。

1978年

在广州增城召开的全国铁锅标准化会议上，无锡锅厂冶铸工程师李夔鑫受委托参会执笔起草锅型图纸。

是年，无锡锅厂实行职工自行车车贴和公共汽车补贴规定。

是年，无锡锅厂铁锅质量出现下降，在全省铁锅质量评比中，"工农"牌铁锅质量位列倒数第一。

1979年

1月—4月，无锡锅厂提出"还我荣誉，恢复名牌"口号，强化质量考核，打好质量翻身仗。

5月5日至9日，在无锡市召开的江苏省铁锅质量评比会上，无锡锅厂的铁锅再次被评为第一名。

10月，无锡锅厂铁锅产品恢复"双吉"商标。

是年，无锡锅厂成功生产出6米长的铸铁管。

是年，无锡锅厂新建1638平方米的新型拉管车间，自制5台可连续浇铸6米长的各种口径的机组。

是年，无锡锅厂组织攻关小组进行专门攻关，摸索出压铸铁锅模具的特殊工艺要求。

是年，国家经委和省轻工业局分别给无锡锅厂拨款33万元和30万元进行挖潜、革新、改造，专门增添了3吨冲天炉1台，安装了15吨双梁行车1台、5吨双梁行车1台、5吨单梁行车1台。

1980年

3月31日，无锡锅厂八届一次职工代表大会召开，会议审议通过了《1980年增产节约方案报告》。

11月，无锡锅厂2417平方米新车间正式建成投产。

是年，无锡锅厂实行利润挂钩奖。

年底，无锡锅厂电炉转产，生产各种铸铁管配件。

1981年

无锡锅厂在铸锅车间试行超额计件工资制。

是年，无锡锅厂冶铸工程师李燮鑫受邀参加江苏省铸铁锅企业标准（苏Q/QQB2001—81）的制订工作。

1983年

10月，无锡市锁厂、无锡锅厂与无锡市橡胶机械厂签订联营协议书。

12月，无锡市经济委员会、计划委员会发文同意无锡锅厂、锁厂与县八士农机厂合资联营，建立无锡市制锁配件厂。

是年，无锡锅厂成立企业整顿办公室，在全厂范围内组织开展企业全面整顿工作。

是年，无锡锅厂联合上海能源所、无锡能源所，并由冶铸工程师李燮鑫亲自制模，铸成蝶形太阳灶壳体。

1984年

5月，无锡锅厂探索推行厂长负责制。

6月，制定下发无锡锅厂经济责任制。

是年，继续在全厂范围内组织开展企业全面整顿工作，下半年，通过了无锡市五金工具工业公司及无锡市轻工业局的整顿验收。

是年，无锡锅厂为无锡市广福寺制作香炉1座。

1985年

4月，无锡锅厂为镇江市金山江天禅寺制作香炉（天炉）1座。

是年，无锡锅厂成立法器工艺生产车间，并聘请曹三房传人周宝兴、郑荣保来厂带徒传艺。

是年，无锡锅厂为无锡市开原寺制作2吨大铜钟1座、双层宝鼎1座。

是年，无锡锅厂制作“南无地藏王菩萨”大钟1座。

是年，无锡锅厂的铁锅在全国铁锅质量评比中获得第四名。

1986年

5月，无锡锅厂李燮鑫试制成功30厘米、34厘米、38厘米、42厘米胶木耳朵系列铁锅。

7月，无锡锅厂制定下发《无锡锅厂“七五”发展规划》。

11月，无锡锅厂、无锡市轻工铜材厂签订“联合生产铜材协议”，实行联合生产后轻工铜材厂保留法人地位，人、财、物、产、供、销由无锡锅厂统一负责。

是年，无锡锅厂为上海市静安寺制作三层宝鼎1座。

是年，无锡锅厂为镇江市金山寺制作三层宝鼎1座。

是年，无锡锅厂冶铸工程师李燮鑫受邀参与国家铸铁锅专业标准（ZBY69001-85）的制订工作，并负责锅型图纸设计工作。

是年，在全省同行业质量评比中，无锡锅厂参加评比的三个系列产品均获奖。宽边锅获得第一名，耳锅获得第二名，单边锅获得第三名，总分平均为第二名。

1987年

1月，无锡锅厂制定下发《1987年铁锅创优工作意见》。

5月，无锡锅厂制定下发《企业升级规划书（1986—1990年）》。

同月，无锡锅厂制定下发《无锡锅厂贯彻三个条例实施细则》。

同月，无锡锅厂制定下发《无锡锅厂工厂管理委员会工作条例》。

同月，无锡锅厂被确定为无锡市轻工业局首批推行厂长负责制单位，制定了《无锡锅厂关于推行厂长负责制的工作意见》。

6月，无锡锅厂与无锡市轻工业局签订厂长任期目标责任书，正式推行厂长负责制。

8月，无锡锅厂制定下发《一九八七年“增产节约，增收节支”实施意见》。

10月，无锡锅厂与无锡市市轻工业局签订企业经营责任制合同书。

12月，无锡锅厂、无锡市轻工铜材厂签订协议，组建国集合营无锡市轻工铜材厂，主营铜管及有色型材，兼营其他有色金属制品。

是年，无锡锅厂为浙江溪口雪窦寺制作三层宝鼎1座。

是年，无锡锅厂为宁波市招宝山宝陀禅寺制作铜钟1座。

是年，无锡锅厂召开厂工会委员会扩大会议，审议本厂“三个条例”实施细则及厂长任期目标。

1988年

3月，无锡市轻工业局下发关于无锡锅厂与无锡轻工铜材厂联营生产铜材的批复。

同月，国集合营轻工铜材厂改为无锡市轻工业局直接领导，无锡锅厂帮助无锡市轻工铜材厂脱困的目标如期完成。

8月，无锡市轻工业局下发关于无锡锅厂与无锡市青龙山管件厂联合生产小口径铸铁管协议书的批复。

10月，无锡锅厂制定下发《关于浮动和效益工资实施期间的考核细则》。

同月，西漳铸造厂正式投产。该厂为无锡锅厂代加工企业，所产汤罐、浴锅使用无锡锅厂牌号。

是年，无锡锅厂为鼋头渚广福寺制作宝鼎1座。

1989年

1月，无锡锅厂被吸收为中国金属学会铸铁管委员会团体会员。

是年，无锡市锁厂、无锡锅厂向无锡市中级人民法院提起诉讼，由法院作出民事调解，终结三厂联营合同纠纷。

1990年

无锡锅厂在江苏省铸锅化铁炉分等级考评中，荣获了“一等炉”称号。

1991年

无锡锅厂获得无锡市经济委员会颁发的铸造生产许可证。

1992年

无锡锅厂李燮鑫主持为上海化工厂铸成1.5吨化工锅6只。

是年,无锡锅厂为无锡市开原寺制作三层宝鼎1座。

1993年

5月,无锡锅厂成立供销公司。

同月,无锡锅厂出现亏损。

6月,无锡锅厂针对企业亏损状况制订出台扭亏增盈方案并组织实施。

9月,无锡锅厂为无锡市南禅寺妙光塔制作铜风铃56只。

是年,无锡锅厂为镇江市金山寺制作万年宝鼎1对。

1994年

上半年,无锡锅厂仍然处于亏损状况。

7月14日,无锡市政府召开协调会,并下发协调会纪要,决定将无锡锅厂划拨给无锡压缩机股份有限公司。

12月,无锡市划拨工作指导小组召开将无锡锅厂划拨给无锡压缩机股份有限公司具体事宜协调会,市经委、国资办、财政局、机械局、轻工局、压缩机股份有限公司有关领导参加。

1995年

年初,无锡锅厂、无锡压缩机股份有限公司办理完各项划拨手续,无锡锅厂注销。

2月,无锡县长安冶金厂与无锡压缩机股份有限公司签订关于铸锅设备转让意向书,将原无锡锅厂铸锅车间所有设备一次性打包以评估价转让给无锡县长安冶金厂。

3月,无锡县长安冶金厂与无锡压缩机股份有限公司正式签订关于铸锅设备转让协议书。

6月,无锡县张村中学向无锡县长安镇政府提出建办无锡市王源吉锅厂的报告。

8月,长安镇政府批复同意建立无锡市王源吉锅厂,经济性质为集体企业,主营铸件、铁锅、钟鼎。

是年,原无锡锅厂李燮鑫为无锡市吴文化公园铸成直径3.06米大铜钱1个,创铜钱铸造吉尼斯世界纪录。

是年，方长生主编的《普陀山志》出版，记载了曹三房铸造的普陀山福泉禅院香炉的有关史料，该香炉为国家三级文物。

1996年

1月，锡山市长安冶金厂与无锡压缩机股份有限公司签订补充协议，同意原无锡锅厂库存铁锅由无锡县长安冶金厂进行销售，以弥补其在接受设备转让中的部分损失。

同月，锡山市长安冶金厂与锡山市物资回收利用公司签订联营经销协议书，联合经销原无锡锅厂库存铁锅。

是年，谭德睿、陈美怡著《艺术铸造》出版发行，该书专门登载了由无锡“曹三房”传人张鸿亮制订定、上海博物馆黄龙整理的曹三房铸钟工艺方案。

1997年

淮安市人民政府委托原无锡锅厂铸造一座铜钟，赠送给日本前首相田中角荣的故乡西山町。无锡锅厂铸造的铜钟悬挂在西山町的西山故乡公苑内的“淮音亭”内。

1999年

4月，《中国古代金属技术——铜和铁造就的文明》出版发行，该书对王源吉冶坊所用苏炉进行了专门介绍，并给予了很高的评价。

2001年

9月，锡山市长安冶金厂经无锡市工商局变更登记核准，更名为无锡市王源吉锅厂。

2003年

6月，无锡市人民政府将祝大椿故居中曾为王源吉锅厂使用的第三、第四进房子以“王源吉锅厂旧址”的名称核定公布为市级文物保护单位。

是年，王源吉锅厂为无锡市坊前袁村庙制作双层宝鼎1座。

2006年

江苏省人民政府将“王源吉锅厂旧址”以“祝大椿故居”的名称，核定公布为省级文物保护单位。

2007年

10月，王源吉锅厂按照产业规划，服从调整大局，与惠山区长安街道拆迁安置办公室签订拆迁协议书。

2008年

1月，王源吉锅厂易地搬迁至靖江市，企业更名为靖江王源吉锅业有限公司。

8月，王源吉锅厂正式注销。

是年，无锡市政府将“王源吉锅厂旧址”列入无锡市工业遗产保护名录。

2012年

靖江王源吉锅业有限公司将生产基地搬至江西鹰潭。

2015年

王连胜主编的《普陀山大辞典》出版，记载了曹三房铸造的普陀山福泉禅院香炉的有关史料。

2017年

1月，靖江王源吉锅业有限公司迁回无锡市惠山区堰桥开发区，更名为无锡王源吉冶坊有限公司。

12月，无锡市王源吉文化传媒有限公司成立。

同月，国家出版基金资助项目、“十三五”国家重点图书出版规划项目《中国铸造发展史》出版发行，该书高度肯定了王源吉传统铸锅技艺。

2018年

7月29日，无锡市惠山区政协文史委员会在王源吉冶坊有限公司的支持下组织举办王源吉（曹三房）冶坊历史文化遗产传承研讨会，北京故宫博物院和省、市非物质文化遗产专家及王源吉冶坊历任领导和传承人共50人参加会议。

12月，无锡市商务局下发《关于认定第二批“无锡老字号”（第一轮及培育企业）的通知》（锡商通〔2018〕275号），认定无锡王源吉冶坊有限公司“王源吉”品牌为“无锡老字号”。

是年，王源吉冶坊有限公司无锡惠山区哥伦布广场营销店开业。

是年，王源吉技艺传承人王青青对王源吉商标逐批进行了注册，包括与王源吉品牌相似、相近、相关名称的商标及王源吉发展历史中并入企业的商标。

是年，冶铸工程师李燮鑫将王源吉铸锅工艺流程归纳为六个方面63项基本工艺流程，以此制订工艺操作规程。

2019年

1月，江苏省商务厅下发《关于认定第二批江苏老字号的通知》（苏商流通〔2019〕569号），认定无锡王源吉冶坊有限公司"王源吉"品牌为"江苏老字号"。

同月，无锡曹三房金属制品有限公司成立。

2月，曹三房商标在国家知识产权局注册。

6月，王源吉冶坊有限公司为开原寺免费修缮所有王源吉制作的法器。

是年，王源吉冶坊有限公司开通抖音直播平台，在天猫、京东、抖音店直播带货。

是年，王源吉冶坊有限公司在无锡市惠山区文化馆设立"王源吉冶坊展示馆"，江苏省锡山高级中学实验学校将该馆设立为红领巾实践基地。

2021年

5月，王源吉冶坊有限公司长安分公司成立。

11月，王源吉冶坊有限公司无锡南长街营销店开业。

同月，江苏王源吉新材料集团有限公司成立。

2022年

3月，江苏王源吉新材料集团有限公司制定发布古法泥膜铸铁锅企业标准（Q/320213WYJ01—2022）。

6月，无锡市人民政府公布王源吉铁锅制作技艺为无锡市非物质文化遗产代表性项目。

11月，王源吉冶坊有限公司代表江苏省老字号企业参加第五届中国国际进出口博览会，受到了国内外客户的青睐。江苏省省长许昆林、副省长方伟等专门视察了展位，并对王源吉非物质文化遗产技艺给予了充分的肯定。

2023年

2月，江苏省委书记信长星在无锡调研期间专门视察了王源吉旗舰店，并对王源吉非遗技艺传承和保护提出了殷切期望。

王源吉冶坊档案选辑

王源吉冶坊在其发展过程中，留下了一大批珍贵档案，本部分选辑的档案资料包括清咸丰十年（1860）以来的政府文书档案、企业文书档案、报刊载文、企业照片档案等，共计580多件。其中不乏一些年代久远、价值颇高的档案珍品。如清政府颁发的办铁运输印照、海关纳税红单、禁止假冒告示、捐银执照、漕米版串、钱粮版串等有关档案；解放后政府及企业关于组织恢复生产、企业公私合营、“大炼钢铁”运动等有关档案，为我们留下了不可多得的历史记忆。

清朝及民国时期政府文书档案

（第一部分：收藏于无锡市档案史志馆）

清咸丰十年（1860），王源吉冶坊去浙江省松阳县采购生铁，苏州布政使司为其颁发办铁印照。要求：“严禁照外多买”“经过关津呈照查验有无夹带偷漏”“沿途照不离铁，铁不离照”“限期逾限不回，移查究办”。

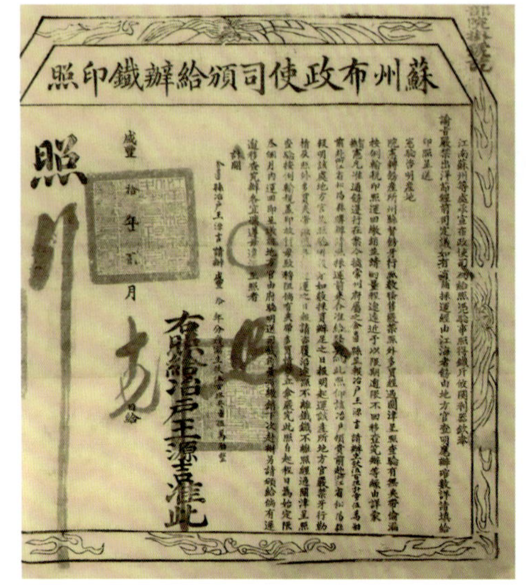
蘇州布政使司頒給辦鐵印照

照

咸豐拾年五月

右照給冶户王源吉准此

生铁运输印照

清同治元年（1862），王源吉冶坊迁往南通，通州官府批准其在北刘桥西乡开炉铸锅。同时，告示警告自示之后各安各业，如有棍徒、流丐借端酗酒滋扰，许即指名禀究，决不宽贷。

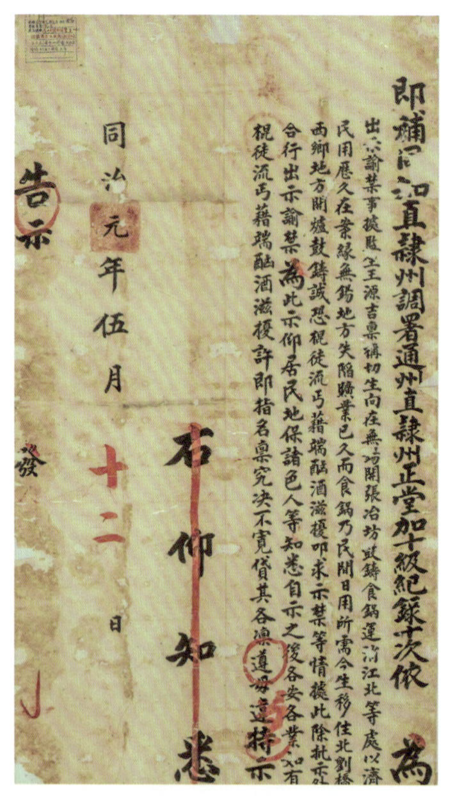
即補□□直隸州調署通州直隸州正堂加十級紀錄十次依 為

出示諭禁事據監生王源吉稟稱切生向在無錫開張冶坊鼓鑄食鍋運銷江北等處以濟民用歷久在案緣無錫地方失陷曠業已久而食鍋乃民間日用所需今生移往北劉橋西鄉地方開爐鼓鑄誠恐棍徒流丐藉端酗酒滋擾叩求示禁等情據此除批示外合行出示諭禁 為此示仰居民地保諸色人等知悉自示之後各安各業如有棍徒流丐藉端酗酒滋擾許即指名稟究決不寬貸其各凜遵毋違特示

右仰知悉

同治元年伍月 十二 日

告示

發

冶坊迁址告示

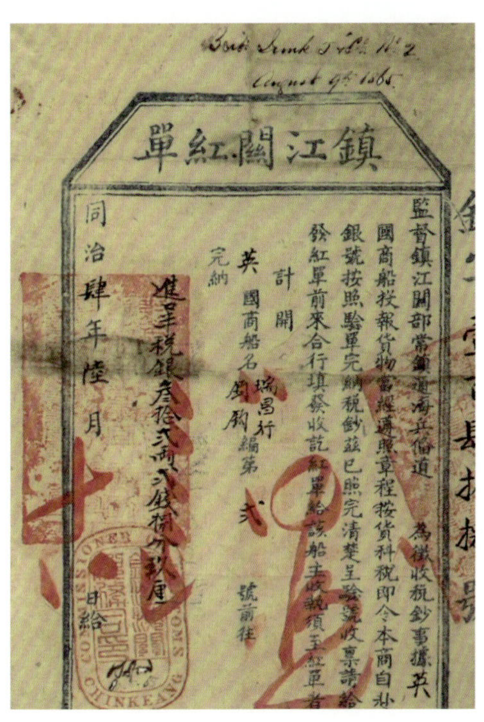

August 9th 1865

鎮江關紅單

監督鎮江關部常鎮通海兵備道　為徵收税鈔事據英

國商船投報貨物當經遵照章程按貨科税即令本商自赴

銀號按照驗單完納税鈔茲已照完清楚呈驗號收稟請給

發紅單前來合行填發收訖紅單給該船主收執須至紅單者

計開

英國商船名　瑞昌行　編第　弍　號前往

完納

同治肆年陸月　日給

王源吉冶坊租用英国商船纳税的镇江关红单

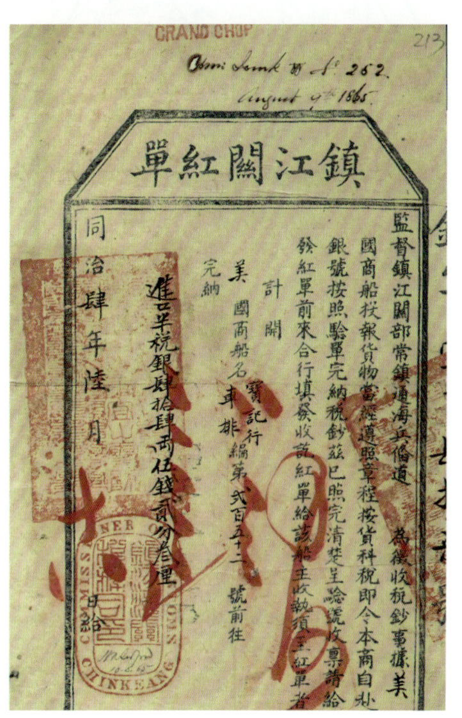

GRAND CHOP

No 252.

August 9th 1865

鎮江關紅單

監督鎮江關部常鎮通海兵備道　為徵收税鈔事據美

國商船投報貨物當經遵照章程按貨科税即令本商自赴

銀號按照驗單完納税鈔茲已照完清楚呈驗號收稟請給

發紅單前來合行填發收訖紅單給該船主收執須至紅單者

計開

美國商船名　寶記行　編第　弍百五十二　號前往

完納

同治肆年陸月　日給

王源吉冶坊租用美国商船纳税的镇江关红单

第二次鸦片战争后，镇江被辟为通商口岸，清同治四年(1865)设镇江关署，并建镇江关税务司，货物进出口必须在镇江关署申报、查验、估税、审核、纳税后发给红单才能通行。上图中的镇江关红单收藏于无锡市史志档案馆的王源吉档案内，左图红单记载有王源吉租用英国商船瑞昌行的纳税纪录，右图红单记载有王源吉租用美国商船宝记行的纳税纪录。

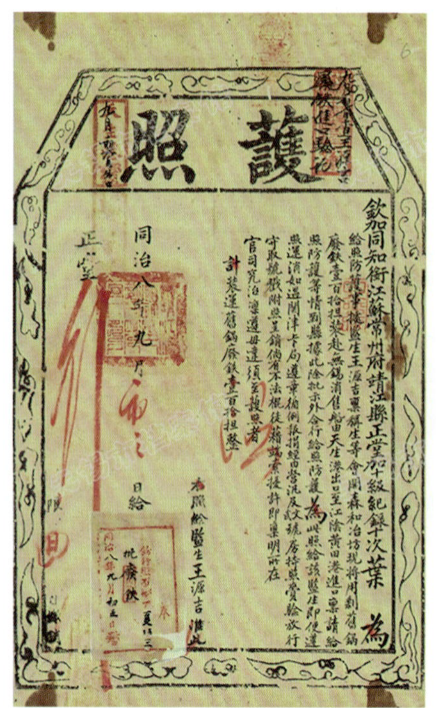
護照

旧锅废铁运输护照

清同治八年(1869),靖江县府给王源吉冶坊发放旧锅废铁运输护照,护照上盖有货船从靖江天生港出口及至江阴黄田港进口时的验章,并注有具体日期。

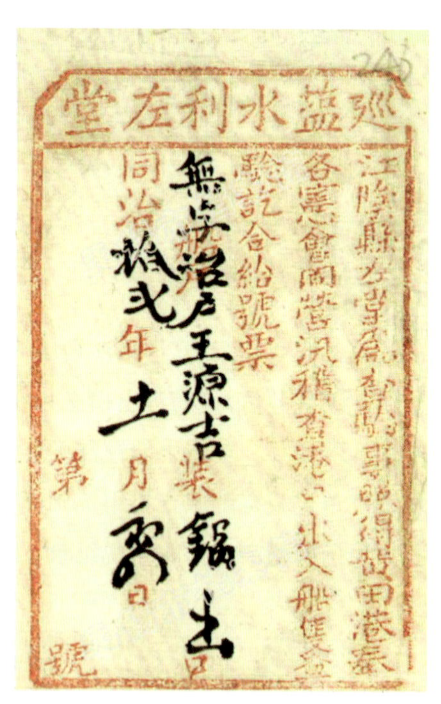
巡鹽水利左堂

江阴县左堂号票

清同治二年(1863),王源吉冶坊从南通搬迁到无锡县堰桥镇,迎来了冶坊的发展高峰期。此时,大批铁锅经江阴港运至苏北各地,此号票为清同治十二年(1873)江阴县左堂开具的铁锅经黄田港出口的号票。

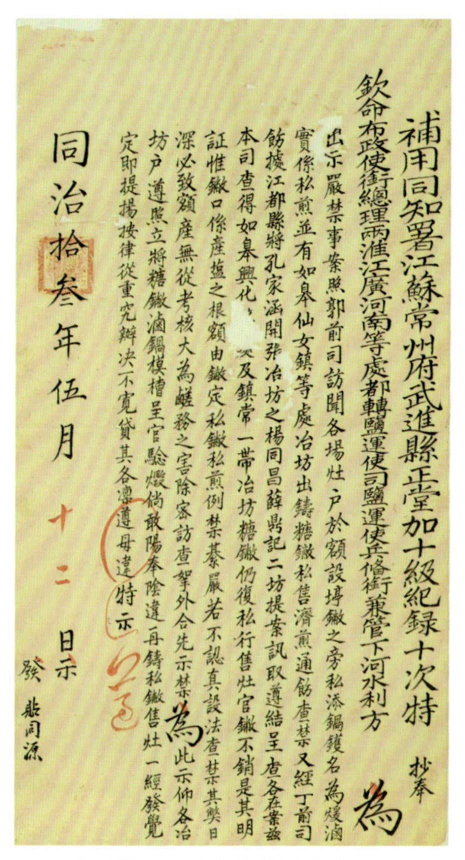

補用同知署江蘇常州府武進縣正堂加十級紀録十次特

抄奉

欽命布政使銜總理兩淮江廣河南等處都轉鹽運使司鹽運使兵備銜兼管下河水利方 為

出示嚴禁事案照郭前司訪聞各場灶户於額設埲鐅之旁私添鍋鐅名為熿滷實係私煎並有如皋仙女鎮等處冶坊出鑄糖鐅私售濟煎通飭查禁又經丁前司飭據江都縣將孔家涵開張冶坊之楊同昌薛鼎記二坊提案訊取遵結呈查各在案茲本司查得如皋興化[illegible]及鎮常一帶冶坊糖鐅仍復私行售灶官鐅不銷是其明証惟鐅口係產鹽之根額由鐅定私鐅私煎例禁綦嚴若不認真設法查禁其弊日深必致額產無從考核大為鹺務之害除密訪查拏外合先示禁 為此示仰各冶坊户遵照立將糖鐅滷鍋模槽呈官驗燬倘敢陽奉陰違再鑄私鐅售灶一經發覺定即提揚按律從重究辦決不寬貸其各凜遵毋違 特示

同治拾叁年伍月 十二 日示

發 [illegible]同源

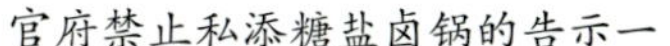

官府禁止私添糖盐卤锅的告示一

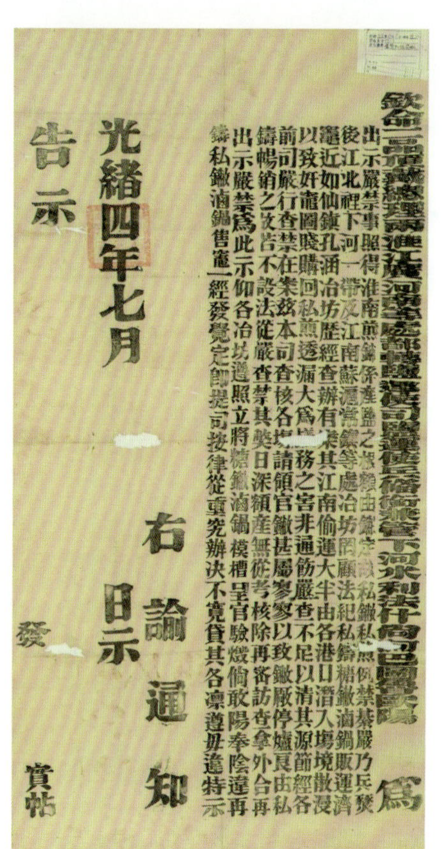

欽命二品頂戴總理兩淮江廣河南等處都轉鹽運使司鹽運使兵備銜兼管下河水利[illegible] 為

出示嚴禁事照得淮南煎鹽係產鹽之根額由鐅定故私鐅私煎例禁綦嚴乃兵燹後江北裡下河一帶及江南蘇滬常鎮等處冶坊罔顧法紀私鑄糖鐅滷鍋販運濟竈近如仙鎮孔涵冶坊歷經查辦有案其江南偷運大牛由各港口潛入場境散浸以致奸竈圖賤購回私煎透漏大為鹺務之害非通飭嚴查不足以清其源節經各前司嚴行查禁在案茲本司查核各場請領官鐅甚屬寥寥以致鐅廠停爐良由私鑄暢銷之故若不設法從嚴查禁其弊日深額產無從考核除再密訪查拿外合再出示嚴禁為此示仰各冶坊遵照立將糖鐅滷鍋模槽呈官驗燬倘敢陽奉陰違再鑄私鐅滷鍋售竈一經發覺定即提司按律從重究辦決不寬貸其各凜遵毋違特示

右諭通知

光緒四年七月 日示

告示

發 實帖

官府禁止私添糖盐卤锅的告示二

清朝时期，官府严格禁止各地私添糖盐卤锅，只允许官炉生产，并时常发布告示。左右两图均是官府发现苏沪常镇等地有私添糖盐卤锅现象后而发布的告示，要求各冶户立将私添糖盐卤锅模槽呈官府验毁，并对阳奉阴违者按律从重究办，决不宽贷。

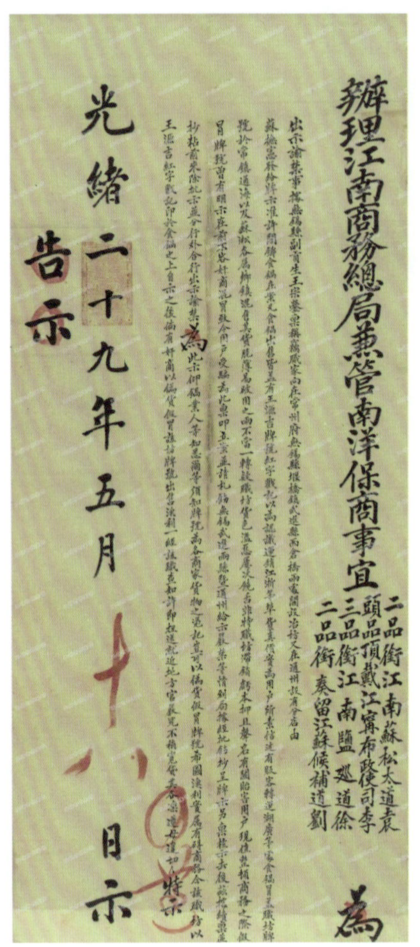
辦理江南商務總局兼管南洋保商事宜

二品銜江南蘇松太道袁

頭品頂戴江寧布政使司李

三品銜江南鹽巡道徐

二品銜奏留江蘇候補道劉

為

告示

光緒二十九年五月十八日示

江南商务总局告示

清光绪二十九年(1903)，王源聚锅号的王氏三兄弟后人王宗蓥(副贡生)具函呈请清朝地方政府干预不法分子的假冒行为，江南商务总局为此发布告示。

无锡县府为禁止假冒混售王源吉牌号食锅，于清光绪二十九年(1903)发布告示。其中有王源吉冶坊在无锡县堰桥镇、武进县西仓桥设有冶坊，在通州设有分店的记载。

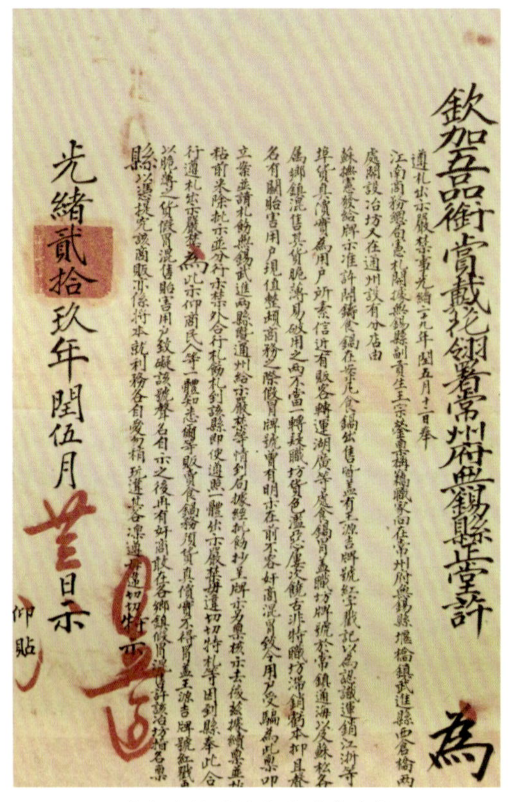
欽加五品銜賞戴花翎署常州府無錫縣正堂許

為

光緒貳拾玖年閏伍月廿日示

仰貼

王源吉冶坊开设分店的官府批示

汉口商务总会关防于清宣统元年(1909)印发王源吉在汉口开设油炭号执照,执照上记载油炭号地点在汉口小夹街,股东为王宗猛,系江苏人;经理为张云樣,系镇江人。

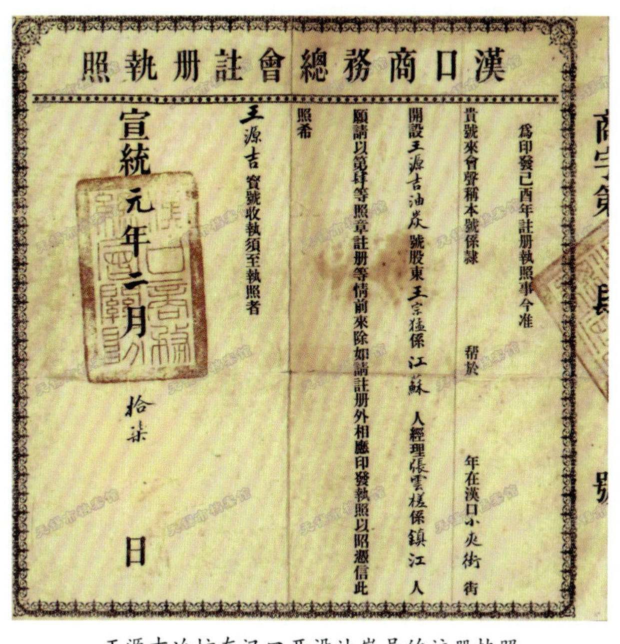

漢口商務總會註冊執照

爲印發己酉年註冊執照事今准
貴號來會聲稱本號係隸　幫於　年在漢口小夾街
開設王源吉油炭號股東王宗猛係江蘇　人經理張雲樣係鎮江　人
願請以第肆等照章註冊等情前來除如請註冊外相應印發執照以昭憑信此
照希
王源吉寶號收執須至執照者
宣統元年二月拾柒日

王源吉冶坊在汉口开设油炭号的注册执照

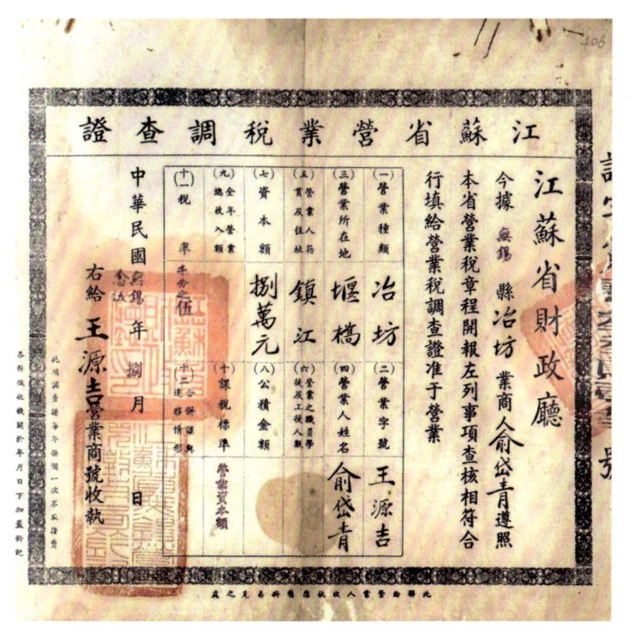

江蘇省營業稅調查證

江蘇省財政廳
今據無錫縣冶坊業商人俞岱青遵照
本省營業稅章程開報左列事項查核相符合
行填給營業稅調查證准予營業

(一)營業種類	冶坊
(二)營業字號	王源吉
(三)營業所在地	堰橋
(四)營業人姓名	俞岱青
(五)營業人籍貫及住址	鎮江
(六)營業之職員學徒及工役人數	
(七)資本額	捌萬元
(八)公積金額	
(九)全年營業總收入額	
(十)課稅標準	營業資本額
(十一)稅率	千分之伍
(十二)合併遷移情形	

中華民國念伍年捌月　日
右給王源吉營業商號收執

王源吉冶坊营业税调查证

民国期间,各企业每年须遵照营业税章程填报营业税调查证,经核准后方可继续营业。本调查证系民国二十五年(1936)江苏省财政厅发给王源吉冶坊的营业商号收执,上载明王源吉冶坊冶坊营业所在地为堰桥,营业人为俞岱青,镇江人。

此收据载明王源吉冶坊民国二年(1913)春季月份按资本额银千分之二税率纳税的情况。

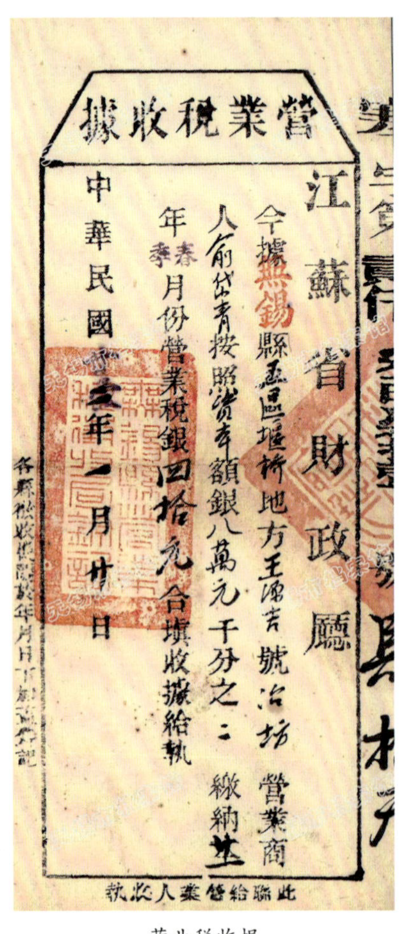

營業稅收據

江蘇省財政廳

今據無錫縣孟區堰橋地方王源吉號冶坊營業商人
按照資本額銀八萬元千分之二繳納
年春季月份營業稅銀四拾元合填收據給執

中華民國二年一月廿日

此聯給營業人收執

营业税收据

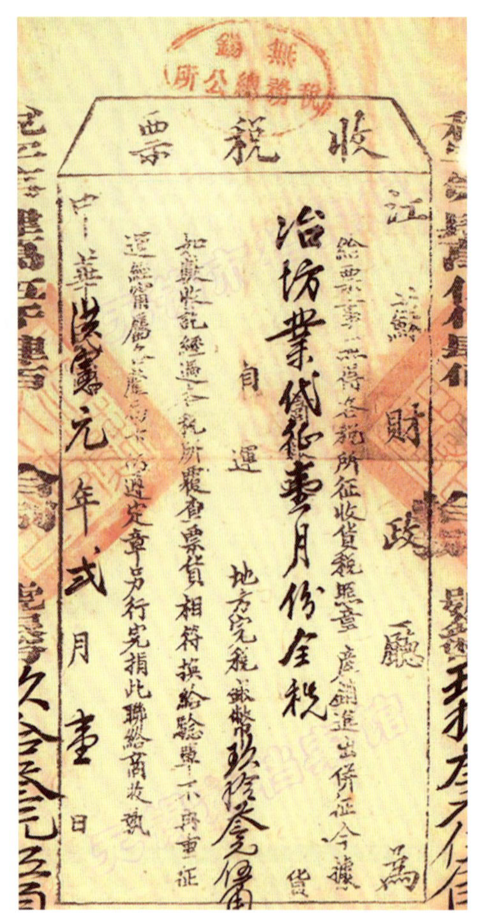

無錫稅務總公所

收稅票

江蘇財政廳為

冶坊業代征春季月份全稅

中華洪憲元年 月 日

江苏财政厅收税票

此收税票为中华洪宪元年(1916)江苏省财政厅委托冶坊业代征王源吉冶坊税款所开具的税票。

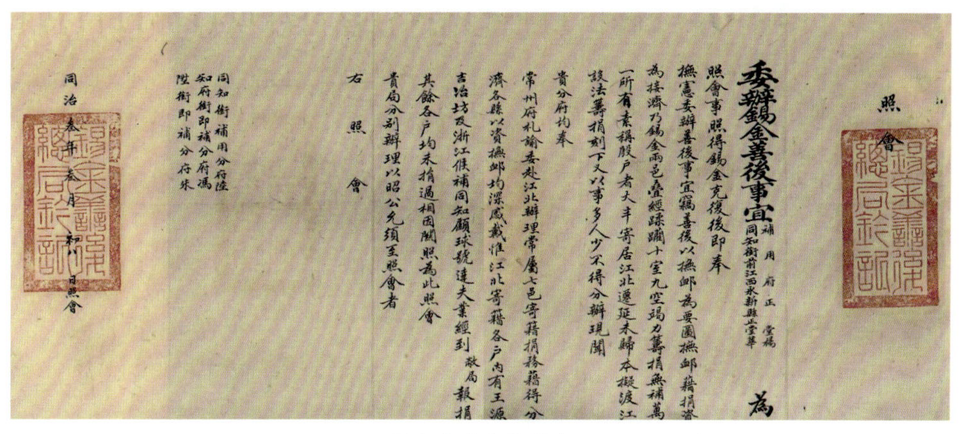
照會
委辦錫金善後事宜 補用府正堂 同知銜前江西永新縣正堂華 為
照會事照得錫金克復後即奉
撫憲委辦善後事宜竊善後以撫卹為要圖撫卹藉捐資
為接濟乃錫金兩邑叠經蹂躪十室九空竭力籌捐無補萬
一所有素稱殷戶者大半寄居江北遷延未歸本擬渡江
設法籌捐刻下以事多人少不得分辦現聞
貴分府均奉
常州府札諭委赴江北辦理常屬七邑寄籍捐務藉得分
濟各縣以資撫卹均深感戴惟江北寄籍各戶內有王源
吉冶坊及浙江候補同知顧球號達夫業經到 敝局 報捐
其餘各戶均未捐過相因開照為此照會
貴局分別辦理以昭公允須至照會者
右 照 會
同知銜補用分府陸
知府銜即補分府馮
陞銜即補分府朱
同治叁年叁月初八日照會

锡金善后总局照会

太平天国运动失败后，清同治三年(1864)，锡金善后总局就筹集捐款事宜，给无锡、金匮两县分府的照会中提及仅王源吉冶坊和浙江候补同知顾达夫到局报捐。

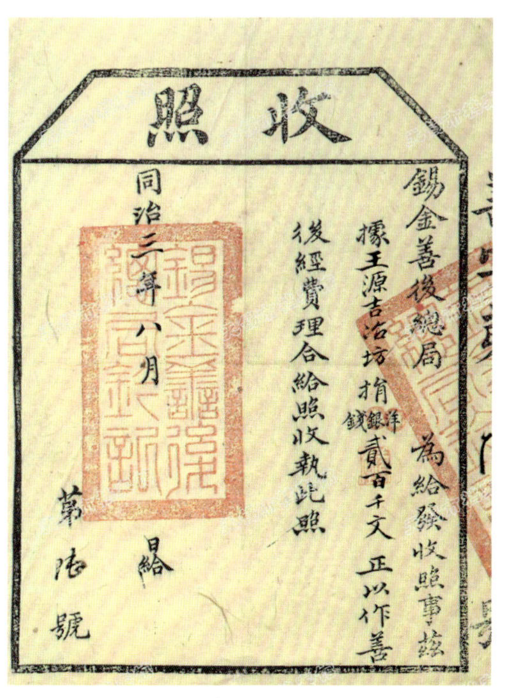
收照
錫金善後總局 為給發收照事茲
據王源吉冶坊捐錢（洋銀）貳百千文正以作善
後經費理合給照收執此照
同治三年八月 日給
第 號

锡金善后总局收照

清同治三年(1864)7月，清军攻陷天京，太平天国被平定。战后，江南为恢复社会经济秩序，各地纷纷设立善后机构，募集善后经费。作为官炉的王源吉冶坊，自当捐款，以尽义务。

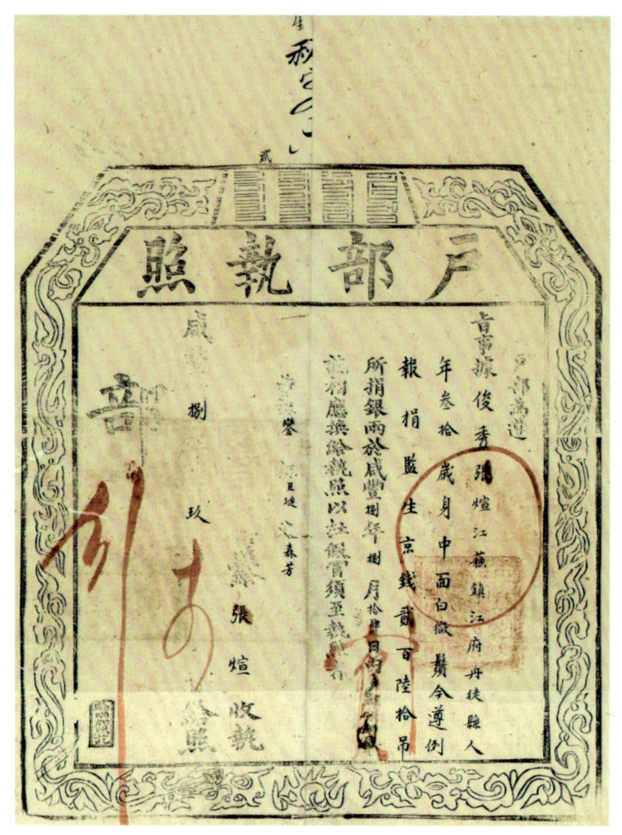

户部執照

户部為遵
旨事振俊秀張煊江蘇鎮江府丹徒縣人
年叁拾歲身中面白微鬚今遵例
報捐監生京錢貳百陸拾吊
所捐銀兩於咸豐捌年捌月拾肆日
並將應換給執照以杜假冒須至執照者
張煊收執
給照

户部捐银执照

清咸丰八年(1858),户部在收到国子监监照后为王源吉冶坊专门发了捐银执照。执照上登记了王源吉冶坊股东为张煊,镇江丹徒县人,捐银贰百陆拾吊。

清朝及民国时期政府文书档案

（第二部分：收藏于无锡压缩机股份有限公司档案室）

清雍正八年（1730），朝廷在征收田赋时开始实行三联串票新法，一联给纳户收执、一联给经承之吏销册，一联存州县查核，此串票称为版串，以证明纳户已按朝廷规定缴纳田赋。此制度一直延续至民国。

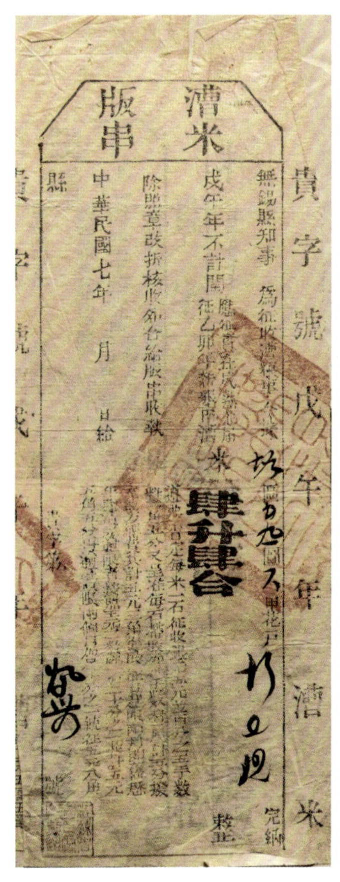
漕米
版串
貴字 號 戊午 年 漕米
無錫縣知事
戊午年不計閏
除照章改折核收外合給版串收執
肆升肆合
完納
整
中華民國七年 月 日給
縣

漕米版串一

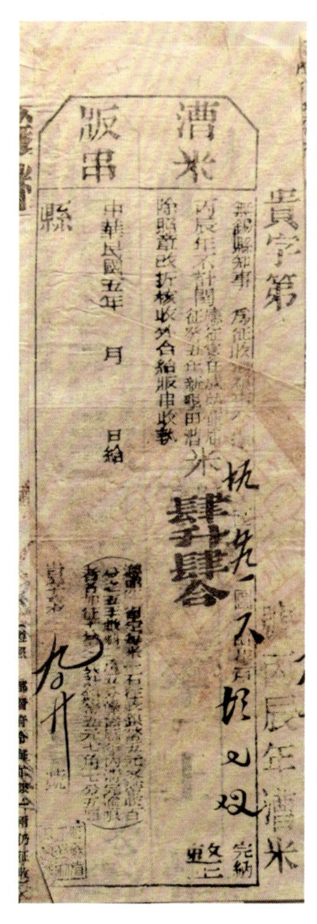
漕米
版串
貴字第
無錫縣知事
丙辰年不計閏
除照章改折核收外合給版串收執
肆升肆合
完納
中華民國五年 月 日給
縣

漕米版串二

本部分所列漕米版串系王源吉冶坊股东于民国初年缴纳漕米后由无锡县政府开具的版串。

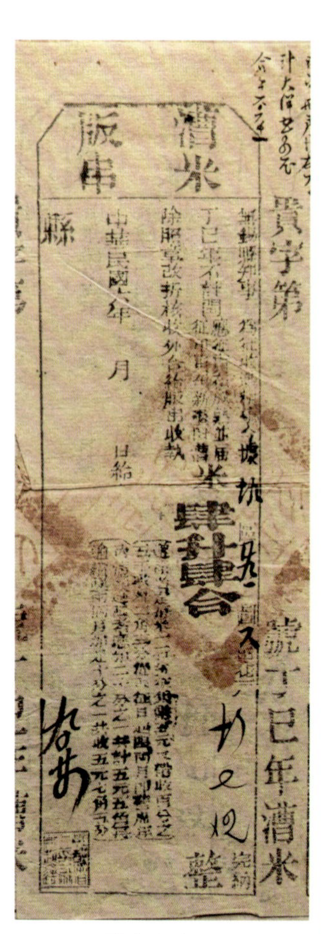
漕米
版串
貴字第　號丁巳年漕米　整　完納
無錫縣知事　為徵收漕糧事今據
丁巳年不計閏應征實在成熟並屆征
除照章改折核收外合給版串收執
中華民國六年　月　日給
縣

漕米版串三

漕米
版串
貴字第　號癸丑年漕米　整　完納
無錫縣知事　為徵收漕糧事今據
癸丑年不計閏應征實在成熟並屆庚戌年新墾田漕米
除照章改折核收外合給版串收執
中華民國二年　月　日給
縣
貴字第　號

漕米版串四

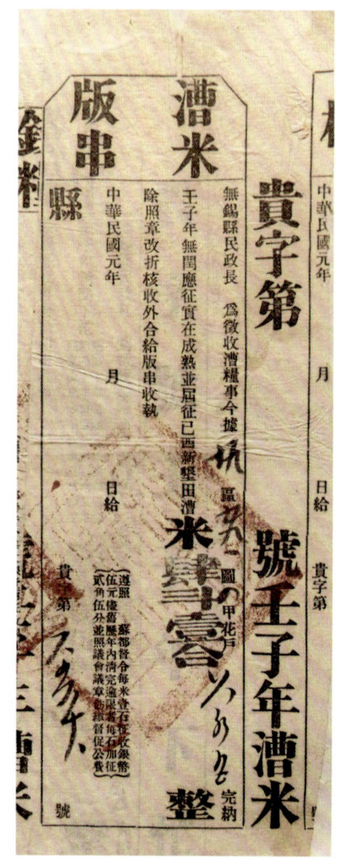
漕米
版串
貴字第　號壬子年漕米　整　完納
無錫縣民政長　為徵收漕糧事今據
壬子年無閏應征實在成熟並屆征已酉新墾田漕米
除照章改折核收外合給版串收執
中華民國元年　月　日給
縣
貴字第　號

漕米版串五

清代征收地丁钱粮期限，每年分二期，前期称上忙，后期称下忙。上忙钱粮版串、下忙钱粮版串，即每年上忙、下忙地丁按朝廷规定缴纳钱粮后由政府开具的征收钱粮证明。

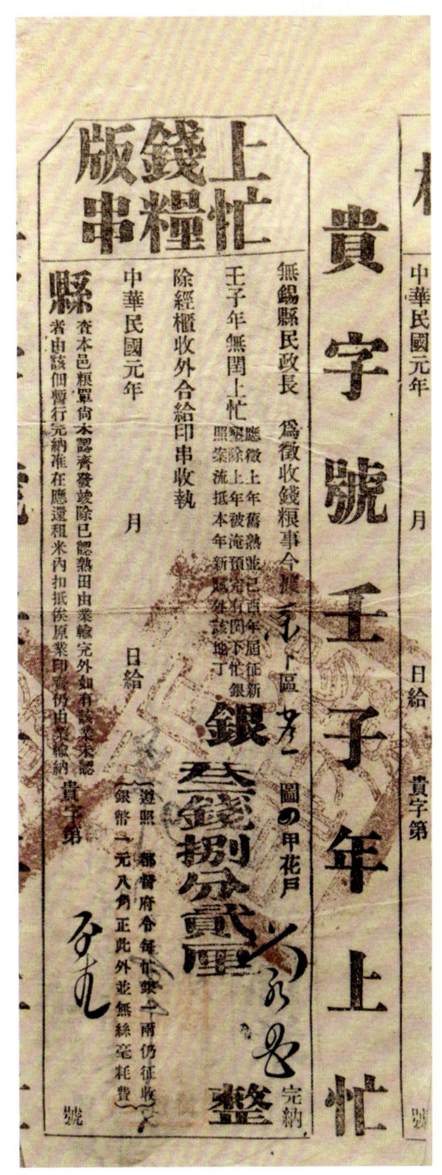
貴字號壬子年上忙

中華民國元年　月　日給

貴字第　號

上忙錢糧版串

無錫縣民政長　為徵收錢糧事今據　區　圖　甲花戶　完納

壬子年無閏上忙應徵上年舊熟並已由年屆征新墾除上年被淹預完有閏下忙銀照案流抵本年新賦外該地丁

銀叁錢捌分貳厘整

除經櫃收外合給印串收執

遵照都督府令每征銀壹兩仍征收銀幣一元八角正此外並無絲毫耗費

中華民國元年　月　日給

縣　查本邑糧罪尚未認齊發竣除已認熟田由業輸完外如有該業未認者由該佃暫行完納准在應還租米內扣抵俟原業印串仍由業輸納　貴字第　號

上忙钱粮版串一

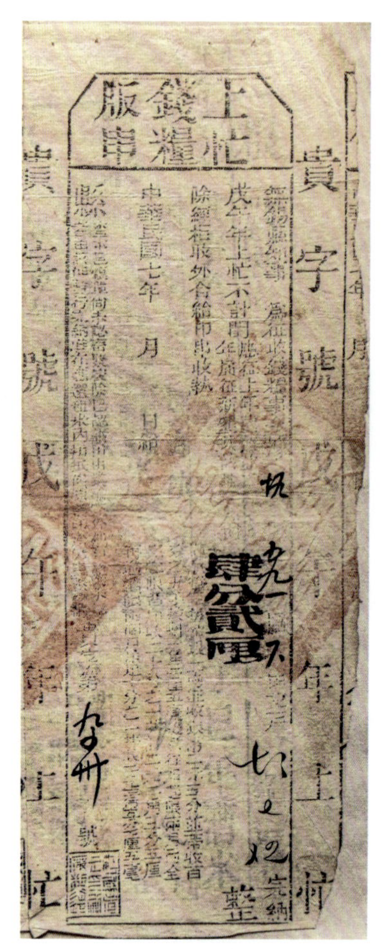

上忙錢糧版串

貴字號戊午年上忙

戊午年上忙不計閏

除經征收外合給印串收執

中華民國七年　月　日給

上忙钱粮版串二

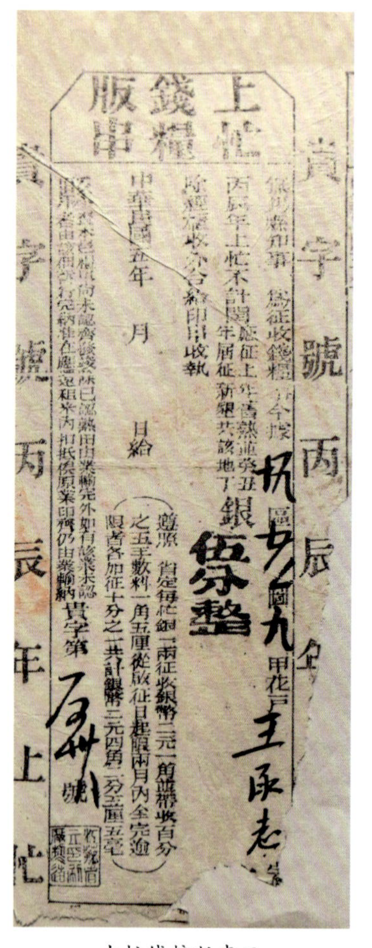

上忙錢糧版串

貴字號丙辰年

丙辰年上忙不計閏應征上年舊熟並新墾共該地丁銀　伍分整

除遵定收外合給印串收執

中華民國五年　月　日給

遵照　省定每正銀一兩征收銀幣二元一角並帶收百分之五手數料一角五厘從啟征日起限兩月內全完逾限者各加征十分之一共計銀幣二元四角二分五厘五毫

貴字第　號

上忙钱粮版串三

本部分所列上忙钱粮版串、下忙钱粮版串系王源吉冶坊股东于民国初年缴纳钱粮后由无锡县政府开具的版串。

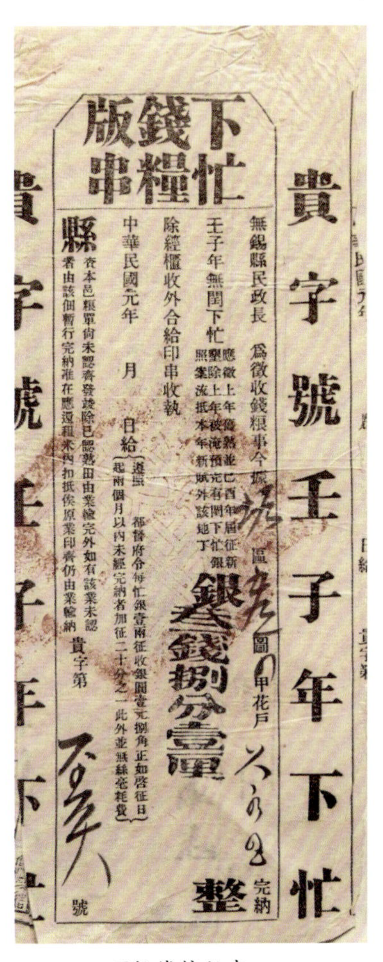

貴字號壬子年下忙

下忙錢糧版串

無錫縣民政長　爲徵收錢糧事今據　區　圖　甲花戶　完納

壬子年無閏下忙　應徵上年爲熟並已酉年屆征新墾除上年被淹預完有閏下忙銀照案流抵本年新賦外該地丁

銀叁錢捌分壹釐整

除經櫃收外合給印串收執

中華民國元年　月　日給（遵照都督府令每忙銀壹兩征收銀圓壹元捌角正如啓征日起兩個月以內未經完納者加征二十分之一此外並無絲毫耗費）

縣　查本邑糧單尚未照舊發現除已照熟田由業輸完外如有該業未認者由該佃暫行完納准在應還租米內扣抵俟原業印齋仍由業輸納　貴字第　號

下忙钱粮版串四

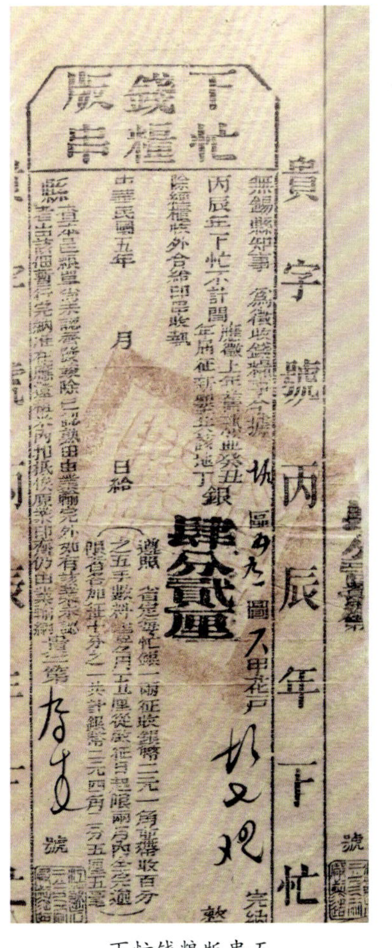

貴字號丙辰年下忙

下忙錢糧版串

無錫縣知事　爲徵收錢糧事今據　區　圖　甲花戶　完納

丙辰年下忙不計閏　應徵上年[illegible]年屆征新墾[illegible]該地丁銀

肆分貳釐　整

除經櫃收外合給印串收執

中華民國五年　月　日給（遵照　省定每忙銀一兩征收銀幣二元一角並帶收百分之五手數料[illegible]從啓征日起限兩月內全完逾限者各加征十分之一共計銀幣二元四角一分五厘五毫）

縣　查本邑糧單尚未[illegible]除已照熟田由業輸完外如有該業未認者由該佃暫行完納准在應還租米內扣抵俟原業印齋仍由業輸納　貴字第　號

下忙钱粮版串五

中华人民共和国成立后的政府文书档案

（第一部分：收藏于无锡市档案史志馆）

无锡市工业基本情况调查表（大隆冶坊）（1953年4月）

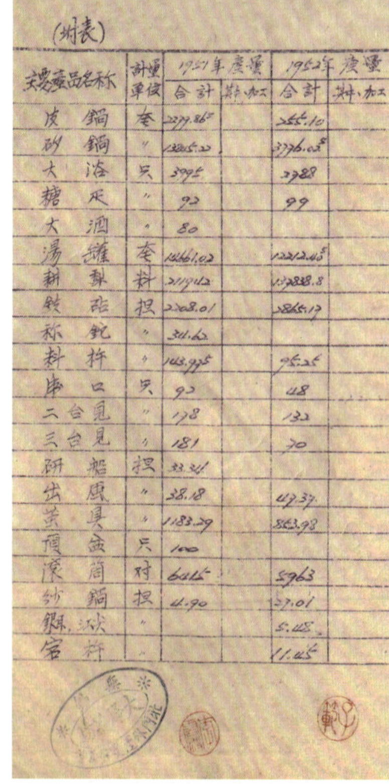

（附表）

主要產品名称	計量單位	1951年產量 合計	1951年產量 料、加工	1952年產量 合計	1952年產量 料、加工
皮鍋	套	2279.86⁵		2554.10	
砂鍋	〃	13205.22		3776.02⁵	
大浴	只	3995		3788	
糖瓦	〃	92		99	
大酒	〃	80			
湯罐	套	14661.02		12212.45⁵	
耕犁	料	2119.12		13888.8	
鉄砧	担	2208.01		2865.17	
秤鉈	〃	311.62			
料杵	〃	143.995		95.25	
串口	只	92		48	
二台見	〃	178		132	
三台見	〃	181		70	
研船	担	33.21			
出廣	〃	38.18		47.37	
芸具	〃	1183.29		863.98	
頂盆	只	100			
滾筒	对	6615		5963	
紗鍋	担	4.90		27.01	
銅鍬	〃			5.45	
宕杵	〃			11.45	

无锡市工业基本情况调查表（大隆冶坊）附表：主要产品名称

無錫市工商業聯合會籌備委員會

工業調查表　　一九四九年12月　日

廠名	沈元吉冶坊	地址	南门清名橋上塘26號	電話	108
組織	合夥	辦事處		電話	
資本額		負責人	錢濟華	代表	撈伯勳

設備	主要	土法自製 溶鉄泥炉 泥製模型 木製風箱等工具	職員	男	11人
				女	
	動力	蘇爐壹隻		每月薪給	以折實單位计酬
	其他		工友	男	34人
				女	
每月生產量	最高	皮鉄鍋1900套 或矽鉄鍋2200套		每月工資	以米计酬 供给膳宿 停炉時停給
	最低	皮鉄鍋1700套 或矽鉄鍋2000套	每天工作時間	日	日班12小時 (皮鉄 矽 鍋每四三天休息八小時)
				夜	夜班12小時
每月需用原料	數量	皮鉄600担 或 廢鉄660担 矽鉄26担	目前困難	原因	
	來源	皮鉄由顧客取來換新鍋及向各地收購 廢鉄向上海南京等處採購 矽向上海採購		克服辦法	
每月需用燃料	煤	噸 來源	職工福利設施		
	柴油	噸 來源			
	其他	木炭850担 來源 向杭州各地採購			
運銷地區	國内	本市及蘇南北各地	備註		填報人 沈元吉冶坊
	國外				

說明 (1)組織填獨資，公司，合夥　(2)設備以各工廠最重要之機器一種為主要設備　(3)薪給工資請註明以實物或人民幣計算　(4)如各廠主要設備並未全部使用者請於備註欄內註明現開數　(5)本表一式三份一份自留一份存公會一份存工商聯合會

无锡市工商业联合会筹备委员会工业调查表(沈元吉冶坊)(1949年12月)

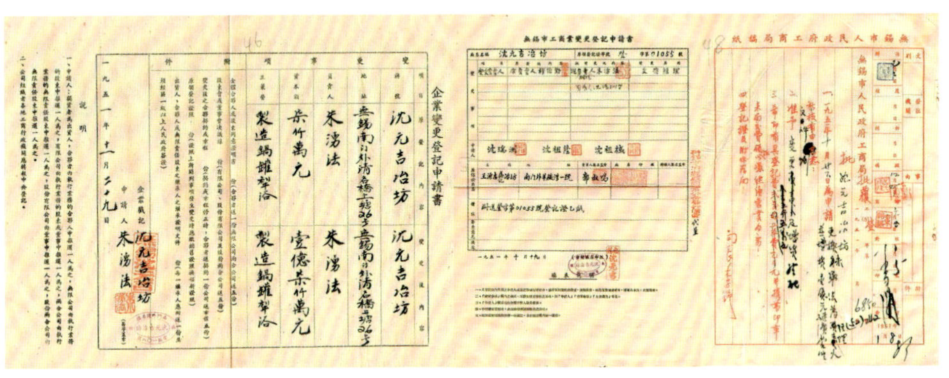

企業變更登記申請書

變更事項	原登記内容	變更後内容
牌號	沈元吉冶坊	沈元吉冶坊
地址	無錫南門外清名橋上塘26號	無錫南門外清名橋上塘26號
負責人	朱湯法	朱湯法
主要業	製造鍋罐犁㓾	製造鍋罐犁㓾

一九五一年十一月二十九日　企業戳記 沈元吉冶坊　申請人 朱湯法

無錫市工商業變更登記申請書

無錫市人民政府工商局批覆

沈元吉冶坊经理变更登记申请书及无锡市工商局批复(1951年11月)

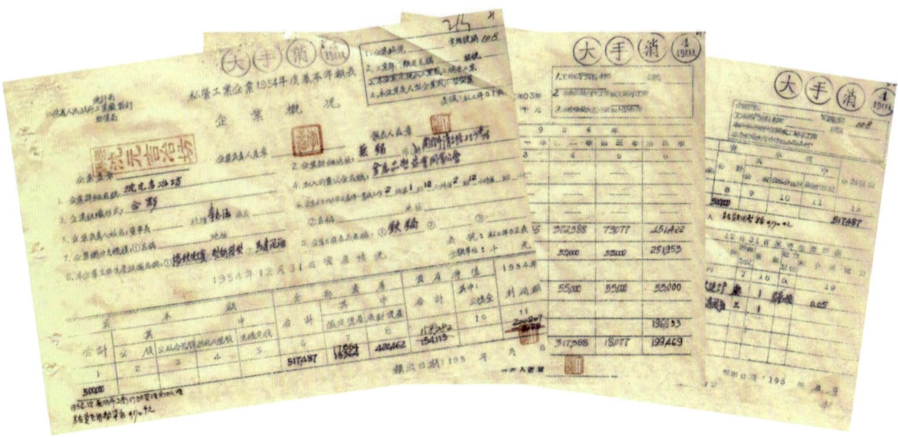

私营工业企业1954年度基本年报表

企业概况

1954年12月31日资产情况

私营工业企业1954年度基本年报表(沈元吉冶坊)

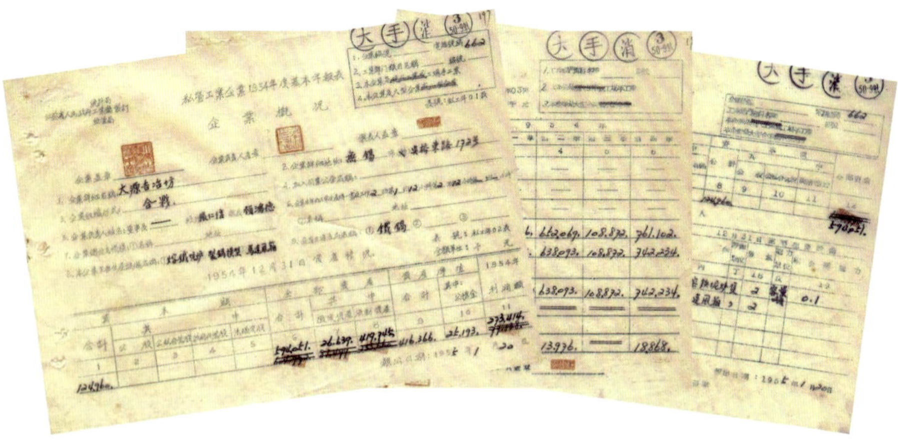

私营工业企业1954年度基本年报表

企业概况

1954年12月31日资产情况

私营工业企业1954年度基本年报表(大源吉冶坊)

无锡市工业基本情况调查表（沈元吉冶坊）（1953年4月）

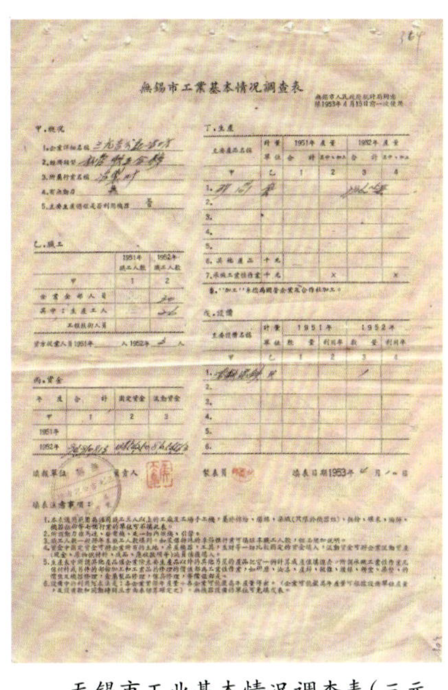

無錫市工業基本情況調查表

无锡市工业基本情况调查表（三元吉冶坊）（1953年4月）

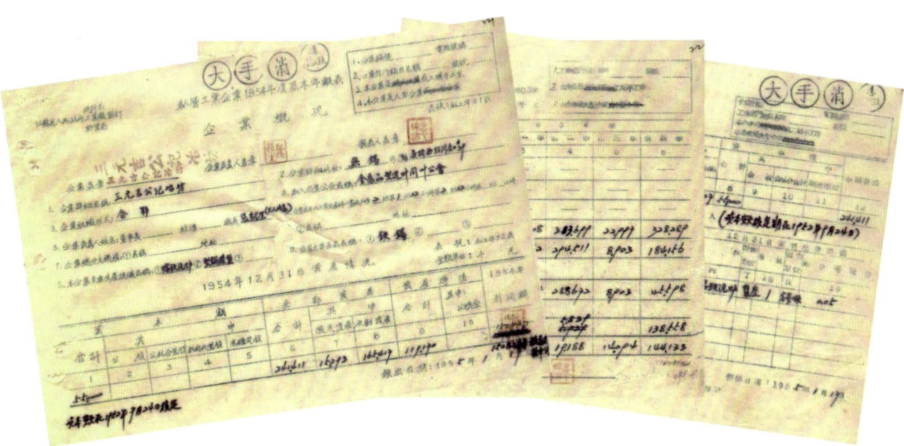

私营工业企业1954年度基本年报表（三元吉公记冶坊）

無錫市工商業聯合會籌備委員會
工業調查表　一九四九年12月　日

无锡市工商业联合会筹备委员会工业调查表(江苏大元冶坊)(1949年12月)

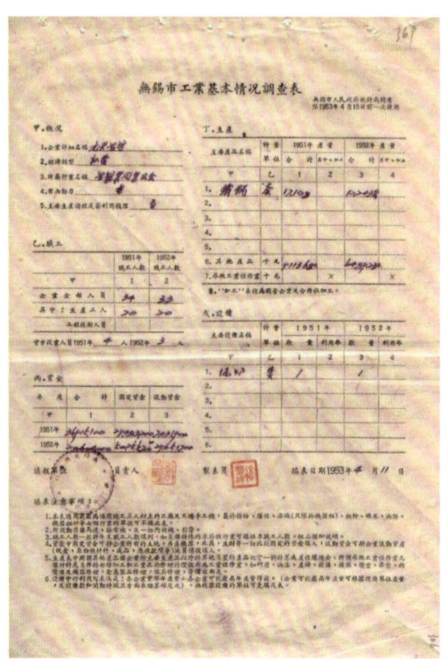
無錫市工業基本情況調查表

无锡市工业基本情况调查表(元兴冶坊)(1953年4月)

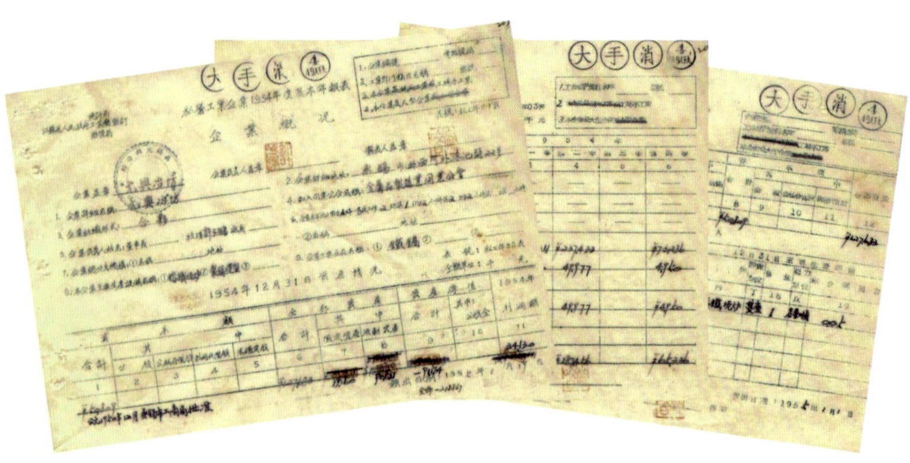

私营工业企业1954年度基本年报表(元兴冶坊)

無錫市工商業聯合會籌備委員會

工業調查表　　一九四九年12月　日

廠名	王源聚鑫記冶坊	地址	北门外末沿河一一號	電話	463
組織	合夥	辦事處		電話	
資本額		負責人	郭叔鳴	代表	

設備	主要動力		職員	男	8人
				女	
				每月薪給	以米計標
	其他		工友	男	7人
				女	
				每月工資	以米計標
每月生產量	最高		每天工作時間	日	
	最低			夜	
每月需用原料	數量		目前困難	原因	
	來源			克服辦法	
每月需用燃料	煤　噸　來源		職工福利設施		
	柴油　噸　來源				
	其他　來源				
運銷地區	國內		備註		專營鍋爐冶業，由王源吉冶坊代製或向各坊廠批購，銷售於本市及蘇南北各地
	國外				

說明：(1)組織指獨資，公司，合夥　(2)設備以各工廠最重要之機器一種為主要設備　(3)薪給工資請註明以實物及人民幣計算　(4)[illegible]　(5)本表一式三份一份自留一份存公會一份存工商聯合會

011

无锡市工商业联会会筹备委员会工业调查表(王源聚鑫记冶坊)(1949年12月)

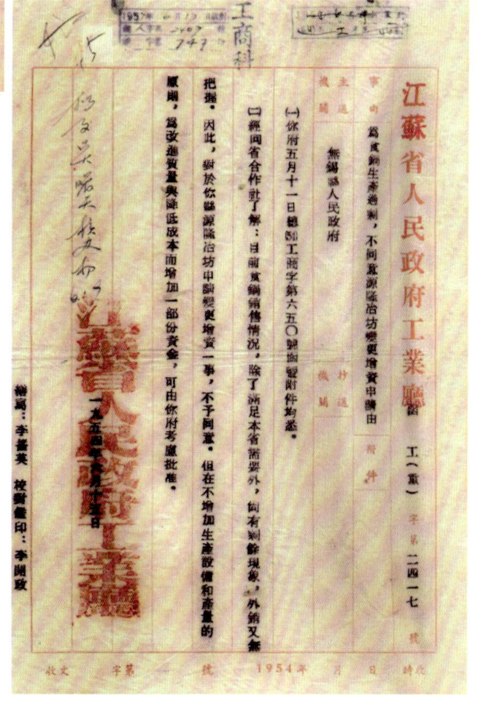
江蘇省人民政府工業廳函　工(重)字第二四一七號

事由：為食鍋生產過剩，不同意源隆冶坊變更增資申請由

主送機關：無錫縣人民政府

抄送機關：

附件：

(一)你府五月十一日錫縣工商字第六五〇號函暨附件均悉。

(二)經同省合作社了解：目前食鍋銷售情況，除了滿足本省需要外，尚有剩餘現象，外銷又無把握。因此，對於你縣源隆冶坊申請變更增資一事，不予同意。但在不增加生產設備和產量的原則，為改進質量與降低成本而增加一部份資金，可由你府考慮批准。

一九五四年六月十五日

繕寫：李養英　校對監印：李開政

收文　字第　號　1954年　月　日　時收

江苏省工业厅出具的因食锅生产过剩不同意源隆冶坊变更增资申请由函(1954年6月)

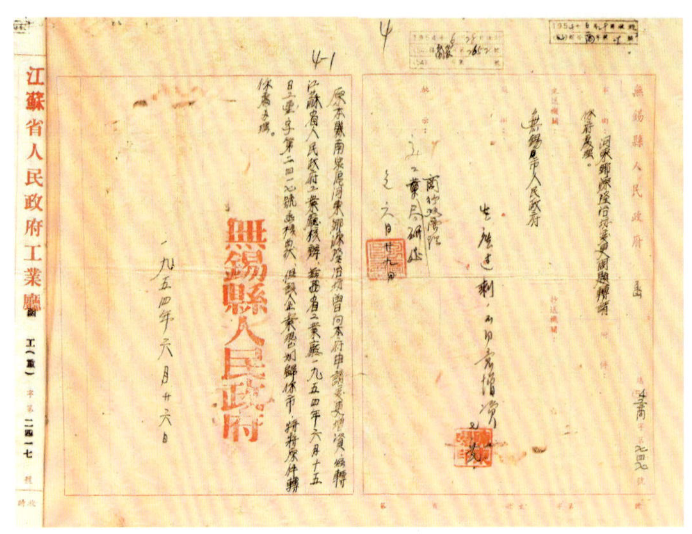
无锡县人民政府函

无锡市人民政府

源隆冶坊变更增资……

江苏省人民政府工业厅 工（业） 字第二四一七号

无锡县人民政府

一九五四年六月廿六日

无锡县人民政府出具的因生产过剩不同意源隆冶坊变更增资函（1954年6月）

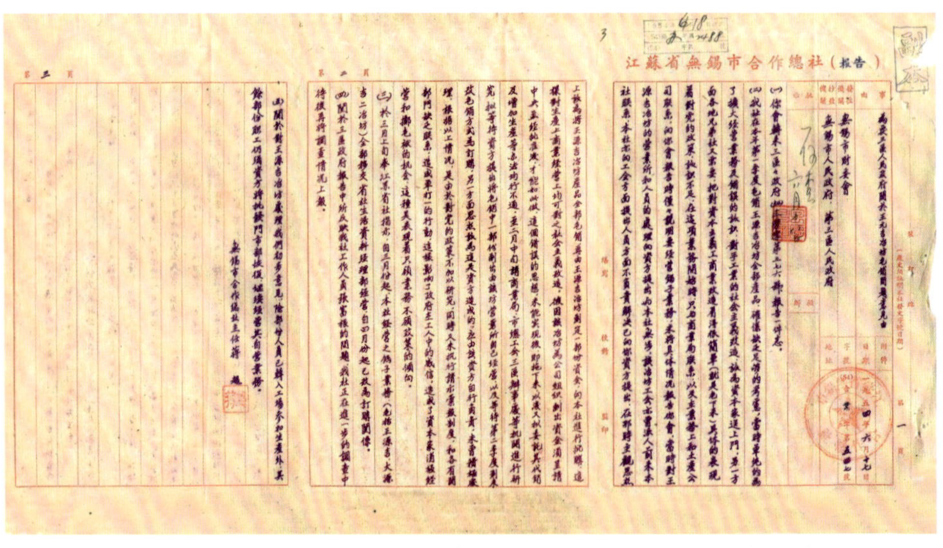
江苏省无锡市合作总社（报告）

无锡市财委会

无锡市人民政府、第三区人民政府

无锡市合作总社出具的关于王源吉冶坊包销问题意见函（1954年6月）

无锡市工商行政管理局出具的关于王源吉、大源吉、沈元吉、江苏大元、元兴、源隆、三元吉七家冶坊合并的意见（1955年9月）

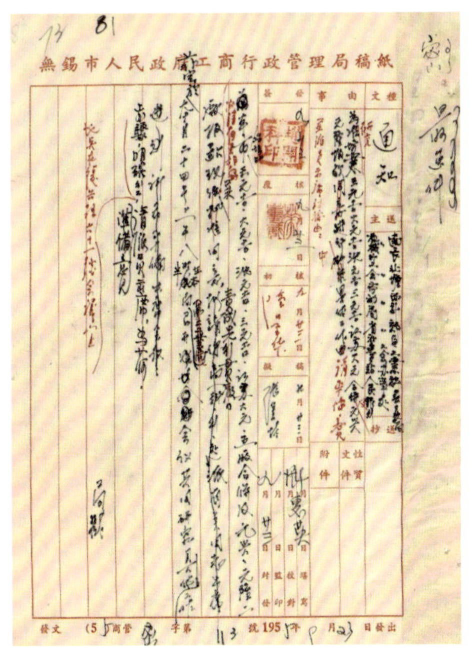

无锡市工商行政管理局出具的关于王源吉、大源吉、沈元吉、三元吉、江苏大元合并及元兴、源隆报歇具体工作的通知（1955年9月）

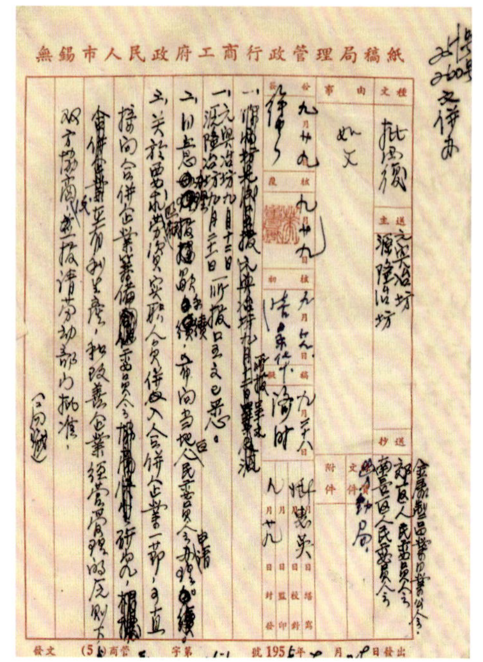
無錫市人民政府工商行政管理局稿紙

无锡市工商行政管理局出具的关于同意元兴冶坊源隆冶坊报歇的批复(1955年9月)

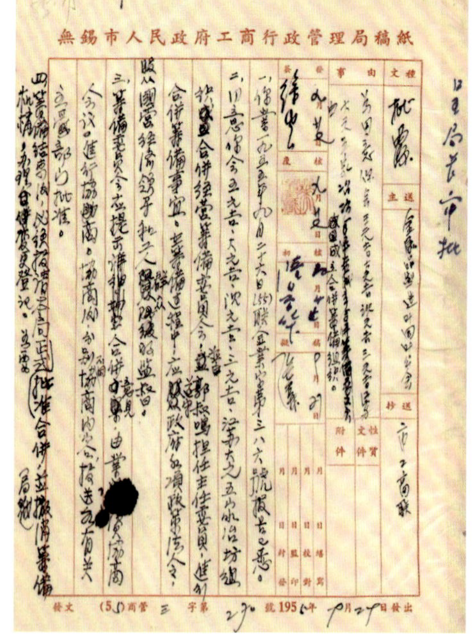
無錫市人民政府工商行政管理局稿紙

无锡市工商行政管理局出具的关于同意成立王源吉、大源吉、沈元吉、江苏大元、三元吉五家冶坊合并筹备组织的批复(1955年9月)

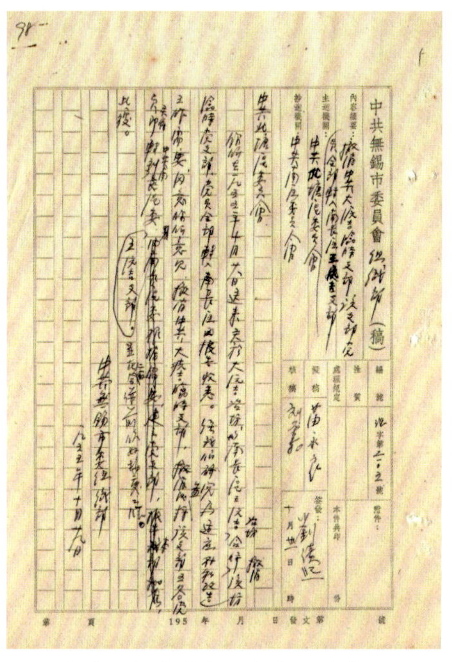

中共无锡市委组织部出具的关于撤销大源吉党支部，全部转入王源吉党支部的批复(1955年10月)

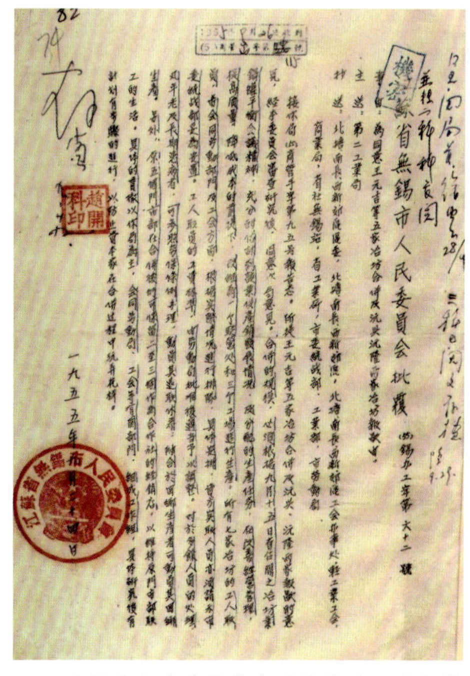

无锡市人民委员会出具的关于王源吉等五家冶坊合并及元兴、源隆两家冶坊报歇事由的批复(1955年9月)

无锡市建设局

关于王元吉冶坊征购土地的批复

建计字第296号

无锡市第二工业局：

你局1956年7月5日基字第489号收件悉，本局原则上同意王元吉冶坊在仙凌港原华新丝厂后征购土地。施工前希来我局办理报建建筑执照手续后再行动工。复请查照为荷。

一九五六年七月十六日

无锡市建设局出具的关于王源吉冶坊征购土地的批复（1956年7月）

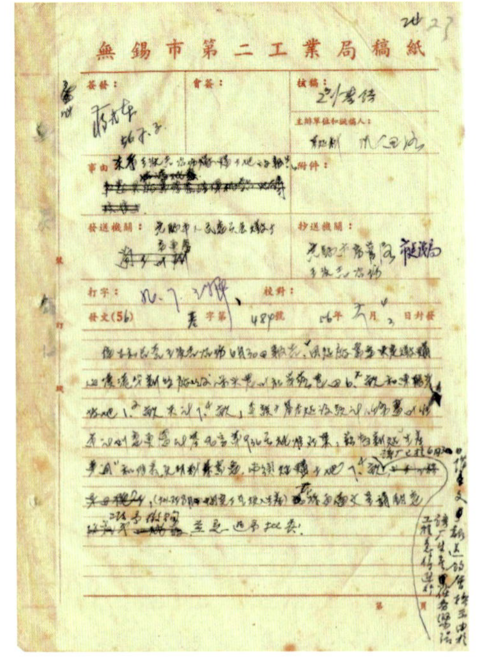

無錫市第二工業局稿紙

簽發：

會簽：

核稿：

主辦單位和擬稿人：

事由：

附件：

發送機關：

抄送機關：

打字：

校對：

發文(56) 字第 號 年 月 日封發

无锡市第二工业局出具的关于王源吉冶坊征购土地的报告（1956年7月）

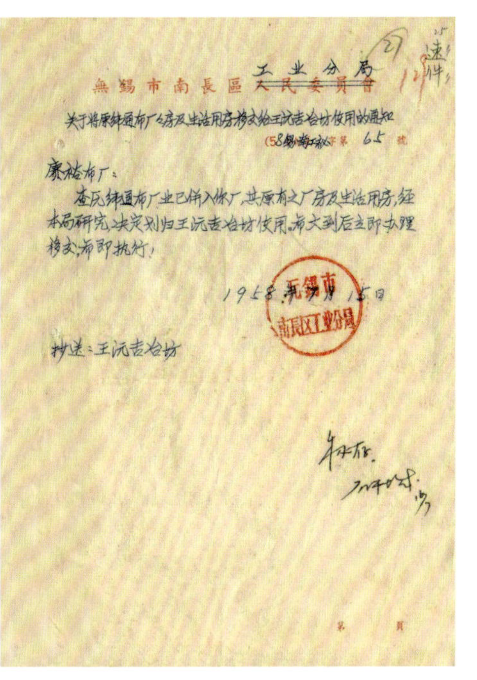
無錫市南長區工业分局

关于将原纬通布厂厂房及生活用房移交给王沅吉冶坊使用的通知

（58）锡南工秘字第 65 號

广裕布厂：

查原纬通布厂业已并入你厂，其原有之厂房及生活用房，经本局研究决定划归王沅吉冶坊使用。希文到后立即办理移交，希即执行！

1958年7月15日

抄送：王沅吉冶坊

无锡市南长区工业分局下发的关于将原纬通布厂厂房及生活用房移交给王源吉冶坊使用的通知（1958年7月）

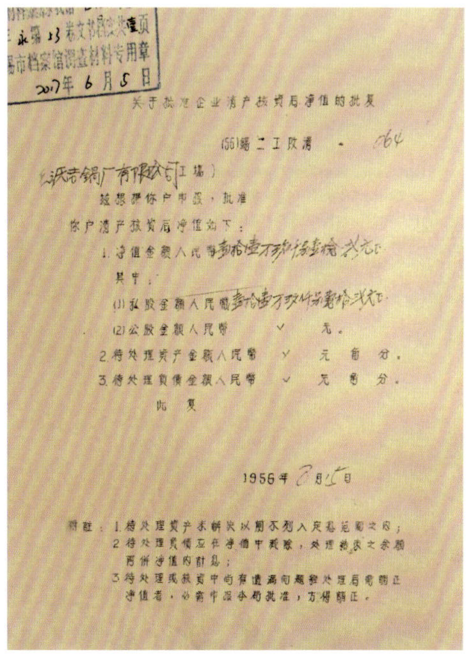
关于批准企业清产核资后净值的批复

（56）锡二工队清 - 064

王沅吉锅厂有限公司（工场）

兹根据你户申报，批准你户清产核资后净值如下：

1. 净值金额人民币

其中：

(1) 私股金额人民币

(2) 公股金额人民币 元。

2. 待处理资产金额人民币 元 角 分。

3. 待处理负债金额人民币 元 角 分。

此复

1956年8月15日

附注：1. 待处理资产未解决以前不列入定息范围之内；
2. 待处理负债应在净值中剔除，处理后由之余额再并净值内计算；
3. 待处理或核资中尚有遗漏问题经处理后需调正净值者，必需申报本局批准，方得调正。

关于批准王源吉锅厂清产核资后净值的批复（1956年8月）

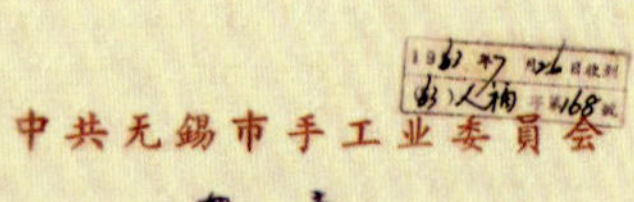

中共无锡市手工业委员会

中共无锡市手工业委员会出具的关于王源吉锅厂等九个单位类型的报告(1963年7月)

无锡市经济計划委員会

关于南长农机厂併入三通用，部份設备人員充实鉄鍋生产的通知

锡經計字第548号

市轻工局、南长区经委：

为了进一步貫彻“調整、巩固、充实、提高”的八字方針，同意你区提出意見，将南长农机厂併入三通用，部份設备人員充实王元吉鍋厂。关于划給王元吉鍋厂厂房、設备和人員，按局、区协商好的意見执行。庫存原材料，凡是鍋厂能用的原材料留給鍋厂使用，按价付款。凡属原农机厂所用之鉄皮和其他原材料归三通用使用。财务处理問題，債权債务归三通用負責处理。原农机厂外接的任务划給三通用。此复。

1961年8月8日

抄送：机电、財政、劳动局、市人民银行

无锡市经济计划委员会下发的关于南长农机厂并入三通用，部分设备人员充实铁锅生产的通知(1961年8月)

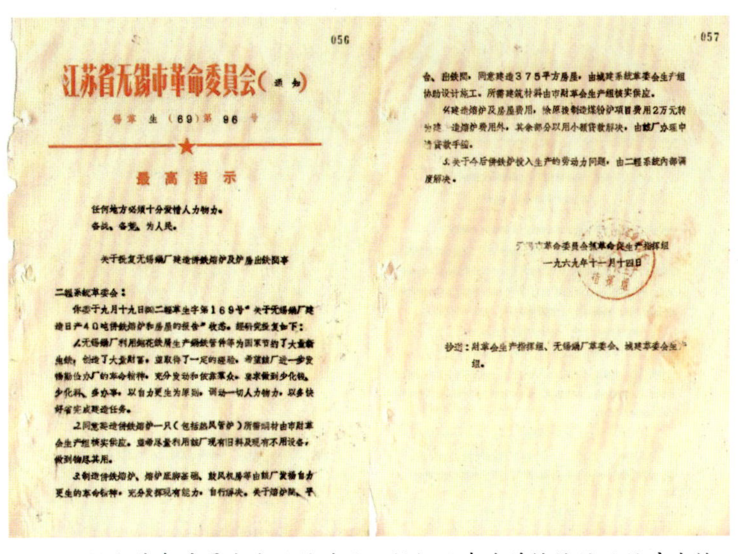

056

江苏省无锡市革命委员会（通知）

锡革生（69）第96号

最高指示

任何地方必须十分爱惜人力物力。
备战、备荒、为人民。

关于批复无锡锅厂建造併铁熔炉及炉房出铁間事

二轻系统革委会：

你委于九月十九日的二轻革生字第169号"关于无锡锅厂建造日产40吨併铁熔炉和房屋的报告"收悉。经研究批复如下：

1.无锡锅厂利用刨花铁屑生产锅铁管件等为国家节约了大量新生铁，创造了大量财富，並取得了一定的经验。希望该厂进一步发扬勤俭办厂的革命精神，充分发动和依靠群众，要求做到少化钱、少化料、多办事，以自力更生为原则，调动一切人力物力，以多快好省完成建造任务。

2.同意建造併铁熔炉一只（包括热风管炉）所需钢材由市财革会生产组核实供应。並希尽量利用该厂现有旧料及现有不用设备，做到物尽其用。

3.制造併铁熔炉、熔炉底脚基础、鼓风机房等由该厂发扬自力更生的革命精神，充分发挥现有能力，自行解决。关于熔炉间、平

057

台、出铁間，同意建造375平方房屋，由城建系统革委会生产组协助设计施工。所需建筑材料由市财革会生产组核实供应。

4.建造熔炉及房屋费用，除原拨制造煤粉炉项目费用2万元转为建造熔炉费用外，其余部分以用小额贷款解决，由该厂办理申请贷款手续。

5.关于今后併铁炉投入生产的劳动力问题，由二轻系统内部调度解决。

无锡市革命委员会抓革命促生产指挥组
一九六九年十一月十四日

抄送：财革会生产指挥组、无锡锅厂革委会、城建革委会生产组。

无锡市革命委员会出具的关于无锡锅厂建造并铁熔炉及炉房出铁事宜的批复（1969年11月）

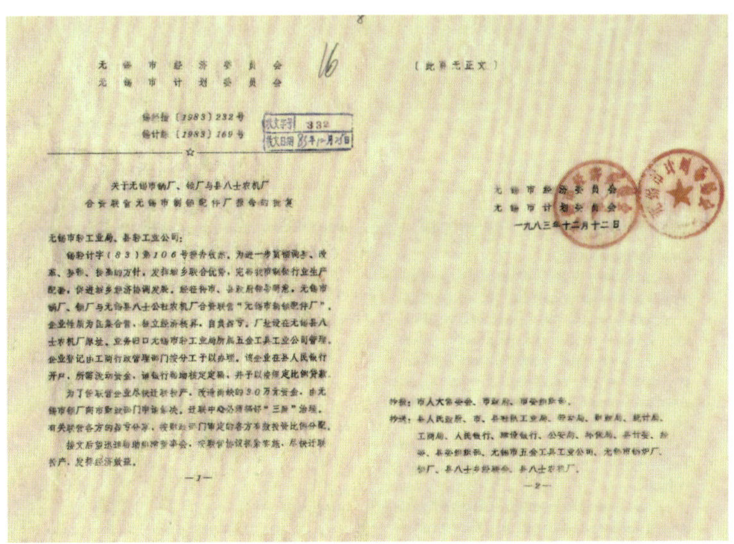

无锡市经济委员会
无锡市计划委员会

锡经综〔1983〕232号
锡计综〔1983〕169号

收文字号 332
收文日期 83年12月13日

关于无锡市锅厂、锁厂与县八士农机厂合资联营无锡市制锁配件厂报告的批复

无锡市轻工业局、县轻工业公司：

锡轻计字（83）第106号报告收悉。为进一步贯彻调整、改革、整顿、提高的方针，发挥城乡联合优势，完善提高制锁行业生产配套，促进城乡经济协调发展，经征得市、县政府领导同意，无锡市锅厂、锁厂与无锡县八士公社农机厂合资联营"无锡市制锁配件厂"。企业性质为集体合营，独立经济核算，自负盈亏。厂址设在无锡县八士农机厂原址。业务归口无锡市轻工业局所属五金工具工业公司管理。企业登记由工商行政管理部门按分工予以办理。该企业在县人民银行开户，所需流动资金，请银行帮助核定定额，并予以按规定比例贷款。

为了使联营企业尽快建成投产，改造所缺的30万元资金，由无锡市锁厂向市财政部门申请解决。注意联营中必须搞好"三废"治理。有关联营各方的盈亏分成，按财政部门审定的各方本金投资比例分配。

接文后望迅速帮助组建董事会，按联营协议抓紧实施，尽快建成投产，发挥经济效益。

—1—

（此页无正文）

无锡市经济委员会
无锡市计划委员会
一九八三年十二月十二日

抄报：市人大常委会、市政府、市委财经委。
抄送：县人民政府、市、县轻纺工业局、劳动局、财政局、统计局、工商局、人民银行、建设银行、公安局、环保局、县计委、县经委、县委财贸部、无锡市五金工具工业公司、无锡市锅炉厂、锁厂、县八士乡经联会、县八士农机厂。

—2—

无锡市经济委员会、计划委员会出具的关于无锡锅厂、锁厂与无锡县八士农机厂合资联营无锡市制锁配件厂报告的批复（1983年12月）

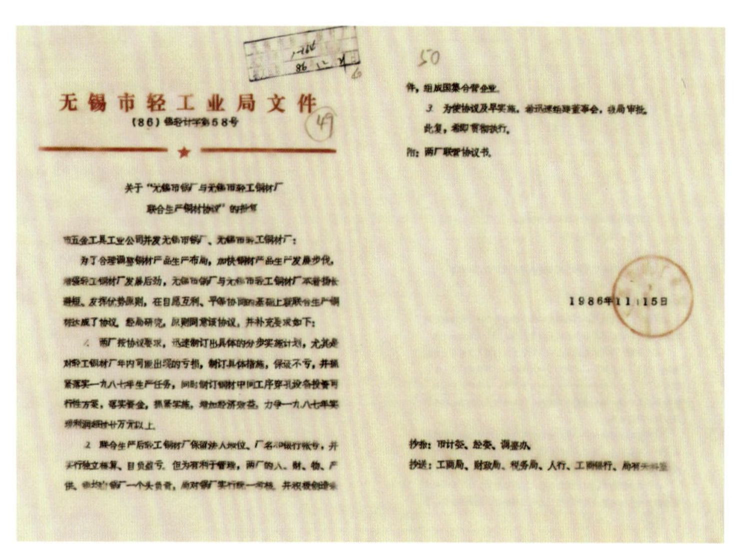

无锡市轻工业局文件

（86）锡轻计字第58号

关于"无锡市锅厂与无锡市轻工铜材厂联合生产铜材协议"的批复

市五金工具工业公司并发无锡市锅厂、无锡市轻工铜材厂：

为了合理调整铜材产品生产布局，加快铜材产品生产发展步伐，增强轻工铜材厂发展后劲，无锡市锅厂与无锡市轻工铜材厂本着扬长避短、发挥优势原则，在自愿互利、平等协商的基础上就联合生产铜材达成了协议。经局研究，原则同意该协议，并补充要求如下：

1. 两厂按协议要求，迅速制订出具体的分步实施计划，尤其是对轻工铜材厂年内可能出现的亏损，制订具体措施，保证不亏，并抓紧落实一九八七年生产任务，同时制订铜材中间工序穿孔设备投资可行性方案，落实资金，抓紧实施，增加经济效益，力争一九八七年实现利润超过廿万元以上。

2. 联合生产后轻工铜材厂保留法人地位、厂名和银行帐号，并实行独立核算、自负盈亏。但为有利于管理，两厂的人、财、物、产、供、销均归锅厂一个头负责，局对锅厂实行统一考核。并积极创造条件，组成国集合营企业。

3. 为使协议及早实施，希迅速组建董事会，报局审批。

此复，希即贯彻执行。

附：两厂联营协议书。

1986年11月15日

抄报：市计委、经委、调整办。

抄送：工商局、财政局、税务局、人行、工商银行、局有关科室

无锡市轻工业局出具的关于无锡锅厂与无锡市轻工铜材厂联合生产铜材协议的批复（1986年11月）

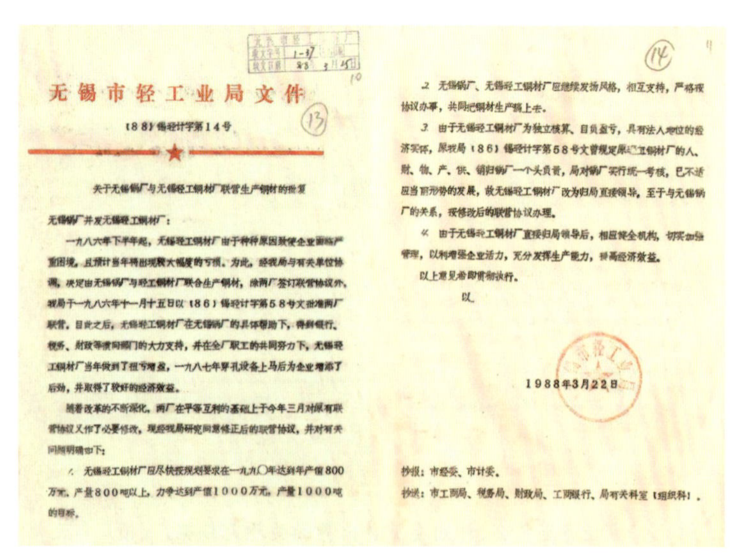

无锡市轻工业局文件

（88）锡轻计字第14号

关于无锡锅厂与无锡轻工铜材厂联营生产铜材的批复

无锡锅厂并发无锡轻工铜材厂：

一九八六年下半年起，无锡轻工铜材厂由于种种原因致使企业面临严重困境，且预计当年将出现较大幅度的亏损。为此，经我局与有关单位协调，决定由无锡锅厂与轻工铜材厂联合生产铜材，除两厂签订联营协议外，我局于一九八六年十一月十五日以（86）锡轻计字第58号文批准两厂联营。自此之后，无锡轻工铜材厂在无锡锅厂的具体帮助下，得到银行、税务、财政等有关部门的大力支持，并在全厂职工的共同努力下，无锡轻工铜材厂当年做到了扭亏增盈，一九八七年穿孔设备上马后为企业增添了后劲，并取得了较好的经济效益。

随着改革的不断深化，两厂在平等互利的基础上于今年三月对原有联营协议又作了必要修改，现经我局研究同意修正后的联营协议，并对有关问题明确如下：

1. 无锡轻工铜材厂应尽快按规划要求在一九九〇年达到年产值800万元，产量800吨以上，力争达到产值1000万元，产量1000吨的目标。

2. 无锡锅厂、无锡轻工铜材厂应继续发扬风格，相互支持，严格按协议办事，共同把铜材生产搞上去。

3. 由于无锡轻工铜材厂为独立核算、自负盈亏，具有法人地位的经济实体，原我局（86）锡轻计字第58号文曾规定原轻工铜材厂的人、财、物、产、供、销归锅厂一个头负责，局对锅厂实行统一考核，已不适应当前形势的发展，故无锡轻工铜材厂改为归局直接领导。至于与无锡锅厂的关系，按修改后的联营协议办理。

4. 由于无锡轻工铜材厂直接归局领导后，相应健全机构，切实加强管理，以利增强企业活力，充分发挥生产能力，提高经济效益。

以上意见希即贯彻执行。

1988年3月22日

抄报：市经委、市计委。

抄送：市工商局、税务局、财政局、工商银行、局有关科室（组织科）。

无锡市轻工业局出具的关于无锡锅厂与无锡轻工铜材厂联营生产铜材的批复（1988年3月）

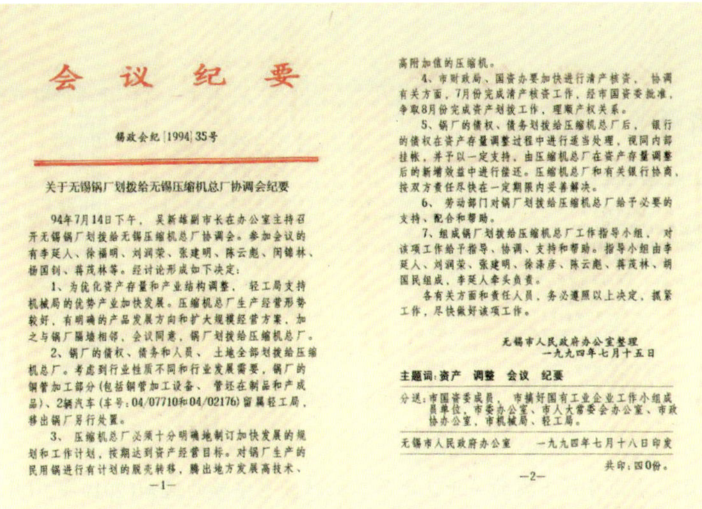

会议纪要

锡政会纪〔1994〕35号

关于无锡锅厂划拨给无锡压缩机总厂协调会纪要

94年7月14日下午，吴新雄副市长在办公室主持召开无锡锅厂划拨给无锡压缩机总厂协调会。参加会议的有李延人、徐福明、刘润荣、张建明、陈云彪、闵锦林、杨国钧、蒋茂林等。经讨论形成如下决定：

1、为优化资产存量和产业结构调整，轻工局支持机械局的优势产业加快发展。压缩机总厂生产经营形势较好，有明确的产品发展方向和扩大规模经营方案，加之与锅厂隔墙相邻，会议同意，锅厂划拨给压缩机总厂。

2、锅厂的债权、债务和人员、土地全部划拨给压缩机总厂。考虑到行业性质不同和行业发展需要，锅厂的钢管加工部分（包括钢管加工设备、管坯在制品和产成品）、2辆汽车（车号：04/07710和04/02176）留属轻工局，移出锅厂另行处置。

3、压缩机总厂必须十分明确地制订加快发展的规划和工作计划，按期达到资产经营目标。对锅厂生产的民用锅进行有计划的脱壳转移，腾出地方发展高技术、

—1—

高附加值的压缩机。

4、市财政局、国资办要加快进行清产核资，协调有关方面，7月份完成清产核资工作，经市国资委批准，争取8月份完成资产划拨工作，理顺产权关系。

5、锅厂的债权、债务划拨给压缩机总厂后，银行的债权在资产存量调整过程中进行适当处理，视同内部挂帐，并予以一定支持，由压缩机总厂在资产存量调整后的新增效益中进行偿还。压缩机总厂和有关银行协商，按双方责任尽快在一定期限内妥善解决。

6、劳动部门对锅厂划拨给压缩机总厂给予必要的支持、配合和帮助。

7、组成锅厂划拨给压缩机总厂工作指导小组，对该项工作给予指导、协调、支持和帮助。指导小组由李延人、刘润荣、张建明、徐涤彦、陈云彪、蒋茂林、胡国民组成，李延人牵头负责。

各有关方面和责任人员，务必遵照以上决定，抓紧工作，尽快做好该项工作。

无锡市人民政府办公室整理
一九九四年七月十五日

主题词：资产　调整　会议　纪要

分送：市国资委成员，市搞好国有工业企业工作小组成员单位，市委办公室、市人大常委会办公室、市政协办公室，市机械局、轻工局。

无锡市人民政府办公室　　一九九四年七月十八日印发

共印：四0份。

—2—

无锡市政府办公室出具的关于无锡锅厂划拨给无锡压缩机总厂协调会纪要(1994年7月)

无锡市商务局

锡商通〔2018〕275号

关于认定第二批“无锡老字号”（第一轮及培育企业）的通知

各市（县）、区商务局，相关企业：

为引导我市“老字号”企业加快创新发展，传承和弘扬优秀文化，打造自主知名品牌，根据《关于开展第二批无锡老字号推荐认定工作的实施意见》（锡商通〔2018〕105号），经宣传发动、组织申报、专家审核、社会公示等环节，决定认定无锡市银楼经贸有限公司等26家企业为第二批“无锡老字号”（第一轮），颁发牌匾和证书；认定梁溪区迎宾楼菜馆等10家企业为第二批“无锡老字号”培育企业，待条件完善后认定为“无锡老字号”并颁发牌匾和证书。

获得相关品牌称号的企业要珍惜荣誉，再接再厉，充分利用品牌优势，增强自主创新和竞争能力，为我市“老字号”振兴发展取得更大成绩。各市（县）、区商务部门要进一步支持“无锡老字号”的发展；密切关注企业发展动态，研究制定有效的政策措施，努力营造有利的外部环境；指导企业深入挖掘优秀传统文化，加快创新发展，创造更多的社会、经济和文化价值。

附件1：第二批“无锡老字号”（第一轮）名单
附件2：第二批“无锡老字号”培育企业名单
附件1：第二批“无批

2018年12月25日

附件1

第二批“无锡老字号”（第一轮）名单

序号	单位名称	商标
1	无锡市银楼经贸有限公司	无锡银楼
2	无锡市工艺雕刻厂有限公司	天官
3	北塘区双契轩竹刻艺术馆	双契轩
4	无锡中国国际旅行社有限公司	中国国际旅行社
5	无锡醉月楼餐饮有限公司	四时新醉月楼
6	无锡光明（集团）有限公司	[illegible]
7	无锡大饭店有限公司	无锡大饭店
8	无锡市[illegible]酒业有限公司	惠泉
9	滨湖区城中新红[illegible]牛肉店	城中新红
10	无锡王源吉冶坊有限公司	王源吉
11	无锡市[illegible]食品有限公司	[illegible]
12	无锡市陆[illegible]酒楼	[illegible]
13	新区鸿山张阿培肉庄	张阿培
14	无锡市[illegible]阿水羊肉店	[illegible]阿水
15	江阴市郡氏食品有限公司	郡府
16	江阴市青阳公和永糕团店	公和永
17	江阴永丰源大酒店有限公司	[illegible]
18	江苏[illegible]食品有限公司	[illegible]
19	江阴市长泾夏氏老饭店	长泾

无锡市商务局下发的关于认定第二批“无锡老字号”(第一轮及培育企业)的通知(2018年1月)

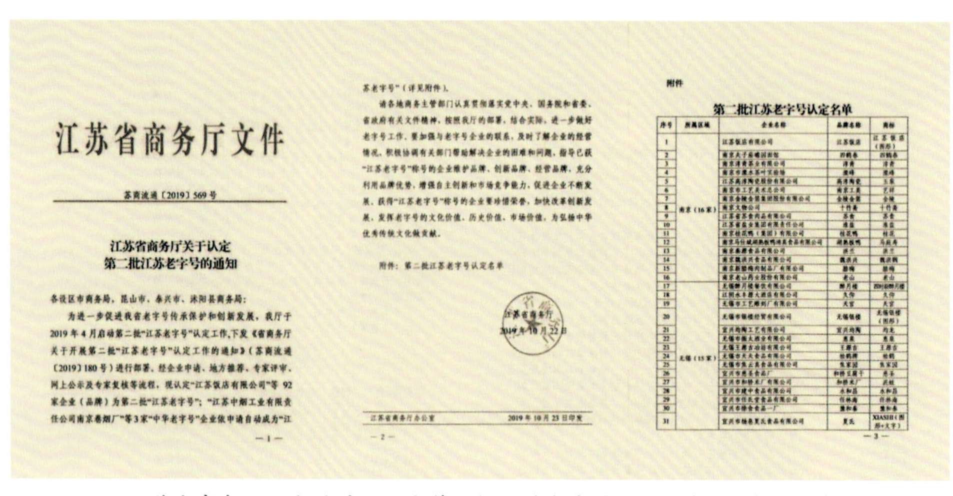

江苏省商务厅文件

苏商流通〔2019〕569号

江苏省商务厅关于认定第二批江苏老字号的通知

各设区市商务局，昆山市、泰兴市、沭阳县商务局：

为进一步促进我省老字号传承保护和创新发展，我厅于2019年4月启动第二批"江苏老字号"认定工作，下发《省商务厅关于开展第二批"江苏老字号"认定工作的通知》（苏商流通〔2019〕180号）进行部署。经企业申请、地方推荐、专家评审、网上公示及专家复核等流程，现认定"江苏饭店有限公司"等92家企业（品牌）为第二批"江苏老字号"；"江苏中烟工业有限责任公司南京卷烟厂"等3家"中华老字号"企业依申请自动成为"江苏老字号"（详见附件）。

— 1 —

请各地商务主管部门认真贯彻落实党中央、国务院和省委、省政府有关文件精神，按照我厅的部署，结合实际，进一步做好老字号工作。要加强与老字号企业的联系，及时了解企业的经营情况，积极协调有关部门帮助解决企业的困难和问题，指导已获"江苏老字号"称号的企业维护品牌、创新品牌、经营品牌，充分利用品牌优势，增强自主创新和市场竞争能力，促进企业不断发展。获得"江苏老字号"称号的企业要珍惜荣誉，加快改革创新发展，发挥老字号的文化价值、历史价值、市场价值，为弘扬中华优秀传统文化做贡献。

附件：第二批江苏老字号认定名单

江苏省商务厅

2019年10月22日

江苏省商务厅办公室　　2019年10月23日印发

— 2 —

附件

第二批江苏老字号认定名单

序号	所属区域	企业名称	品牌名称	商标
1	南京（16家）	江苏饭店有限公司	江苏饭店	江苏饭店（图形）
2		南京夫子庙[illegible]	[illegible]	[illegible]
3		南京[illegible]有限公司	[illegible]	[illegible]
4		南京市[illegible]茶叶[illegible]	[illegible]	[illegible]
5		江苏高淳陶瓷股份有限公司	高淳陶瓷	[illegible]
6		南京市工艺美术总公司	南京工美	[illegible]
7		南京金陵金箔集团股份有限公司	金陵金箔	金陵
8		南京文物公司	十竹斋	十竹斋
9		江苏省苏食肉品有限公司	苏食	苏食
10		江苏省盐业集团有限责任公司	淮盐	淮盐
11		南京桂花鸭（集团）有限公司	桂花鸭	桂花
12		南京[illegible]清真食品有限公司	[illegible]	[illegible]
13		南京[illegible]食品有限公司	[illegible]	[illegible]
14		南京[illegible]食品有限公司	[illegible]	[illegible]
15		南京[illegible]肉制品厂有限公司	[illegible]	[illegible]
16		南京老山药业股份有限公司	老山	老山
17	无锡（15家）	无锡[illegible]餐饮有限公司	[illegible]	[illegible]
18		江阴[illegible]大酒店有限公司	[illegible]	[illegible]
19		无锡市工艺雕刻厂有限公司	[illegible]	[illegible]
20		无锡市银楼经贸有限公司	无锡银楼	无锡银楼（图形）
21		宜兴均陶工艺有限公司	宜兴均陶	[illegible]
22		无锡市[illegible]酒业有限公司	[illegible]	[illegible]
23		无锡王源吉冶坊有限公司	王源吉	王源吉
24		无锡市[illegible]食品有限公司	[illegible]	[illegible]
25		无锡市[illegible]食品有限公司	[illegible]	[illegible]
26		宜兴市[illegible]食品厂	[illegible]	[illegible]
27		宜兴市和桥米厂有限公司	[illegible]	[illegible]
28		宜兴市[illegible]食品有限公司	[illegible]	[illegible]
29		宜兴市[illegible]食品有限公司	[illegible]	[illegible]
30		宜兴市[illegible]食品一厂	[illegible]	[illegible]
31		宜兴市[illegible]夏氏食品有限公司	夏氏	XIASHI（图形+文字）

— 3 —

江苏省商务厅下发的关于认定第二批江苏老字号的通知(2019年10月)

中华人民共和国成立后的政府文书档案

（第二部分：收藏于无锡压缩机股份有限公司档案室）

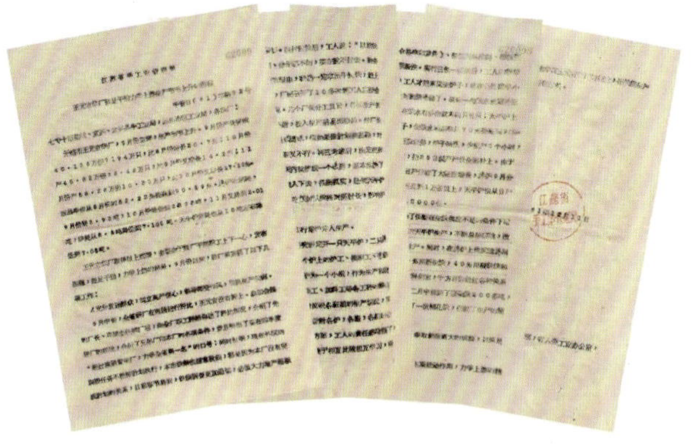

江苏省手工业管理局下发的关于王源吉冶铸机械厂“鼓足干劲，力争上游，生产节节上升”的通报（1961年12月）

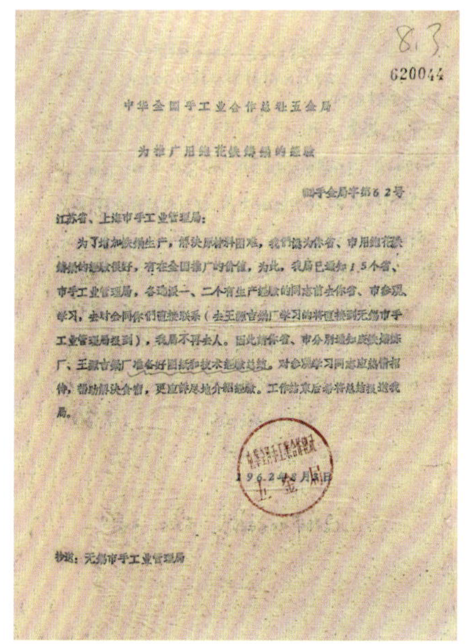

8.3

620044

中华全国手工业合作总社五金局

为推广用刨花铁铸锅的经验

[illegible]手金局字第62号

江苏省、上海市手工业管理局：

为了增加铁锅生产，解决原材料困难，我们认为你省、市用刨花铁铸锅的经验很好，有在全国推广的价值，为此，我局已通知15个省、市手工业管理局，各选派一、二个有生产经验的同志前去你省、市参观学习，去时会同你们直接联系（去王源吉锅厂学习的将直接到无锡市手工业管理局报到），我局不再去人。因此请你省、市分别通知[illegible]厂、王源吉锅厂准备好图纸和技术经验总结。对参观学习同志应热情招待，帮助解决食宿，更应详尽地介绍经验。工作结束后希将总结报送我局。

1962年8月3日

抄送：无锡市手工业管理局

中华全国手工业合作总社五金局下发的关于推广王源吉冶铸机械厂用刨花铁铸锅经验的通知（1962年8月）

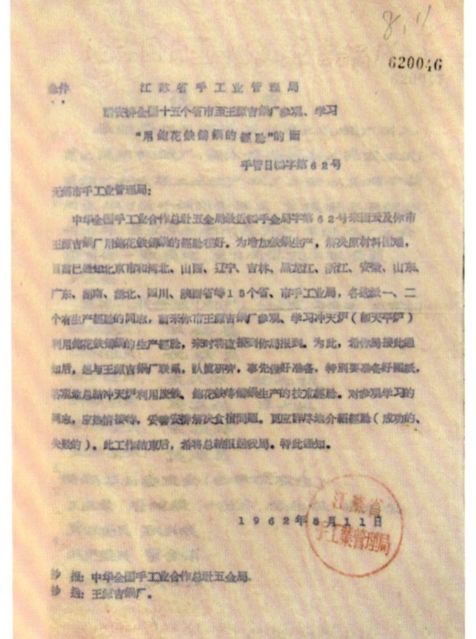

8.11

620046

急件

江苏省手工业管理局

关于安排全国十五个省市至王源吉锅厂参观、学习

“用刨花铁铸锅的经验”的函

手管日(62)字第62号

无锡市手工业管理局：

中华全国手工业合作总社五金局最近(62)手金局字第62号来函称及你市王源吉锅厂用刨花铁铸锅的经验很好。为增加铁锅生产，解决原材料困难，目前已通知北京市和河北、山西、辽宁、吉林、黑龙江、浙江、安徽、山东、广东、湖南、湖北、四川、陕西省等15个省、市手工业局，各选派一、二个有生产经验的同志，前来你市王源吉锅厂参观、学习冲天炉（即天平炉）利用刨花铁铸锅的生产经验，来时将直接到你局报到。为此，希你局接此通知后，速与王源吉锅厂联系，认真研究，事先做好准备，特别要准备好图纸，系统地总结冲天炉利用废铁、刨花铁等铸锅生产的技术经验。对参观学习的同志，应热情接待，妥善安排解决食宿问题。更应详尽地介绍经验（成功的、失败的）。此工作结束后，希将总结报送我局。特此通知。

1962年8月11日

江苏省手工业管理局

抄报：中华全国手工业合作总社五金局。

抄送：王源吉锅厂。

江苏省手工业管理局出具的关于安排全国十五个省市至王源吉冶铸机械厂参观学习“用刨花铁铸锅的经验”的函（1962年8月）

620093

江苏省手工业管理局

关于无锡市王元吉锅厂发生失火事故的通报

手管日(62)字第72号

七专、九市、盐城、太兴、宜兴县手工业局，各锅厂：

9月14日，无锡市王元吉锅厂铸锅模型烘房失火，东面烘房四间和楼房一间全部被烧毁，还损坏一部分模型共计损失4100元，这些烘房，是在去年10月利用原有砖木结构的旧房屋，经修改建而成。在使用过程中，火管经常发生损坏漏火，致烘房平顶长期受高温熏灼，产生危险现象，但该厂没有及早采取预防措施，终于在9月14日下午5时40分发生了失火事故。

王元吉锅厂的这一事件，值得各地各厂引起严重注意，特别是有不少厂的模型烘房因陋就简，安全性差，极易发生事故，而模型烘房在生产中占着不可缺少的地位。最近全省铁锅专业会议上统一了铁锅规格后，目前各厂正在[illegible]的改制工作，对烘房的需要更感迫切，因此，各厂必须注意做好烘房的保护工作。此外，今后天气逐渐转冷，秋冬季节，气候干燥，容易失火更要注意安全。为了避免不必要的损失，我们要求各厂及早做好以防火为主的“四防”工作。

1.对全体职工经常进行安全生产的教育和宣传，使全体职工时刻提高警惕，人人注意安全生产。

2.建立安全检查小组，领导亲自挂帅，抓好安全生产工作，对本厂的模型烘房、铸锅车间、炊事房等容易失火的地方，应全面地检查一次。如有房

江苏省手工业管理局下发的关于无锡市王源吉冶铸机械厂发生失火事故的通报（1962年9月）

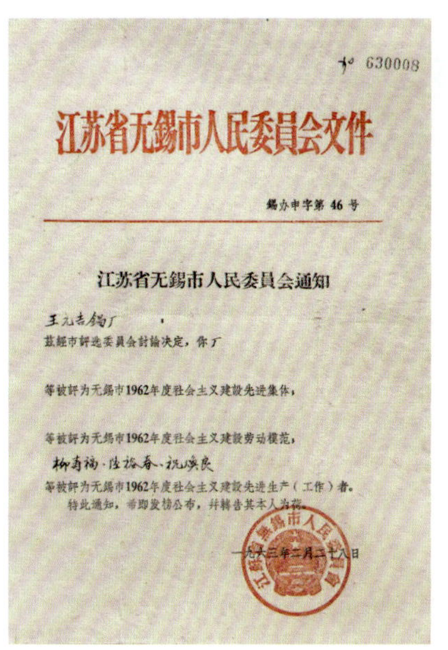

扣 630008

江苏省无锡市人民委員会文件

锡办申字第 46 号

江苏省无锡市人民委員会通知

王元吉锅厂：

茲經市評选委員会討論決定，你厂

等被評为无锡市1962年度社会主义建設先进集体，

等被評为无锡市1962年度社会主义建設劳动模范，

柳寿福、陆裕春、祝焕良

等被評为无锡市1962年度社会主义建設先进生产（工作）者。

特此通知，希即張榜公布，并轉告其本人为荷。

一九六三年二月二十八日

无锡市人民委员会下发的关于王源吉冶铸机械厂被评为无锡市1962年度社会主义建设先进集体的通知（1963年2月）

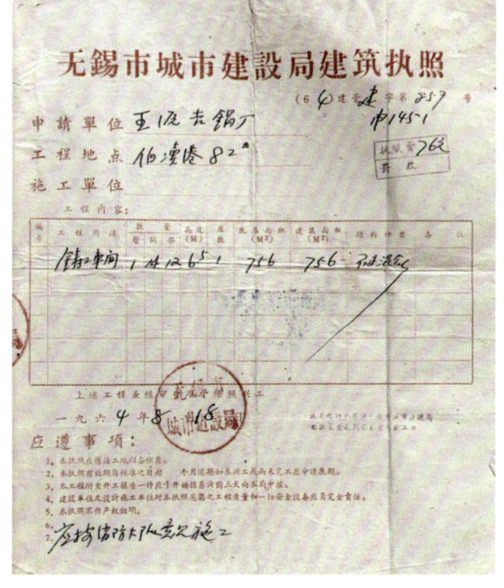

无锡市城市建設局建筑执照

（64）建管建字第 257 号

市1451

申請單位 王源吉锅厂

工程地点 伯渎巷82号

施工單位

执照费 7元

工程内容：

编号	工程用途	数量 層	数量 間	数量 幢	高度（M）	座数	底層面积（M²）	建筑面积（M²）	結构种类	备注
	铸工车间	1	从	12	6.5	1	756	756	砖混结构	

上述工程业经 [illegible] 发给执照准予施工

一九六4年8月18日

应遵事项：

5、本执照不作产权証明。

6、

7、应按消防大队意见施工

王源吉锅厂铸工车间建筑执照（1964年8月）

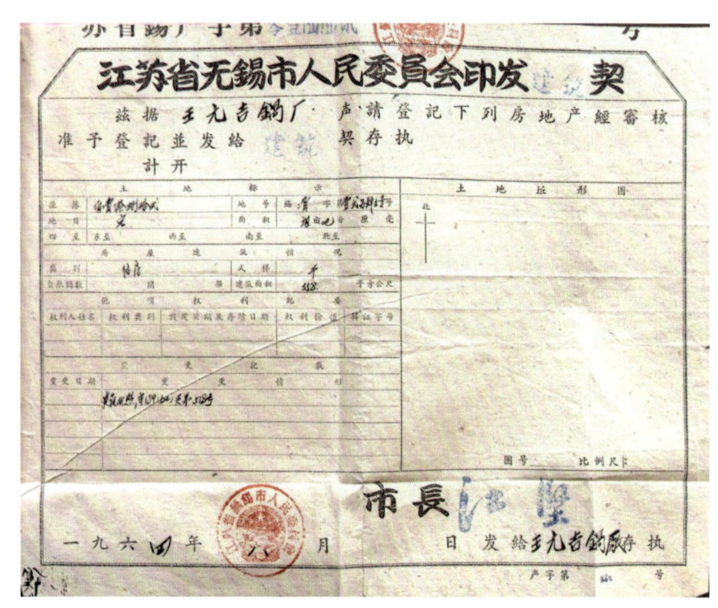

江苏省无锡市人民委員会印发 建筑 契

兹据 王九吉锅厂 声請登記下列房地产經審核准予登記並发給 建筑 契存执

計开

土地标示　　土地坵形图

市長

一九六四年 八 月　日 发給王九吉锅厂存执

产字第　号

王源吉锅厂泊渎港82号建筑契（1964年8月）

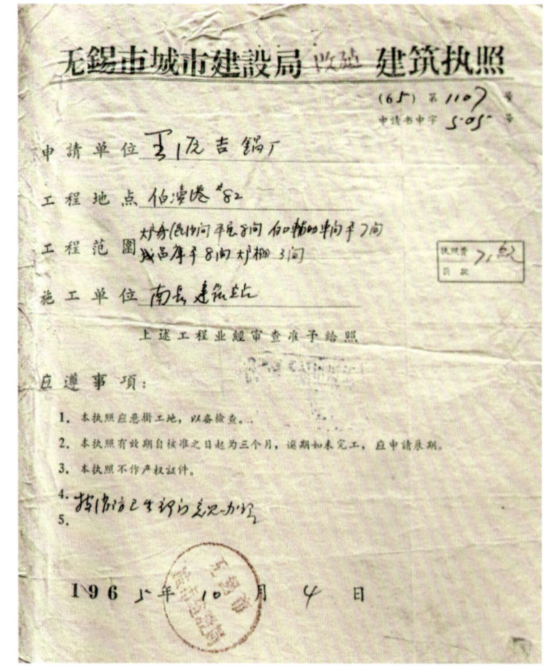

无錫市城市建設局 改建 建筑执照

（65）第 1107 号

申请书申字 5-05 号

申請单位 王源吉锅厂

工程地点 泊渎港#82

工程范圍

施工单位 南长建筑站

上述工程业經审查准予給照

应遵事项：

1. 本执照应悬挂工地，以备检查。
2. 本执照有效期自核准之日起为三个月，逾期如未完工，应申请展期。
3. 本执照不作产权证件。
4.
5.

1965年10月4日

王源吉锅厂车间仓库炉棚改建建筑执照（1965年10月）

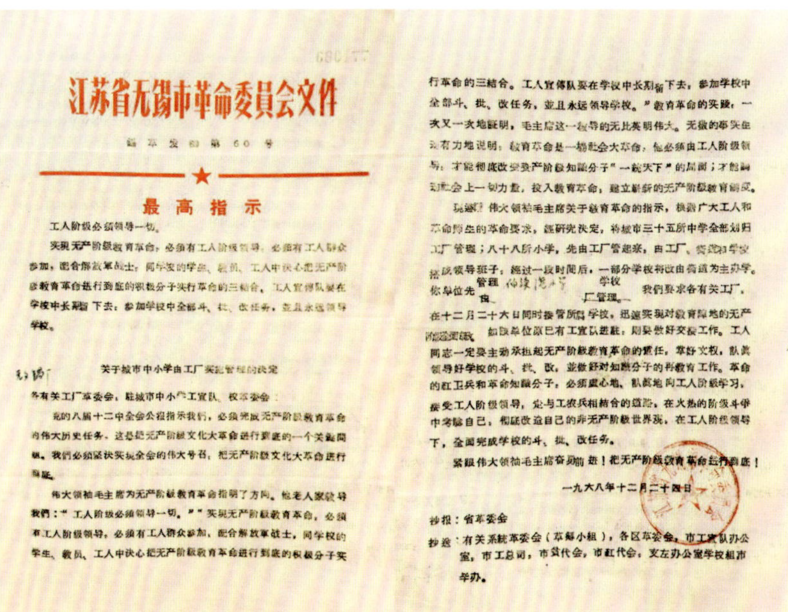

江苏省无锡市革命委员会文件

锡革发(68)第60号

最高指示

工人阶级必须领导一切。

实现无产阶级教育革命，必须有工人阶级领导，必须有工人群众参加，配合解放军战士，同学校的学生、教员、工人中决心把无产阶级教育革命进行到底的积极分子实行革命的三结合。工人宣传队要在学校中长期留下去，参加学校中全部斗、批、改任务，并且永远领导学校。

关于城市中小学由工厂实施管理的决定

各有关工厂革委会，驻城市中小学工宣队、校革委会：

党的八届十二中全会公报指示我们，必须完成无产阶级教育革命的伟大历史任务。这是把无产阶级文化大革命进行到底的一个关键问题。我们必须坚决实现全会的伟大号召，把无产阶级文化大革命进行到底。

伟大领袖毛主席为无产阶级教育革命指明了方向。他老人家教导我们："工人阶级必须领导一切。""实现无产阶级教育革命，必须有工人阶级领导，必须有工人群众参加，配合解放军战士，同学校的学生、教员、工人中决心把无产阶级教育革命进行到底的积极分子实行革命的三结合。工人宣传队要在学校中长期留下去，参加学校中全部斗、批、改任务，并且永远领导学校。"教育革命的实践，一次又一次地证明，毛主席这一教导的无比英明伟大。无数的事实在有力地说明：教育革命是一场社会大革命，也必须由工人阶级领导，才能彻底改变资产阶级知识分子"一统天下"的局面；才能调动社会上一切力量，投入教育革命，建立崭新的无产阶级教育制度。

遵照伟大领袖毛主席关于教育革命的指示，根据广大工人和革命师生的革命要求，经研究决定，将城市三十五所中学全部划归工厂管理；八十八所小学，先由工厂管起来，由工厂、街道和学校组成领导班子，经过一段时间后，一部分学校将改由街道为主办学。你单位先管理伯渎港小学学校由厂管理。我们要求各有关工厂，在十二月二十六日同时接管所属学校，迅速实现对教育阵地的无产阶级专政。如该单位原已有工宣队进驻，则要做好交接工作。工人同志一定要主动承担起无产阶级教育革命的重任，掌好文权，认真领导好学校的斗、批、改，并做好对知识分子的再教育工作。革命的红卫兵和革命知识分子，必须虚心地、认真地向工人阶级学习，接受工人阶级领导，走与工农兵相结合的道路，在火热的阶级斗争中考验自己，彻底改造自己的非无产阶级世界观，在工人阶级领导下，全面完成学校的斗、批、改任务。

紧跟伟大领袖毛主席奋勇前进！把无产阶级教育革命进行到底！

一九六八年十二月二十四日

抄报：省革委会

抄送：有关系统革委会（革导小组），各区革委会，市工宣队办公室，市工总司，市贫代会，市红代会，支左办公室学校组市半办。

无锡市革命委员会下发的关于城市中小学由工厂实施管理的决定，明确了由无锡锅厂管理伯渎港小学（1968年12月）

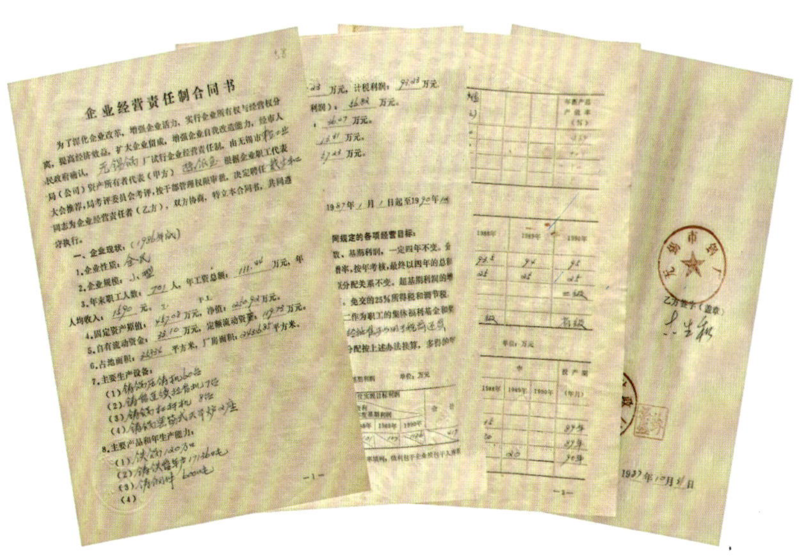

企业经营责任制合同书

为了深化企业改革，增强企业活力，实行企业所有权与经营权分离，提高经济效益，扩大企业留成，增强企业自我改造能力，经市人民政府确认，无锡锅厂试行企业经营责任制。由无锡市[illegible]局（公司）资产所有者代表（甲方）[illegible]根据企业职工代表大会推荐，局考评委员会考评，按干部管理权限审批，决定聘任[illegible]同志为企业经营责任者（乙方），双方协商，特立本合同书，共同遵守执行。

一、企业现状：（1986年底）

1.企业性质：全民

2.企业规模：小型

3.年末职工人数：701人，年工资总额：111.46万元，年人均收入：1590元。

4.固定资产原值：[illegible]万元，净值：[illegible]万元。

5.自有流动资金：[illegible]万元，定额流动资金：[illegible]万元。

6.占地面积：[illegible]平方米，厂房面积：[illegible]平方米。

7.主要生产设备：

（1）[illegible]

（2）[illegible]

（3）[illegible]

（4）[illegible]

8.主要产品和年生产能力：

（1）[illegible]

（2）[illegible]

（3）[illegible]

（4）

—1—

无锡锅厂的企业经营责任制合同书（1987年10月）

附件二

关于无锡锅厂划拨给无锡压缩机股份有限公司
有关具体事宜协调会议的纪要

根据市政府九四年七月十四日会议纪要决定，九四年十二月二十六日上午在无锡压缩机股份有限公司，由市划拨工作指导小组负责人孙德新(代)主持召开无锡锅厂划拨无锡压缩机股份有限公司(以下简称压缩机厂)具体事宜协调会。参加会议的有市经委李馨华、苗春阳、刘栋勤、周浩明、市国资办、市财政局洪汝乾、李伟、陆春晓、左玉兰、市机械局过寿宝、倪大可、彭裕明，市轻工局潘大夫，压缩机厂沈德坤、倪菊明、万冠清等。经讨论形成如下决定：

一、原锅厂负债甚大，压缩机厂接受后在资金上遇到很大困难为支持压缩机厂的发展，原锅厂所借各银行款项从九五年一月一日起作转户展贷处理，由压缩机厂按季付息。其中工商银行的转为生产周转贷款、长期放贷，其它银行的由压缩机厂订出三年后分期归还计划。

二、根据锅厂划入压缩机厂实有职工人数，由市财政局、劳动局按压缩机厂九四年人均收入标准核定工资总额，九五年一月一日并入压缩机厂工资基数。

三、对轻工局根据市政府九四年七月十四日纪要精神，移出原锅厂钢管加工设备，计138.35万元，钢管在制品计30.66万元，EQ140-5T汽车一辆，计5.85万元，原锅厂投资无锡市轻工钢材厂设备，计16.33万元，现金计7万元，总计198.19万元，应由压缩机厂委托市太湖会计师事务所进行评估，并经市国资办批准后，按实际评估值由原锅厂办理国有资产无偿调拨给市轻工局。

四、鉴于国有资产发生转移的客观情况，由市机械局商请无锡市太湖会计师事务所修整原太会资评报字(94)第109号《关于无锡市锅厂经营性资产整体评估的报告》，调整评估日锅厂资产总额。

五、原锅厂自九四年七月二十五日评估基准日后继续独立核算至九四年十二月末所发生的亏损额，于九四年末调帐进入压缩机厂成本，减利因素，不影响压缩机厂(集团)指标，工效挂钩等项目的考核，不影响法人股，个人股红利的分配(由国家股红利负担)。

六、压缩机厂在九五、九六年二年中，由于清理原锅厂债权债负所带来的坏帐损失及支付原锅厂所借贷款发生的利息。每年由市国资办、市财政局确认后，类同上述(第五条)办法处理。

七、原锅厂解入市轻工局的15.5万元风险基金和事故抵押金，由轻工局在九五年一月份核实后，即予归还。

八、根据市政府锡政发(94)230文精神，本次在压缩机厂办理接受锅厂的各项手续过程中，免收一切税费款项。

无锡市经济委员会(盖章)　　代表(签字)

无锡市国资办　　(盖章)　　代表(签字)

无锡市财政局　　(盖章)　　代表(签字)

无锡市机械工业局(盖章)　　代表(签字)

无锡市轻工业局　(盖章)　　代表(签字)

无锡压缩机股份有限公司(盖章)　　代表(签字)

一九九四年十二月二十六日

关于无锡锅厂划拨给无锡压缩机股份有限公司有关具体事宜协调会议的纪要(1994年12月)

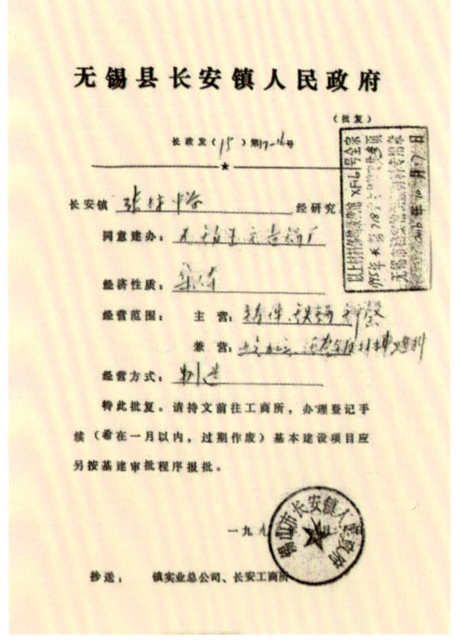

无锡县长安镇人民政府

(批复)

长政复〔　〕第　号

长安镇______经研究

同意建办：

经济性质：

经营范围：　主营：

兼营：

经营方式：

特此批复。请持文前往工商所，办理登记手续（希在一月以内，过期作废）基本建设项目应另按基建审批程序报批。

一九

抄送：　镇实业总公司、长安工商所

无锡县长安镇政府出具的关于同意建办王源吉锅厂的批复(1995年)

企业文书档案

（第一部分：收藏于无锡市档案史志馆）

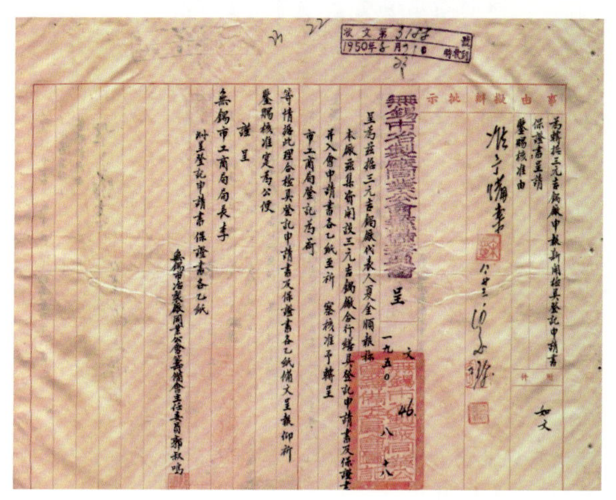

收文第3188號
1950年8月11日

事由：為轉據三元吉鍋廠申報新開檢具登記申請書保證書呈請鑒賜核准由

無錫市冶鑄業同業公會籌備委員會 呈 文 一九五〇 八 八

呈為並據三元吉鍋廠代表人夏金順報稱：本廠茲集資開設三元吉鍋廠，合行檢具登記申請書及保證書並入會申請書各乙紙，呈祈鑒核准予轉呈市工商局登記為荷等情。據此，理合檢具登記申請書及保證書各乙紙，備文呈報，仰祈鑒賜核准，定為公便。

謹呈

無錫市工商局局長李

附呈登記申請書、保證書各乙紙

無錫市冶鑄業同業公會籌備委員會主任委員郭叔鳴

无锡市冶铸厂同业公会筹备委员会转呈三元吉锅厂申报新开检具登记申请书（1950年8月）

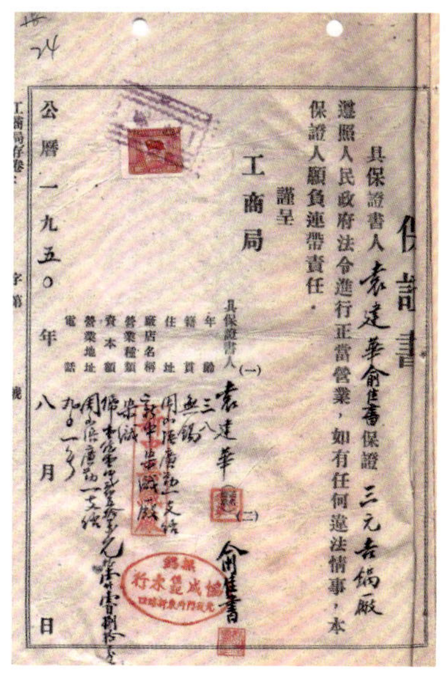

保證書

具保證書人袁建華、俞佳書保證三元吉鍋廠遵照人民政府法令進行正當營業，如有任何違法情事，本保證人願負連帶責任。

謹呈

工商局

具保證書人（一）袁建華（二）俞佳書

年齡：三八

籍貫：無錫

廠店名稱：新中染織廠

營業種類：染織

公曆一九五〇年八月　日

无锡新中染织厂、协成木行为三元吉锅厂营业出具的保证书（1950年8月）

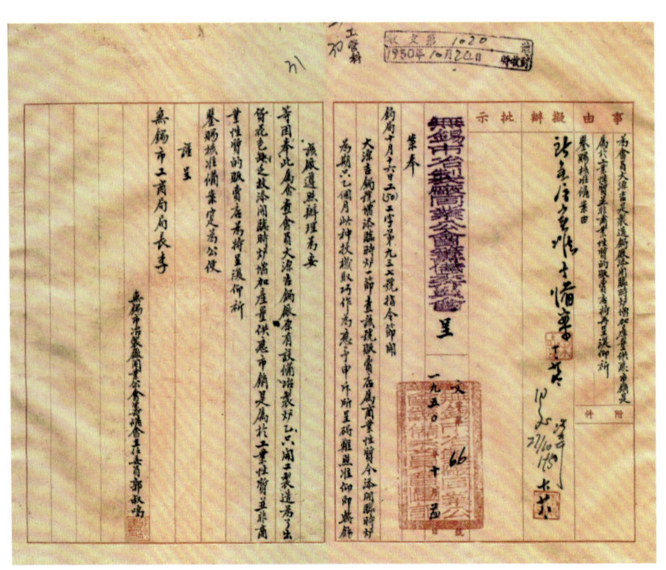

冶铸厂同业公会筹备委员会出具的关于大源吉添开临时炉的呈复(1950年10月)

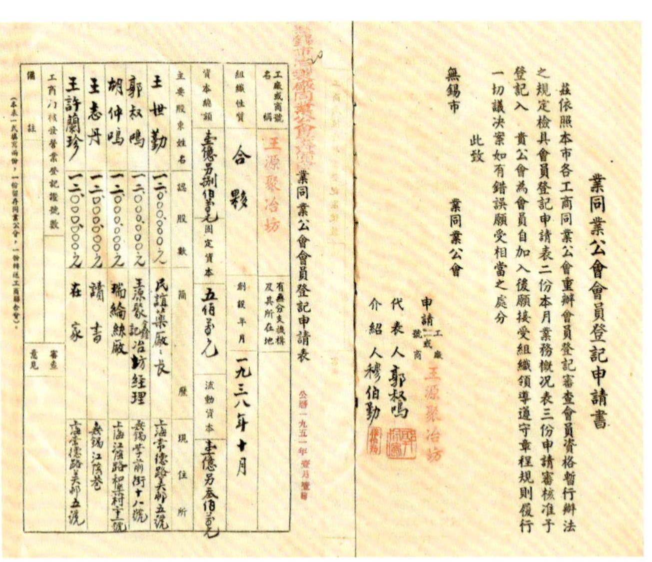

業同業公會會員登記申請書

茲依照本市各工商同業公會重辦會員登記審查會員資格暫行辦法之規定檢具會員登記申請表二份本月業務概況表三份申請審核准予登記入貴公會為會員自加入後願接受組織領導遵守章程規則履行一切議決案如有錯誤願受相當之處分

此致

無錫市　業同業公會

申請工廠或商號　王源聚冶坊

代表人　郭叔鳴

介紹人　穆伯勤

業同業公會會員登記申請表

工廠或商號名稱	王源聚冶坊	有無分支機構及其所在地	
組織性質	合夥	創設年月	一九三八年十月
資本總額	壹億另捌佰萬元	固定資本	五佰萬元
		流動資本	壹億另叁佰萬元

主要股東姓名	認股數	簡歷	現住所
王世勤	一二、〇〇〇、〇〇〇元	民誼藥廠廠長	上海常德路美郎五號
郭叔鳴	一二、〇〇〇、〇〇〇元	王源聚鑫記冶坊經理	無錫學前街十八號
胡仲鳴	一二、〇〇〇、〇〇〇元	瑞綸絲廠	上海江陰路和樂村十一號
王志丹	一二、〇〇〇、〇〇〇元	讀書	無錫江陰巷
王許蘭珍	一二、〇〇〇、〇〇〇元	在家	上海常德路美郎五號

工商行政營業登記證號數		審查意見	
備註			

(本表一式填寫兩份,一份留存同業公會,一份轉送工商聯合會)。

公曆一九五一年壹月　日

无锡市冶制厂同业公会筹委会会员登记申请(王源聚冶坊)(1951年1月)

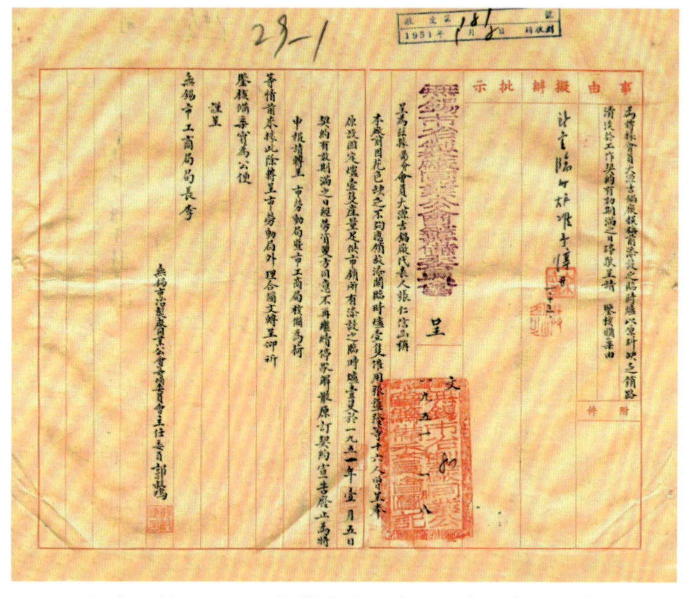

无锡市冶制厂同业公会筹委会呈请无锡市工商局核准大源吉增炉期满停歇事宜的报告(1951年1月)

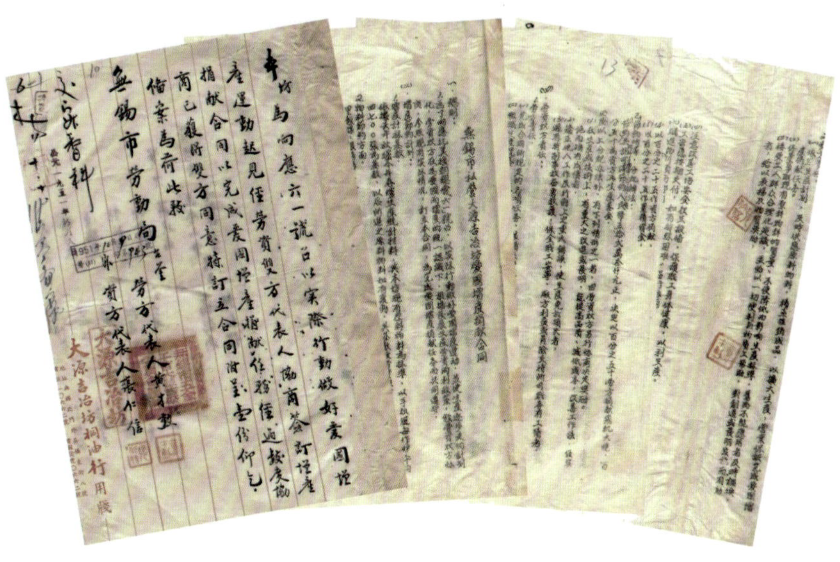

大源吉冶坊爱国增产捐献合同劳资协议书(1951年10月)

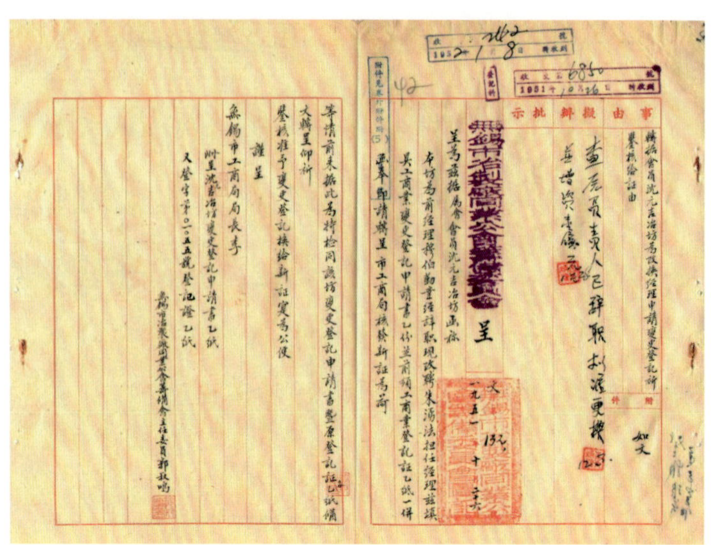

无锡市冶铸厂同业公会转呈沈元吉冶坊改换经理申请变更登记报告（1951年10月）

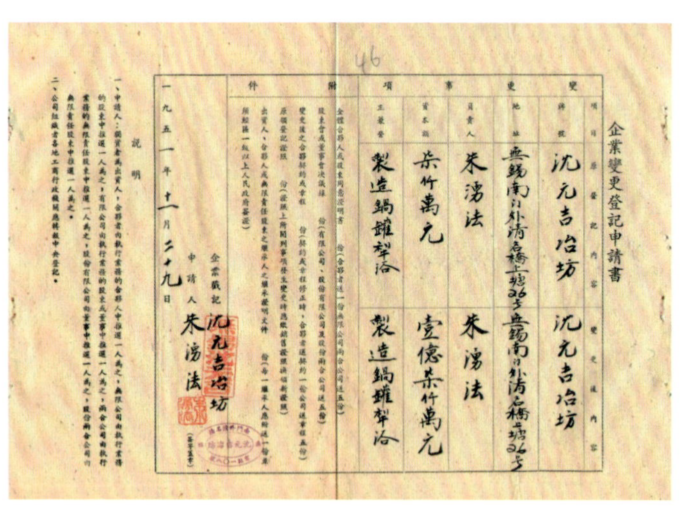

企業變更登記申請書

項目	原登記內容	變更後內容
牌號	沈元吉冶坊	沈元吉冶坊
地址	無錫南门外清名橋上塘26号	無錫南门外清名橋上塘26号
負責人	朱湯法	朱湯法
資本額	叁竹萬元	壹億叁竹萬元
主營業	製造鍋罐犁沿	製造鍋罐犁沿

企業戳記 沈元吉冶坊

申請人 朱湯法

一九五一年十二月二十九日

沈元吉冶坊变更登记申请书（1951年12月）

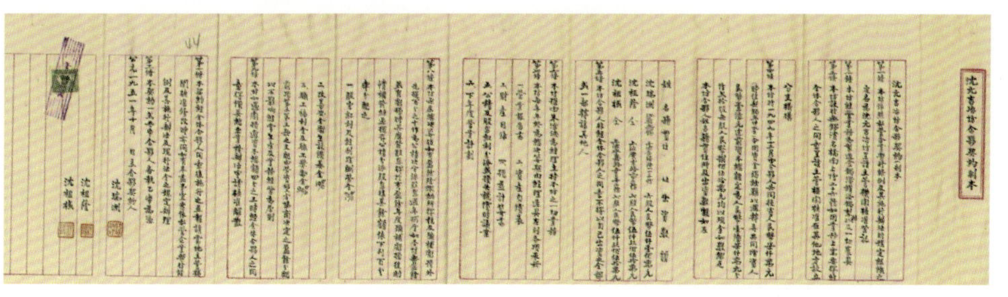

沈元吉冶坊合伙契约(副本)(1951年10月)

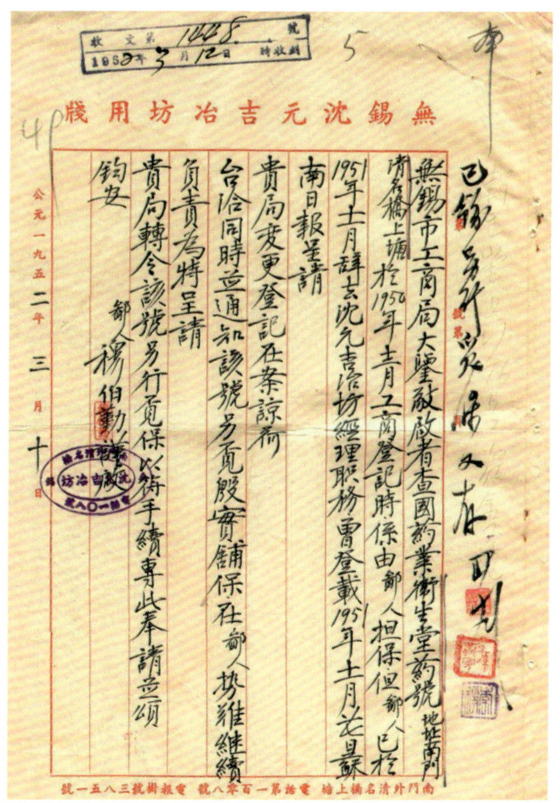

收文第1025號 1952年3月12日 時收到

無錫沈元吉冶坊用箋

無錫市工商局大鑒敬啟者查國藥業衛生堂藥號地址南門清名橋上塘於1950年十二月工商登記時係由鄙人担保但鄙人已於1951年十一月辭去沈元吉冶坊經理職務曾登載1951年十一月廿二蘇南日報呈請

貴局變更登記在案諒荷

台洽同時並通知該號另覓殷實舖保在鄙人勢難繼續

負責為特呈請

貴局轉令該號另行覓保以符手續專此奉請並頌

鈞安

鄙人穆伯勤謹呈

公元一九五二年三月十日

南門外清名橋上塘 電話第一百零八號 電報掛號三八一五號

沈元吉冶坊因经理职务变更后呈请卫生堂药号担保人变更的报告(1952年3月)

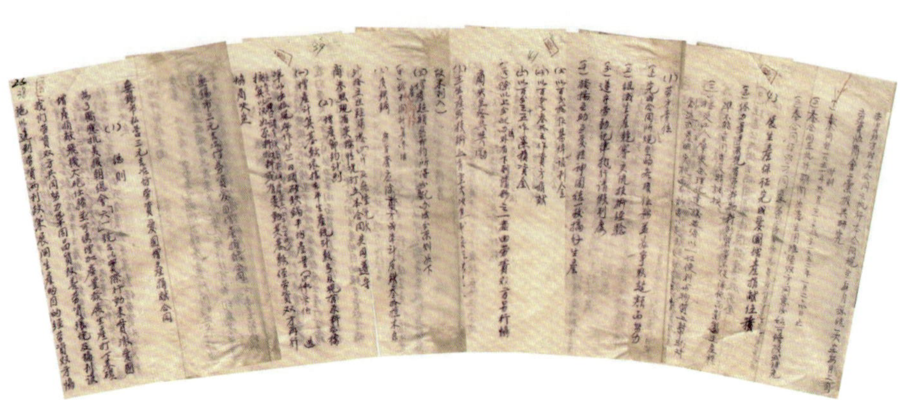

三元吉冶坊劳资爱国增产捐献合同(1951年10月)

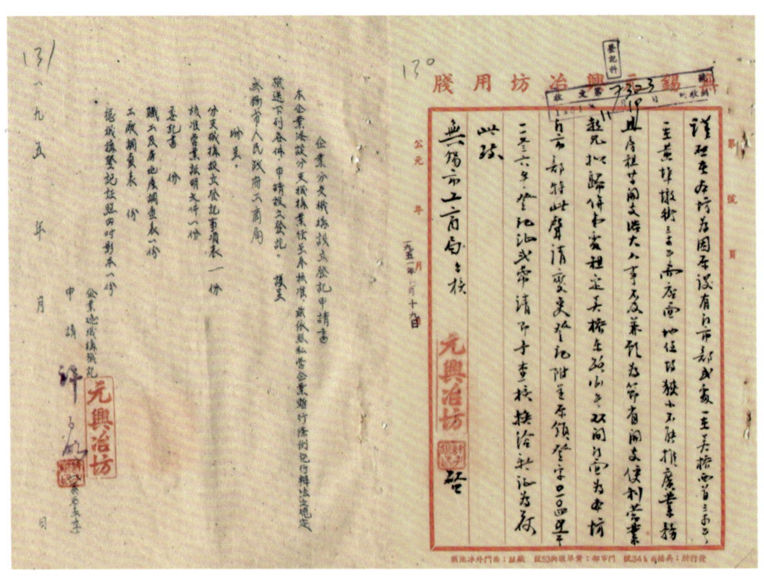

元兴冶坊呈无锡市工商行政管理局关于企业分支机构两处合并一处设立登记申请书(1951年11月)

江蘇省蘇南人民行政公署

工商業登記證

無錫市行政區 縣登字第 01045 號

茲據許子鵬申請工商業登記經審查尚無不合准予營業特發給工商業登記證為憑

登記事項

營業名稱 元興冶坊門市部

負責人姓名 許子鵬

營業地址 吳橋西首三四號

主營業務 冶製品

兼營業務 無

創設年月 一九四八年八月

右給 元興冶坊門市部收執

主任 管文蔚

副主任 劉季平

一九五〇年十二月 日

江蘇省蘇南人民行政公署印

拟撤销的元兴冶坊门市部工商业登记证(吴桥西首34号)

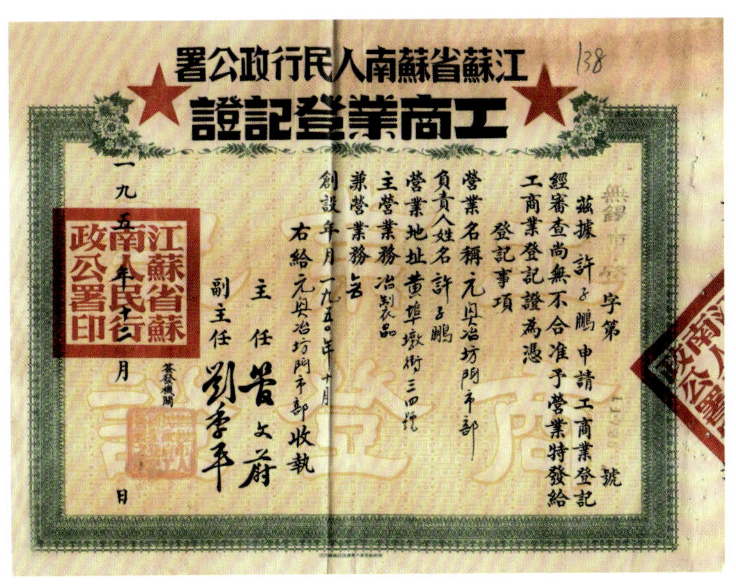

江蘇省蘇南人民行政公署

工商業登記證

無錫市登字第 號

茲據許子鵬申請工商業登記經審查尚無不合准予營業特發給工商業登記證為憑

登記事項

營業名稱 元興冶坊門市部

負責人姓名 許子鵬

營業地址 黃埠墩街三四號

主營業務 冶製品

兼營業務 無

創設年月 一九五〇年十月

右給 元興冶坊門市部收執

主任 管文蔚

副主任 劉季平

一九五 年十二月 日

江蘇省蘇南人民行政公署印

拟撤销的元兴冶坊门市部工商业登记证(黄埠墩街34号)

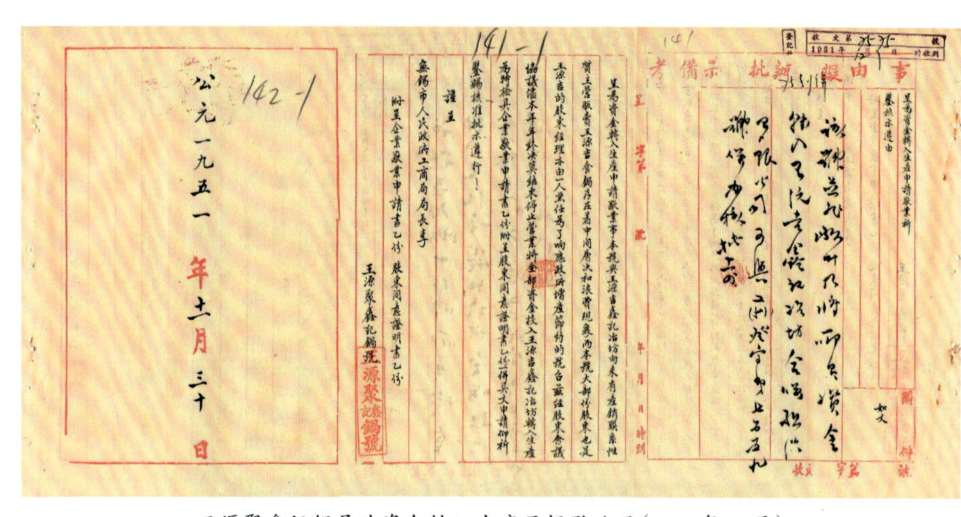
呈为资金转入生产申请歇业事本号与王源吉鑫记冶坊向来有产销联系性质主营贩卖王源吉食锅存在着中间摩次和浪费现象而本号大部份股东也是王源吉的股东经理亦由一人兼任为了响应政府增产节约的号召并经股东会议协议准本年年终决算结束停止营业将全部资金投入王源吉鑫记冶坊转入生产为特检具企业歇业申请书乙份附呈股东同意证明书乙份一併具文申请仰祈鉴赐核准批示遵行！

谨呈

无锡市人民政府工商局局长李

附呈企业歇业申请书乙份 股东同意证明书乙份

王源聚鑫记锅号

公元一九五一年十一月三十日

王源聚鑫记锅号为资金转入生产呈报歇业函（1951年11月）

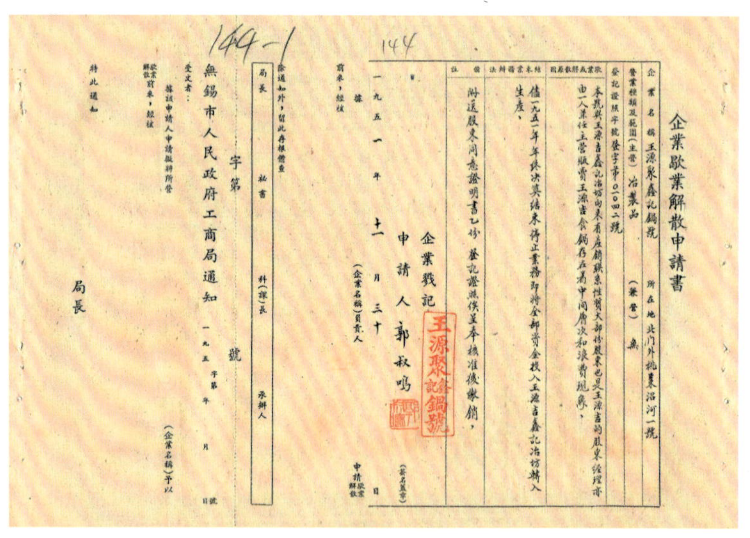
企业歇业解散申请书

企业名称	王源聚鑫记锅号 所在地 北门外挑東沿河一號
营业种类及范围（主营）	冶业品（兼营）无
登记证照字号	登字第〇〇四二號
歇业或解散原因	本号与王源吉鑫记冶坊向来有产销联系性质大部份股东也是王源吉的股东经理亦由一人兼任主营贩卖王源吉食锅存在着中间摩次和浪费现象，
结束业务办法	准一九五一年年终决算结束停止业务即将全部资金投入王源吉鑫记冶坊转入生产，
备注	附送股东同意证明书乙份 登记证照随件呈奉核准后缴销，

企业戳记

申请人 郭叔鸣

一九五一年十一月三十日

无锡市人民政府工商局通知

王源聚鑫记锅号为资金转入生产呈报歇业申请书（1951年11月）

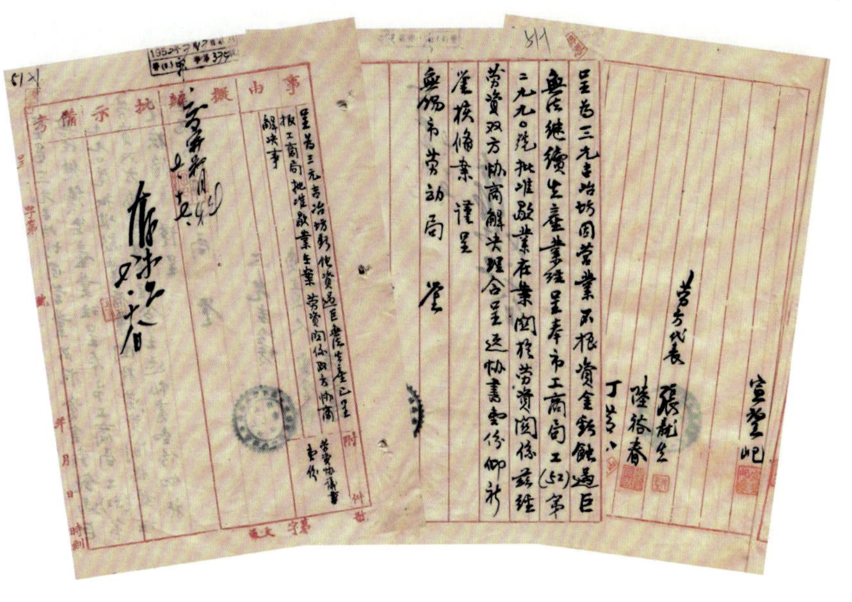

三元吉冶坊歇业劳资关系双方协商解决协议呈批文（1952年7月）

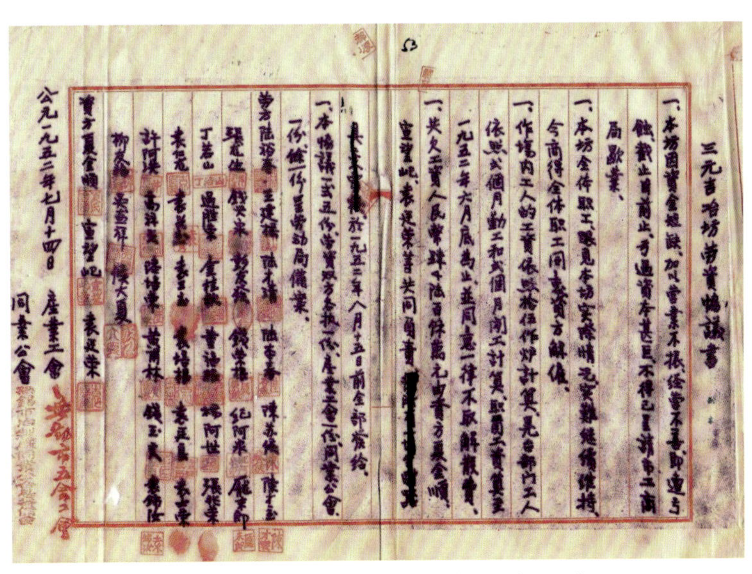

三元吉冶坊歇业劳资协议书（1952年7月）

事由：本坊為争取参加全業合併提前清理由

主送：無錫市人民政府地方工業局

抄送：無錫市工商業聯合會　無錫市郊區工商業聯合會　無錫市金屬品製造業同業公會

我坊自一九五二年十一月份創設於本市郊區湖東鄉田子五四年秋遭受水災當時損壞模型原物料雖經群力搶救至三區伯瀆港#41號蒙三區政府批准臨時生產但連同遷移修建等費損失已達壹佰肆拾圓(新幣)秋後復經水淹損失產不能正常今年春間因限期已滿後又遷移郊區保安鄉伯瀆港5號經過數次波折因此虧損頗重週轉艱難生產不能達到正常造成資金倒掛又新顯更現象在本年法月間我們冶坊同業共計家意見一致申請要求合併經營在業經各方研究同業提供意見並由無錫市工商業聯合會的指示認為我坊資金已呈倒掛現象應予提前清理做好進行合併的準備我坊即于本月召集全体合夥人會議一致認為意見正確決定進行清理爭取全業合併接受高級型式的社會主義改造道于本月廿日首先邀請本廠基層工會暨郊區協商清理步驟和辦法于廿日初步達成協議即進行盤點手續調整帳面資產和負債于廿日召集我坊勞資双方全部人員正式達成協議並各簽名蓋章決定首先繳納本年度所得稅再償還應付各戶帳款后再有剩餘資產抵償全部欠薪茲附上勞資協議書資產負債表各一份附表捌份申請清理對于我坊勞資雙方人員請為此併入合併企業工作仰請研究核示為幸

此呈

申請商號　源隆冶坊

負責人　章㶿章

公元一九五五年九月二十一日

源隆冶坊为争取参加全业合并提前清理报告(1955年9月)

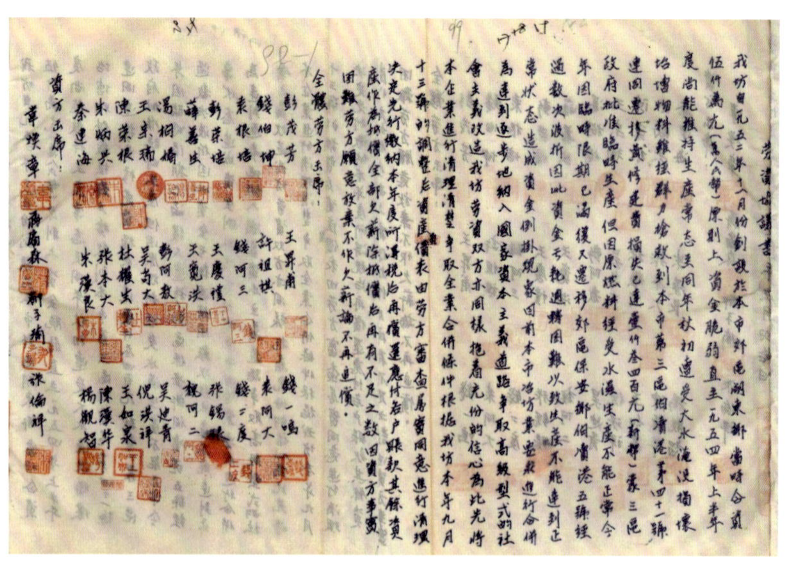

勞資協議書

我坊自一九五二年十一月份創設於本市郊區湖東鄉當時合資伍仟萬元(舊人民幣)原則上資金脆弱直至一九五四年上半年度尚能維持生產常態至同年秋初遭受大水淹沒損壞冶傳物料雖經群力搶救到本市第三區伯瀆港第四十一號連同遷移費修建費損失已達壹仟叁四百元(新幣)蒙三區政府批准臨時生產但因原燃料經受水淹生產不能正常今年因臨時限期已滿後又遷移郊區保安鄉伯瀆港五號經過數次波折因此資金虧耗週轉困難以致生產不能達到正常狀態造成資金倒掛現象因前本市冶坊業要求進行合併為達到逐步地納入國家資本主義道路爭取高級型式的社會主義改造我坊勞資双方亦同樣抱着充份的信心為此先將本企業進行清理清整爭取全業合併條件根據我坊本年九月十三號的調整后資產負債表由勞方審查后資同意進行清理決定先行繳納本年度所得稅后再償還應付各戶賬款其餘資產作為抵償全部欠薪除抵償后再有不足之數因資方事實困難勞方願意放棄不作欠薪論不再追償。

全體勞方出席：

彭茂芳　王昇甫　錢一鳴
錢炳坤　許祖棋　袁阿大
袁根培　錢阿三　錢二度
彭荣塘　王慶禮　张锡
薛善生　王寬法　魏阿二
湯炳檎　彭阿敖　吴建青
王東瑞　吴寄大　倪洪祥
陳荣根　杜耀生　王如泉
朱炳兴　张本大　陳獲华
秦建海　朱藻良　楊觀智

資方出席：

章㶿章　薛扇森　荆子楠　张偷祥

源隆冶坊为争取参加全业合并提前清理劳资协议书(1955年9月)

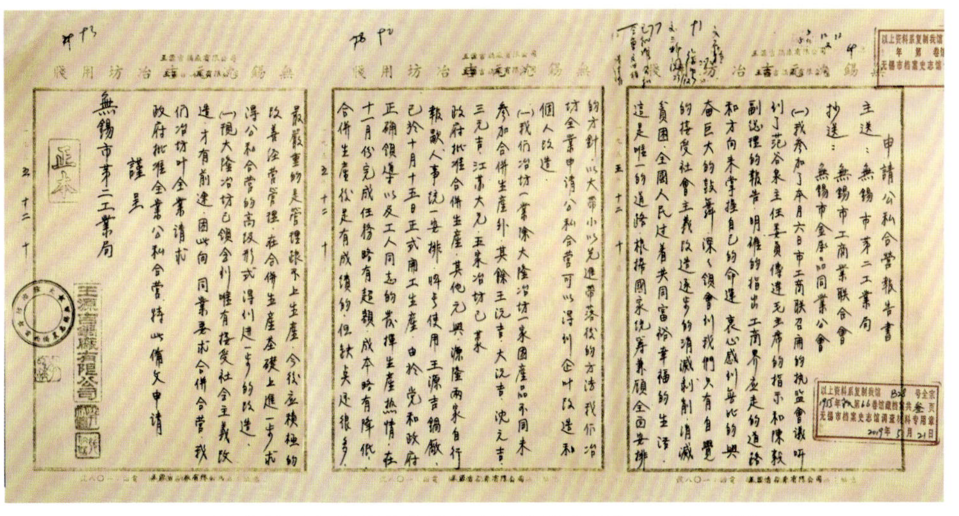

申請公私合營報告書

主送：無錫市第二工業局

抄送：無錫市工商業聯合會
無錫市金屬品同業公會

(一)我參加了本月六日市工商聯召開的執監會議，聽到了范谷泉主任委員傳達毛主席的指示和陳叔通副總理的報告，明確的指出工商界應走的道路和方向，未掌握自己的命運，衷心感到無比的興奮，巨大的鼓舞，深深領會到我們只有自覺的接受社會主義改造，逐步的消滅剝削，消滅貧困，全國人民共同過着富裕幸福的生活，這是唯一的道路。根據國家統籌兼顧全面安排的方針，以大帶小，以先進帶落後的方法，我們冶坊全業申請公私合營，可以得到企業改造和個人改造。

(一)我們冶坊一業除大隆冶坊一家因產品不同未參加合併生產外，其餘王沅吉、大沅吉、沈元吉、三元吉、江東大元、玉泉冶坊已蒙政府批准合併生產，其他元興、源隆兩家自行報歇，人事統一安排，暫時使用王源吉鍋廠，已於十月十五日正式開工生產，由於黨和政府正確領導以及工人同志們發揮生產熱情，在十一月份完成任務略有超額，成本略有降低，合併生產似是有成績的，但缺點還很多，最嚴重的是管理跟不上生產，今後應積極的改善冶業管理，在合併生產基礎上進一步求得公私合營的高級形式得到進一步的改進。

(一)現大隆冶坊已領會到唯有接受社會主義改造才有前途，因此向同業要求合併合營，我們冶坊業全業請求政府批准全業公私合營，特此備文申請

謹呈

無錫市第二工業局

王源吉鍋廠有限公司

王源吉锅厂大隆冶坊申请公私合营报告书（1955年12月）

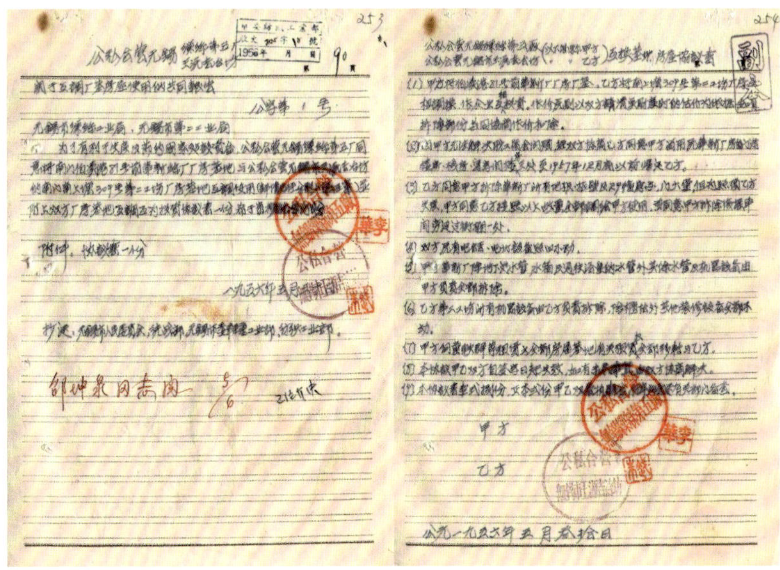

无锡缫丝第五厂、王源吉冶坊出具的《关于互调厂基房屋使用的共同报告》（1956年5月）

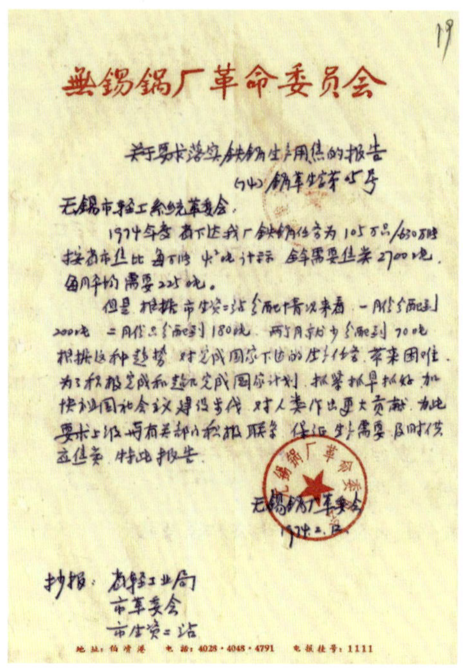

无锡锅厂革命委员会

关于要求落实铁锅生产用焦的报告

(74)锅革生字第5号

无锡市轻工系统革委会：

1974年度省下达我厂铁锅任务为105万只/630吨，按省市五比每吨[illegible]计算，全年需要焦炭2700吨，每月平均需要225吨。

但是根据市物资二站分配情况来看，一月份分配到200吨，二月份只分配到180吨，两个月就少分配到70吨。根据这种趋势，对完成国家下达的生产任务带来困难。为了积极完成和超额完成国家计划，抓紧抓早抓好，加快社会主义建设步伐，对人类作出更大贡献。为此要求上级与有关部门积极联系，保证生产需要，及时供应焦炭。特此报告。

无锡锅厂革委会

1974.2.

抄报：省轻工业局

市革委会

市物资二站

地址：伯渎港　电话：4028·4048·4791　电报挂号：1111

无锡锅厂革命委员会出具的《关于要求落实铁锅生产用焦的报告》(1974年2月)

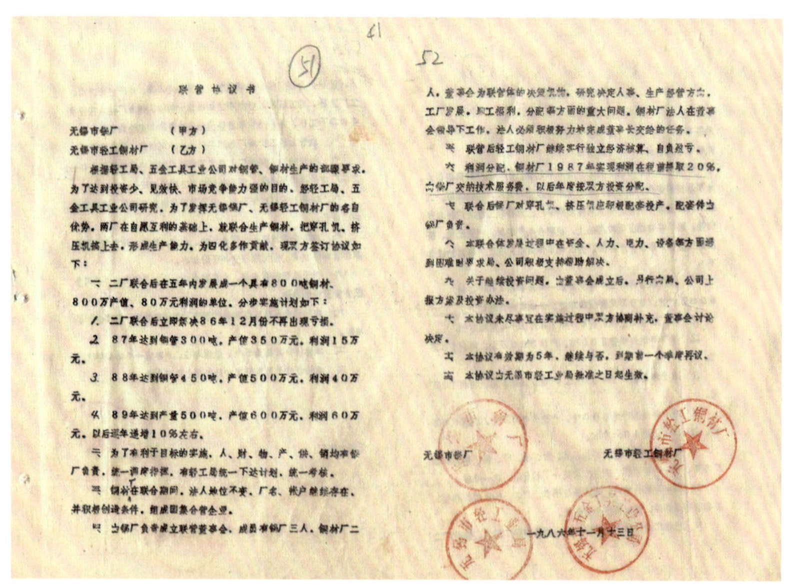

联营协议书

无锡市锅厂　　（甲方）

无锡市轻工铜材厂　　（乙方）

根据轻工局、五金工具工业公司对铜管、铜材生产的部署要求，为了达到投资少、见效快、市场竞争能力强的目的，经轻工局、五金工具工业公司研究，为了发挥无锡锅厂、无锡轻工铜材厂的各自优势，两厂在自愿互利的基础上，就联合生产铜材，把穿孔机、挤压机搞上去，形成生产能力，为四化多作贡献，现双方签订协议如下：

一、二厂联合后在五年内发展成一个具有800吨铜材、800万产值、80万元利润的单位，分步实施计划如下：

1. 二厂联合后立即解决86年12月份不再出现亏损。

2. 87年达到铜管300吨，产值350万元，利润15万元。

3. 88年达到铜管450吨，产值500万元，利润40万元。

4. 89年达到产量500吨，产值600万元，利润60万元，以后逐年递增10%左右。

二、为了有利于目标的实施，人、财、物、产、供、销均由锅厂负责，统一调度指挥，由轻工局统一下达计划，统一考核。

三、铜材厂在联合期间，法人地位不变，厂名、帐户继续存在，并积极创造条件，组成国集合营企业。

四、由锅厂负责成立联营董事会，成员由锅厂三人，铜材厂二人。董事会为联营体的决策机构，研究决定人事、生产经营方向，工厂发展，职工福利，分配等方面的重大问题。铜材厂法人在董事会领导下工作，法人必须积极努力地完成董事长交给的任务。

五、联营后轻工铜材厂继续实行独立经济核算、自负盈亏。

六、利润分配，铜材厂1987年实现利润在税前提取20%，向锅厂交纳技术服务费，以后年度按双方投资分配。

七、联合后锅厂对穿孔机、挤压机应积极配套投产，配套件由锅厂负责。

八、本联合体发展过程中在资金、人力、电力、设备等方面遇到困难时要求局、公司积极支持帮助解决。

九、关于继续投资问题，由董事会成立后，另行向局、公司上报方案及投资办法。

十、本协议未尽事宜在实施过程中双方协商补充，董事会讨论决定。

十一、本协议有效期为5年，继续与否，到期前一个季度再议。

十二、本协议由无锡市轻工业局批准之日起生效。

无锡市锅厂　　　　无锡市轻工铜材厂

一九八六年十一月十三日

无锡锅厂、轻工铜材厂联合生产铜材协议书(1986年11月)

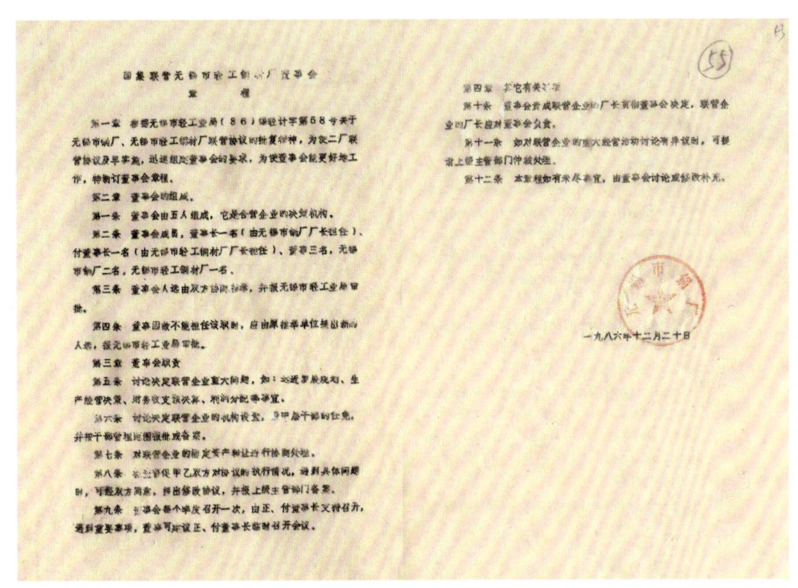

国集联营无锡市轻工铜材厂董事会

章　程

第一章　根据无锡市轻工业局（86）锡轻计字第58号关于无锡市锅厂、无锡市轻工铜材厂联营协议的批复精神，为使二厂联营协议及早实施，迅速组建董事会的要求，为使董事会能更好地工作，特制订董事会章程。

第二章　董事会的组成。

第一条　董事会由五人组成，它是合营企业的决策机构。

第二条　董事会成员，董事长一名（由无锡市锅厂厂长担任）、付董事长一名（由无锡市轻工铜材厂厂长担任）、董事三名，无锡市锅厂二名，无锡市轻工铜材厂一名。

第三条　董事会人选由双方协商推荐，并报无锡市轻工业局审批。

第四条　董事因故不能担任该职时，应由原推荐单位提出新的人选，报无锡市轻工业局审批。

第三章　董事会职责

第五条　讨论决定联营企业重大问题，如：近远期发展规划、生产经营决策、财务收支预决算、利润分配等事宜。

第六条　讨论决定联营企业的机构设置，中层干部的任免，并按干部管理范围报批或备案。

第七条　对联营企业的固定资产转让进行协调处理。

第八条　监督检查甲乙双方对协议的执行情况，遇到具体问题时，可经双方同意，提出修改协议，并报上级主管部门备案。

第九条　董事会每个季度召开一次，由正、付董事长负责召开，遇到重要事项，董事可建议正、付董事长临时召开会议。

第四章　其它有关事项

第十条　董事会责成联营企业的厂长贯彻董事会决定，联营企业的厂长应对董事会负责。

第十一条　如对联营企业的重大经营活动讨论有异议时，可提请上级主管部门仲裁处理。

第十二条　本章程如有未尽事宜，由董事会讨论或修改补充。

一九八六年十二月二十日

《国集联营无锡市轻工钢材厂董事会章程》(1986年12月)

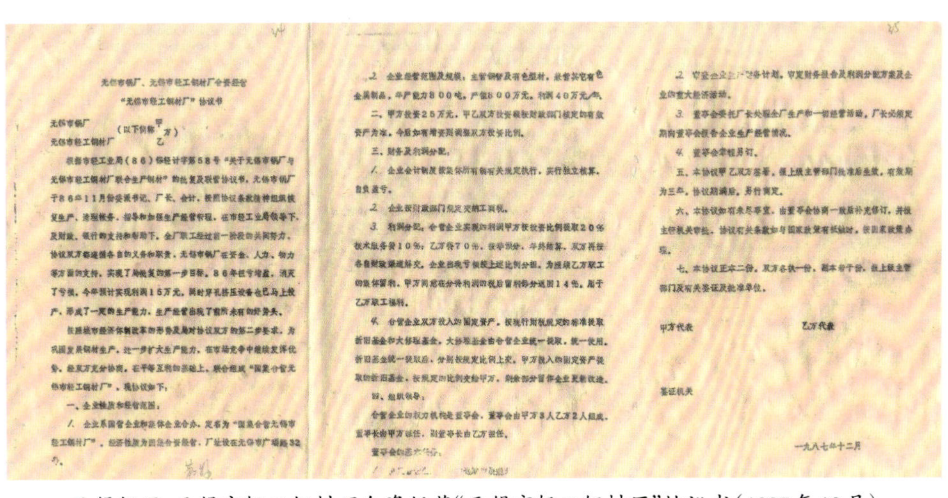

无锡市锅厂、无锡市轻工铜材厂合资经营

“无锡市轻工铜材厂”协议书

无锡市锅厂　　　（以下简称甲方）

无锡市轻工铜材厂　　　（以下简称乙方）

根据市轻工业局（86）锡轻计字第58号“关于无锡市锅厂与无锡市轻工铜材厂联合生产铜材”的批复及联营协议书，无锡市锅厂于86年11月份委派书记、厂长、会计，按照协议条款精神组织恢复生产、清理帐务、指导和加强生产经营管理，在市轻工业局领导下，及财政、银行的支持和帮助下，全厂职工经过前一阶段的共同努力，协议双方都遵循各自的义务和职责，无锡市锅厂在资金、人力、物力等方面的支持，实现了局恢复的第一步目标，86年扭亏增盈，消灭了亏损，今年预计实现利润15万元，同时穿孔挤压设备也已马上投产，形成了一定的生产能力，生产经营出现了前所未有的好势头。

依据城市经济体制改革的形势及局对协议双方的第二步要求，为巩固发展铜材生产，进一步扩大生产能力，在市场竞争中继续发挥优势，经双方充分协商，在平等互利的基础上，联合组成“国集合营无锡市轻工铜材厂”，现协议如下：

一、企业性质和经营范围：

1. 企业系国营企业和集体企业合办，定名为“国集合营无锡市轻工铜材厂”，经济性质为国集合营经营，厂址设在无锡市广瑞路32号。

2. 企业经营范围及规模，主营铜管及有色型材，兼营其它有色金属制品，年产能力800吨，产值800万元，利润40万元/年。

二、甲方投资25万元，甲乙双方投资额按财政部门核定的有效资产为准，今后如有增资则调整双方投资比例。

三、财务及利润分配：

1. 企业会计制度按集体所有制有关规定执行，实行独立核算，自负盈亏。

2. 企业按财政部门规定交纳工商税。

3. 利润分配：合营企业实现的利润甲方按投资比例提取20%技术服务费10%，乙方得70%，按季预分，年终结算，双方再按各自财政渠道解交。企业出现亏损按上述比例分担。为照顾乙方职工的集体留利，甲方同意在分得利润的税后留利部分返回14%，用于乙方职工福利。

4. 合营企业双方投入的固定资产，按现行财税规定的标准提取折旧基金和大修理基金，大修理基金由合营企业统一提取，统一使用，折旧基金统一提取后，分别按规定比例上交，甲方投入的固定资产提取的折旧基金，按规定的比例交给甲方，剩余部分留作企业更新改造。

四、组织领导：

合营企业的权力机构是董事会，董事会由甲方3人乙方2人组成，董事长由甲方担任，副董事长由乙方担任。

董事会的主要任务：

1. [illegible]

2. 审查企业生产经营计划，审定财务报告及利润分配方案及企业的重大经济活动。

3. 董事会委托厂长处理全厂生产和一切经营活动，厂长必须定期向董事会报告企业生产经营情况。

4. 董事会章程另订。

五、本协议甲乙双方签署，报上级主管部门批准后生效，有效期为三年，协议期满后，另行商定。

六、本协议如有未尽事宜，由董事会协商一致后补充修订，并报主管机关审批。协议有关条款如与国家政策有抵触时，按国家政策办理。

七、本协议正本二份，双方各执一份，副本若干份，报上级主管部门及有关鉴证及批准单位。

甲方代表　　　　乙方代表

鉴证机关

一九八七年十二月

无锡锅厂、无锡市轻工铜材厂合资经营“无锡市轻工铜材厂”协议书(1987年12月)

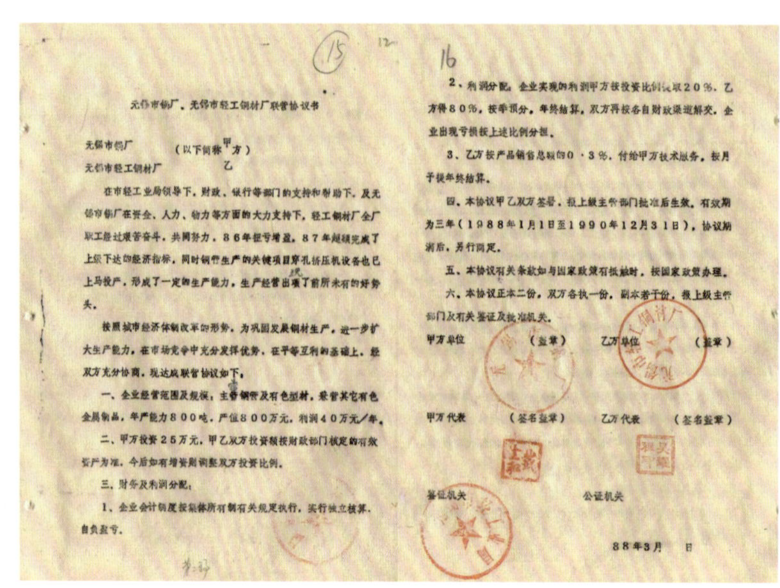

无锡市锅厂、无锡市轻工铜材厂联营协议书

无锡市锅厂　　　（以下简称甲方）
无锡市轻工铜材厂　　　　　乙

在市轻工业局领导下，财政、银行等部门的支持和帮助下，及无锡市锅厂在资金、人力、物力等方面的大力支持下，轻工铜材厂全厂职工经过艰苦奋斗，共同努力，８６年扭亏增盈，８７年超额完成了上级下达的经济指标，同时铜管生产的关键项目穿孔挤压机设备也已上马投产，形成了一定的生产能力，生产经营出现了前所未有的好势头。

按照城市经济体制改革的形势，为巩固发展铜材生产，进一步扩大生产能力，在市场竞争中充分发挥优势，在平等互利的基础上，经双方充分协商，现达成联营协议如下：

一、企业经营范围及规模：主营铜管及有色型材，兼营其它有色金属制品，年产能力８００吨，产值８００万元，利润４０万元/年。

二、甲方投资２５万元，甲乙双方投资额按财政部门核定的有效资产为准，今后如有增资则调整双方投资比例。

三、财务及利润分配：

1、企业会计制度按集体所有制有关规定执行，实行独立核算，自负盈亏。

2、利润分配：企业实现的利润甲方按投资比例提取２０％，乙方得８０％，按季预分，年终结算，双方再按各自财政渠道解交。企业出现亏损按上述比例分担。

3、乙方按产品销售总额的０·３％，付给甲方技术服务，按月予提年终结算。

四、本协议甲乙双方签署，报上级主管部门批准后生效，有效期为三年（１９８８年1月1日至１９９０年12月３１日），协议期满后，另行商定。

五、本协议有关条款如与国家政策有抵触时，按国家政策办理。

六、本协议正本二份，双方各执一份，副本若干份，报上级主管部门及有关鉴证及批准机关。

甲方单位　　（盖章）　　乙方单位　　（盖章）

甲方代表　　（签名盖章）　　乙方代表　　（签名盖章）

鉴证机关　　　　公证机关

８８年3月　日

无锡锅厂、无锡市轻工铜材厂联营协议书（1988年3月）

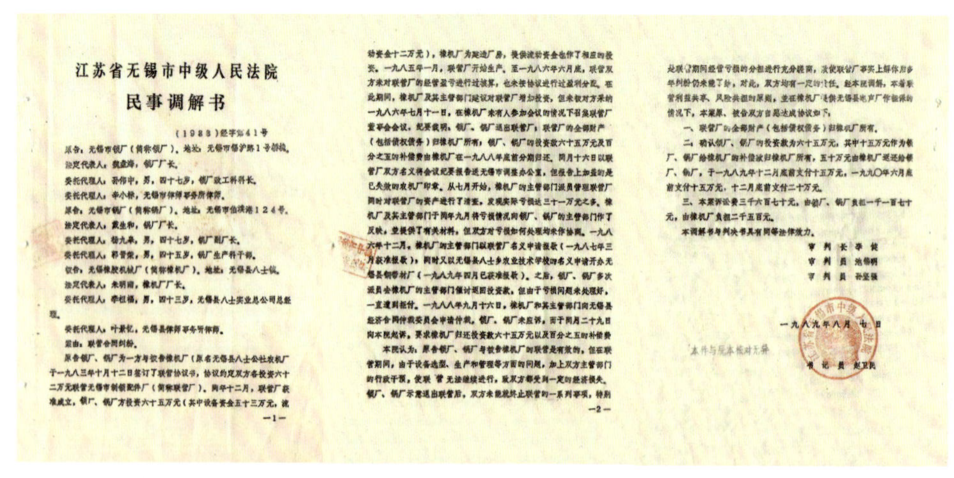

江苏省无锡市中级人民法院

民事调解书

（１９８８）经字第４１号

原告：无锡市锁厂（简称锁厂），地址：无锡市锡沪路１号桥堍。
法定代表人：魏金海，锁厂厂长。
委托代理人：孙伟中，男，四十七岁，锁厂政工科科长。
委托代理人：李小榕，无锡市律师事务所律师。
原告：无锡市锅厂（简称锅厂），地址：无锡市伯渎港１２４号。
法定代表人：戴生和，锅厂厂长。
委托代理人：杨九皋，男，四十七岁，锅厂副厂长。
委托代理人：郭晋荣，男，四十五岁，锅厂生产科干部。
被告：无锡橡胶机械厂（简称橡机厂），地址：无锡县八士镇。
法定代表人：朱明丽，橡机厂厂长。
委托代理人：季祖福，男，四十三岁，无锡县八士实业总公司总经理。
委托代理人：叶景亿，无锡县律师事务所律师。
案由：联营合同纠纷。

原告锁厂、锅厂为一方与被告橡机厂（原名无锡县八士公社农机厂于一九八三年十月十二日签订了联营协议书，协议约定双方各投资六十二万元联营无锡市制锁配件厂（简称联营厂）。同年十二月，联营厂获准成立，锁厂、锅厂方投资六十五万元（其中设备资金五十三万元，流

—1—

动资金十二万元），橡机厂为建造厂房，提供流动资金也作了相应的投资。一九八五年一月，联营厂开始生产。至一九八六年六月底，联营双方未对联营厂的经营盈亏进行过核算，也未按协议进行过盈利分配。在此期间，橡机厂及其主管部门建议对联营厂增加投资，但未被对方采纳一九八六年七月十一日，在橡机厂未有人参加会议的情况下召集联营厂董事会会议，纪要载明：锁厂、锅厂退出联营厂；联营厂的全部财产（包括债权债务）归橡机厂所有；锁厂、锅厂的投资款六十五万元及百分之五的补偿费由橡机厂在一九八八年底前分期归还。同月十六日以联营厂双方名义将会议纪要报告送无锡市调整办公室，但报告上加盖的是已失效的农机厂印章。从七月开始，橡机厂的主管部门派员管理联营厂同时对联营厂的资产进行了清查，发现实际亏损达三十一万元之多。橡机厂及其主管部门于同年九月将亏损情况向锁厂、锅厂的主管部门作了反映，並提供了有关材料，但双方对亏损如何处理均未作协商。一九八六年十二月，橡机厂的主管部门以联营厂名义申请报歇（一九八七年三月获准报歇），同时又以无锡县八士乡农业技术学校的名义申请开办无锡县铜带材厂（一九八九年四月已获准报歇）。之后，锁厂、锅厂多次派员去橡机厂的主管部门催讨返回投资款，但由于亏损问题未处理好，一直遭到拒付。一九八八年九月十六日，橡机厂和其主管部门向无锡县经济合同仲裁委员会申请仲裁，锁厂、锅厂未应诉，而于同月二十九日向本院起诉，要求橡机厂归还投资款六十五万元以及百分之五的补偿费

本院认为：原告锁厂、锅厂与被告橡机厂的联营是有效的，但在联营期间，由于设备选型、生产和管理等方面的问题，加上双方主管部门的行政干预，使联营无法继续进行，致双方都受到一定的经济损失。锁厂、锅厂示意退出联营后，双方未能就终止联营的一系列事项，特别

—2—

是联营期间经营亏损的分担进行充分磋商，致使联营厂事实上解体后多年纠纷仍未能了结，对此，双方均有一定的责任。经本院调解，本着联营利益共享、风险共担的原则，並在橡机厂提供无锡县电声厂作担保的情况下，本案原、被告双方自愿达成协议如下：

一、联营厂的全部财产（包括债权债务）归橡机厂所有。

二、确认锁厂、锅厂的投资款为六十五万元，其中十五万元作为锁厂、锅厂给橡机厂的补偿款归橡机厂所有，五十万元由橡机厂返还给锁厂、锅厂，于一九八九年十二月底前支付十五万元，一九九〇年六月底前支付十五万元，十二月底前支付二十万元。

三、本案诉讼费三千六百七十元，由锁厂、锅厂负担一千一百七十元，由橡机厂负担二千五百元。

本调解书与判决书具有同等法律效力。

审　判　长　李　健
审　判　员　池锡明
审　判　员　孙坚强

一九八九年八月　七　日

本件与原本核对无异

书　记　员　赵卫民

无锡市中级人民法院出具的关于锅厂、锁厂、橡胶机械厂联营合同纠纷的民事调解书（1989年8月）

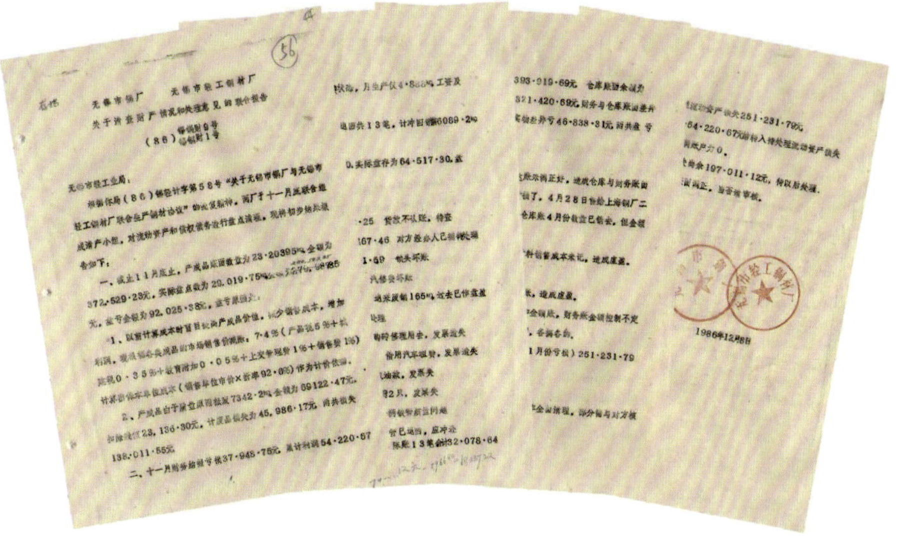

无锡市锅厂　无锡市轻工铜材厂
关于清查财产情况和处理意见的联合报告
（86）锡锅财9号
锡铜财1号

无锡市轻工业局：

根据你局（86）锡轻计字第58号"关于无锡市锅厂与无锡市轻工铜材厂联合生产铜材协议"的批复精神，两厂于十一月底联合组成清产小组，对流动资产和债权债务进行盘点清理。现将初步结果报告如下：

一、截止11月底止，产成品账面数量为23·20395吨，金额为372·529·23元，实际盘点数为20.019·75吨……，盘亏金额为92.025·38元，盘亏原因是：

1、以前计算成本时盲目提高产成品价值，减少销售成本，增加利润。……7·4%（产品税5%+……销售费1%）……附加0·05%+上交管理费1%+……作为计价依据。……（销售单位市价×折率92·6%）……69122·47元。

2、产成品由于……7342·2吨，金额为……45,986·17元……23,136·30元……138,011·55元

二、十一月财务结算亏损37·948·75元，累计利润54·220·67

……月生产仅4·888吨，工资及……

……共13笔，计冲旧帐6089·2吨……

……实际盘存为64·517·30……

·25　货款不认账，待查

167·46　对方经办人已……处理

1·69　……坏账

汽修……坏账

……165吨，过去已作盘盈……处理

……修理用去，发票遗失

……用汽车租赁，发票遗失

……发票失

……2只，发票失

……已退回，应冲企……账13笔合计32·078·64

393·919·69元　仓库账面余额为321·420·69元，财务与仓库账面差异……46·838·31元……

……4月28日……上海铜厂……仓库账4月份数量已核会，但金额……

……造成虚盈。

……造成虚盈。

……金额账，财务账金额控制不定……

……1月份亏损）251·231·79

……全面清理，部分需与对方核……

……产损失251·231·79元，……54·220·67元……转入待处理流动资产损失……尚余197·011·12元，待以后处理。……当否请审核。

1986年12月8日

无锡锅厂、轻工铜材厂出具的《关于清查财产情况和处理意见的联合报告》（1998年12月）

企业文书档案

（第二部分：收藏于无锡压缩机股份有限公司档案室）

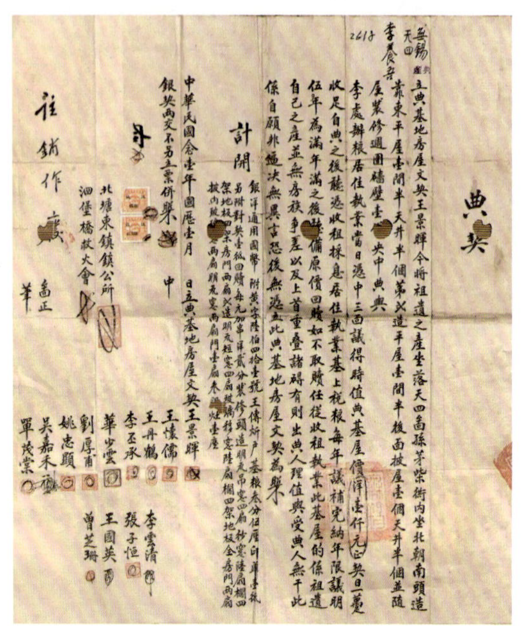

典契

無錫 天四 李養吾 2618

立典基地房屋文契王景暉今將祖遺之產坐落天四啚孫茅紫街內坐北朝南頭造靠東平屋壹間半天井半個第二造平屋壹間半後面披屋壹個天井半個並隨屋裝修週圍磚壁壹[illegible]央中典與李處辦粮居住執業當日憑中三面議得時值典基屋價洋壹仟元正契日一並收足自典之後聽憑收租椒息居住執業基上稅粮每年議補完納年限議明伍年為滿年滿之後[illegible]備原價回贖如不取贖任從收租執業此基屋的係祖遺自己之產並無房族爭差以及上首重疊諸碍有則出典人理值與受典人無干此係自願非逼決無異言恐後無憑立此典基地房屋文契為據

計開

銀洋通用國幣 附黃字陸佰四拾壹號王傳炘户基粮叁分伍厘印單壹紙

另附對契壹紙回贖每元加串洋貳分裝修頭造明亮吊窓四扇紗窓陸扇欄四架地板四架房門兩扇二造明亮短窓四扇玻璃移窓陸扇欄四架地板全房門兩扇披內玻璃窓兩扇明亮窓兩扇門壹扇灶[?]灶壹座

中華民國念壹年國歷壹月　日立典基地房屋文契王景暉

銀契兩交不另立票併照

中　王懷儒　王丹鶴　李丕承　華少雲　劉厚甫　姚忠顯　吳嘉禾　單茂棠　李雲清　張子恒　王國英　曾芝珊

北塘東鎮鎮公所

泗堡橋救火會

注銷作廢

畫正　華

王源吉冶坊股东王景晖的房屋典契（1932年1月）

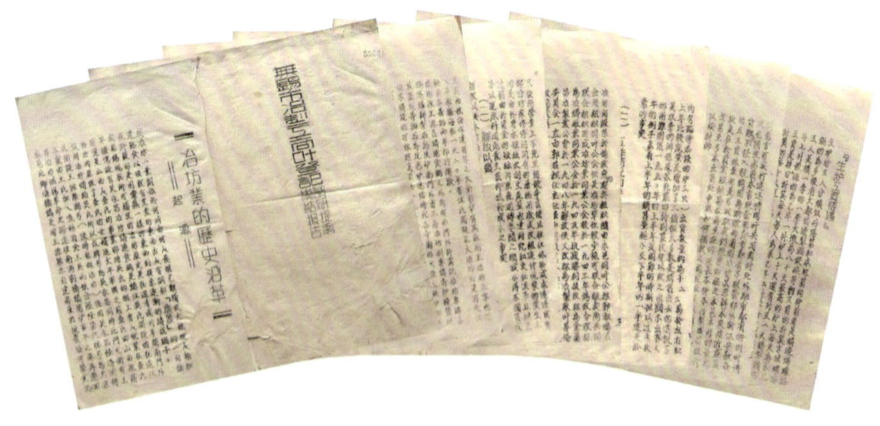

无锡市冶制工商业登记调研提纲总结报告（1950年12月）

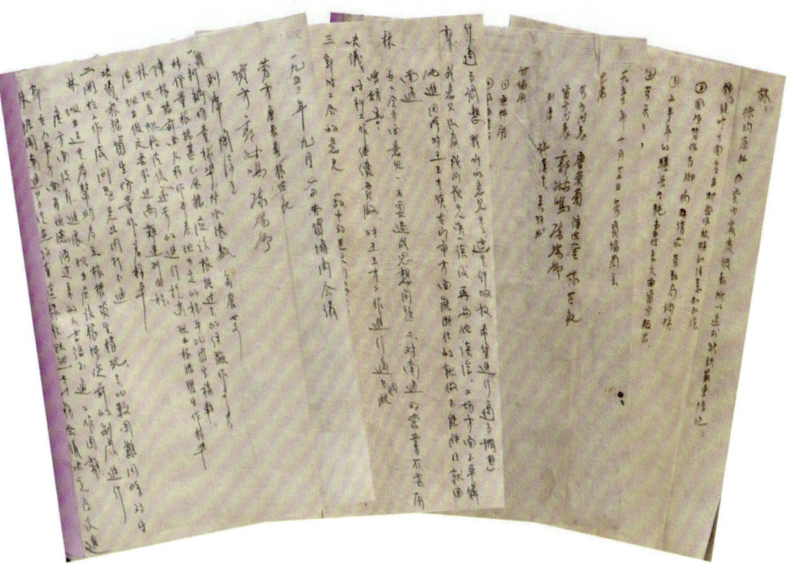

王源吉冶坊劳资协商会议记录(1953年9月)

王源吉冶坊工资改革方案(草案)

一九五六年十月

王源吉冶坊工资改革方案(1956年10月)

冶坊记忆——王源吉史话

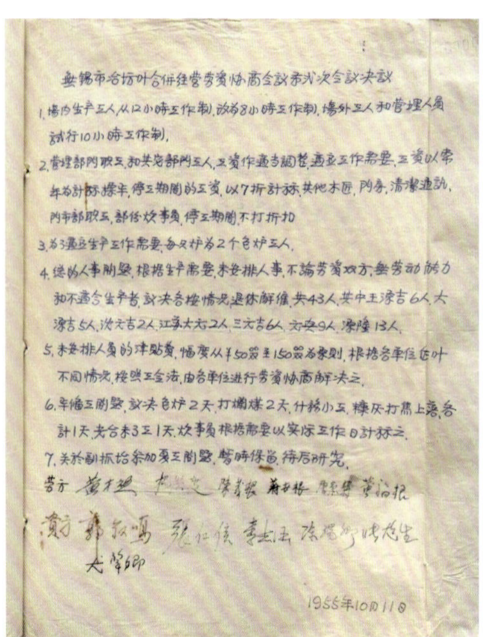

无锡市冶坊业合併经营劳资协商会议第二次会议决议

1. 场内生产工人从12小时工作制，改为8小时工作制，场外工人和管理人员试行10小时工作制。
2. 管理部门职工和其他部门工人，工资作适当调整，适应工作需要，工资以常年为计算标准，停工期间的工资，以7折计算，其他木匠、门房、清洁通讯、内部职工、部份炊事员，停工期间不打折扣
3. 为了适应生产工作需要，每只炉为2个包炉工人。
4. 编余的人事问题，根据生产需要，未安排人事，不论劳资双方，无劳动能力和不适合生产者，议决各按情况退休解雇，共43人，其中王源吉6人，大源吉5人，洪元吉2人，江泰大大(?)2人，三元吉6人，元兴9人，源隆13人。
5. 未安排人员的津贴费，幅度从￥50万至150万为原则，根据各单位工作不同情况，按照工会法，由各单位进行劳资协商解决之。
6. 年修工问题，议决包炉2天，打烂煤2天，什务小工、挑灰打焦上落各计1天，炭台朱3工1天(?)，炊事员根据需要以实际工作日计算之。
7. 关于副拆铅余加夏工问题，暂时保留，待后研究。

劳方

资方

1955年10月11日

无锡市冶坊业合并经营劳资协商会议第二次会议决议（1955年10月）

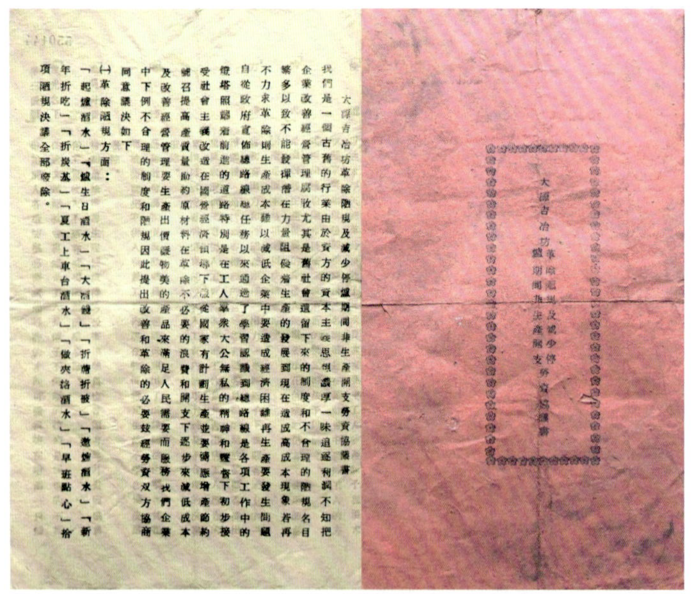

大源吉冶坊革除陋規及減少停爐期間非生產開支勞資協議書

大源吉冶坊革除陋規及減少停爐期間非生產開支勞資協議書

我們是一個古舊的行業由於資方的資本主義思想濃厚一味追逐利潤不知把企業改善經營管理腐朽尤其是舊社會遺留下來的制度和不合理的陋規名目繁多以致不能發揮潛在力量阻礙着生產的發展到現在造成高成本現象若再不力求革除則生產成本難以減低企業中要遭成經濟困難再生產要發生問題自從政府宣佈總路線總任務以來通過了學習認識到總路線是各項工作中的燈塔照耀着前進的道路特別是在工人羣衆大公無私的精神和號召下初步接受社會主義改造在國營經濟領導下從國家有計劃生產並要求增產節約號召提高產質量節約原材料在減除不必要的浪費和開支下逐步來減低成本及改善經營管理要生產出價廉物美的產品來滿足人民需要而服務我們企業中下例不合理的制度和陋規因此提出改善和革除的必要茲經勞資双方協商同意議決如下

(一)革除陋規方面：

「祀爐酒水」「爐生日酒水」「大酒錢」「折席折被」「熬爐酒水」「新年折吃」「折炭基」「夏工上車台酒水」「做夾鉛酒水」「早班點心」拾項陋規決議全部廢除。

大源吉冶坊革除陋规及减少停炉期间非生产开支劳资协议书（1954年9月）

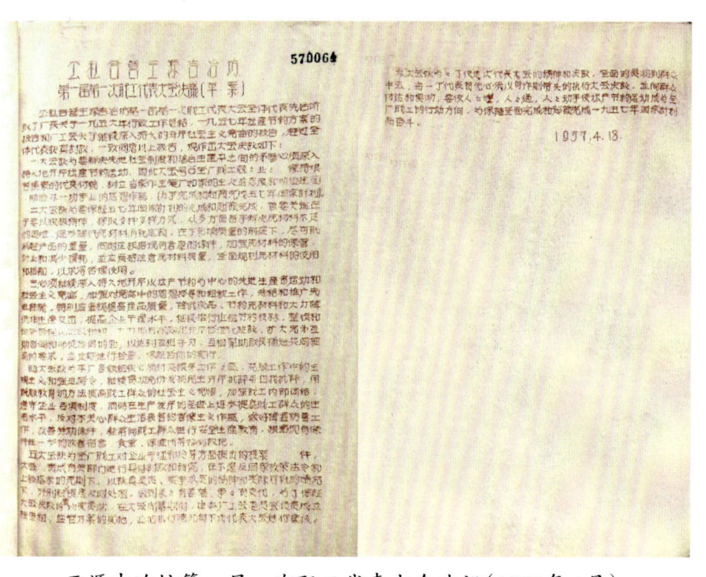

王源吉冶坊第一届一次职工代表大会决议(1957年4月)

王源吉冶坊机构编制方案(1957年4月)

王源吉冶坊出具的《关于报送本厂第二个五年计划规划的报告》(1958年3月)

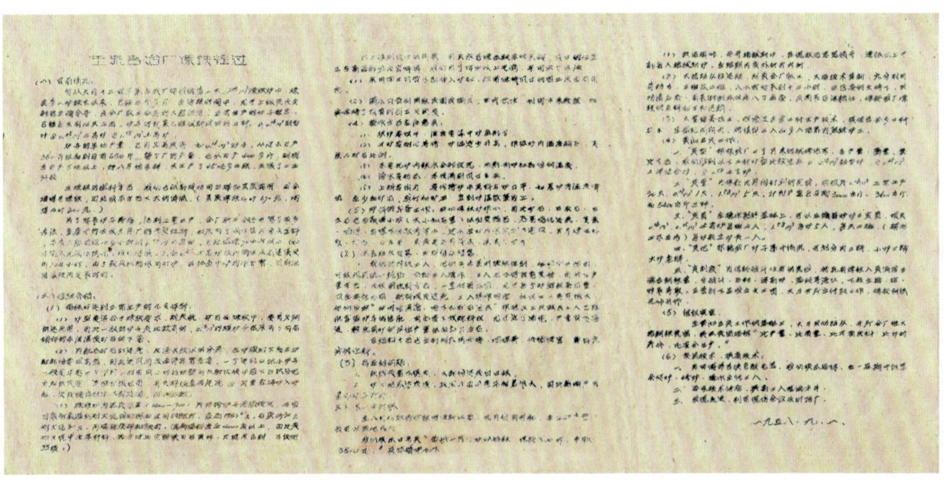

王源吉冶厂炼铁经过(1958年9月)

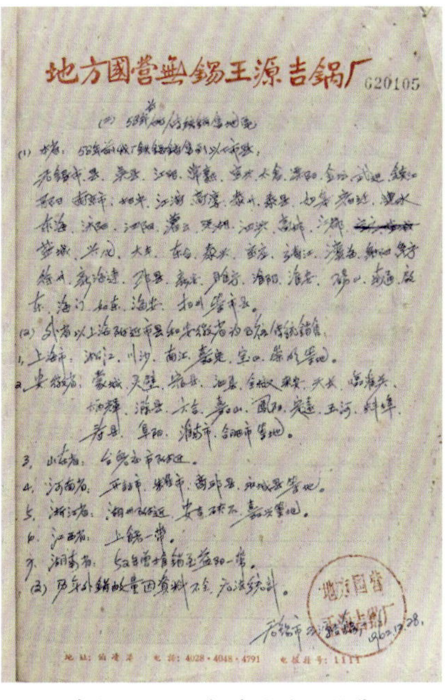

地方國營無錫王源吉鍋厂 620105

(二) 58年前传统销售地区

(1) 本省：58年前我厂铁锅销售到以下市县，

[illegible]

(2) 外省以上海附近市县和安徽省为我厂传统销售。

1、上海市：淞江、川沙、南汇、嘉定、宝山、崇明等地。

2、安徽省：[illegible]

3、山东省：台儿庄市附近。

4、河南省：开封市、[illegible]等地。

5、浙江省：湖州附近、安吉、孝丰、嘉兴等地。

6、江西省：上饶一带。

7、湖南省：62年曾推销至益阳一带。

(三) 历年外销数量因资料不全，无法统计。

无锡市[illegible] 1962.12.28.

地址：[illegible] 电话：4028·4048·4791 电报挂号：1111

王源吉锅厂1958年前的传统销售地区

王源吉锅厂增产节约活动的报告(1959年6月)

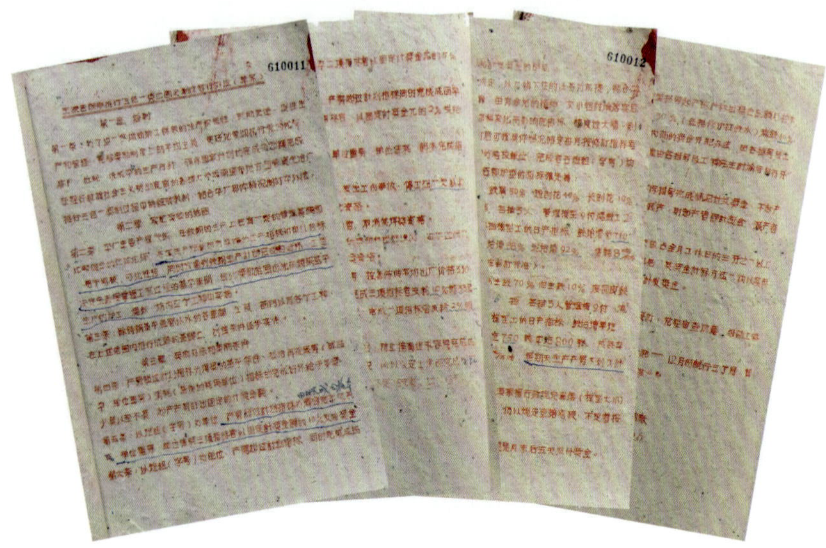

王源吉锅厂推行“三包一奖四固定”制度暂行办法（1961年9月）

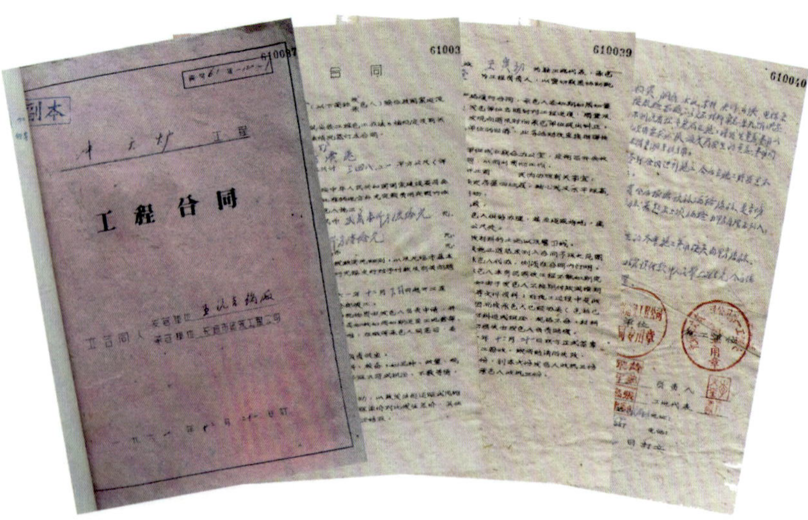

王源吉锅厂冲天炉工程合同（1961年12月）

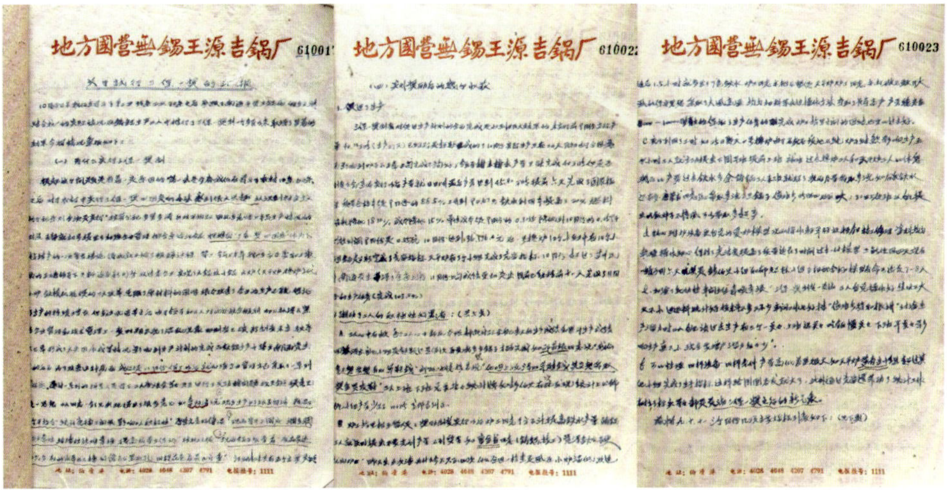

王源吉锅厂《关于试行三保一奖的汇报》(1961年12月)

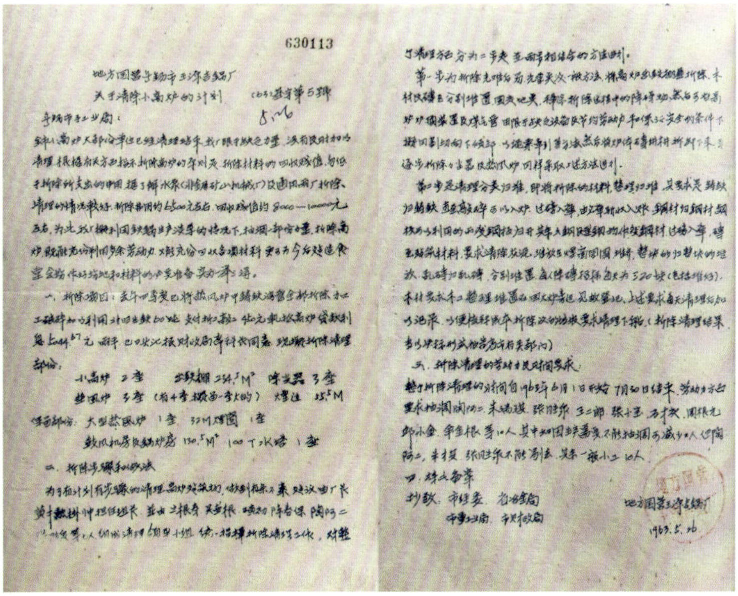

王源吉锅厂上报的《关于清除小高炉的计划》(1963年5月)

黄才勋厂长在江苏省群英会上的发言(1964年3月)

王源吉锅厂参加国庆十五周年展览会方案(1964年8月)

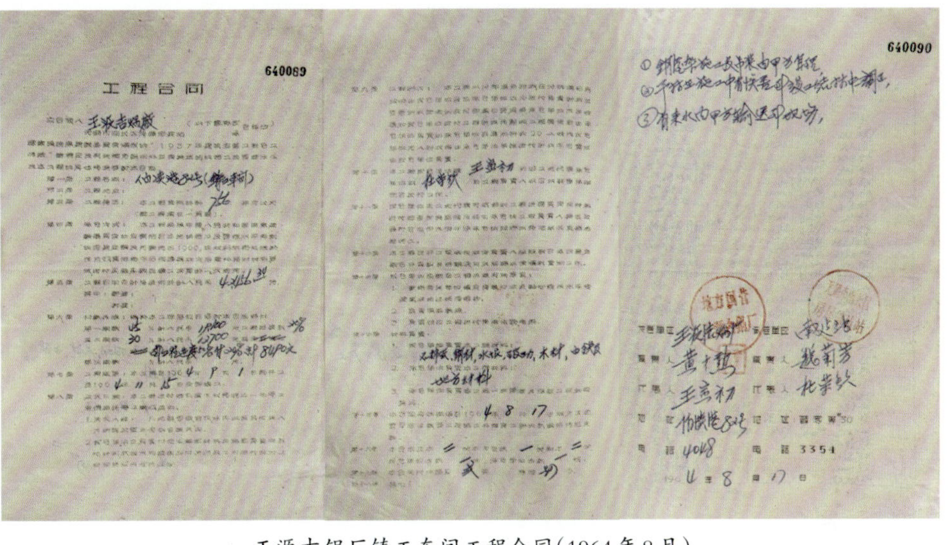

640089

工程合同

640090

王源吉锅厂铸工车间工程合同(1964年8月)

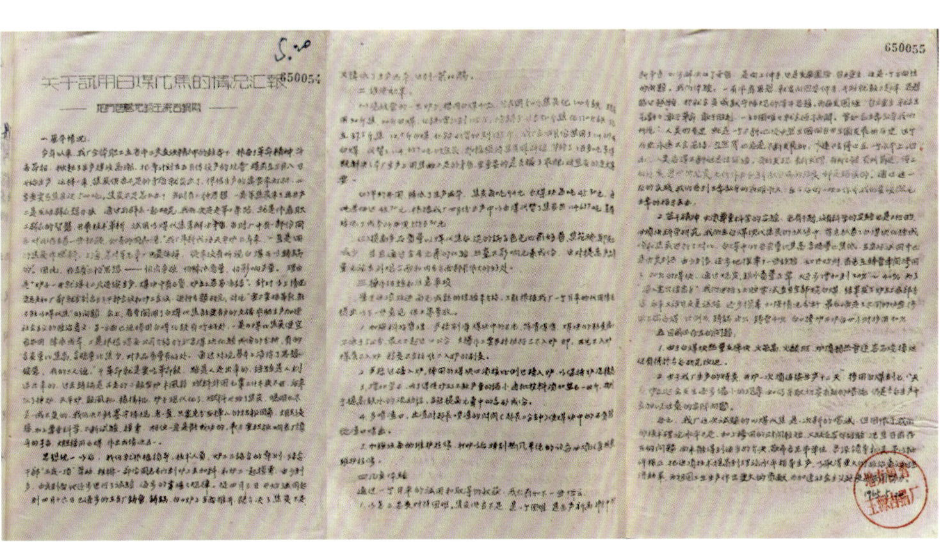

关于試用白煤代焦的情况汇报

650054

650055

王源吉锅厂《关于试用白煤代焦的情况汇报》(1965年5月)

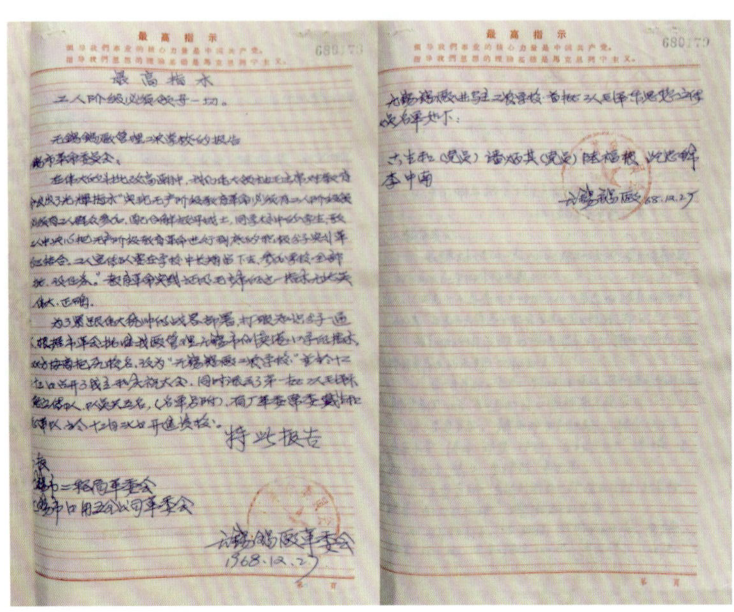
最高指示

领导我们事业的核心力量是中国共产党。
指导我们思想的理论基础是马克思列宁主义。

最高指示
工人阶级必须领导一切。

无锡锅厂管理工农学校的报告

特此报告

无锡锅厂革委会
1968.12.27

无锡锅厂出具的关于管理工农学校的报告(1968年12月)

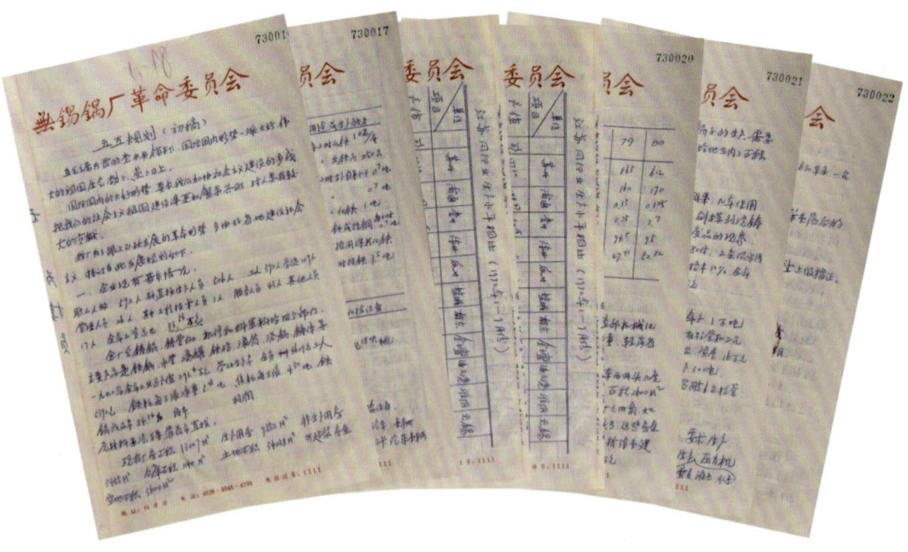
无锡锅厂革命委员会

五五规划（初稿）

无锡锅厂的“五五规划”书(初稿)(1973年1月)

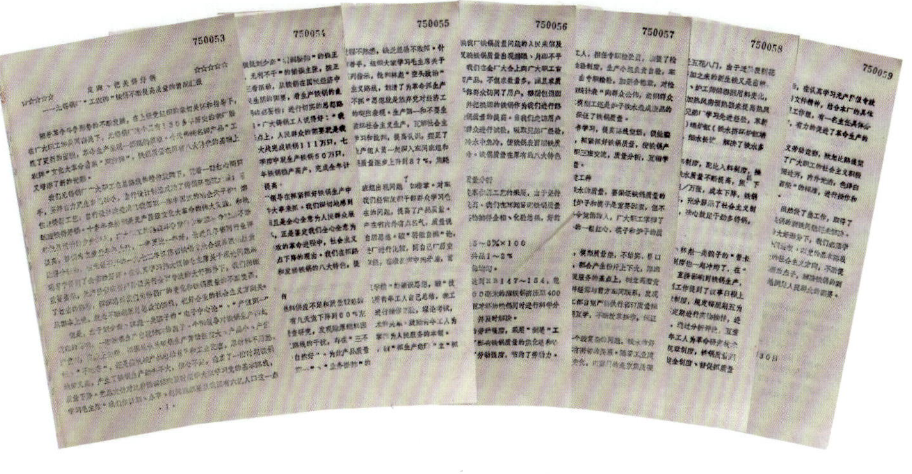

无锡锅厂"工农牌"铁锅不断提高质量的情况汇报(1975年5月)

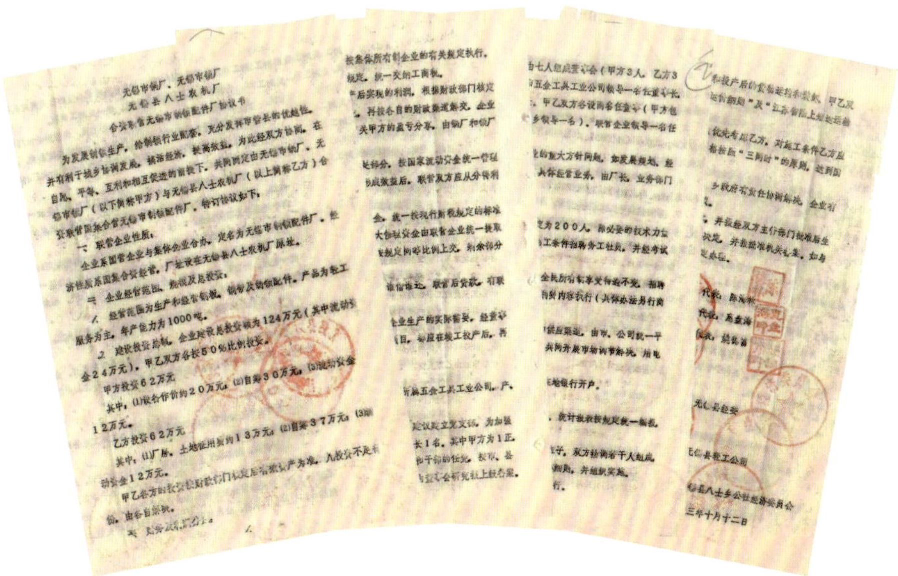

无锡锅厂、无锡市锁厂、无锡县八士农机厂合资联营无锡市制锁配件厂协议书(1983年10月)

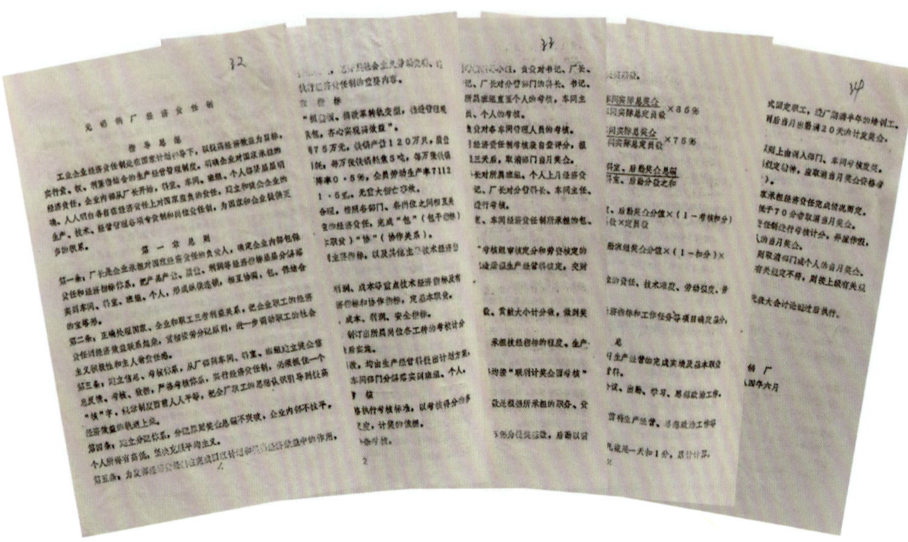

无锡锅厂实行经济责任制(1984年6月)

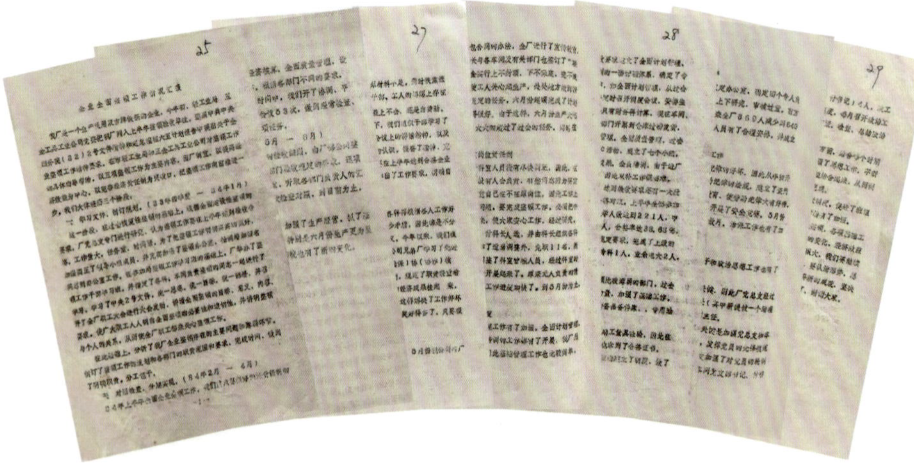

无锡锅厂企业全面整顿工作情况汇报(1984年7月)

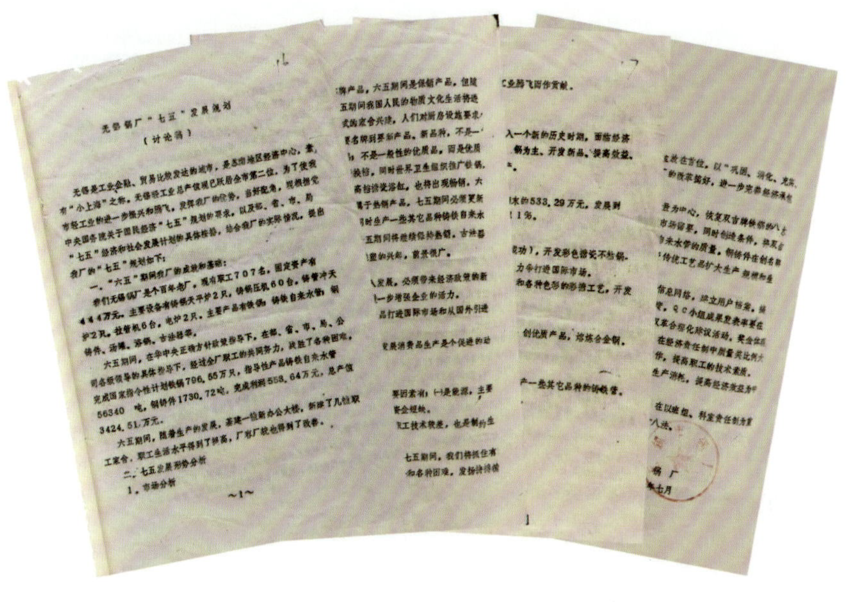

无锡锅厂"七五"发展规划

(讨论稿)

无锡是工业金融、贸易比较发达的城市，是苏南地区经济中心，素有"小上海"之称。无锡轻工业总产值现已跃居全市第二位。为了使我市轻工业的进一步振兴和腾飞，发挥我厂的优势，当好配角，现根据党中央国务院关于国民经济"七五"规划的要求，以及部、省、市、局"七五"经济和社会发展计划的具体安排，结合我厂的实际情况，提出我厂的"七五"规划如下：

一、"六五"期间我厂的成就和基础：

我们无锡锅厂是个百年老厂，现有职工707名，固定资产有444万元。主要设备有铸钢天平炉2只，铸锅压机60台，铸管冲天炉2只，拉管机6台，电炉2只。主要产品有铁锅、铸铁自来水管、钢铸件、汤罐、搪锅、古法器等。

六五期间，在党中央正确方针政策指导下，在部、省、市、局、公司各级领导的具体指导下，经过全厂职工的共同努力，战胜了各种困难，完成国家指令性计划铁锅796.55万只，指导性产品铸铁自来水管56340 吨，钢铸件1730.72吨，完成利润553.64万元，总产值3424.51万元。

六五期间，随着生产的发展，基建一幢新办公大楼，新建了几幢职工宿舍，职工生活水平得到了提高，厂容厂貌也得到了改善。

二、七五发展形势分析

1. 市场分析

~1~

无锡锅厂"七五"发展规划书(1986年7月)

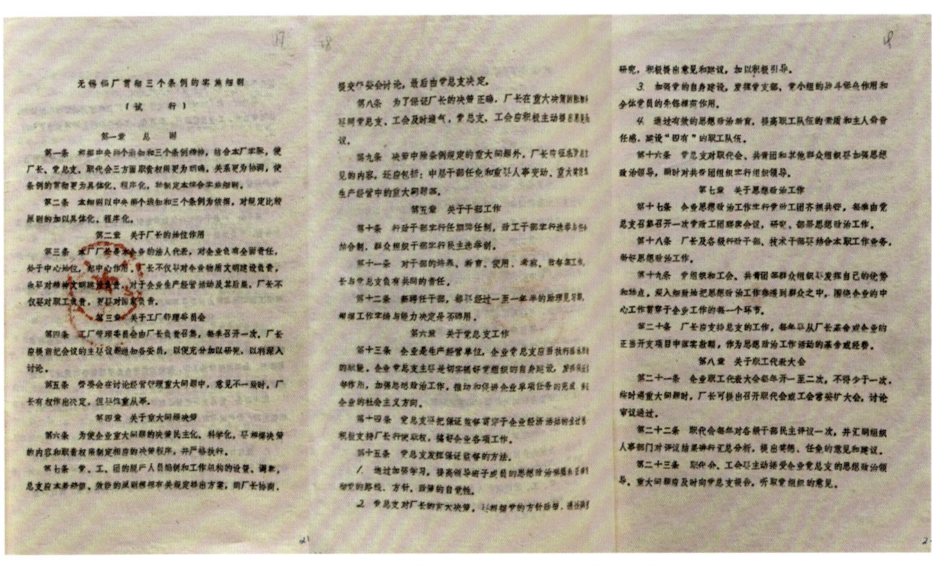

无锡锅厂贯彻三个条例的实施细则

(试　行)

第一章　总　则

第一条　根据中央四个通知和三个条例精神，结合本厂实际，使厂长、党总支、职代会三方面职责权限更为明确，关系更为协调，使条例的贯彻更为具体化、程序化，特制定本综合实施细则。

第二条　本细则以中央两个通知和三个条例为依据，对规定比较原则的加以具体化、程序化。

第二章　关于厂长的地位作用

第三条　本厂厂长是本企业的法人代表，对企业负有全面责任，处于中心地位，起中心作用。厂长不仅要对企业物质文明建设负责，也要对精神文明建设负责。对于企业生产经营活动及其后果，厂长不仅要对职工负责，更要对国家负责。

第三章　关于工厂管理委员会

第四条　工厂管理委员会由厂长负责召集，每季召开一次，厂长应提前把会议的主要议题通知各委员，以便充分加以研究，以利深入讨论。

第五条　管委会在讨论经营管理重大问题中，意见不一致时，厂长有权作出决定，但要慎重从事。

第四章　关于重大问题决策

第六条　为使企业重大问题的决策民主化、科学化，要根据决策的内容和职责权限制定相应的决策程序，并严格执行。

第七条　党、工、团的脱产人员编制和工作机构的设置、调整，总支应本着精简、效能的原则根据有关规定提出方案，同厂长协商，提交党委会讨论，最后由党总支决定。

第八条　为了保证厂长的决策正确，厂长在重大决策的[illegible]经同党总支、工会及时通气，党总支、工会应积极主动提[illegible]议。

第九条　决策中除条例规定的重大问题外，厂长应征求[illegible]见的内容，还应包括：中层干部任免和重大人事变动、重大[illegible]生产经营中的重大问题等。

第五章　关于干部工作

第十条　行政干部实行任期聘任制，政工干部实行选举与[illegible]结合制，群众组织干部实行民主选举制。

第十一条　对干部的培养、教育、使用、考核，[illegible]长与党总支负有共同的责任。

第十二条　新聘任干部，都要经过一至一年半的助理见习[illegible]，根据工作实绩与能力决定是否聘用。

第六章　关于党总支工作

第十三条　企业是生产经营单位，企业党总支应当执行[illegible]的职能。企业党总支主要是切实搞好党组织的自身建设，发挥[illegible]作用，加强思想政治工作，推动和保证企业各项任务的完成，[illegible]企业的社会主义方向。

第十四条　党总支要把保证监督贯穿于企业经济活动的全过程，积极支持厂长行使职权，搞好企业各项工作。

第十五条　党总支发挥保证监督的方法。

1. 通过加强学习，提高领导班子成员的思想政治[illegible]党的路线、方针、政策的自觉性。

2. 党总支对厂长的重大决策，[illegible]党的方针政策，通过[illegible]研究，积极提出意见和建议，加以积极引导。

3. 加强党的自身建设，发挥党支部、党小组的战斗堡垒作用和全体党员的先锋模范作用。

4. 通过有效的思想政治教育，提高职工队伍的素质和主人翁责任感，建设"四有"的职工队伍。

第十六条　党总支对职代会、共青团和其他群众组织要加强思想政治领导，同时对共青团组织实行组织领导。

第七章　关于思想政治工作

第十七条　企业思想政治工作实行党政工团齐抓共管，每季由党总支召集召开一次党政工团联席会议，研究、部署思想政治工作。

第十八条　厂长及各级行政干部、技术干部要结合本职工作业务，做好思想政治工作。

第十九条　党组织和工会、共青团等群众组织要发挥自己的优势和特点，深入细致地把思想政治工作渗透到群众之中，围绕企业的中心工作贯穿于企业工作的每一个环节。

第二十条　厂长应支持总支的工作，每年要从厂长基金或企业的正当开支项目中落实款额，作为思想政治工作活动的基金或经费。

第八章　关于职工代表大会

第二十一条　企业职工代表大会每年开一至二次，不得少于一次，临时遇重大问题时，厂长可提出召开职代会或工会常委扩大会，讨论审议通过。

第二十二条　职代会每年对各级干部民主评议一次，并汇同组织人事部门对评议结果进行汇总分析，提出奖惩、任免的意见和建议。

第二十三条　职代会、工会要主动接受企业党总支的思想政治领导，重大问题应及时向党总支报告，听取党组织的意见。

无锡锅厂贯彻"三个条例"的实施细则(1987年5月)

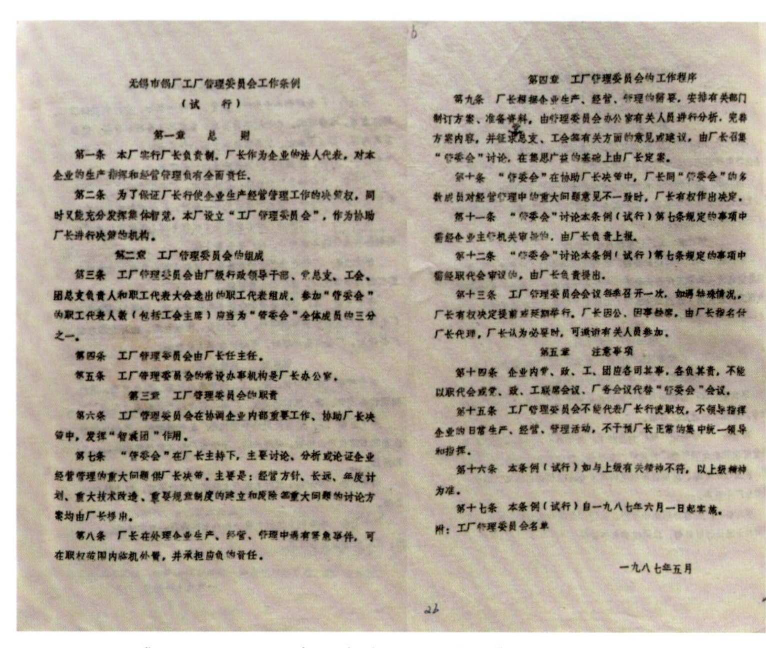

无锡市锅厂工厂管理委员会工作条例

（试　行）

第一章　总　则

第一条　本厂实行厂长负责制。厂长作为企业的法人代表，对本企业的生产指挥和经营管理负有全面责任。

第二条　为了保证厂长行使企业生产经营管理工作的决策权，同时又能充分发挥集体智慧，本厂设立"工厂管理委员会"，作为协助厂长进行决策的机构。

第二章　工厂管理委员会的组成

第三条　工厂管理委员会由厂级行政领导干部、党总支、工会、团总支负责人和职工代表大会选出的职工代表组成。参加"管委会"的职工代表人数（包括工会主席）应当为"管委会"全体成员的三分之一。

第四条　工厂管理委员会由厂长任主任。

第五条　工厂管理委员会的常设办事机构是厂长办公室。

第三章　工厂管理委员会的职责

第六条　工厂管理委员会在协调企业内部重要工作、协助厂长决策中，发挥"智囊团"作用。

第七条　"管委会"在厂长主持下，主要讨论、分析或论证企业经营管理的重大问题供厂长决策。主要是：经营方针、长远、年度计划、重大技术改造、重要规章制度的建立和废除等重大问题的讨论方案均由厂长提出。

第八条　厂长在处理企业生产、经营、管理中遇有紧急事件，可在职权范围内临机处置，并承担应负的责任。

第四章　工厂管理委员会的工作程序

第九条　厂长根据企业生产、经营、管理的需要，安排有关部门制订方案、准备资料，由管理委员会办公室有关人员进行分析，完善方案内容，并征求党总支、工会等有关方面的意见或建议，由厂长召集"管委会"讨论，在集思广益的基础上由厂长定案。

第十条　"管委会"在协助厂长决策中，厂长同"管委会"的多数成员对经营管理中的重大问题意见不一致时，厂长有权作出决定。

第十一条　"管委会"讨论本条例（试行）第七条规定的事项中需经企业主管机关审批的，由厂长负责上报。

第十二条　"管委会"讨论本条例（试行）第七条规定的事项中需经职代会审议的，由厂长负责提出。

第十三条　工厂管理委员会会议每季召开一次，如遇特殊情况，厂长有权决定提前或延期举行。厂长因公、因事缺席，由厂长指名付厂长代理，厂长认为必要时，可邀请有关人员参加。

第五章　注意事项

第十四条　企业内党、政、工、团应各司其事，各负其责，不能以职代会或党、政、工联席会议、厂务会议代替"管委会"会议。

第十五条　工厂管理委员会不能代表厂长行使职权，不领导指挥企业的日常生产、经营、管理活动，不干预厂长正常的集中统一领导和指挥。

第十六条　本条例（试行）如与上级有关精神不符，以上级精神为准。

第十七条　本条例（试行）自一九八七年六月一日起实施。

附：工厂管理委员会名单

一九八七年五月

《无锡锅厂工厂管理委员会工作条例》(1987年5月)

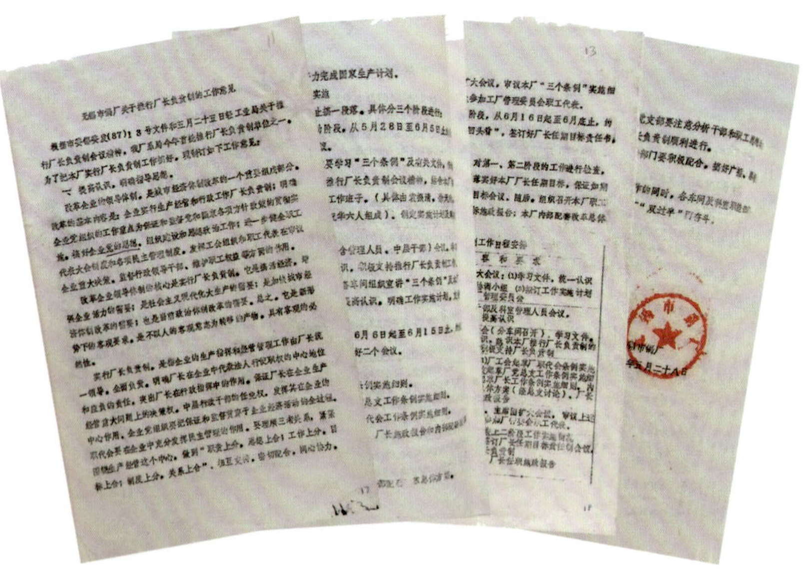

《无锡锅厂关于推行厂长负责制的工作意见》(1987年5月)

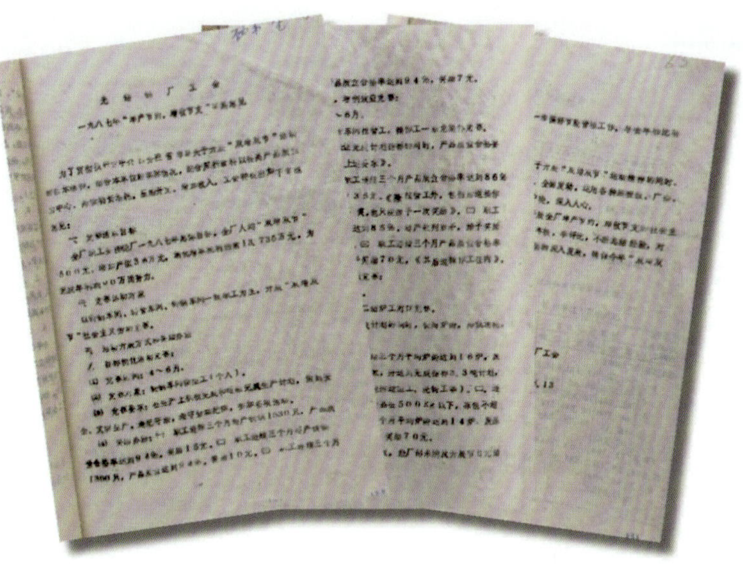

无锡锅厂《一九八七年"增产节约，增收节支"实施意见》

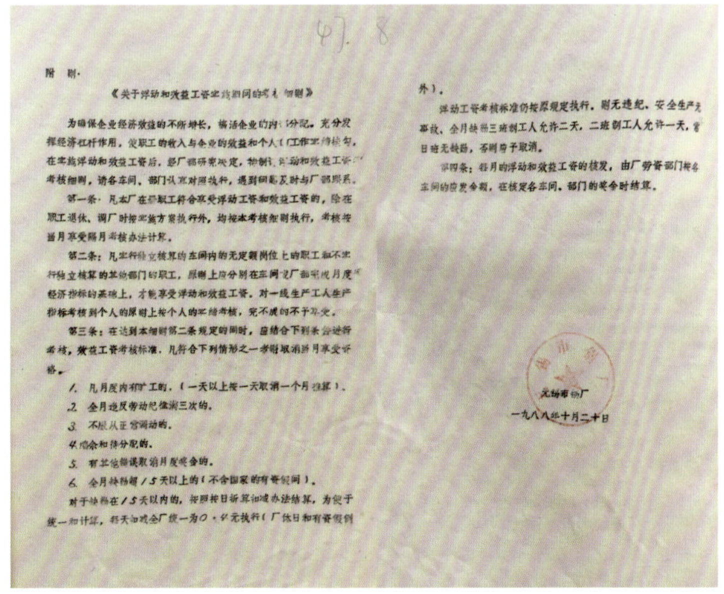

附 则·

《关于浮动和效益工资实施期间的考核细则》

为确保企业经济效益的不断增长，搞活企业的内部分配，充分发挥经济杠杆作用，使职工的收入与企业的效益和个人的工作实绩挂钩，在实施浮动和效益工资后，经厂部研究决定，特制订浮动和效益工资的考核细则，请各车间、部门认真对照执行，遇到问题及时与厂部联系。

第一条：凡本厂在册职工符合享受浮动工资和效益工资的，除在职工退休、调厂时按实施方案执行外，均按本考核细则执行，考核按当月享受隔月考核办法计算。

第二条：凡实行独立核算的车间内的无定额岗位上的职工和不实行独立核算的其他部门的职工，原则上应分别在车间或厂部完成月度经济指标的基础上，才能享受浮动和效益工资。对一线生产工人生产指标考核到个人的原则上按个人的实绩考核，完不成的不予享受。

第三条：在达到本细则第二条规定的同时，应结合下列条件进行考核，效益工资考核标准，凡符合下列情形之一者则取消当月享受资格。

1. 凡月度内有旷工的，（一天以上按一天取消一个月计算）。
2. 全月违反劳动纪律满三次的。
3. 不服从正常调动的。
4. 闹分配和待分配的。
5. 有其他错误取消月度奖金的。
6. 全月缺勤满15天以上的（不含国家的有薪假期）。

对于缺勤在15天以内的，按照按日折算扣减办法结算，为便于统一和计算，每天扣减全厂统一为0.4元执行（厂休日和有薪假例外）。

浮动工资考核标准仍按原规定执行。凡无违纪、安全生产无事故、全月缺勤三班制工人允许二天，二班制工人允许一天，常日班无缺勤，否则均予取消。

第四条：每月的浮动和效益工资的核发，由厂劳资部门按各车间的应发金额，在核定各车间、部门的奖金时结算。

无锡市锅厂

一九八八年十月二十日

无锡锅厂《关于浮动和效益工资实施期间的考核细则》（1988年10月）

无锡市锅厂扭亏增盈方案

一、概况。一九九三年5月、6月出现亏损，累计亏损24万元（人民币下同）。

二、亏损原因分析。

1. 原燃材料前所未有的上涨，铁锅产品为省定价，产品上半年未能及时调正，企业无法承受。如废什铁、铸花铁年初市经委下达计划1400吨原价每吨180元，但不能兑现。企业采购议价（市场放开价）什铁、铸花铁，每吨平均上涨600元，仅此一项损失84万元。今年生铁价格也已上涨1100元/吨（92年年底800元/吨，现行价达1900～2000元/吨），焦炭上涨每吨100元左右（92年年底350元/吨现价450元/吨）。

2. 生产开工天数不足，停电用电波动等，规定本厂每周生产5.5天，目前已减至4.5天，直接影响到产品数量产值及效益。

3. 企业费用增加，水、电、油、煤、运输费等价格上涨较快，工资福利待遇费用增长较多，医疗费、劳保福利费用上涨很快，市政拆迁户增多，累计医疗费超支140万元，住房费（含拆迁）超支40万元，直接减少企业自由流动资金。

4. 因市政拆迁工程及夺走本厂铸钢件车间电炉器心脏部位，厂劳动服务部商业用房十间拆，费用达40余万元。

5. 资金严重不足，不能正常运转，引起铸管车间数次停产，影响生产及效益。目前银行进一步贷款紧缩，企业正常生产更受影响，可能引起更严重后果。

6. 由于生产不正常，企业效益5月份起负增长，职工奖金及些福利费也不能按时发放，影响到职工情绪和积极性。

7. 机制转换未到位。如铸造车间内部承包产供销资金使用未到位，影响内部积极性的调动。

三、扭亏目标。九月份起力争盈利，弥补亏损。年底达到不超5月底亏损。

四、扭亏措施。

1. 正确分析企业经济政治形势，分析亏损原因，统一领导、干部和职工的思想认识，困难面前不退缩，振奋精神抓扭亏。通过党、政、工团宣传和发动全厂干部群众，群策群力攻克难关，齐心协力搞好生产。

2. 围绕资金难题，千方百计攻关。

面对下半年资金将进一步紧缺的难题，从下列几方面采取措施。

①"借"，"上、下、左、右"全方位勤联络，多跑、多接触、多做工作，争取各方面资金的支持，以维持企业的正常生产。

②"讨"，对应收款全面分析排队，组织力量催讨，要在目前194万应收款中，从速催讨，使之低于150万元。

③"销"即促销，要进一步组织力量把80万元库存产品尽快销出去，并及时回笼货款。

④"集"，即内部筹集职工手中的多余款，通过银行储蓄，再借贷一部分流动资金。今年将在去年基础上再增集30万元。

⑤"占"即"套用"，在经济交往中，建立好关系，争取在原燃材料的采购中，能套用一些资金。

3. 深化内部改革，切实抓好现生产

本厂铁锅、自来水管、铸件、钟锤、铸材等产品，均是市场畅销产品，关键是组织好生产，提高产品产量质量合格率，降低生产成本，争取好的效益。

5～6月份企业出现亏损，主要是受资金影响，铁锅、自来水管不能正常生产，产量大幅度降低引起。内部虽实行产供销一条龙承包，但资金不落实，承包不彻底。为了把这二只产品产、质量搞上去，采取如下措施。

① 铁锅产品车间，进一步深化分配机制改革，把岗位津贴，营养费、中夜班费、工资等捆在一起，试行全额计件工资制，做只算只，按劳分配。以解决出工不出力，产量低收益不低的反常状况。把产质量搞上去。

② 铸铁管产品车间，为其创造条件，把产、供、销、责权利进一步落实到位，搞好内部深化承包。鉴于目前资金难度大，不能保证全员生产的情况下，精简农民工，节约费用开支。

③ 铸件、钟锤、铸材产品，在现有较好盈利的基础上，进一步挖掘潜力，努力增产增收。

④ 节约开支，勤俭办厂。在企业资金、效益困难的情况下，采取应节支措施，加强采购原燃材料质量，价格是否合理的监督，防止质次价高的浪费；平时行政费用少买勤买，50元以上费用由分管厂长把口审批；加强各承包车间管理费用的核算，监督检查、努力做到费用合理节约开支。

4. 加强现生产和产品销售，资金及时回笼等工作，及时解决好确保正常生产的各项工作（含设备维修保养等），党政工团各方面都要围绕经济工作中心加强干部职工的思想政治工作和政治宣传工作，调动好职工的积极性，促进生产的提高。

5. 生产不忘安全，切实做好防汛、防台、防暑降温工作和生活后勤工作，支持和确保前方正常生产。

无锡锅厂扭亏增盈方案(1993年7月)

报刊载文

國事紀要

地方新聞

曹冶坊搜查誌聞

《曹冶坊搜查志闻》,《新无锡》于1924年6月11日报道

民国十三年(1924),无锡县知事接到署名举报,称曹三房店主曹听泉私藏军火,并有意勾结孙文图谋不轨,随即展开侦查,但并未查到任何军火物资,怀疑有人因私仇诬告,最终不了了之。此事即当时无锡城影响颇大的“私藏军火案”。本部分前14份资料即为各大媒体的报道。

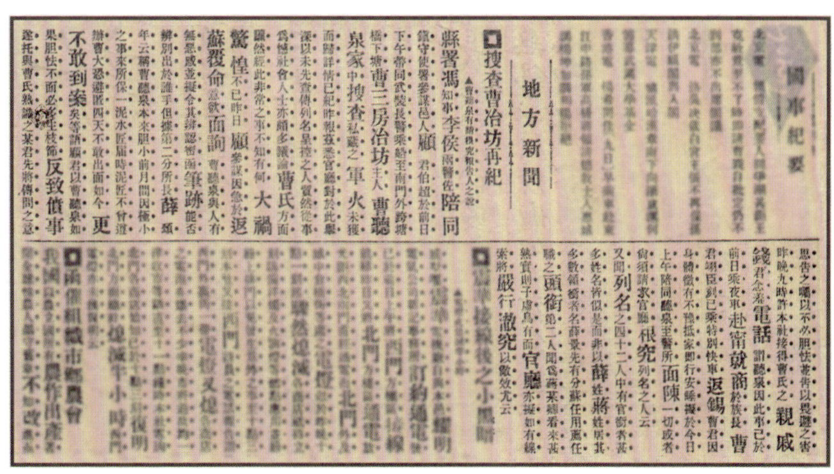
國事紀要

地方新聞

搜查曹冶坊再紀

《搜查曹冶坊再纪》,《新无锡》于1924年6月12日报道

搜查曹冶坊三誌

▲會算已有細密其事仍無頭緒

縣知事馮(君)暨警佐李(君)乾一侯(君揚丞)會同鐵(路)參謀顧君伯超於初九日下午會同武裝長警往南門外跨塘橋下塘曹二房冶坊搜查軍火未獲 此事近日已喧傳社會以一封控名信發生知許效力人民之安寧攸關危險如此四十二人之鄉衛人薛登先既有分爲任用爲任證之頤衛則非無名小卒可比一查立明何以計不出此實然從事致使人民惶惶不安等語街談巷議莫不以此事爲鼓助官廳据以曹聽泉不人與該人有戀近日有無可疑之事當可想像而得惟恐其投懷不來反而多生枝節故託人轉告曹之親戚錢念泰命其到縣聲陳以憑核究昨日上午十時許由曹婿伯錢念泰二君陪同曹聽泉至警察所經李警佐出而接見據聽泉陳稱我於西南一圖南市橋下購置房屋一所價銀六千一百元先後付過三千四百元賣主張姓……

《搜查曹冶坊三志》,《新无锡》于1924年6月13日报道

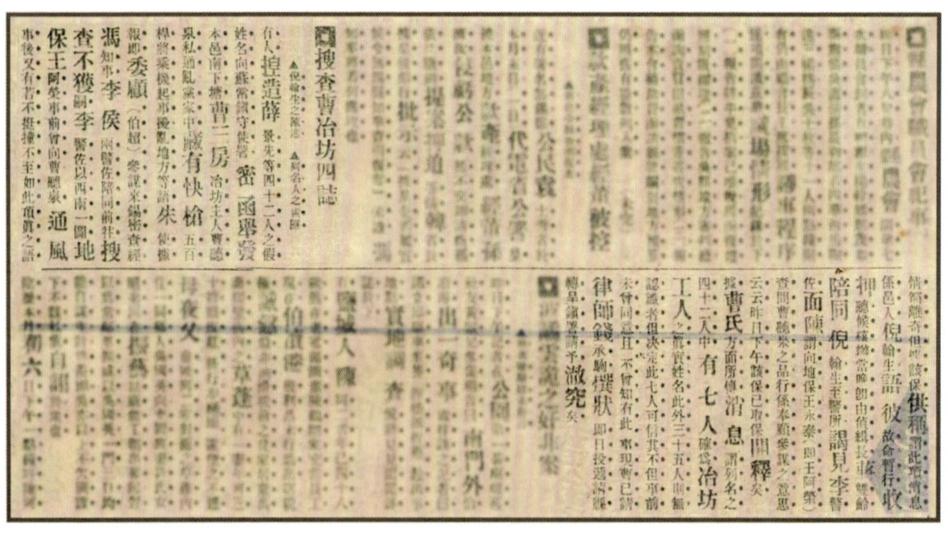

搜查曹冶坊四誌

▲倪翰生之陳述 ▲鄉各人之公函

有人揑造薛景先等四十二人之假姓名向蘇常鎮守使署密函舉發本邑南下塘曹二房冶坊主人曹聽泉私通亂黨家中藏有快槍五百桿將乘機起事擾亂地方等語朱使據報即委顧(伯超)參謀來錫密查經馮知事李(侯)兩警佐陪同前往搜查不獲嗣李警佐以西南一圖地保王阿榮事前曾向曹聽泉通風事後又有若不挺撞不至如此預貫之語

情節離奇但地保供稱謂此項消息係邑人倪翰生話彼故命暫行收押聽候核辦當晚由偵緝長率領陪同倪(翰生至警所)謁見李警佐面陳謂向地保王永泰(即王阿榮)查問曹聽泉之品行係奉顧參謀之意思云云昨日下午該保已取保開釋矣 據曹氏方面所傳消息謂列名之四十二人中有七人確爲冶坊工人之真實姓名此外三十五人則無認識者但決定此七人可信其不但事前未曾同意且不曾知有此事現聞曹已請律師錢永駒撰狀即日投遞請縣轉呈鎮署請予澈究矣

《搜查曹冶坊四志》,《新无锡》于1924年6月15日报道

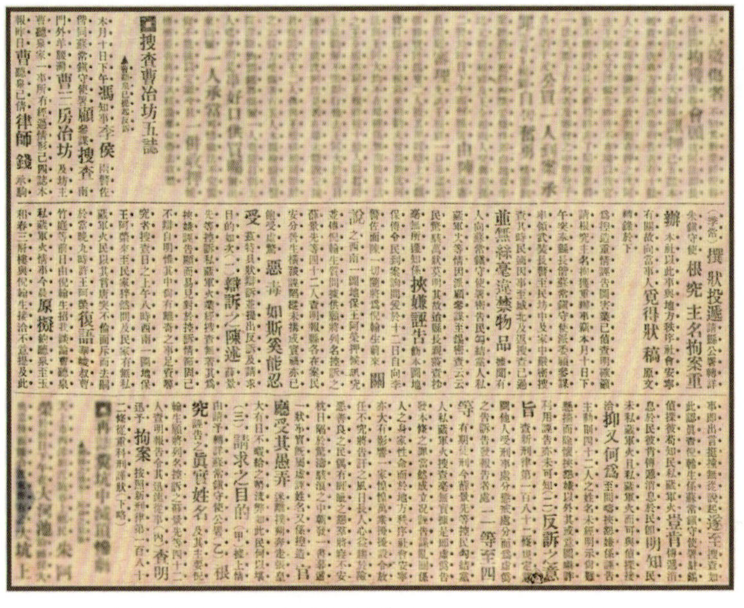

《搜查曹冶坊五志》,《新无锡》于1924年6月17日报道

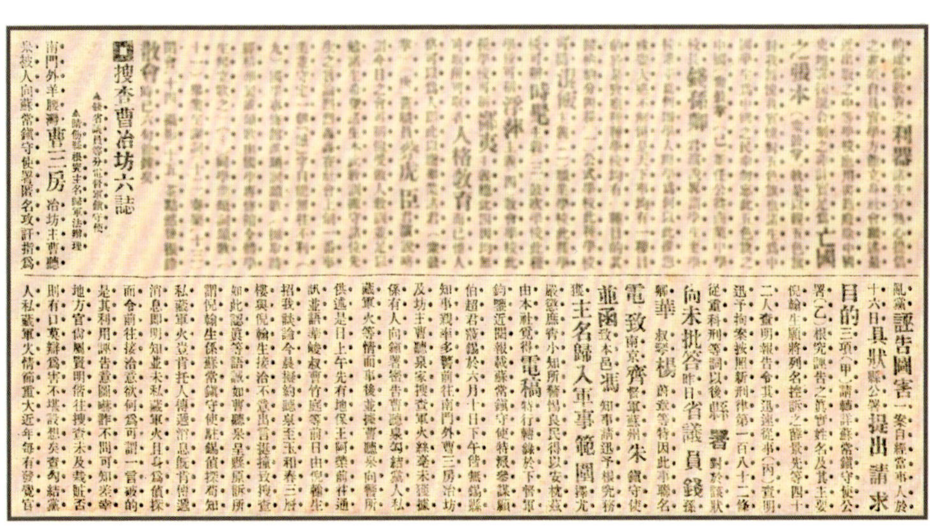

《搜查曹冶坊六志》,《新无锡》于1924年6月23日报道

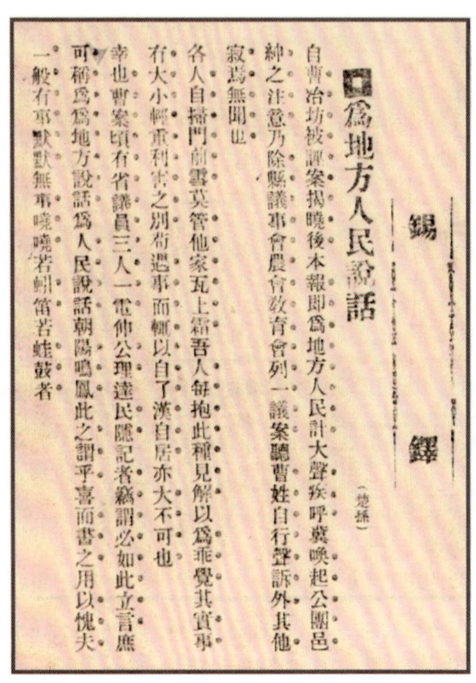

錫鐸

為地方人民說話（地孫）

自曹冶坊被譚案揭曉後本報即為地方人民計大聲疾呼冀喚起公團邑紳之注意乃除縣議事會農會教育會列一議案聽曹姓自行聲訴外其他寂焉無聞也

各人自掃門前雪莫管他家瓦上霜吾人每抱此種見解以為乖覺其實事有大小輕重利害之別苟遇事而輒以自了漢自居亦大不可也

幸也曹案頃有省議員三人一電伸公理達民隱記者竊謂必如此立言庶可稱為為地方說話為人民說話朝陽鳴鳳此之謂乎喜而書之用以愧夫一般有事默默無事嘵嘵若蜩螗若蛙鼓者

《为地方人民说话》，《新无锡》于1924年6月23日报道

地方要聞

使署參謀會縣搜查私藏軍火

《使署参谋会县搜查私藏军火》，《锡报》于1924年6月11日报道

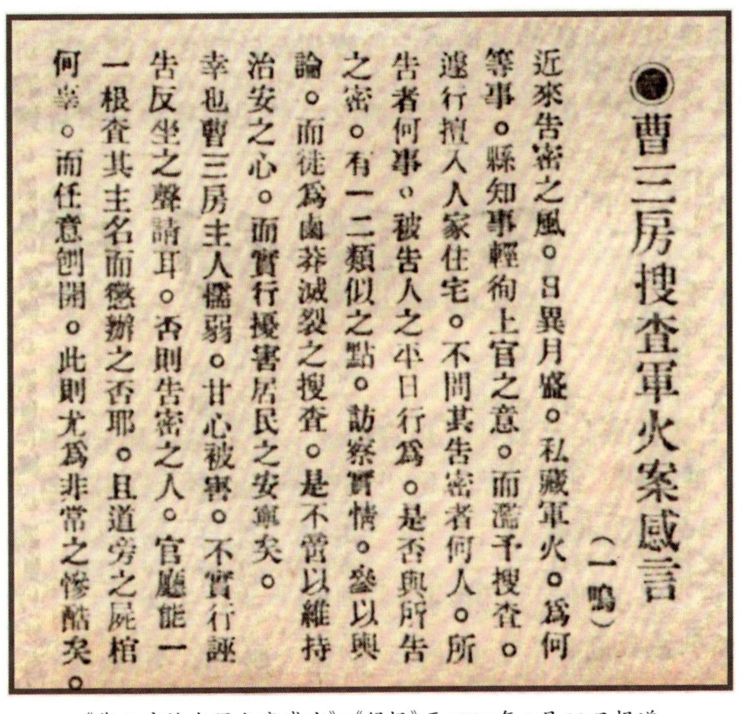

●曹三房搜查軍火案感言（一鳴）

近來告密之風。日異月盛。私藏軍火。為何等事。縣知事輕徇上官之意。而濫予搜查。遽行擅入人家住宅。不問其告密者何人。所告者何事。被告人之平日行為。是否與所告之密。有一二類似之點。訪察實情。參以輿論。而徒為鹵莽滅裂之搜查。是不啻以維持治安之心。而實行擾害居民之安寧矣。幸也曹三房主人懦弱。甘心被害。不實行誣告反坐之聲請耳。否則告密之人。官廳能一一根查其主名而懲辦之否耶。且道旁之屍棺何辜。而任意剖開。此則尤為非常之慘酷矣。

《曹三房搜查军火案感言》,《锡报》于1924年6月11日报道

地方要聞

●馮知事會委密査曹三房續紀

縣知事馮埜齋日前接奉蘇常鎮守使密令、偵查南門外曹三房冶坊全記店主曹勰泉私藏軍火、並有勾結黨人孫文謀爲不軌情事、當經馮知事會同使署參謀顧伯超、與縣警察所李侯二警佐、不動聲色、前往偵査、適以曹勰泉有事出外、不在家中、即經馮知事偵查勰泉家中、實無私藏軍火謀爲不軌之證據、顯係有人與曹勰泉有所仇隙、挾嫌誣告所致、當經馮知事函令地方飭傳曹勰泉到案、以便研究誣告之人、設法加以懲儆、其詳已誌本報、茲悉曹勰泉當晚並未到案、據云勰泉生平儒弱過人、遭此虛驚、匿跡不敢出首、前因南門警察第二分所保釋一人、嗣後被保者有事出外、第二分所認係喚其人、着保交出、曹勰泉無法可施、登報路四日、於此可見其爲人之一斑、儒弱無能、不言而喻、且呈密報鎮守使署爲首列名者、爲薛景先、其餘有鄭某薛某等共四十二人、均列有銜名、爲首列名之薛景先、街列分蘇任用爲任職、省公署諮議等銜名、即此次顧參謀奉令來錫、原知此種密報呈文、挾嫌誣告者居其多數朱使之意因最近鎮江等處亦有類此匿名誣告之文件發現、按址搜査、竟將人誣陷室、現爲鄭重起見、明知所訴不實、亦不得不加以偵查、並有密委顧參謀來錫會縣偵査之舉、顧君初意擬爾由縣署飭區查報、馮知事以私藏軍火、圖謀不軌、視為非常之事、不得不出此奇兵、以期消患於無形、乃決計會委偵查、免生枝節、此本案之經過情形也、昨日顧參謀因急欲回署復命、上午又吿署與李侯二警佐有所接洽、以曹勰泉匿不到案、其事眞相難明、無從會呈其復、茲據確訊、曹勰泉准於今日由圖董曹瑞臣、陪同到案、陳述一切、並擬呈縣請求拘究誣告之人、以維治安云、

《冯知事会委密查曹三房续纪》,《锡报》于1924年6月12日报道

馮知事會委密查曹三房 二誌

蘇常鎮守使署參謀顧伯超、日前奉朱鎮守使密令來錫、會同縣署馮知事、協同李侯二警佐、至南門外曹三房冶坊主曹聽泉家中、搜查私藏軍火、結果一無所獲、致曹聽泉飽受驚慌、莫知所措、因即赴寗、併見族人曹翊臣、於前晚偕同返錫、擬即晉署、有所陳述等情、已紀本報、茲悉昨日上午十時、圖董曹翊臣、陪同曹聽泉、偕赴縣署、馮知事因有事未見、由李警佐接見、當詰問曹聽泉、平素與人、有無宿怨挾仇、或懷恨嫌隙、時圖報逞、蓋此次列名、向鎮署誣告攻訐者、實有多人、非向有讎仇、當不致此、曹因答稱、素來接物待人、一以忠厚、並無仇怨、案發之前一

《冯知事会委密查曹三房二志》,《锡报》于1924年6月13日报道

日、即於初九日晨、曾有西南一圖地保王阿榮、特來會見、貿然問及有無家中私藏軍火情事、如有其事、可代爲設法彌縫、免致或遭刑事處分等語、當時以實無私藏軍火情事、殊覺其言之唐突不倫、因曾拒斥之而去、嗣於當晚、因事至馬路上東湖旅館、忽念其言之可異、曾復往會晤王阿榮、詢問究竟、王仍執前言、並謂可代爲疏通等語、以莫知所由、即亦置之、不料次日即發生搜查之事、曹又謂去年曾購置城中南市橋張蓮生醫生房屋一所、言定價洋六千一百元、已交付三千四百元、嗣張蓮生之子、購得頭彩、爰議回贖、以其反覆、曾要求照原價、略爲增價、方准回贖、然與此事有無關係、則不敢斷、語畢、以無端遭此奇禍、生命財產、至爲危險、因要求李君設法保護、李君語以官廳之搜查、實恐有他種不測之事發現、正所以保衛之、自當代爲設法曹等出署後、李君即傳喚地保王阿榮訊問、言語支吾、午後復僉派偵警過瑞鑫傳集兩造質詞、即據曹聽泉將前言複述一過、地保王阿榮詭稱初八日上午在青菓巷吃茶、有不識姓名之人喚我至西村里、謂倪涵生有事相商、遂往見倪、問我曹阿聽是否住你圖內、我稱曹阿聽是否即曹聽泉、其人家住南門外、現在南市橋購置住宅、因張姓回贖問題、正在交涉中、倪問我聽泉爲人可靠否、有無不法情事、我稱不知、乃退、其餘概不知情等語、李君據供、諭令將王阿榮先行收押、候傳到倪涵生到案再核、據聞倪涵生實爲蘇常鎮守使署駐錫偵探、使署參謀顧伯超日前抵錫後、曾委託倪涵生偵查其事、故有倪涵生訊問王阿榮、而王阿榮洩漏曹聽泉處、倪王二人、均非本案有關係之人云、

《冯知事会委密查曹三房二志》(接上图),《锡报》于1924年6月13日报道

◉馮知事會委密查曹三房四誌

縣知事馮贄齋、會同蘇常鎮守使署參謀顧伯超、搜查南門外曹三房冶坊主曹聽泉家私藏軍火一案、當時因查無實據、即經該圖圖董曹翊臣、陪同曹聽泉投縣聲明、被人挾嫌誣控、生命財產、深恐發生危險、要求予以保護、旋由警佐李乾一、告以此次會委搜查、即所爲予以保護之道、並詳訊聽泉與人有無深仇宿怨、旋即飭傳東北一圖地保王阿榮、與曹聽泉質訊、據王阿榮供稱、此案發生之前一日有倪涵生者、訊以曹聽泉之爲人、有無私藏軍火情事、因於事前轉語聽泉、其餘一概不知、當由李警佐將王阿榮先行收押、俟傳到倪涵生復訊再核、其詳已三誌本報、茲悉倪涵生實爲蘇常鎮守使署駐錫偵探員、當晚由偵緝隊長蔣桑齡、陪同倪涵生至縣警察所、經李警佐訊問一過、倪供稱事前傳喚地保王阿榮訊問曹聽泉家近況、誠有其事、實奉使署顧參謀之面諭、爲之探聽、當即傳報顧參謀、並無爲非作惡情事等語、李君據供、諭令倪涵生，協同偵緝警長蔣桑齡、設法嚴密查拿揑名誣控之薛榮先等、務獲拘案究辦、昨日特將東南一圖地保王阿榮、取保開釋、曹聽泉方面、業已延聘律師、依法起訴、偵查列名呈控之四十二人中、內有冶坊工人七人、惟據曹聽泉聲稱、該工人等平素感情甚好、決不出此、定有奸人揑名所致云、

◉省議員對於現行稅章之質問

本邑省議員錢孫卿等、以蘇省現行稅章、是否蘇寧重征、藉曰屬實、理由何在、特於前日(十二)提出質問書云、查蘇省產銷併徵、由來已久、乃閱現行稅章、凡通過滬寧區域、蘇寧各別徵收、同隷一省、何以忽有二道、竟否是屬實、及其理由何在、謹依省會法第十九條規定、提出質問、

《冯知事会委密查曹三房四志》,《锡报》于1924年6月15日报道

雜件

▼曹三房之飛來禍　曹三房冶坊主曹聽泉・被人告發私藏軍火・五月廿二日蘇常鎮守使委參謀顧伯起來縣・會同知事親赴曹家搜查・未獲實據・曹聽泉投縣聲明・有人挾嫌誣告・生命財產・恐發生危險・要求保獲・並請嚴查誣告之人・縣諭將列名控告之人・依法起訴・一場鬨動全城之軍火案而致知事馮祖培且親身出馬・卒至無功消滅・

《曹三房之飞来祸》,《无锡年报》于1925年第1期报道

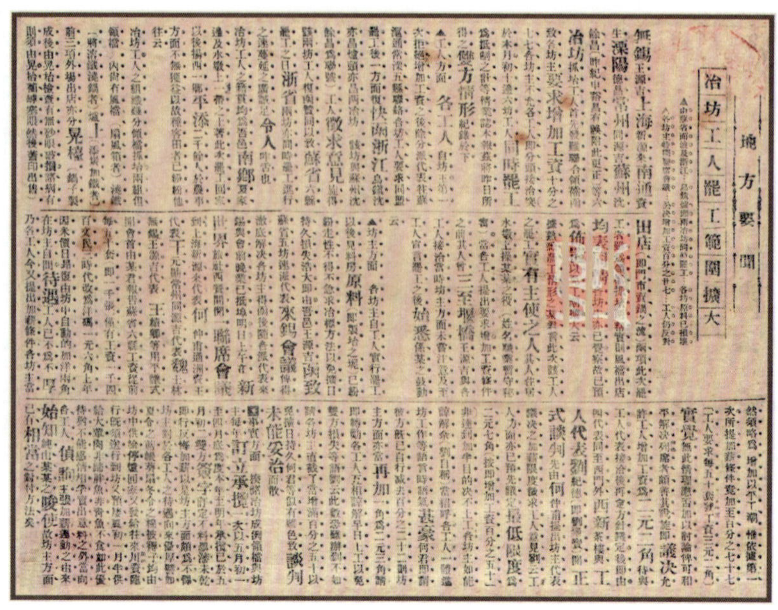
地方要聞

冶坊工人罷工範圍擴大

王源吉冶坊工人联合六家冶坊工人大罢工，《新无锡》于1926年7月27日报道

堰橋鎮

王源吉冶坊大火

焚去平屋七間　損失一千餘元

第五區堰橋鎮西街王源吉冶坊、前日（二十三）下午八時許、南部工場內鍍坏間工人、因將吸剩香烟頭、放置帳子旁、以致燃及帳子、冒穿屋頂、頓時火光燭天、繼復燃着炭堆、火勢更猛、遂即鳴鑼報警、由附近各地救熄會馳、趕前往竭力灌救、中有劉巷鄉救熄會、係新式洋龍、灌救時功效最著、而第五區區長胡仲芳、及公安十三分局局長王維新、亦親率長警、到場維持秩序、延燒一小時半、始行熄滅、共計焚去平屋七間、約計損失三千元餘云、

王源吉冶坊遭受火灾，《大公报》于1930年9月25日报道

曹三房冶坊場主

擁妾安睡

妻子敲房門○索取……生活費○

※曹阿三勃然大怒※

裸體毆妻子

本邑南門外南下塘十一號曹三房冶坊場主曹阿三、年五十七歲開設多年、營業向稱不惡、故手下頗有積蓄、娶妻愛寶、年三十五歲、生有三子一女、長子已故、餘均長大成人、但阿三性猶未足、復於前年娶一小妾、名阿秀、年念五歲、於二月前纔生一子、阿秀產子後、愈得阿三之歡寵、並掌握全家經濟權、當時規定愛寶母子、月領另用費二十元、按月向阿秀支付、於如是者月餘、昨晚八時許、阿三與阿秀、已同房安息、愛寶以領費期已屆、竟往敲房門索領該款、阿三性本急躁、認為乃妻故意作弄、勃禁大怒、不顧寒冷、在床上一躍而起、僅上身穿一短衣、赤露下體、開房門出外、與妻扭住一團、愛寶亦不甘示弱、大嚷大鬧、夫妻兩人、扭至街上、鄰人聞聲前往相勸、有數鄰婦見曹阿三赤露下體、莫不掩面而走、後由該處崗警前前來相勸、雙方始休戰而返云

曹三房冶坊坊主殴打妻子,《人报》于1934年1月7日报道

王源吉冶坊運貨船

江面被輪撞毀

湯繼康錢銀孩二人均遭溺斃

慶甯輪肇禍蓬船損失五六千

常州西倉橋同源吉冶坊與本邑懷橋鎮王源吉冶坊原係聯號，並在無錫常州南通等處設有分銷處南通分銷處王萬興吉北棧，常雇湯繼康之蓬船一艘，在常裝運鐵鍋等物赴通應銷，本月一日，該船又在錫常兩處裝得鐵鍋一船，由錫開通，零晨駛經江陰附近江面時，忽遇上海中寧公司（一說蒂興）開往浦口之慶寧輪一艘，攔腰開來，蓬船一時不及避讓，船尾被撞兩段，全船五人均遭落水，慶寧見已肇禍，即開足速率意圖逃逸，並不救人，幸適有他輪經過，大抱不平，當發出警號呼救，慶寧輪始行，撈救，當時救出三人，而湯繼康及船夥錢銀孩二人已遭溺斃，事後，未死之人，至江陰轉行來錫，將情報

王源吉冶坊运货船在江面被轮船撞毁,《人报》于1935年2月8日报道

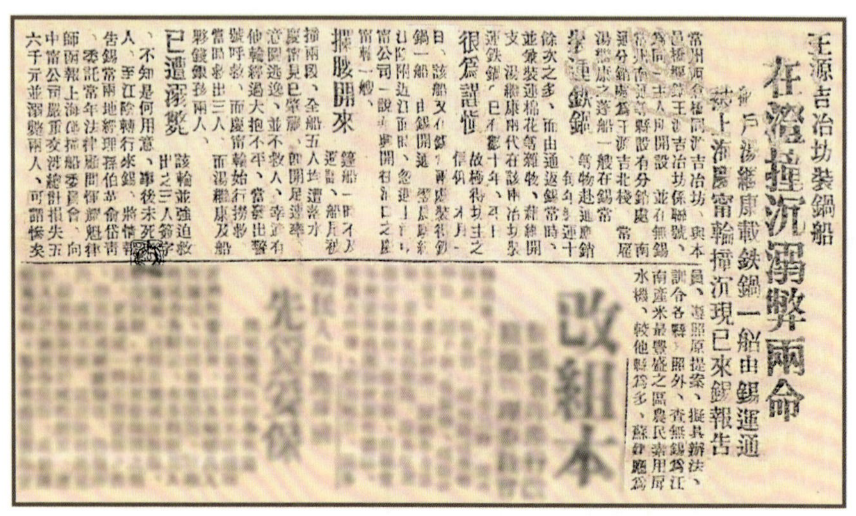

王源吉冶坊裝鍋船

在澄撞沉溺斃兩命

船戶湯繼康載鐵鍋一船由錫運通

被上海[illegible]當輪撞沉現已來錫報告

專運鐵鍋

很爲謹慎

擺脫開來

已遭溺斃

王源吉冶坊装锅船在澄被撞沉，溺毙两命，《新民报》于1936年1月11日报道

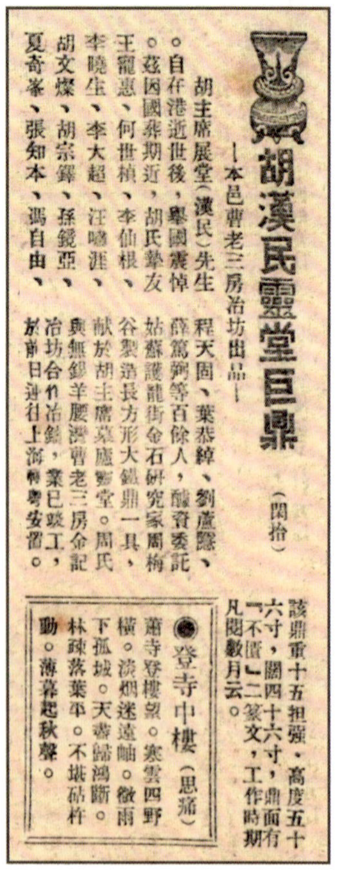

胡漢民靈堂巨鼎（閑拾）

——本邑曹老三房冶坊出品——

胡主席展堂（漢民）先生。自在港逝世後，舉國震悼。茲因國葬期近，胡氏摯友王寵惠、何世楨、李仙根、李曉生、李大超、汪嘯涯、胡文燦、胡宗鐸、孫鏡亞、夏奇峯、張知本、馮自由、程天固、葉恭綽、劉盧隱、薛篤弼等百餘人，醵資委託姑蘇護龍街金石研究家周梅谷製造長方形大鐵鼎一具、獻於胡主席墓廬饗堂。周氏與無錫羊腰灣曹老三房命記冶坊合作冶鑄，業已竣工，於前日運往上海轉粵安置。該鼎重十五担強・高度五十六寸，闊四十六寸，鼎面有「不匱」二篆文，工作時期凡閱數月云。

◉登寺中樓（思痛）

蕭寺登樓望。寒雲四野橫。淡烟迷遠岫。微雨下孤城。天響歸鴻斷。林疎落葉平。不堪砧杵動。薄暮起秋聲。

曹三房冶坊为中华民国南京国民政府主席、中国国民党主席胡汉民灵堂制作巨鼎，《新无锡》副刊于1936年10月18日报道

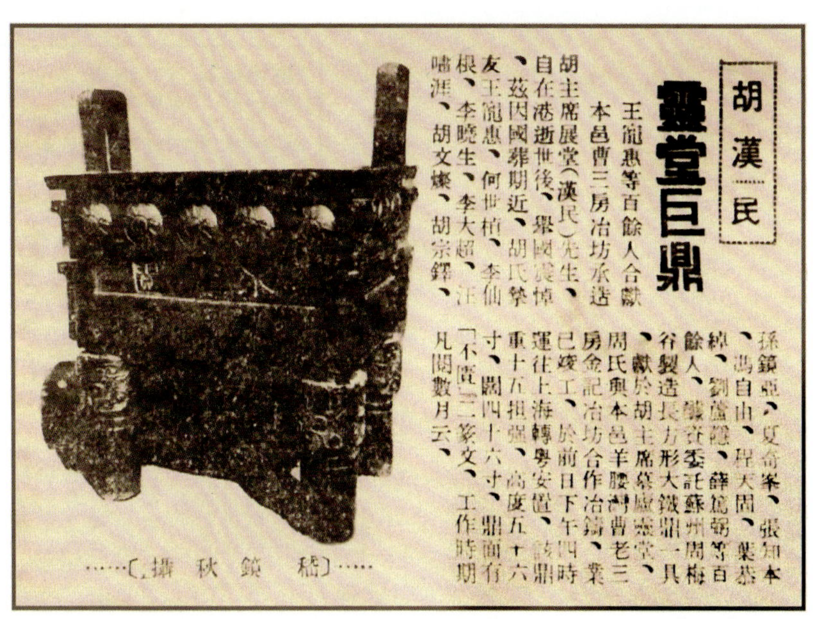

胡漢民

靈堂巨鼎

王寵惠等百餘人合獻

本邑曹三房冶坊承造

胡主席展堂（漢民）先生、自在港逝世後、舉國震悼、茲因國葬期近、胡氏摯友王寵惠、何世楨、李仙根、李曉生、李大超、汪嘯涯、胡文燦、胡宗鐸、孫鏡亞、夏奇峯、張知本、馮自由、程天固、葉恭綽、劉盧隱、薛篤弼等百餘人、醵資委託蘇州周梅谷製造長方形大鐵鼎一具、獻於胡主席靈堂、周氏與本邑羊腰灣曹老三房金記冶坊合作冶鑄、業已竣工、於前日下午四時、該鼎運往上海轉粵安置、重十五担强、高度五十六寸、闊四十六寸、鼎面有「不匱」二篆文、工作時期凡閱數月云、

……〔稽鏡秋攝〕……

胡汉民灵堂巨鼎由曹三房制作，《锡报》于1936年10月15日报道

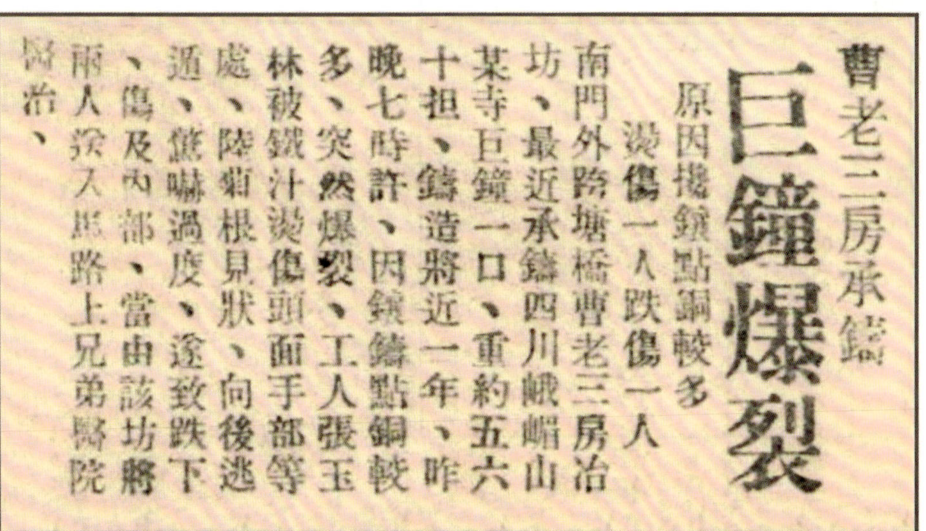

曹老三房承鑄

巨鐘爆裂

原因擠鑄點銅較多

燙傷一人跌傷一人

南門外跨塘橋曹老三房冶坊、最近承鑄四川峨嵋山某寺巨鐘一口、重約五六十担、鑄造將近一年、昨晚七時許、因鐘鑄點銅較多、突然爆裂、工人張玉林被鐵汁燙傷頭面手部等處、陸菊根見狀、向後逃遁、驚嚇過度、遂致跌下、傷及內部、當由該坊將兩人送入大馬路上兄弟醫院醫治、

曹三房冶坊为四川峨眉山某寺院制作巨钟时发生爆燃事故，《新无锡》于1937年4月2日报道

王源吉冶坊 深夜遭盜劫

前日深夜二時許、南門外下塘鎮羊腰灣王源吉冶坊、突發生盜劫案、該處經理王瑞彬、適因事外出、當時有匪盜四人、執有手槍二支、均穿短衣、口操強北音、首由二盜越牆而進、入內開門、引進同黨、時該號夥友衞煥章等、均已深入睡鄉、被盜驚醒、均遭禁入內室、不許聲張、當在賬桌內刧去法幣十餘萬元、在宿舍內搜去法幣三萬餘元、以及金表金戒另星物件甚夥、約一時許、始相率而去、事後、由夥友衞煥章、投報該管警察南區分所、由劉所長率警前往查勘一過、現在嚴密追緝逃盜云、

王源吉冶坊深夜遭盗劫，损失惨重，《江苏民报》于1946年2月12日报道

王源吉冶坊遭盜搜刧

南区治安堪虑，王源吉遭盗劫，《大锡报》于1946年2月12日报道

王源吉等冶廠早已虧蝕閉歇

無所利得 請免追課

本縣金屬品冶製工業同業公會，以王源吉冶廠，中源冶廠正昌泰記鍋號，均因營業虧蝕，已於本年十月十五日閉歇，現在人員星散，無從報繳所得稅，昨由該會致函商會，請轉函稅局，准予免課，商會接函後，當以王源吉等三家，既因虧本閉歇，實無所得利得可言，據情轉函直接稅局，請即免予追課，以恤商艱。

《王源吉等冶厂早已亏蚀闭歇》,《人报》于1946年12月28日报道

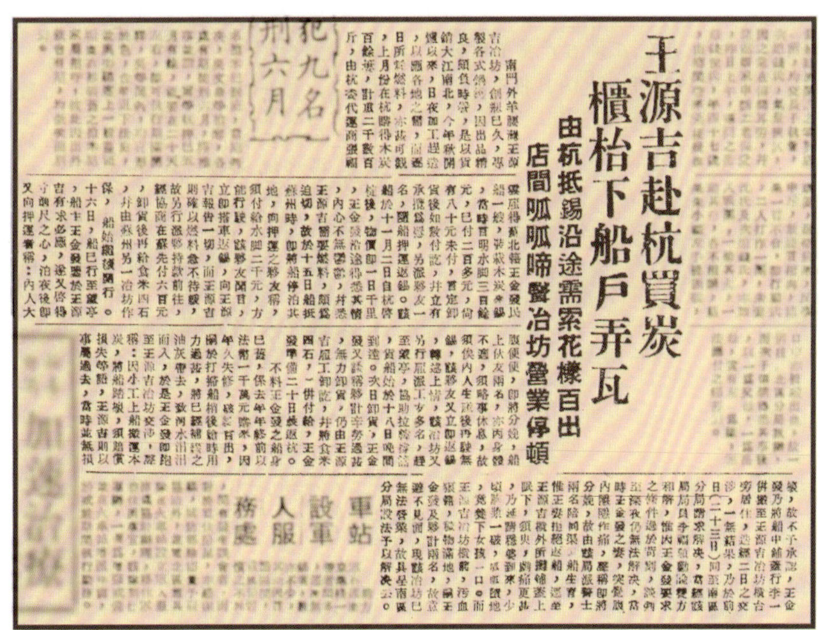

王源吉赴杭買炭 櫃枱下船戶弄瓦

由杭抵錫沿途需索花樣百出 店間呱呱啼聲冶坊營業停頓

王源吉赴杭买炭,沿途勒索花样百出,《人报》于1948年11月26日报道

冶坊已有六家復工

王源吉產量不斷提高

本市冶坊業是鑄造飯鍋、湯罐、浴缸和犂頭等的冶鑄工業，每年分兩季開爐生產，春季是農歷正月到四月，冬季是八月到十二月。該業工會，爲了討論今年春節復工問題，在一號開了小組長會議，了解了各坊所存原料和成品的數字，發現一般冶坊所存原料可以維持半月到一個月，個別坊家存原料較少，但堆存成品較多，因此須各廠工人分別推動資方復工。

无锡冶坊陆续复工，王源吉产量不断提高，《工人生活》于1950年3月18日报道

無錫市王源吉冶坊

熔鐵爐爆炸死傷五人

工會已向資方提出抗議，追究事故責任。

編輯同志：

無錫市王源吉冶坊，在本月五日晚上九點多鐘，熔鐵爐發生爆炸，共炸傷炸死工人五人。

事情是這樣的：因為資方在「五反」運動中仍然忽視工人生產安全，只圖貪便宜，買來的原料，全是雜鐵，裏面混有手榴彈彈頭等爆炸品。在開爐時工人沒有揀清，就放進爐子裏去，引起了爆炸。工人陳泉根、徐耀坤、許盤泉因離爐子較近，當場被炸倒。陳泉根雖經普仁醫院醫治，但因受傷過重，流血過多，在六日上午死了。徐耀坤、許盤泉經醫治後，已脫離危險。另有工人秦炳初、王有生兩人受輕傷。

王源吉冶坊的爆炸事故，是嚴重的。在五反運動以後，工人們正在開展生產競賽的時候，技工陳泉根等的死傷，對國家建設是一個很大的損失。現在，工會已經向該廠資方提出抗議，要資方對這次傷亡事故負責。同時，希望冶坊業工人，隨時注意在熔化這種雜鐵時，細心檢查，把帶有爆炸性的東西統通揀出來，接受這次事故的慘痛教訓。

無錫市五金業工會 暴光

王源吉冶坊 唐法林

王源吉冶坊熔铁炉爆炸导致死伤五人，《工人生活》于1952年5月10日报道

王源吉冶坊着手改進產品質量

本報在22日刊出批評王源吉冶坊降低質量規格的稿件后，該厂全体職工都進行了讀報和討論，領導上在進行思想檢查的同時，並迅速采取了一些改進產品質量的措施。24日，厂部向檢驗人員發出通知：从当天開始，產品驗收規格嚴格遵照省合作總社合約的規定，不合格產品一律不准出厂。同一天起，在部分班組中推廣6号爐業字班提高產品質量的經驗。这項經驗一个月以前就已經總結好，当時厂內有些人認为總結得不完整，因此沒有及時推廣。現在該厂決定一面先行推廣，一面繼續作進一步的總結。

王源吉冶坊6号爐質量最好得紅旗

公私合營王源吉冶坊在24日举行劳動競賽評比給奖大会，第3工場6号爐業字班獲得了优勝班的循环紅旗。大会宣布了它的成績：从去年年底到今年2月8日的6个星期中，廢品率平均为5.5%，比行政指标低4.5%；而其他各爐的廢品率一般都在10%以上。6号爐業字班的產量等各項成績，也都全面超額完成。（鄭豐根）

《王源吉冶坊着手改进产品质量》，《工人生活》于1956年3月29日报道

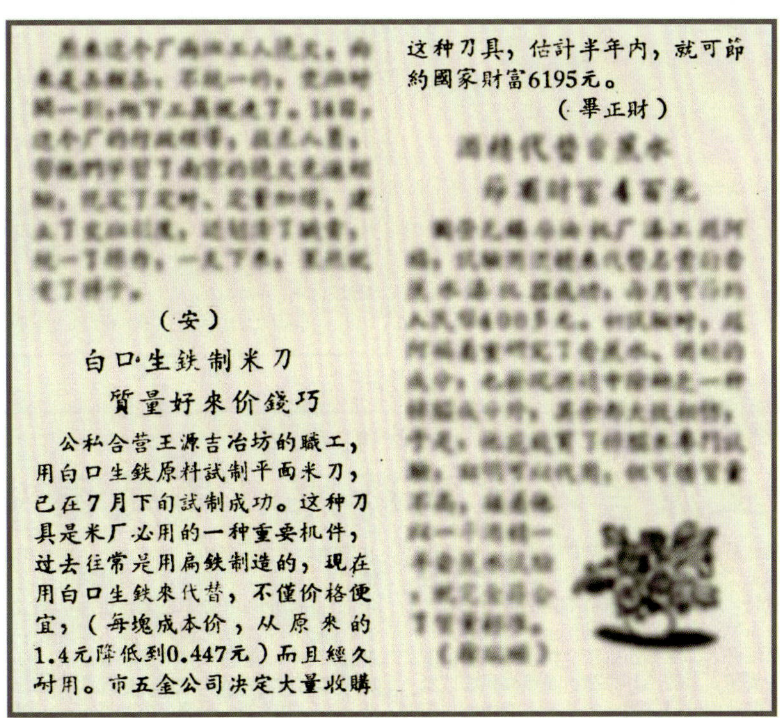
（安）

白口生鉄制米刀 質量好來价錢巧

公私合營王源吉冶坊的職工，用白口生鉄原料試制平面米刀，已在7月下旬試制成功。这种刀具是米厂必用的一种重要机件，过去往常是用扁鉄制造的，現在用白口生鉄來代替，不僅价格便宜，（每塊成本价，从原來的1.4元降低到0.447元）而且經久耐用。市五金公司決定大量收購这种刀具，估計半年內，就可節約國家財富6195元。（畢正財）

王源吉冶坊用白口生铁原料试制成功平面米刀，《工人生活》于1956年8月2日报道

王源吉冶坊搬進新厂房

昨天上午八时，公私合营王源吉冶坊，在隆重开工典礼和爆竹声中，7只熔鉄爐点起了爐火，正式在新厂房投入生產了。这天第一批生產的鉄鍋，經过技术人員的檢驗，質量比原来的提高；其中7号熔鉄爐，經过風力加大，改裝以后，產量比原来提高10%以上。

这家远在太平天國前就开办的王源吉冶坊，本来分散在三个地方生產的，厂房低矮、簡陋，劳动条件差，现在集中在新厂房生產，这些情况就改变了。它有一座高大鑄鍋車間，占地面積756平方公尺，安放着七只熔鉄爐仍很寬暢；車間二旁，还裝有明亮的大窗格和百叶窗，屋頂还設有一長列气樓，車間里光綫充足，自然通風設备很好。該厂負責人指着車間兩壁的圓洞，对記者説：这里还要按裝鼓風机，这样，將改变过去夏季長期停工現象。

在鑄鍋車間南面，还有24間一長列的輔助車間，用来進行加工模型等工作。他們的職工宿舍，是利用原華新絲厂的厂房改建的，这次又新添了156張双人木床，工人們可以根据班别，分别住在这里。在宿舍的周圍，还有一个小花圃，供工人們業余休息。

（楊忠海）

上面照片是工人已开始在新厂房里生產。

公私合营后的王源吉冶坊，搬进新厂房，正式投入生产，《工人生活》1956年9月9日专门作了报道

想尽各种办法　到处收集廢料

王源吉冶坊战勝原料不足困难

在金屬材料供应紧張，生产任务不足的情况下，本市王源吉冶坊想尽各种办法，到处收集廢旧金屬材料，解决生产上原料不足的困难。

該厂在去年，曾分别派人到南京、济南、青島、北京等各大工业城市收集机械厂加工切削下来的廢金屬屑，并將当作垃圾、多年堆积在戚墅堰机車厂池塘內的廢鉄屑，也从一人多深的地方挖掘出来，当作生产上的原料。就在去年，該厂从各地收集到的廢金屬鉄屑有2751吨、破旧鉄鍋1529吨。去年一年中，該厂利用这三千吨左右的廢旧金屬材料，澆鑄成占全省鉄鍋四分之一强的产品——70万2千余只鉄鍋，供应本省各地农村、城市日常生活的需要，並为国家全年上繳利潤15万余元。利用60%的廢金屬鉄屑，和40%的破旧鉄鍋所澆鑄成的鉄鍋，經質量檢驗后，都合乎标准，并且質地坚韌，不易掉碎。在成本方面，比过去用全旧鉄鍋鑄成的还低12%，平均每月可为国家节約1万2千多元。（知行）

《王源吉冶坊战胜原料不足困难》,《工人生活》于1957年2月20日报道

介紹土法煉鉄

王源吉冶坊 林世范

我們第一次嘗試煉鉄，还是1956年春天的事，当时以为只要把矿石熔开就能得到鉄水，所以利用原有熔鉄炉，把矿石和石灰石放下去熔，結果熔出来的不是鉄水而是渣水。事后看了些煉鉄的書，知道矿石內所含的是鉄的氧化物（三氧化二鉄），在煉鉄爐中必須进行一系列的化学变化，才能煉出鉄水来。懂了这些道理，思想顧慮反多起来了，心想煉鉄要有复杂的技术和設备，本厂条件差，沒有能繼續煉下去。6月初，江苏省工业厅在苏州开土炉煉鉄現場会議，我們通过这次会議，思想上得到了解放，知道煉鉄虽不簡單，但也并不神祕，用土法也可以煉鉄。回錫后，我們发动工人，連續苦战二天二夜，終于在14日早晨流出了第一炉鉄水，經过化驗，等級达到三号鉄以上，0.25立方米的土爐，日产量达0.27吨。

我們的土煉鉄炉，是参照苏州土煉鉄炉的經驗，利用本厂熔鉄炉改建的。本厂鼓形熔鉄炉的結構、式样是古代（相傳是周朝）流傳下来的，苏州冶鉄專家和上海交通大学教授都来研究过。以前熔鉄时，爐温达1400度，現在改建后可达1800度。我們土煉鉄炉的構造原理，大体与高爐相仿，不过容积大大縮小，所用材料，沒有高爐的用材那么高貴。整个爐子分爐口喉、炉身、炉腰、炉腹、炉缸等五个部分。

我們造土煉鉄炉用的材料是很便宜的，也容易找到。爐基、底層是用黄石夯实，上面澆三合土；爐壳是用青磚和泥砌，外加鉄箍；煉鉄炉內壁，温度很高，本需要高級耐火材料，但根据我厂小土爐的試驗結果，可以用爛煤（用回炭屑40%，火泥30%，石英砂30%与粘土泥絮拌合成），也能耐火6天之久，在爐腹下部及爐缸部分砌些火磚，更能持久一些。出鉄口、出渣口、进风口，可用火磚或砂石凿洞砌成；风管用紫泥（陶土）做成圓管狀塞入进风口应用。

至于鼓风設备，我們試驗結果，在2.5立方米以下的土爐上，可以用离心式鼓风机，1立方米土炉除可用普通鼓风机配以三匹馬达外，还可以用人力拉风来鼓风。至于热风設备，我們在炉口上面搞一热风筒，利用火的热量来燒热冷风，这样风温也可以达到攝氏400度。

我們土高炉的优点，主要是投裝快，投資少（一个爐子0.25立方米只須80元），容易操作（一般工人几天实习后就能操作）；缺点主要是爐身小用焦多，生鉄質量內含錳矽少，相等于一般鑄鉄，同时炉的使用时間較短，連續煉144小时后必須修理一次。（編者按：如果讀者想对土煉鉄爐作詳細了解，可以直接和該厂接洽）。

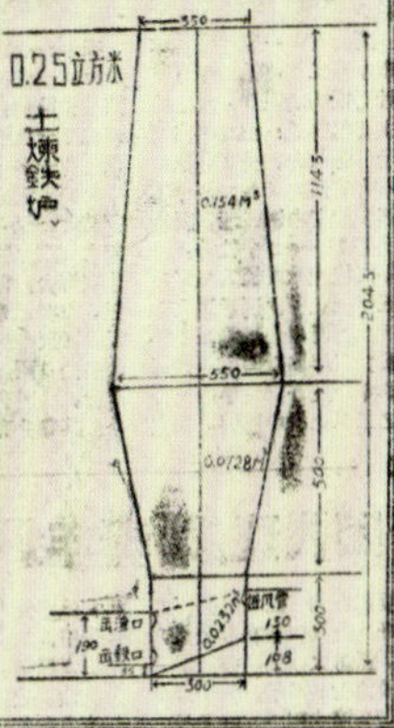

《无锡日报》于1958年6月25日对王源吉冶铸机械厂的土法炼铁专门进行了介绍

行动神速「抗旱」中立了大功

王源吉冶煉廠、市輪船公司青年突击队

南長區王源吉冶煉厂團支部，在8日上午发动全厂团員、青年立即上馬，投入工业抗旱运动，团員、青年个个干勁十足，只化了十五分鐘就組織了火箭队、卫星隊、尖兵队、促进隊等四个青年突击隊，共有55人参加。会后，火箭队一馬当先，边偵察、边收集，采取挖找，搜遍四处壁角，只化了三个小时，收集了廢銅鉄3409斤。

泥心小組的姑娘們看到后，也来了勁，立即把泥心間的地皮翻了一翻，找出生鉄200斤。下午落班后，利用厂里开会前的間歇时間，四个青年突击队同时出动，各显神通，不到一小时共收集到廢旧銅鉄15 052斤，全天共获得18661斤廢旧銅鉄的輝煌战果。（琪）

× × ×

7月29日，无錫輪船公司客运支部書記朱勤書，剛从交通团委開会回去，馬上召开5分鐘的支委会議，研究“工业抗旱”的行动部署，会后，支委分头偵察，經过一个多小时的战斗，四人共收集廢鉄812斤。

接着，支部发动全体团員、青年投入“抗旱运动”。在偵察中，他們从服务員、公勤員、仓庫保管員那里得到了不少綫索。如从旅客候船室的服务員沈根娣那里了解到某处廁所旁地下，埋藏着多年的旧水关（輪船上的鉄舵）有50多斤。在籃球場的一角瓦屑堆里，情节可疑，就訪問公勤員老朱，經情况分析确实，立即动手搜集到廢鉄80斤。在托运貨物的仓庫里，依靠了保管員老华，在几处死角中收集到廢鉄160多斤。就这样，到8月7日止，已收集廢銅鉄3442斤。他們的行动口号是：大搞廢銅鉄，支援鋼鉄业；全面去偵察，处处去收集。（祥发）

團的生活

王源吉冶铸机械厂行动神速，抗旱立大功，《无锡日报》于1958年8月10日报道

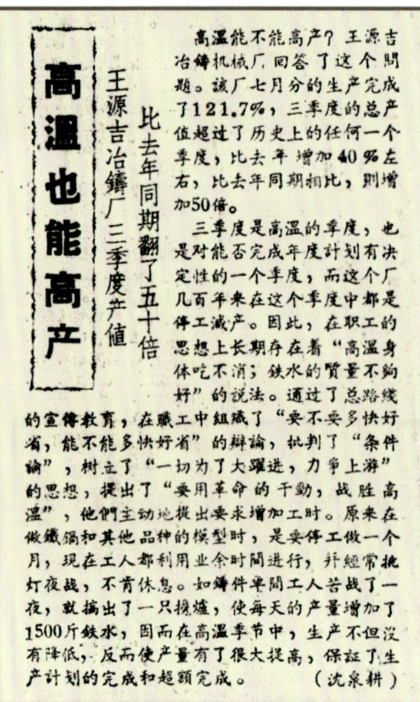

高温也能高产

王源吉冶铸厂三季度产值比去年同期翻了五十倍

高温能不能高产？王源吉冶铸机械厂回答了这个問題。該厂七月分的生产完成了121.7%，三季度的总产值超过了历史上的任何一个季度，比去年增加40%左右，比去年同期相比，则增加50倍。

三季度是高温的季度，也是对能否完成年度計划有决定性的一个季度，而这个厂几百年来在这个季度中都是停工减产。因此，在职工的思想上长期存在着“高温身体吃不消；铁水的質量不夠好”的說法。通过了总路綫的宣傳教育，在職工中組織了“要不要多快好省，能不能多快好省”的辯論，批判了“条件論”，树立了“一切为了大躍进，力爭上游”的思想，提出了“要用革命的干勁，战胜高温”，他們主动地提出要求增加工时。原来在做鐵鍋和其他品种的模型时，是要停工做一个月，現在工人都利用业余时間进行，并經常挑灯夜战，不肯休息。如鑄件車間工人苦战了一夜，就搞出了一只撬爐，使每天的产量增加了1500斤鉄水，因而在高温季节中，生产不但沒有降低，反而使产量有了很大提高，保証了生产計划的完成和超額完成。（沈泉耕）

高温也能高产，王源吉冶铸机械厂三季度产值比去年同期翻了五十倍，《工农生活》于1958年8月13日报道

第一爐鉄水說明什么

沈泉耕

你知道嗎？本市新建數以千計的土高爐中，流出第一爐鉄水，是从王源吉冶鑄机械厂流出来的。

这个厂的煉鉄炉是三号鼓形煉鉄炉，原是熔鉄炉，相傳有一百二十多年历史。这种爐子是历代劳动人民的智慧結晶。全炉不用一磚、一鋼。而是用黃泥、炭屑、火泥、石英砂混合制成的土耐火材料，做了炉身、炉膛，可耐一千五百度高溫，連續生产在一百四十四小时以上，然后小修。出鉄的質量很高。

有些“重洋輕土”論者曾說“土炉寿命短，出鉄少質量差”；有的看到有的單位新建了土高炉一时出不出鉄来，更加認为土高炉不行，主張把土高炉毁掉。

看了王源吉冶鑄机械厂土高炉出鉄的情況，在事实面前，可沒有什么話可講了。

“大炼钢铁”时，王源吉冶铸机械厂炼出无锡第一炉铁水，《工农生活》于1958年8月24日专门刊发了评论文章

以煤代焦

王源吉冶坊林世范

最近，我厂用烟煤煉鉄試驗成功。現在已在厂里14个煉鉄炉上全部推广（0.16、0.25、1.28立方米三种土高炉都用），数天来，使用情况良好。

我們体会到，用烟煤煉鉄有下面几个好处：

1.能节省焦炭，供給洋高炉煉鉄；

2.烟煤容易燃燒，入炉后容易碎裂，发热高，下料快，能增加出鉄量，原来用焦炭作燃料的0.16立方米土高炉日产500市斤生鉄，改用烟煤后，日产量增加到620——650市斤；

3.烟煤渣少，煤入炉后大部燒尽，燃燒时沒有粘性，因此，用烟煤煉鉄的炉子料塊很松，风口經常保持白亮；

4.用烟煤煉鉄比用焦炭煉鉄便宜，用焦炭煉鉄每吨成本670元，用烟煤只320元。同时可节約大量原煤（每100斤原煤只煉焦60斤）；

在使用烟煤煉鉄时要注意以下几点：

一、烟煤中含硫較多（含硫約千分之一左右，含量过多，会影响生鉄質量），需多加石灰石，我們的配料是这样的：20斤烟煤、8斤矿石、4斤石灰石、2斤白云石。煤塊一般为拳头那么大；

二、定时疏通热风筒管子，以防烟堵塞热风管，影响风溫；

三、烟煤溫度較高，选擇上风头加料为宜。

王源吉冶铸机械厂以煤代焦炼铁试验成功，《无锡日报》于1958年9月4日报道

一炉放一百多只坩堝炼鋼

王源吉試驗成功大面積

生產的坩堝炼鋼法

王源吉冶鑄厂職工在土法煉鋼运动中，大胆冲破坩堝煉鋼只能小量生产的「常規」，在本月十七日，試驗成功了一爐放一百多个坩堝（一般一爐只放三、四个）的大面积生产的坩堝煉鋼法。

这种坩堝煉鋼爐是利用該厂的煉錫炉試成的。当該厂車間領导干部董明珊、錢錫明和孙进善等，开始提出利用原来的煉錫炉試搞大面积坩堝煉鋼的建議时，在羣众中曾經引起爭論。有人認为：煉鋼的炉溫比煉錫所需炉溫高，煉錫炉面积大，炉溫易散失，不能「冒失」瞎搞。另一部分人却認为既然小坩堝炉里能煉鋼、只要大胆試驗、多想办法，煉錫炉里一定也能煉出鋼來。中共南長区委和厂的党总支积极支持这一創議。在羣众中展开「要不要力争快出鋼，多出鋼？」的專題辯論，冲破右傾保守的「思想关」，發揚敢想敢干的共产主义风格。在十六日晚上，大胆进行試驗，結果在第一炉內共裝煉鋼坩堝一一二只；四个小时出一炉，煉成中炭鋼一五二〇斤，上午3时再进行第二炉試驗，又煉出鋼一六二〇斤。这种坩堝炉一天可開炉三次，日产鋼二吨以上，煉錫大土爐变成了煉鋼丰产炉。

这种土坩堝煉鋼炉，上馬快、出鋼多、設备簡單、技术容易掌握。炉身結構簡單，一天就能建成，所需坩堝也是用土法自制的。

王源吉冶铸机械厂试验成功大面积生产的坩埚炼钢法，《工农生活》于1958年10月27日报道

飞跃的步伐

1958年，无錫人民在历史上揭开了新的、光輝的一頁：生产了鋼鉄！在夺取1070万吨鋼的战斗中，无錫人民創造了日产生鉄2024吨的高产紀录！

千座高炉吐金火，万吨鉄水流成河。——人們用劳动的彩笔，画下了一幅多么雄偉、多么絢丽的图画啊！是誰在这幅图画上，头一个幸福地画上最新、最美的一笔呢？

就是那运河畔的王源吉冶坊。1958年6月24日清晨4点鐘，在这里的鼓形土炉里，流出了无錫市的第一炉鉄水。

你知道么：王源吉冶坊工人所造的鼓形土炉，原来是个熔鉄炉。以这种炉子熔鉄，采用的相傳是明朝流傳下来的古法。用这种炉子，能够熔煉出質量很好的鉄水，澆鑄出精美的鉄件来。然而，几千年来，熔鉄炉仍然还是熔鉄炉。只有当解放了的工人阶級，掌握了事物發展的客观規律后，才使这千年古炉，在大跃进的时代里，获得了新的生命，变熔鉄为煉鉄。王源吉冶坊的工人在全民大煉鋼鉄的战斗中，發展了多少年来劳动人民积累的宝貴經驗，在全市傳播下土法煉鉄的种子，滚滚燃放出鮮紅的鉄花！

是呵！一天等于二十年。

从王源吉冶坊0.16立方米的鼓形土炉里煉出第一炉鉄水，相隔不满六个月，在12月5日，无錫市最大的高炉——无錫鋼鉄厂55立方米煉鉄炉已經建立起来，吐出了汹涌的鉄流！现在南門运河两岸，已經有十几座聳入云霄的高炉；新的煉鋼車間、軋鋼車間、无縫鋼管車間……也將在无錫鋼鉄厂的工地上迅速建造起来。

从这里，我們看到了无錫市鋼鉄冶金工业飞跃前进的步伐！

无錫鋼鉄厂的一号高炉

王源吉冶铸机械厂快速发展，《工农生活》于1959年4月23日报道

数风流人物还看今朝

不倒的紅旗—章阿海小組

爲千家万户奔忙的人

《不倒的红旗——章阿海小组》，《无锡日报》于1960年4月17日专门作了报道

那里最热　干部就到那里去

王源吉职工奋战高温夺得高产

全月产量計划十天完成一半

王源吉锅厂领导干部，在高温酷暑中，奔赴最热、最薄弱的車間和小組，一手抓生产，一手抓生活，切切实实地关心工人，促进了7月份生产大幅度增产。

早在6月初，該厂党支部就組成了“第一綫”小組，領导干部分別到最热的天平炉、鼓型炉旁和薄弱部門的食堂，輔助工段等五个部門，去抓生产、抓生活。他們一面劳动，一面和工人一道查显装設排风扇，及时解决了防暑降温設备。新建的二号天平炉，質量不稳定，是一个薄弱环节，党支部書記胥經林与工人一起冒着高温在炉前研究过好几次，找出了出白口鉄的原因是炉温不高，就决定在热风筒加耐火磚、加大风量，終于攻破了質量关，正常地流出了优質的紫口鉄。

各級領导干部奋战在第一綫的同时，全厂还組織了一个檢查組，每天中午，晚上分別到宿舍巡视，如发現工人睡在风口或睡眠条件不好，就給他們另換地方，并和保健員一起把人丹等防暑藥品送到宿舍、車間。干部还經常在宿舍里給工人的床舖上涂杀虫藥，消灭臭虫，保証工人睡得好。支部副書記王有新，不仅亲自在食堂卖飯卖菜，还帮助食堂建立了各种管理制度，健全了帳册。从7月份起，食堂每天做的菜类，都經过厂医务部門檢驗，由党支部驗收后才出售，如发現不新鮮或变質等情况，就停止出售。工人們看到領导干部这样关心工人生活和健康，写了四句顺口溜：“熊熊炉火旺又旺，工人干勁高万丈，干部群众心一条，奋战高温夺高产。”7月上旬，全厂出現了高产紀录，平均产量比6月份上升30%，鑄鍋車間乙班胡伯勤小組出現了班产鍋子九百二十四张的高产紀录，比6月份上升50%，丙班姚阿荣小組更上一层楼，班产鍋子达九百四十五张。全厂头十天就完成了7月份鍋子計划的一半。

（王有新、杭焕良）

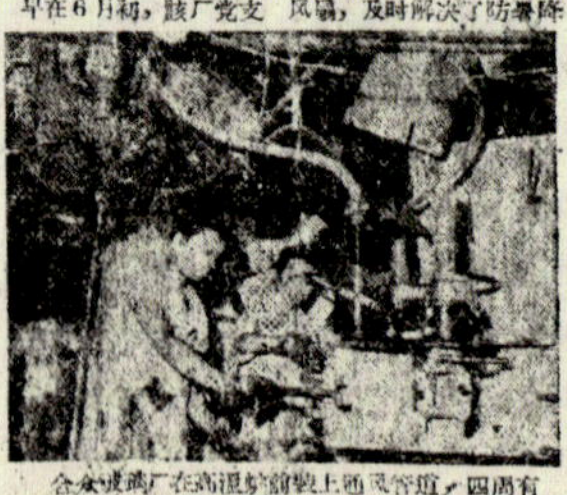

全厂建厂在高温炉前装上通风管道，四周有巨型风扇，凉风阵阵，工人干劲更足。

王源吉锅厂职工奋战高温夺得高产，《无锡日报》于1960年7月14日报道

共产主义大协作的小故事

——記无錫王源吉冶鑄厂帮助淮阴赶江南一事

事情发生在四月中旬的一天下午。这一天蒙蒙的牛毛細雨下个不停。我們淮阴鍋厂鑄鍋車間的工段長馬連波，滿臉愁容地来到了厂長室。迎面碰到了孟書記，就說："書記，我們干了三天三夜，炉溫老燒不高，鉄水淌不出来，什么办法都想尽了，就是找不出毛病。"孟書記却滿有信心地說："你給无錫王源吉掛个長途电話，他們一定会給想办法的。"馬連波臉上豁然开朗，說："哎呀，我怎么沒有早想到！"

电話接通了，王源吉的王厂長答應馬上派兩个技术最好的工人来。不过这兩个人正在天津作技术表演，他馬上拍加急电去，要他們直接赶到淮阴来。

这兩个工人就是張阿四和陈金泰老師傅。張師傅已經是年过半百的人了，但他人老干劲大，曾被評为无錫市的劳动模范。从1958年起，他对淮阴怀了深切的感情。那时他們大煉鋼鉄，淮阴输来了成千上万的优秀儿女，和一批一批的原料，他从这些事情感到了淮阴人民的深厚友情。总想有机会为淮阴人民出把力。現在，他接到了急电，淮阴人民需要他去支援，他心急如火，打消了游天津的計划，連夜买了車票，赶赴淮阴。第二天到新沂已經天黑，为了怕誤車，他們在汽車站上蹲了一夜。不巧，張師傅的肚子瀉坏了。陈師傅劝他好了再走。張師傅堅持不同意，他不顾疾病疲劳，坐了兩天的長途汽車，一到淮阴，連忙就赶到鍋厂去了。

到了厂里，孟書記熱情接待了他們，要他們吃了飯先休息。兩位老師傅那里肯听，他們說："我們接到急电，路上走了三天，心里像火燒，解决問題越快越好，讓我們先去看看吧！"孟書記劝他們不住，只好陪着他們到了車間。

一到車間，兩位老師傅就脫了外衣，鑽进炉子里去找毛病。他們爬上爬下，一連檢查了三个鐘头，累得滿头大汗。炊事員来請他們去吃飯，一次、二次、三次，还是不肯走，就拉。張師傅說："我們修好了再吃吧。"炊事員說："你們到厂里，屁股未落板凳，茶水沒进口，干了大半夜，这象話嗎？"張師傅笑着說："人民公社来买不到鍋子，这象話嗎？"炊事員毫无办法地走了。

東方出現了魚肚白，車間里电灯不大亮了，兩个老師傅才在炉子进风口找到了毛病，就馬上动手修理，直到早晨七点，他們終于把炉子修好了。一試，头一炉就順暢地流出了鉄水。接着，他們又根据鍋的情况，把炉子作了改进，不但鉄水流得暢，炉子寿命也由过去三天延長到十四天，当鍋子一批批地澆鑄出来，全体工人又佩服又感激。厂領导上除了給他們拍了照，还送了一面大紅旗，上写：感謝你們以共产主义的高尚风格，千里来淮，帮助我厂解决生产关鍵性問題，和我們一道赶江南。

（淮阴鍋厂耿兆苏）

王源吉冶铸机械厂帮助淮阴赶江南，《无锡日报》于1960年7月6日报道

救炉夺鉄铸鍋忙

王有新　杭煥良

7月9日夜里，悶热天气，王源吉鍋厂的工人們，冒着一百多度的高温，澆鑄着大大小小的鍋子。突然一声急喊："三号天平炉結煞啦……"話还未說完，剛洗好浴，正在車間外面乘涼的干部韋煥章、老工人吳盤根等人迅速奔进了車間，只見炉頂呼呼地狂吼着，冒着强烈的热气，逼得周圍的人汗珠直滴。"这只炉子沒法救了，还是出炉吧！"不知那个說了一句。"不能，决不能，溫度再高，也要夺回鉄水，保証鍋子供应。"吳盤根堅定的喊声，鼓舞了工人們的信心，大家同声附和着："对，向高溫夺鉄水。"說着，工人們就揮起了大鎯头，用勁地敲着炉口的死結，一块、二块的鉄被敲下来，汗水把衣服濕透了，吳盤根、韋煥章和工人們坚持着，一个人累了，另一个人接上去，时鐘敲了十一下，十二下，三个小时过去，炉口終于現出紅光，"嘭"的一声，鉄水奔騰而出。人們鼓掌欢呼，他們又战胜了一次高溫，夺得了鉄水，重新澆鑄着一只只的耳鍋。

王源吉锅厂救炉夺铁铸锅忙，《无锡日报》于1960年7月17日报道

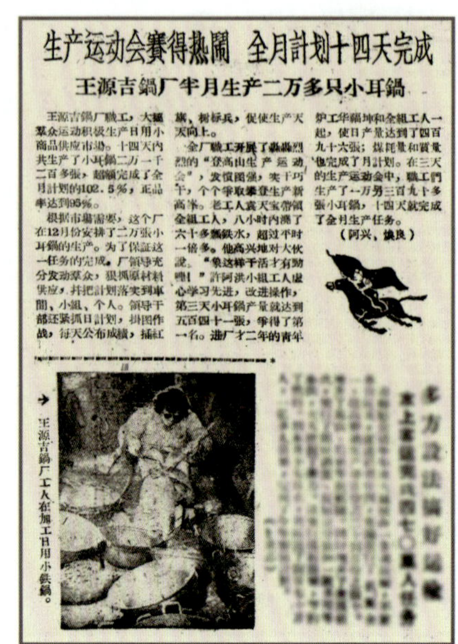

生产运动会赛得熱鬧　全月計划十四天完成

王源吉鍋厂半月生产二万多只小耳鍋

王源吉鍋厂職工，大搞羣众运动积极生产日用小商品供应市場。十四天內共生产了小耳鍋二万一千二百多張，超额完成了全月計划的102.5%，正品率达到95%。

根据市場需要，这个厂在12月份安排了二万張小耳鍋的生产。为了保証这一任务的完成，厂領导充分发动羣众，狠抓原材料供应，并把計划落实到車間、小組、个人。領导干部还紧抓日計划，挂图作战，每天公布成績，插紅旗，树标兵，促使生产天天向上。

全厂職工开展了轟轟烈烈的“登高山生产运动会”，发愤图强，实干巧干，个个爭取攀登生产新高峯。老工人袁天宝帶領全組工人，八小时內澆了六十多瓢鉄水，超过平时一倍多。他高兴地对大伙說：“象这样干活才有劲哩！”許阿洪小組工人虚心学习先进，改进操作，第三天小耳鍋产量就达到五百四十一張，爭得了第一名。进厂才二年的青年炉工华福坤和全組工人一起，使日产量达到了四百九十六張；煤耗量和質量也完成了月計划。在三天的生产运动会中，職工們生产了一万另三百九十多張小耳鍋，十四天就完成了全月生产任务。

（阿兴、煥良）

王源吉鍋厂工人在加工日用小鐵鍋。

王源吉锅厂半月生产二万多只小耳锅，《无锡日报》于1960年12月23日报道

加强調查研究　解决生产关鍵

王源吉鍋厂耳鍋产量質量都提高

一月份生产小耳鍋七万多只，比去年十二月份增产一倍以上

王源吉鍋厂領导干部，在生产中注意了調查研究，依靠群众解决关鍵，取得了显著的效果。1月份生产小耳鍋七万另六百四十九只，比去年12月份增产了四万多只。鉄鍋質量突破92%的指标，达到93.42%。

为了供应春节市场的需要，这个厂生产小耳鍋的任务要比去年12月份增加一倍多。要增产，工夹具、泥模等供应不上生产的需要。工夹具要用檀树做，生产科提出的七十担檀树沒有着落。厂領导干部就深入車間調查摸底，同負責生产工夹具的木匠进行研究，采取了大料改小料，废料利用和清仓等办法，結果只添了三、四担檀树就解决了制造工夹具材料不足的困难。

通过这一事例，使該厂干部更重视生产中的調查研究和依靠群众。厂长丁阿兴为了摸清泥模到底能不能满足生产需要，和生产科长韦汉章一同到仓庫去調查，发现庫存泥模数量的确不足；如果不及时解决泥模的供应，就会影响春节后的繼續生产。丁阿兴同志立即找群众商量。工人侯士度提出采取槽上加箍等办法，延长泥模的寿命。試驗的結果，效果良好，节省了三分之一的泥模。接着，厂領导又帮助甲班王介仁小組工人总結了优質高产的經驗，組織其它两个班学习，使小耳鍋的产量和質量不断上升。邱友甫小組工人在推广王介仁小組的經驗时，密切掌握泥模的伸縮变化情况，及时采取措施，使澆出来的鉄鍋又深又匀。这个小組1月14日生产的六十八只小耳鍋只只質量合格。

王源吉鍋厂工人积极生产日用小耳鍋，几个月来連續夺得优質高产，超额完成国家計划。这是工人在检驗大批炊事用鍋，准备供应市场。

《王源吉锅厂耳锅产量质量都提高》，《无锡日报》于1961年2月7日报道

猛攻生产关鍵　产品精益求精

「双吉」牌鉄鍋质量顯著提高

生产名牌产品"双吉"牌鉄鍋的王源吉鍋厂职工，最近猛攻生产关鍵，鉄鍋质量又有了提高。

二季度以来，王源吉鍋厂推行了鏈炉代泥炉，鉄模代泥模的生产改革，这对解决煤种质量不稳定和加速模型周轉創造了有利条件，但在质量上却受到了一些影响，出现了废品率增加的新問題。为了保持名牌产品的质量，厂长丁阿六亲临前綫参加实际操作，和老工人一起調查研究，并組織了以炉工为主的攻关鍵小組。找出了鏈炉影响质量的关鍵后，他們立即改进炉型結构，調整风箱角度，改革勺盆尺寸，并針对炉工操作上的問題，制訂了不同生鉄质量执行不同焦、鉄配比，定料定量过磅入炉等一整套操作責任制度，消灭了青鉄水，攻克了白口关，改变了鍋子热炸冷爆的现象，废品率大大降低。

鉄模的毛病主要是透气性差，厂領导一連召开几次老工人座談会，找出了鉄模厚，配料不合理，操作不习惯等原因，并进一步研究了鉄模的厚度，改进了涂料配比，增加了鉄模表层的透气度，使鉄模浇鍋的废品率又降低了20%。加之省輕工业厅調拨优质生鉄支持他們生产鉄鍋，职工們的干劲格外高涨。最近日产量創造了一万六千张的新紀录，鉄鍋更加輕薄，外观白亮光洁，质量有了显著提高。（姚宪裕）

《"双吉"牌铁锅质量显著提高》,《无锡日报》于1961年8月25日报道

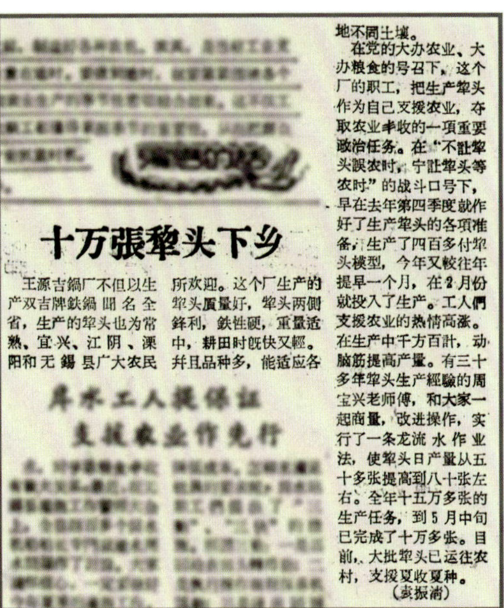

十万張犂头下乡

王源吉鍋厂不但以生产双吉牌鉄鍋聞名全省，生产的犂头也为常熟、宜兴、江阴、溧阳和无锡县广大农民所欢迎。这个厂生产的犂头质量好，犂头两側鋒利，鉄性硬，重量适中，耕田时既快又輕。并且品种多，能适应各地不同土壤。

在党的大办农业、大办粮食的号召下，这个厂的职工，把生产犂头作为自己支援农业，夺取农业丰收的一項重要政治任务。在"不让犂头誤农时，宁让犂头等农时"的战斗口号下，早在去年第四季度就作好了生产犂头的各項准备，生产了四百多付犂头模型，今年又較往年提早一个月，在2月份就投入了生产。工人們支援农业的热情高涨。在生产中千方百計，动脑筋提高产量。有三十多年犂头生产經驗的周宝兴老师傅，和大家一起商量，改进操作，实行了一条龙流水作业法，使犂头日产量从五十多张提高到八十张左右。全年十五万多张的生产任务，到5月中旬已完成了十万多张。目前，大批犂头已运往农村，支援夏收夏种。（袁振湘）

王源吉锅厂生产的十万张犁头下乡支援农业，《无锡日报》于1961年5月23日报道

大鬧竞賽增产鉄鍋

生产名牌产品"双吉牌"鉄鍋的王源吉鍋厂，9月份以来掀起了热火朝天的紅旗竞賽热潮，工人們一比質量好，名牌荣誉保；二比消耗低，节約观念牢；三比产量高，完成任务把产超。全厂上下齐心协力，决心增产更多更好的鉄鍋供应城乡人民生活需要。

当前，这个厂生产的鍋子全部是三張到八張的家用鍋，其中供应农村的連鍋、广鍋占70%；供应城市的耳鍋占30%；而且增加了农村需要的小湯罐生产量；8月份完成了生产計划的200.48%。为了进一步实现优質、高产、低耗，适应农村秋后市场的需要，一跨进9月份，厂里就举行了生产行动大会，炉工提出鉄水烧得不嫩不老，色光白亮把名牌保；模型工保証只只鍋子用水滑膩，外观漂亮質量高；澆鉄工充分利用多余鉄水，处处节約原料、燃料。并建立和健全了原材料按比例搭配、过磅入炉、定員定額和質量检驗等一整套制度。竞賽开展的第一天，二号小組和五号小組就全面突破生产指标。目前，废品率低于指标的小組已接近50%；車間管理員深入炉前抽查質量时，杨阿四小組九对模型澆出来的鍋子，只只符合質量标准。

王源吉锅厂大闹竞赛增产铁锅，《无锡日报》于1961年9月17日报道

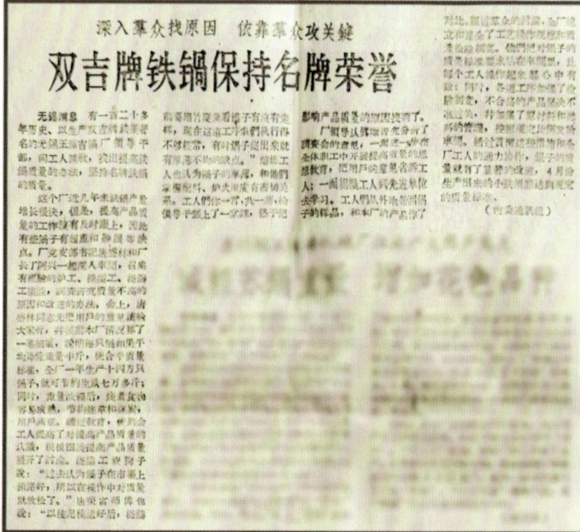

深入羣众找原因　依靠羣众攻关鍵

双吉牌铁鍋保持名牌荣誉

《双吉牌铁锅保持名牌荣誉》，《新华日报》于1961年5月10日报道

·祝世珍·

盛誉不衰一百三十年

最近，我們訪問了王源吉鍋厂。来到这家厂門口，只见一車車嶄新的鍋子正被装进河边的小船里，一条条满載鉄鍋的船只，順着河水駛向远方。

看到这幅景象，不由使人想起王源吉鍋厂出品的"双吉牌"鉄鍋，在群众中的良好声誉。这种鉄鍋以它輕薄、光滑、堅韌的特色，博得了广大消費者的欢迎。論輕薄，它每张（"张"是衡量鍋子大小的計算单位，一般家用的小耳鍋是三张的。）不超过一斤三两重，敲起来听不到金属的响声，烧的时候传热快，省时間，省柴火；由于鉄水純淨，澆出来的鍋子有韌性，不易炸裂，一只鍋子一般能用十多年。因而江苏各地，无論是城市或农村，群众都相信"双吉"鍋，就連产鉄鍋的苏州、南通等地，也畅銷这种鍋子。就这样，老名牌已保持了一百三十年了。

战胜原材料困难

"双吉牌"鉄鍋所以有这些优点，因为它对原材料要求特别严格。燃料是用栗树悶的木炭，这种炭，火头旺，烧得透，鉄块溶化快，而且没有杂質，因此鉄水純淨，澆出来的鍋子就輕薄、光滑、有韌性。过去該厂一直用这种炭，但1958年以后，随着国家工业生产的大发展，木炭的需要量出现了供不应求的情况。这就給該厂的生产带来一定的困难。

没有燃料怎么办？能停止生产嗎？"当然不能！"領导与群众作出了堅定的回答。他們都行动起来了，千方百計找代用品，試驗了十七八种煤炭，对全国十三个产区二十一个煤种进行了分析，发现大同块煤、賈汪块煤与木炭具有同样的优点，終于用烟煤代替木炭，澆出了鍋子。于是全厂开始了正常生产。

但是到1959年第三季度，新的問題又产生了，大同煤賈汪煤供应不上，得用其他煤。其他煤虽然也可以用，但鍋子的質量显著地下降了，变得又厚又脆，工人們都很着急，名牌产品的質量怎么能降低呢？厂党总支号召大家"大鬧技术革新，保持产品質量！"得到全厂职工的熱烈响应。老工人王林根等人想改炉子，把生产白口鑄件的一只废炉子改成澆鍋的天平炉；天平炉不論什么煤都吃，而且原料可以全部是废鉄，如果成功了，不仅解决燃料困难，还可为国家节省大量生鉄。党总支立即支持了这个建議，由张仁信副厂长等人組織了一个改制冲天炉小組，为了不影响正常生产，全体科室人員也参加了革新，十几个人分三班，日夜試驗。

但是，第一次，第二次，試驗都失敗了。能不能成功？有些人在怀疑，改制組的同志們却沒有灰心。他們說："要想成功，就得不怕困难。"于是同志們整天琢磨着失敗的原因，研究解决問題的办法。王林根、陆洪奎老是在炉旁打轉，看看这，摸摸那，想到一点就向生产技术科汇报。生产技术科的同志認真研究工人們的意见，并一次一次地找老工人开"諸葛亮会議"。炉旁成了經常的会场，車間成了"研究所"。經过一个多月的苦思苦干，克服了一个又一个的困难，新生的天平炉終于流出了优質的鉄水。

这項革新成功，給生产带来很大好处。一只天平炉的产量等于五只鼓型炉，同时可以节約八个劳动力，燃料没有固定，烟煤可以，焦煤也可以，原料完全不需要新生鉄，旧鍋皮、废鉄、碎料、鉄泡花都可以使用，因而成本比鼓型炉降低了百分之二三十。

关鍵在哪里？

天平炉的建成对生产起了很大的促进作用，但还不能满足新形势的要求。今年以来，党提出：輕手工业要生产更多更好的日用商品，为人民生活服务，为市场服务。一只天平炉生产的鍋子不能满足市场的需要。为了提高产量，該厂組織了力量到苏州、南通、上海去学习，发现兄弟厂的炉子改进了，新型的搀炉澆出来的鍋子質量好而且产量高。該厂决定虚心向兄弟厂学习。

五月份建起了新炉子，开炉后情况很好，产量質量都不差，六月份又建了一只。誰知第二只炉子开炉不久，情况就变了，两只炉子产量質量突然下降，几乎降低了百分之五十。这是怎么回事呢？燃料原料都没有变，产品的数量質量为什么会下降呢？

为了攻破搀炉的技术关，厂里組織了一个攻关鍵小組，由丁阿兴厂长具体領导。这位工人出身的厂长和工人們一起劳动，在实际操作中寻找問題的关鍵。关鍵究竟在哪里？下班后，同志們围在炉子旁熱烈地討論开了，修炉工蔣世根提出：炉型不标准，修的时候指揮太多。老工人吳益根指出，沒有严格的操作规程……大家談得很起劲，时間已近深夜了，仍不想离开炉边。經过两天的努力，熟悉了炉子的性能，摸透了炉子的脾气，逐步固定了炉型，建立了操作规程。这样一来，搀炉便显示了它的威力，出现了生气勃勃的面貌。

边学习　边革新

今年夏天，照老规矩，这时候王源吉鍋厂又該停火三个月左右，騰出劳动力来做泥模。夏天不做，全年就不能生产。但是，这次他們沒有停。为了保証連續生产，增产鉄鍋，供应人民需要，他們决定用鉄模代替泥模。

六月中旬，許副厂长带了五个同志到上海去学习，这五个同志都是生产上的多面手，在那里一个星期就学会了整套的鉄模生产技术。回厂后立即推广。开始时，他們只是照人家的办法搬，結果出了不少废品。老工人徐和根、陆裕春等立即研究这个問題，根据本厂的实际情况和工人的操作习惯，改进了鉄模型。这样，改用鉄模后，不仅沒有降低产量、質量，而且部分产品超过了用泥模生产的質量。

三年来，王源吉鍋厂的工人們发扬了敢想、敢干的共产主义风格，进行了一次又一次的革新創造，克服了重重困难，終于保持了名牌产品的特色。

王源吉锅厂披荆斩棘保名牌，《无锡日报》于1961年10月12日报道

王源吉鍋厂十月份生产全面完成計划

劳动竞賽促进　生产直綫上升

王源吉鍋厂在10月份继續发动群众，深入开展以优質、高产、低耗、低成本为中心内容的劳动竞賽，推行"三保一奖"制度，使鉄鍋生产获得大幅度增长，提前六天完成了10月份計划。产量超額完成了国家指标，質量合格率从9月份的88.5%上升到90.67%，原料燃料也大大降低，成本利潤計划也超額完成了。

这个厂自8、9月份以来，由于不断改进了企业管理，开展了劳动竞賽，出现了生产月月上升、計划超額完成的新气象。但市场对鉄鍋的需要量大，无論数量和質量方面都不能适应要求。因此，10月份一开始，厂領导上总結了9月份生产工作，布置了10月份任务，并召开行动大会，組織职工进一步开展劳动竞賽。各車間、各部門都提出了具体的奋斗目标，鑄模工段提出了"花色搭配齐，模型質量高"的奋斗方向；天平炉的工人决心保持紅旗的荣誉，采取加料均匀、相互配合好等措施，再創新成績。两个鑄鍋車間也开展了竞賽。全厂职工中形成了一股强烈的力争上游的竞賽气氛。

与此同时，厂領导上狠抓了企业管理工作。正副厂长明确分工，深入科室和車間，发现生产上的問題，采取有力措施予以解决。如模型跟不上，就帮助生产科抓好烘間修建工作，保証了車間能及时用到热模型；天平炉发生問題后，检修部門便組織力量突击搶修，使生产不致脫节。

10月份一开始，这个厂还推行了"三保一奖"制度（保产量、保質量、保消耗定額，实行超产奖励），調动了职工群众的生产积极性，加强了工人在生产上的責任心。如鑄鍋老师傅曹金甫有一次发现鉄水又慢又差，严重影响了产量和質量，他馬上追查原因，原来毛病出在风压小炉温低上，于是立即采取措施，加以改进，使生产迅速正常起来。澆鉄工也主动配合炉工，采取均匀加料等先进操作方法，取得了长寿高产。工人們对模具和設备也更加注意了維护保养，在操作中能做到輕放輕拑，不損坏模具設备。更多的工人对遵守操作规程、遵守劳动紀律等方面，自觉程度更加提高了，車間里的生产秩序比过去更为良好。　（祝煥良）

王源吉锅厂劳动竞赛促进生产直线上升，《无锡日报》于1961年11月5日报道

大搞羣众运动　狠抓具体措施　加強政治教育　实行超产奖励

王源吉鍋厂生产热气騰騰計划完成好

太湖化粧品厂十一月份計划提前七天完成

生产名牌鉄鍋的王源吉鍋厂，11月份的生产計划又提前超额完成了。上个月，省下达的产量指标是三十八万张，到29日止，他們已完成了五十七万九千多张。如以只数計，省的計划是六万五千只，他們已生产了十万零二千多只。鍋子的合格率超过了計划指标，重量較10月份又有降低。这就是說，在超額完成产量計划的同时，鍋子的質量也有提高。成本也有所降低。这是該厂繼10月份全面完成国家計划之后的又一个胜利。

王源吉鍋厂所以能获得这样好的成績，是大搞群众运动和切实狠抓具体措施的結果。全厂的"六好"紅旗竞赛开展得轰轰烈烈，炉与炉、車間与車間、班与班之間的竞賽，一直沒有中断过。职工們在紅旗竞赛中你追我赶，各不相让，有力地促进了生产的逐步提高。与此同时，領导上針对实际情况，深入生产过程，切切实实地狠抓具体措施。比如，天平炉在深夜班时生产不正常，主要原因是缺少具体領导，領导上发現后，立即調派一个值班长去，負責領导工作。这样，就使三班的生产能够均衡完成計划；为了提高产量，領导上听取了群众意見，教育天平炉工人充分利用鉄水。本来一瓢鉄水澆三只鍋子的，充分利用鉄水后，便能澆三只多。在保証質量方面，也加强了检驗工作，增加了值班长的中途抽查，严格控制工场废品。工人的技术操作熟練与否，对生产的影响很大，上个月，生产科还办了訓練班，給青工徒工們上課，传授技术。这些措施，都有力地促进了当前生产。

政治教育与物質奖励相結合，也是这个厂調动工人生产积极性，提前完成計划的保証。上个月初，厂里的党总支全面分析了生产形势，向职工进行了"高产优质低耗"的教育，鼓励职工群众在10月胜利的基础上，創造更大成績，保持名牌产品的荣誉。另一方面，繼續貫徹"三保一奖"制度，对10月争得超产的工人，实行超产奖励。在发奖中，充分发动群众民主討論，按照"多劳多得"的原則办事，因此工人对評奖都感到滿意，也有力地推动了生产。这个厂的生活福利部門，也千方百計搞好福利工作，改善了伙食，从各方面关心工人，帮助工人解决生活上的一些实际困难問題。老工人蔣世根說："領导上这样关怀我們，要是再不搞好生产，真太說不过去了！"

现在，在王源吉鍋厂里到处是热气騰騰，工人們越干越有劲。很多工人提早上班，做好生产准备工作，下班时間到了，还不愿馬上离开車間。全厂二十七个小組，从11月1日到27日，都超額完成了产量計划指标，有二十二个小组的产品合格率都有不同程度的提高。工人們决心在今年最后一个月中，干出更大的生产成績来。

（又訊）太湖化粧品厂提前七天完成了11月份各項国家計划。到23日为止，总产值完成月計划的115%，六种主要产品的产量全部超額完成，正品率达100%。創造了这个厂建厂以来的最高紀录。

10月下旬，这个厂的职工，暢談了生产上的大好形势，分析了有利条件，提高了認識，增添了干劲，全厂的劳动竞賽搞得热火朝天，新紀录不断出现。厂的領导上还切实地改进了企业管理，建立和健全了統計記录制度，做到班班組組挂图作战。在竞賽中，技术人員和工人紧密配合，技术部門严格坚持了小样試驗，經过鑑定合格后才投入生产。配制工段的工人实行配料、过磅、燒料、攪拌的专人負責，加强生产操作中的检驗工作，从而保証了产品質量。这个工段的邹宝荣小組，在配制蛤蜊油时，改进操作方法，班产从六料提高到九料，帶动其他小組提高了产量。（张如兴）

王源吉鍋厂工人正在检驗出厂前的鉄鍋質量。　（若鹏摄）

王源吉锅厂计划提前超额完成，《无锡日报》于1961年12月1日报道

虚心学习决心为人民生产更多更好的鉄鍋

王元吉锅厂职工力爭上游再举红旗

这个老鍋厂的各項指标曾一度落在赛生鍋厂的后面，但职工們克服了"老大自居"的思想后，鼓足干勁，又踏踏实实地采取了一系列措施，終于百尺竿头又进一步。

《王源吉锅厂职工力争上游再举红旗》，《工人日报》于1962年3月6日报道

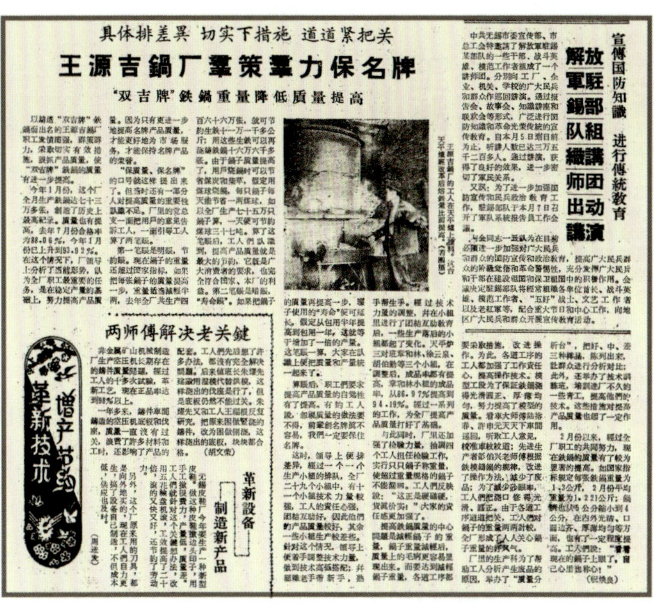

具体排差異 切实下措施 道道紧把关

王源吉鍋厂羣策羣力保名牌

"双吉牌"鉄鍋重量降低質量提高

以鑄造"双吉牌"鉄鍋而出名的王源吉鍋厂职工发愤图强，群策群力，采取切实有效措施，提抓产品質量，使"双吉牌"鉄鍋的質量有进一步提高。

今年1月份，这个厂全月生产鉄鍋达七十三万多张，創造了历史上最高紀录。質量也有提高，去年7月份合格率为88.06%，今年1月份已上升到93.92%。在这个情况下，厂領导上分析了当前形势，认为全厂职工最重要的任务，是在稳定产量的基础上，努力提高产品質量。因为只有更进一步地提高名牌产品質量，才能更好地为市场服务，才能保持名牌产品的荣誉。

"保質量、保名牌"的口号就这样提出来了。但当时还有一部分人对提高質量的重要性认識不足。厂里的党总支一面把用戶的意見告訴工人，一面引导工人算了两笔賬。

第一笔賬是明賬，节約賬。现在鍋子的重量还超过国家指标，如果把每张鍋子的質量提高一步，重量适当減輕半两，去年全厂共生产四百六十六万张，就可节約生鉄十一万一千多公斤；用这些生鉄可以再澆鑄鉄鍋十六万六千多张。由于鍋子質量提高了，用戶燒鍋时可以节省煤炭和柴草，假定用煤球燒鍋，每只鍋子每天能节省一两煤球，如以全厂生产七十五万只鍋子算，一天便可节約煤球三十七吨。算了这笔賬后，工人們认識到，提高产品質量就是最大的节約，它既是广大消費者的要求，也完全符合国家、本厂的利益。第二笔賬是暗賬，"寿命賬"。如果把鍋子的質量再提高一步，鍋子使用的"寿命"便可延长，假定从包用半年提高到包用一年，这就等于增加了一倍的产量。这笔賬一算，大家在认識上便把質量和产量統一起来了。

王源吉鍋厂的工人在天平爐上操料。这台天平爐經改革后熔鉄質量比前提高。（若鵬摄）

算賬后，职工們要求提高产品質量的自覺性有了提高。有的工人說，忽視質量的做法要不得，前輩創名牌真不容易，我們一定要保住名牌。

这时，領导上便排差异，經过一个一个生产小組的排队，全厂二十九个小組中，有十一个小組技术力量較强，工人的責任心强，团結互助好，因此他們的产品質量較好，其余一些小組生产較差些。針对这个情況，領导上便着手調整技术力量，做到技术高低搭配；并組織老手带新手，熟手帮生手。經过技术力量的調整，并在小組里进行了团結互助教育后，一些生产落后的小組都起了变化。天平炉三对班章和林、徐云泉、胡伯勤等三个小組，在調整后，成品率都有提高，章和林小組的成品率，从86.97%提高到94.19%。經过一系列的工作，为全厂提高产品質量打好了基础。

与此同时，厂里还加强了检驗力量，抽調四个工人担任检驗工作，实行只只鍋子称重量，使超过重量規格的鍋子不能出厂。工人們反映說："这正是硬碰硬，貨真价实！"大家的責任感更加强了。

提高鉄鍋質量的中心問題是減輕鍋子的重量，鍋子重量減輕后，質量上的毛病更容易显现出来。而要达到減輕鍋子重量，各道工序都要采取措施，改进操作。为此，各道工序的工人都加强了工作責任心，提高操作技术。模型工段为了保証鉄鍋鑄得光滑匀正、厚薄均匀，努力提高了模型的質量，老師傅陈培春、许申元天天下班后巡回，听取工人意见。校准車床校验；先进生产者彭伯兴老师傅根据鉄鍋鑄漏的規律，改进了操作方法，减少了废品；为了减少砂眼率，工人們把澆口修得光滑、匀正。由于各道工序都把住关，工人們对鍋子的重量两两計較，全厂形成了人人关心鍋子重量的好风气。

厂里的生产科为了帮助工人分析产生废品的原因，举办了"質量分析台"，把好、中、差三种样品，陈列出来，让群众进行分析对比；此外，还举办了技术训練班，培训进厂不久的一些青工，提高他們的技术。这些措施对提高产品質量也起了一定作用。

2月份以来，經过全厂职工的共同努力，现在的鉄鍋的質量有了較为显著的提高。如国家指标規定每张鉄鍋重量为1.3公斤，2月份平均重量为1.221公斤；在内外光滑、口圆边齐、厚薄均匀等方面，也有了一定程度提高。工人們說："看看現在的鍋子上眼了，自己心里也称心！"（倪饮良）

两师傅解决老关鍵

非金屬矿山机械制造厂生产空压机长期存在的鑄件質量問題，經过工人的十多次試驗，革新工艺，现在正品率达到98%以上。

一年多来，鑄件車間鑄造的空压机底板和伐座，質量一直沒有过关，浪費了許多材料和工时，还影响了产品的配套。工人們先后想了許多办法，都沒有完全解决問題。后来值班长朱耀先建議用泥模代替烘模，这样澆出的伐座是行了，但是底板仍然不能过关。朱耀先又和工人王福根反复研究，把原来困做竪澆的鑄件，改为困做側澆，这样澆出的底板，块块都合格。（胡文棠）

革新設备 制造新产品

无錫皮鞋厂今年要生产一种新型皮鞋。做这种皮鞋要边头印子，用手工撳很費力，产量低，質量差。工人們就針对这个关鍵想办法，改用五花輪盘机滚，工效提高了二十倍，滚的又快又好，还节約了劳动力。

另外，这个厂原来用的刀具，都是向外地买的，现在工人們自力更生，搞了設备自己制造，不但成本低，供应也及时。（周进東）

宣傳国防知識 进行傳統教育
解放軍駐錫部队組織講师团出动講演

中共无錫市委宣传部、市总工会特邀請了解放軍駐錫某部队的一些干部、战斗英雄、模范工作者組成了一个講师团，分別向工厂、企业、机关、学校的广大民兵和群众作巡回講演。通过报告会、故事会、知識講座和联欢会等形式，广泛进行国防知識和革命光荣传統的宣传教育。自本月5日至目前为止，听講人数已达三万五千二百多人。通过講演，获得了良好的效果，进一步密切了軍民关系。

又訊：为了进一步加强国防宣传和民兵政治教育工作，駐錫部队于本月7日召开了軍队系統报告員工作会議。

与会同志一致认为在目前必须进一步加强对广大民兵和群众的国防宣传和政治教育，提高广大民兵群众的阶級觉悟和革命警惕性，充分发挥广大民兵和干部在建設祖国和保卫祖国中的积极作用。会議决定駐錫部队将经常组织各单位首长、战斗英雄、模范工作者、"五好"战士、文艺工作者以及老红軍等，配合重大节日和中心工作，向地区广大民兵和群众开展宣传教育活动。

《王源吉锅厂群策群力保名牌》,《无锡日报》于1962月3月13日报道

王源吉鍋厂职工实干巧干革新生产技术

增产节約又創新紀录

王源吉鍋厂工人正在出鉄水（若鵬摄）

从12月11日起，王源吉鍋厂日产鉄鍋三万二千张，这是該厂历史上日产鉄鍋的最高紀录。

增产节約运动开展以来，这个厂鉄鍋的产量逐月上升，日产量从9月份的二万六千张上升到11月份的二万八千张；每万张鉄鍋的焦炭消耗从五点三三六吨下降为四点一四三吨；每张鉄鍋成本下降百分之九点六；質量合格率从88%上升到92%；10月份以来，共增产鉄鍋十六万五千张，节約焦炭一百十二吨。

这个成績的获得，主要是由于該厂干群采用"三結合"的办法，实干巧干，解决了天平炉技术关鍵的結果。

用天平炉熔鉄鑄鍋，是这个厂在1959年創造的一項好經驗，它可以吃废杂鉄，因此比只吃好鉄的鑊炉成本低；但是管理，操作要求高。几年来，經过四五次重大革新和改进經营管理，使生产水平不断巩固提高。但是出率仍然较低，消耗较大。

在增产节約运动中，这个厂发动炉工总結經驗，提合理化建議，解决这一关鍵。在职工代表大会上，工人殷桂根、张俊泉等分别对风温低、漏炉缸、漏炉門等問題提出了三項革新建議。領导上对这些建議十分重视，进一步組織炉工、机修工和生产課人員逐項分析研究、补充，使建議具体化。并亲自到炉前仔細考察，証明确实是合理有效的，才批准改进。如漏炉門的問題，炉工张阿四曾几次建議在出鉄口周围装置雨淋冷却管。但是这样做有危险，因为如果装置不好，冷水溅进鉄水，就会引起爆炸。工人出身的工程师、党支部书記唐荣菊为此几次到炉前观察，和张阿四等反复研究，听取了各方面的意見，补充了张阿四的建議，装置了比較安全的淋雨喇叭口，堵塞了漏洞。

这些革新实现后，天平炉熔鉄鍋的技术水平和生产水平进一步提高，炉況正常，出鉄率和質量逐月上升，消耗逐月降低。一只天平炉的出鉄量能抵上原来一只天平炉和一只鑊炉的出鉄量，足够供应全厂二十七个鑄鍋小組使用，进一步节約了焦炭和好鉄，降低了成本。

（王寅初）

王源吉锅厂增产节约又创新纪录,《无锡日报》于1962年12月25日报道

王源吉职工針对关鍵搞革新

增加了旧鉄鋳鍋的比例，降低了成本，三月份節約生鉄二百四十多吨，支援了农机生产

王源吉鍋厂职工，在增产节約运动中，找关鍵、開革新，扩大了天平炉生产能力，增加了旧生鉄铸鍋的比例，收到良好效果。今年一季度与去年同期相比，增产鉄鍋四万九千张，成本下降35.67%，利潤增加十万多元，产品质量也有提高。

这家厂在鉄鍋生产中，生鉄和焦炭要占生产总成本的56.6%。增产节約运动开展以后，全厂职工就积极算細賬，找关鍵、提措施。他們看到新生鉄每吨要一百六十五元，旧生鉄只要八十元，如能以旧代新，原料成本可以降低一半。但要这样做，就必須扩大能"吃"旧鉄的天平炉的生产能力。于是人人針对关鍵大搞革新。先后把炉缸的墻板由鉄板改为鋼板，炉壳外面用鉄箍加固，并調整了进风角度，扩大了炉頂风包。在生产中，还实行了固定专人控制风压稳定炉温，和专人配料过磅入炉等办法，使鉄鍋日产量提高了50%左右。司炉工在操作上也精益求精，坚持貫彻着火添焦的先进經驗，使每万张鍋的焦耗比去年同期降低了将近8%。在努力增产节約的同时，他們还进一步提高了质量标准。过去鉄鍋有四个砂眼，只要能修补好就不报废。现在只要鍋中身有二个砂眼，即作废品处理。并根据鉄鍋的大小，规定了鍋身的分斤和鍋臍直径，定有专人加强检驗，不合标准决不出厂。

目前，这家厂已全部使用天平炉铸鍋，旧生鉄搭用比例已由34.61%，提高到77.14%，不仅降低了成本，还为国家节約了大量生鉄。仅三月份一次調給农业机械厂生产农机配件的生鉄，就有二百四十多吨。

（也邮）

王源吉锅厂职工针对关键搞革新，使用天平炉铸锅，《无锡日报》于1963年4月30日报道

有了成績找缺点 受到表揚找不足

王源吉不断克服驕傲自滿，不断前进，最近被評为全省同行业全面优胜单位

前几天，王源吉鍋厂传出了喜訊：这家厂最近在全省九家鍋厂評比中，被評为全面优胜单位。这个厂不久前又被評为市和省的先进集体。有了成績找缺点，受到表扬找不足，是他們的取胜之道。

王源吉鍋厂是一家百年老厂，老工人多技术高，产品是老牌。有些人因此以"三老"自居，驕傲自滿，也因此跌了跤。后来領导上得到了教訓，一见有驕傲自滿的苗头就注意克服。

这些年来，这家厂經常受到有关单位的表扬和上級的奖励。有来参观学习的，有来开现场会的，也有来拍电影的。在这种情况下，如何防止产生驕傲自滿呢？厂領导善于"借东风"，做文章。有位消費者来信，批評他們生产的鉄鍋太厚，不省柴，厂領导立即召开职工大会，向大家宣讀，并且把当时生产的鉄鍋和前一时期生产的鉄鍋作对比，发现当时生产的鉄鍋是較厚。在討論中，大家算了一笔賬：如果一只鍋子減輕半两，全年可多产十六万六千张鉄鍋，如果每只鉄鍋因減薄每天省一两煤，全年出售的鉄鍋可节約用煤一万三千多吨，大家受到了深刻的教育，表示一定要減低鉄鍋厚度。經过研究，鉄鍋澆得厚，主要是炉温低，鉄水温度不高，流动性差。有的工人因怕出废品，就把模型的間隙放宽，所以澆出的鉄鍋很厚。市劳动模范、炉长柳友福和机修工洑桂根苦思鉆研，放大炉顶"热风包"，改进热风管角度，充分利用余热，同时，值班长张阿四还建議改进了堵鉄口，提高了鉄水温度，不仅減薄了鉄鍋厚度，还使日产量由二万四千张提高到三万三千张。

去年下半年，这家厂因为革新創造了天平炉，利用废鉄屑鑄出了好鉄鍋，成本下降了一半。中央手工业局为此发出通知，要求全国十五个省市、三十多家工厂到王源吉学习。厂里有些人又自滿了，滿以为自己生产不差。正在这时，領导上多方面收集資料，举办一个反浪費展览会，通过实物和图片展览，使大家大吃一惊：一九六二年，由于质量和工时利用上的缺点，全厂就浪費了三十多万元，及时向大家敲起了警钟。自此以后，厂里进步更快了，建立了厂、車間和班組的三级經济活动分析制度，发现問題及时解决，使产品质量稳定提高，工时利用率提高。

为了不断地反对驕傲自滿思想，最近这家厂又与河北、新疆、辽宁等十六家有代表性的工厂，建立了每月交换一次經济資料和与北京、西安等厂每个季度交换一次样品的制度，以便不断找自己的差距，查問題，不断学赶先进。

（良康、煥良）

下圖："好鍋先要好坯"。王源吉鍋厂制模工人把好头道关，制模質量好。这是制模工人在精心地制作生活用鍋泥模。（若鵬摄）

王源吉锅厂被评为全省同行业优胜单位，《无锡日报》于1964年4月24日报道

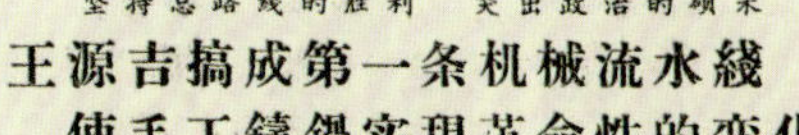

坚持总路线的胜利　突出政治的硕果

王源吉搞成第一条机械流水綫
使手工鑄鍋实现革命性的变化

又一次思想革命的胜利

思想革命，激起技术革命的群众性运动

思想上的反复拖住了彻底革命的后腿

坚持总路綫精神 流水綫迅速上馬

王源吉锅厂搞成全国第一条铸锅机械流水线，使手工铸锅实现革命性的变化，《无锡日报》于1966年5月20日报道

一不伸手　二不坐等

废铁变宝铸好锅

共产党员必须懂得以局部需要服从全局需要这一个道理。如果某项意见在局部的情形看来是可行的，而在全局的情形看来是不可行的，就应以局部服从全局。反之也是一样，在局部的情形看来是不可行的，而在全局的情形看来是可行的，也应以局部服从全局。这就是照顾全局的观点。

毛泽东 《中国共产党在民族战争中的地位》

服从大局 自力更生 找米下锅

英雄制服天平炉 废铁一次铸好锅

王源吉锅厂用废铁变宝铸好锅，《无锡日报》于1966年2月9日报道

铸锅炼人

——记无锡锅厂工人奋战四季度，大破"生产定局论"的生动事迹

"铸锅工人树雄心，胸怀世界干革命，坚决拿下五十万，完全彻底为人民。"无锡锅厂的广大铸锅工人就是以这种豪迈的英雄气概，在大战四季度的战斗中，打破"生产定局论"，把铸锅日产量从三千多只跃进到一万一千多只，创造了历史最高纪录。这是对刘少奇反革命修正主义办企业路线的有力批判，这是毛主席革命路线的又一曲胜利凯歌。

争　论

夜，已经很深了，厂革委会办公室依然灯火通明，热气腾腾，围绕着四季度能不能完成五十万只铁锅的争论还在激烈地继续着。

"我厂历史最高季产四十万只，现在一季要完成五十万只，不可能。"一种人这样认为。

但是，大多数同志斩钉截铁地说："五十万只铁锅是省、市革委会下达的战斗任务，关系到人民的利益，我们要在'完全''彻底'为人民上下功夫，克服困难，一定要拿下五十万。"

一个说"能"，一个说"不能"，两种意见，一字之差，反映着两种截然不同的世界观。

满脑子"生产定局论"的人振振有词地说："我厂设备少，人员缺，老手少，铁水量跟不上，要完成五十万，是'赶鸡下窠——难上难'。"

"什么难上难，只要用毛泽东思想来武装，调动人的积极因素就不难。"坚持能完成的同志也针锋相对地摆出了两条理由：（一）经过四年多无产阶级文化大革命，广大工人的阶级斗争和路线斗争觉悟普遍提高，干劲冲天，这是最基本的。（二）几年来我厂的机械化程度已大大提高，原来要二年完成的第三条流水线，经过工人二个月的奋战，已经投产。

两种意见，互不相让，各有各的根据。

在这关键的时刻，他们打开了红宝书，一遍又一遍地学习了毛主席的教导："人们的思想必须适应已经变化了的情况。当然，任何人不可以无根据地胡思乱想，不可以超越客观情况所许可的条件去计划自己的行动，不要勉强地去做那些实在做不到的事情。但是现在的问题，还是右倾保守思想在许多方面作怪，使许多方面的工作不能适应客观情况的发展。现在的问题是经过努力本来可以做到的事情，却有很多人认为做不到。"毛主席的话象一盏明灯，照得大家心明眼亮。认为完不成的同志说："我们头脑里所以有个'定局论'，还是刘少奇见物不见人的修正主义路线的余毒在作怪。"在毛泽东思想的基础上，最后大家统一了认识。

大　战

要拿下五十万只铁锅，首先解决铁水量不足的矛盾，开并铁炉是关键。

并铁炉是个新工艺，今年七月一日刚上马，由于缺乏实践经验，开了三次炉都失败了。

"明天是第四次开炉了，会不会成功呢？"并铁连指导员、唐阿焕反复考虑着这个问题。他深知这是关键的一仗，是整个战役的第一个硬仗，如果第四次开炉失败，整个战役就会受影响，五十万只铁锅就有落空的危险。"这次开炉只许成功，不许失败。"他狠下了决心。

开炉的前夜，并铁炉的工人一遍又一遍地学习了毛主席的教导，用毛主席的哲学思想总结了前三次的失败教训，制订了作战方案。

第二天拂晓，唐阿焕第一个来到炉前，革委会成员也穿上了工作服和并铁炉工人一起，投入了战斗。

机声隆隆，炉火熊熊，人们等待着出铁时刻的到来。

出铁口变暗变红了，铁水已在慢慢地从出铁口往外溢，出铁机开始转动，一切表明情况正常。不料，由于炉温较低，出铁口的铁水溢了一会，突然结死了，如不及时抢救，并铁炉就有报废的危险。

在突如其来的情况面前，同志们在炉前召开了紧急会议。

"决定的因素是人不是物"，炉工挥起了铁锤，向对准出铁口的铁钎猛敲，一下，二下，……连挥几百锤仍然打不开出铁口。怎么办？有人提议用氧气冲开出铁口，可是这样做危险性很大。"明知征途有艰险，越是艰险越向前。"共产党员徐士良第一个用橡皮管接上空心铁管，戴上面罩，跳到出铁口的流槽上，用铁管对准了出铁口，喊了声"开！"只见铁管一通上氧气，顿时浓烟滚滚，铁花飞溅，铁管越来越短，人离出铁口越来越近，手套烧着了，皮肤起泡了，但他全然不顾……。共青团员、电焊工戴维恒跃到炉前，接下了徐士良的工作……。在同志们一不怕苦，二不怕死的革命精神面前，并铁炉终于转危为安，流出了第一炉铁水。

但是，战斗并未结束，克服了一个困难，又冒出一个困难，困难再多也吓不倒英雄汉，经过连续三昼夜的苦战，并铁炉这个难关终于被攻克了。

育　人

"大战四季度，拿下五十万"的战斗，是用毛泽东思想教育人，锤炼忠于毛主席的红心的最好战场。这一仗打的不仅是经济仗、物质仗，更重要的是一场炼人的政治仗。

在这场战斗中，要发挥刚进厂的新工人的作用，是先传授生产技术，还是先抓思想？一连一排的老工人牢记毛主席关于"阶级教育，一抓就灵"的教导，先给新工人上阶级教育课。老工人的阶级苦激起了新工人的无产阶级感情。老工人手把手地教，新工人一遍遍地学，短短的几个星期就基本掌握了过去要三年才能学到的操作技术。新工人常阳娣，一只脚被压伤后，工人们劝她休息，她却回答："这点伤算不了啥，在拿下五十万的战斗中我要立新功！"

困难能磨练出革命的坚强毅力，重担能压出干革命的钢筋铁骨，艰险能练出对革命的赤胆忠心。

听！工人们感受深切地说："铸锅炼人全靠毛泽东思想。"

看！干部穿上了工作服，白天办公，夜里上班，哪里最困难就在哪里干，哪里最艰险就在哪里出现。

共产党员处处起模范带头作用。徐云良体弱多病，厂领导照顾他干轻工作，可他怎么也不肯，专拣重担挑在肩。

一直穿戴洁净的化验员，脸上第一次有了黑灰，在抽坯时，两腿发酸，蹲了下去站不起，站了起来蹲不下。这个化验员说："我要在艰苦的劳动中来一个脱胎换骨，彻底改造世界观。"

……

"灿烂的思想政治之花，必然结成丰满的经济之果"。一个轰轰烈烈的大跃进局面正在全厂出现，高产喜报一个接一个，生产纪录刷新再刷新，铸锅工人高举红旗，迈开大步，向着光辉的一九七一年高歌猛进。

（厂通讯组）

共产党员徐士良用橡皮管接上空心铁管，喊了声"开！"顿时浓烟滚滚，铁花飞溅……

无锡锅厂铸锅炼人，《红无锡报》于1970年12月12日报道

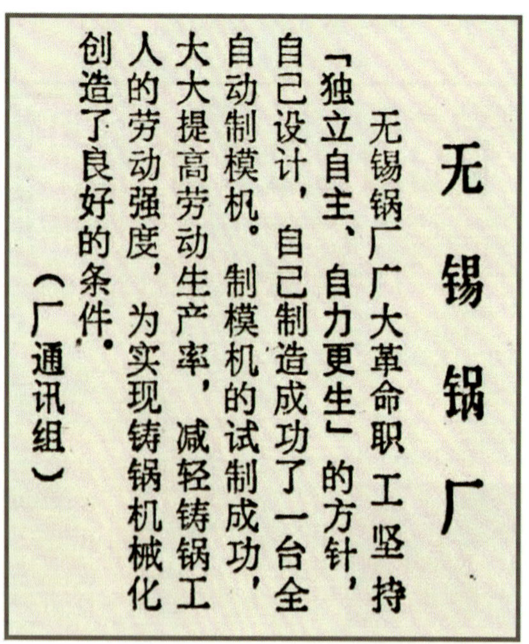

无锡锅厂

无锡锅厂广大革命职工坚持「独立自主、自力更生」的方针，自己设计，自己制造成功了一台全自动制模机。制模机的试制成功，大大提高劳动生产率，减轻铸锅工人的劳动强度，为实现铸锅机械化创造了良好的条件。（厂通讯组）

无锡锅厂试制成功全自动制模机，《红无锡报》于1971年1月24日报道

名牌铁锅更好了

无锡锅厂生产的工农牌铁锅（原名王元吉铁锅），是有一百四十多年历史的传统名牌产品。它具有口元边齐、色泽白亮、内外光滑、厚薄均匀、脐小平查、不偏不侧、不炸不裂、轻薄省柴等特色，驰名全国，畅销各地。

前几年，在“四人邦”的干扰破坏下，这个厂生产的铁锅，质昇下降，名牌不硬了。粉碎“四人邦”以后，职工们提出了“还我荣誉，恢复名牌”的战斗口号，狠抓产品质昇，使铁锅质昇合格率达到百分之九十，内在质昇恢复到历史水平。最近，他们又采用新技术，试制成功压铸铁锅。这种铁锅不仅保持了传统名牌特色，还具有底薄边厚、铁质紧密、经久耐用等新优点，使名牌铁锅更上一层楼。（包伟兴）

无锡锅厂的名牌铁锅更好了，《无锡日报》于1978年7月20日报道

双吉牌铁锅质量全省第一

五月五日至九日，在无锡召开的省铁锅质量评比会上，无锡锅厂具有传统特色的双吉牌铁锅评为第一名，徐州锅厂的徐锅为第二名，南通锅厂的雄鸡牌铁锅为第三名。前几年，由于林彪、「四人帮」的干扰破坏，双吉牌铁锅质量一度下降，去年全省评比中曾列为倒数第一。无锡锅厂狠抓企业整顿，加强质量管理，使双吉牌铁锅又恢复了名牌特色。（时运德、刘竹林、吴贤淞）

《双吉牌铁锅质量全省第一》，《无锡日报》于1979年5月15日报道

六米长铸铁管

无锡锅厂为了增加花色品种，适应自来水厂和化工、石油、煤气等行业需要，最近试产六米长的铸铁管。该厂职工群策群力，经过不到三年时间，搞了一台连续拉管机组。用这合设备生产的铸铁管，管壁厚薄均匀，能经受十五公斤的压力，质量完全符合部颁标准。

（时运德、徐菊萍）

无锡锅厂生产的六米长铸铁管能经受15公斤压力，《无锡日报》于1979年8月14日报道

无锡锅厂在提高质量为中心的增产节约运动中——

「双吉」铁锅又恢复了名牌特色

具有一百四十多年历史的“双吉”铁锅如今又恢复了名牌产品的传统特色。今年第一季度的“双吉”铁锅质量合格率达到百分之九十五以上，超过了本厂历史水平。这是无锡锅厂开展以提高产品质量为中心的增产节约运动中取得的可喜成就。

“双吉”铁锅素有薄厚均匀、内外光洁、不炸不裂、口圆齐整等八大特色。但由于林彪、“四人帮”的十年大破坏，“双吉”铁锅的质量也受到严重影响，一九七七年的铁锅质量合格率下降到百分之七十七，一度成为省内铁锅质量最差的单位。许多干部、工人指出，质量上不去，产品卖不掉，还谈得上什么增产节约？要恢复名牌产品的传统特色，首先要把坚持“质量第一”的好传统、好作风恢复和发扬起来。

锅厂职工认真总结“双吉”铁锅质量由过去全省名列前茅降为倒数第一的经验教训，下决心改变“名牌不名”的状况。从去年第四季度开始着手整顿企业管理，着重把质量管理抓好。建立和健全了以质量为主要内容的岗位责任制，把计划指标具体落实到班组、个人，做到定质量、定产量、定员、定额、定工、定消耗，并对班组、个人实行全面的质量考核，使增产节约规划得到较好的落实。厂领导把精神鼓励和物质鼓励结合起来，在实行按劳分配、超产奖励过程中，特别设立了质量奖，不论超产多少，都必须符合规定的质量指标方可得奖，切实改变了过去那种干多干少一个样、干好干坏一个样的状况，全厂出现了人人把关、处处把关抓质量的动人景象。由于厂里新工人增多，有些青年工人掌握不好传统的工艺操作规程，厂领导就把已经调任其它工作的铸锅老工人调回，充实铸锅生产第一线，还请年老的铸锅师傅作技术顾问，言传身教培养青年工人，使传统技艺逐步得到恢复，“双吉”铁锅的传统特色重新得到发扬。第一季度以来产品质量一月好过一月，产量也有新的提高，全面完成八项经济技术指标，实现了首季开门红。

（刘祝林、吴贤松、吴炳兴）

《“双吉”铁锅又恢复了名牌特色》，《无锡日报》于1979年4月21日报道

抓质量要反复研究持之以恒

"双吉"铁锅保持省内先进水平

无锡锅厂的双吉牌铁锅去年被评为全省第一以后，厂部组织干部、工人继续抓质量，今年以来已经先后分析研究了二十二次，"双吉"铁锅的质量保持了全省的先进水平。

生产好锅子，要有好模子。今年五月初，这个厂发现铸锅模子的模腔内壁不牢。在分析原因时，有人提出，可能是模腔用料——紫泥有问题。但也有人认为，"双吉"铁锅生产一百多年来都是用的惠山紫泥。那末，问题究竟在哪里呢？厂里组织有关人员到惠山提供紫泥的现场调查，发现由于惠山附近新建了不少工厂、住宅，所挖的泥土已经不在原来的地方，土质变了，功能也就起了变化，影响了模腔内壁的牢度。经过几次分析、试验，他们成功地采用黄泥代替紫泥，并相应改革其它用料的配比，逐步解决了模腔内壁的质量问题。

无锡锅厂对于涉及产品质量的问题，无论是生产工艺改革，还是质量管理工作，总是坚持不懈地抓到底，反复实践，不断研究，加以解决。今年，厂里建立独立的质量管理机构。开始，他们针对铁锅生产的关键工序的检验，抽调几位有实践经验的老师傅充实了质量检验科。后来，他们发现由于计量工具缺乏校验，不够标准，影响了产品质量，又在质量检验科增添了一名专抓计量的工作人员。在各车间、班组配备检验员、检验工之后，由于各人检验标准掌握宽严不一，在质量把关上还有"漏洞"。厂部又专门抽调两名有经验的检验人员加强厂部质量检验科，负责复验工作，使全厂质量管理逐步趋于完善。

今年以来，厂里还针对产品质量上发生的问题及时组织各有关部门进行会商，妥善调整计划，落实措施，保证了产品质量的稳定提高。（谷钟、刘视林）

《"双吉"铁锅保持省内先进水平》,《无锡日报》于1980年10月7日报道

为百年传统工艺添新彩

站在我们面前的这位年轻人，矮矮个子，红红的脸。他整天猫着腰洗刷整理铸模，浇铸铁锅。他今年二十四岁，名叫季恒福，进无锡锅厂工作不到四年，已是一位手艺精巧的铸锅"大师傅"了。去年一年，他的生产任务是浇铸一万五千多只铁锅，结果完成了二万四千五百多只，创出了铸锅车间超产最多、合格率最高的新纪录。老工人高兴地说："有小季这股干劲，王源吉名牌铁锅的传统工艺能传下去了！"

无锡锅厂前身是王源吉冶坊，相传从清朝道光年间生产名牌铁锅以来，薄型制锅的传统工艺已有一百四十多年历史。这种铸锅工艺要求严格，就拿小季洗刷模腔这个活来说，要把蘸上轻煤水的帚把刷得均均匀匀，得象移动"五斗米"那样用劲。季恒福为掌握传统工艺，一丝不苟地苦练基本功。他洗刷过的模腔浇铸出来的铁锅内外光滑，不炸不裂。（谷钟、王家杞）

无锡锅厂为百年传统工艺添新彩,《无锡日报》于1983年3月19日报道

锅厂端掉「大锅饭」 消耗下降利润翻

无锡锅厂从五月初搞经济承包以来，千方百计降低生产费用，增收节支，提高了经济效益。四月份全厂只盈利一千四百元，五月份利润超五万元，六月份突破了十万元。

这家厂生产日用铁锅的铸锅车间，承包的利润指标约占全厂的百分之七十以上。过去吃“大锅饭”时，因贪图省事，先把好的生铁用完，料亏了，再用价格很高的矽铁同回收生铁掺着用，产品成本不断上升。实行经济承包，把成本核算到炉上，职工人人有责，天天围绕利润算细帐，按规定的比例，使用条块铁和回收刨花铁，不用一两矽铁，使原料费用每月降低近万元。

打破了吃“大锅饭”，职工们还积极动脑筋，寻找代用材料，节约成本开支。水管生产车间把青铅片回用替代了橡皮圈，一个月就节约四千多元。过去各车间核算成本采取的是“倒轧帐”，用了算账的办法，现在都先有目标成本，来确定各种节约指标的数据，分解到班组个人。

（方人、中中）

无锡锅厂端掉“大锅饭”，消耗下降利润翻，《无锡日报》于1984年7月22日报道

自找压力　自我奋起

改革给无锡锅厂带来希望

编者按：十二届三中全会《决定》指出，“增强企业活力是经济体制改革的中心环节。”要增强企业活力，企业自身应该发挥自我改造和自我发展的能力。无锡锅厂虽不是实行厂长负责制的试点单位，但他们都能自我奋起，从实行厂长负责制着手，搞得厂里生产充满生机。相比之下，我市有些厂的领导，对改革还在等“红头文件”，缺乏主动精神，请这些同志看看无锡锅厂的报道，考虑一下自己应当怎么办？

在改革中奋起的无锡锅厂，成了人们称颂的实行厂长负责制“自学成才”的单位。

无锡锅厂既不是市里实行厂长负责制的试点单位，又不是局的试点单位，但是他们出于改革的紧迫感，在上级的支持下，自己实行厂长负责制，使厂里生产从亏损边缘转为大幅度增利。今年五月，他们自己实行厂长负责制的第一个月，利润就由上月的一千八百元增加到五万七千多元，以后逐月递增，到九月份，月利润已逾十万元，比改革前增加五十倍。

无锡锅厂（前身是王源吉冶坊）是一个有一百四十多年历史的老厂，主要生产民用铁锅和铸铁管。由于企业内党政不分等弊端，致使管理混乱，今年四月份，生产几乎陷于瘫痪状态，连发工资都有困难，更谈不上发奖金了。

在改革热潮中，他们坐不住了，强烈的事业心驱使他们发奋图强，自行搞起了厂长负责制。厂长自行组阁，聘用了一批年富力强的中层干部。同时，厂部和供应科、生产车间签订了承包合同，对各科室各部门层层落实经济责任制。形成了一个以厂长为中心的高效率的生产指挥和经营管理系统。供应科主动四出“找米下锅”，保证了前方车间正常生产。由于生产经营决策快，全厂职工人人发挥积极性、主动性和创造性，使一个趋于瘫痪的企业充满生机。现在，工资有了保证，每人都拿到奖金，最多的每月可拿四、五十元。以前，一些职工对工厂失去信心，要求调离；现在，看到工厂有活力，有前途，主动撤回了调厂的要求，并以主人翁的姿态积极工作。

（仁生、巨凯）

《改革给无锡锅厂带来希望》，《无锡日报》于1984年11月5日报道

传统工艺放异彩 名山古刹添钟声

无锡锅厂恢复传统工艺为各地寺庙生产钟磬等法器

▲锅厂铸造的天炉。

▶锅厂为广福寺浇铸的铁鼎。

本报讯 无锡锅厂从去年下半年开始，积极恢复传统工艺，为全国各地的宝刹古寺生产各式钟、磬等法器。

无锡锅厂的前身是王元吉和曹三房冶坊，具有一百五十年左右的历史。遐迩闻名的苏州寒山寺的古钟、西园的宝鼎、南京栖霞山的铜磬、安徽九华山寺整套法器，都有曹三房的产品。为适应旅游业的发展和落实宗教政策，恢复佛教活动，无锡锅厂于去年下半年起恢复生产传统的法器，已有镇江金山寺、天津大悲院、崇明寿化寺、云南鸡足山等纷纷前来订货。

该厂去年为焦头渚广福寺设计浇铸的铜鼎和铁鼎，式样古朴，敲击时声音宏亮，余音缭绕。由美国纽约光明寺主持、无锡人寿冶赠款，为修复梅园开原寺建造的两吨重大铜钟，经过七十多岁的周宝兴等三位师傅两个月精工制作，目前正进入浇铸阶段。

（韦坤南）

市区近 评为“诚 本报讯 昨天获悉，我市开展争创城市管理合格单位以来，[illegible]

本报讯 二十三日，从有关部门的统计资料获悉，本市现金已开始大[illegible]

能挣会花 能挣会储 本市现金回笼增长

区净回笼七百八十五万元，县区净回笼现金五百三十四万元，[illegible]

无锡锅厂恢复传统工艺为各地寺庙生产钟磬等法器，《无锡日报》于1985年1月25日报道

为名山古刹增添风采

——记无锡锅厂法器巧匠郑荣保、周宝兴

五月中旬，扬州市佛协副会长、大明寺负责人如皓法师和宁波七塔寺府员悟能和尚，听了梅园开原寺铜钟钟声后都称赞说，“声音洪亮、低沉，余音长久、回音缭绕，胜过常州天宁寺等著名寺院的钟声。”铸造这著名铜钟的，是无锡锅厂铸作法器老艺人郑荣保和周宝兴两位师傅。

钟、磬、鼎等法器，是古寺宝刹中不可缺少的物品。解放后已基本停止生产，十年内乱时又惨遭损毁。近几年来，落实宗教政策，恢复佛教活动，急需生产这些传统法器。但是，全国没有一家专门生产法器的工厂，连历史上生产法器闻名全国的无锡锅厂（前身曹三房冶坊），仅剩下著名法器巧匠郑荣保、周宝兴两人。

周宝兴已年届古稀，十六岁就师承江南铸鼎高手唐老二学艺，是被誉为“全国一只鼎”的苏州民丰锅厂铸鼎巧匠李吉人的师兄，以刻字雕龙见长，刀法老练，刀路清楚。郑荣保天资聪颖，幼时曾随唐老二、姚长山等多位铸鼎、铸钟高手学艺，博采众长，自成一家。从制模到浇铸，他样样精通，尤擅法器制作中难度最大的铸钟技艺。历年来，他们制作的法器，遍及全国许多著名寺庙，为名山古刹增添了风采。他们退休后，均被外地高薪聘用。八〇年，听说厂里要恢复铸造法器，便放弃高薪，毅然辞聘来厂重操旧艺，并成立了以他们两人为主的法器制造组。蠡头渚广福寺的铜磬和铁鼎，就是制造组设计浇铸成的第一批产品。铸造大型法器，浇铸铜水时容易漏箱，稍有疏忽，就会前功尽弃。他们在浇铸开原寺两吨重大铜钟前，做好充分准备，变革工艺，加固腰箍，同时将模型制作得坚强、结实，使浇铸一次成功。

镇江金山江天禅寺，今年四月增添了一座造型丰富、仿古逼真的天炉。这天炉也出自郑荣保等之手，高二米、重一吨，炉身的托檐上，铸有双狮，栩栩如生。在五年多时间中，郑荣保、周宝兴等师傅已为各地寺庙铸造了几十座铜钟、铁磬、宝鼎、天炉、烛台等，受到不少寺僧和宗教界人士的好评。

郑荣保等法器巧匠，人老心不老，艺高胆也大。他们敢于创新，攀登新的高峰。前几天，他们听说苏州寒山寺准备铸造一只十吨重的稀世大铜钟，正苦于物色不到承铸单位，便决心前去承接这一任务。佛教胜地山西五台山寺要铸一只九千九百九十九斤半的大铜钟，他们也有信心完成它。郑荣保经常说，“这一传统工艺后继乏人，如何培养新艺匠，是我朝夕思虑的事。”可喜的是，在郑荣保、周宝兴两位老师傅的辛勤培育下，一批法器铸造新秀正在茁壮成长。

（韦坤南）

照片说明：这是镇江金山江天禅寺的天炉和它的主要铸造者郑荣保师傅。

无锡锅厂法器巧匠为名山古刹添风采，《无锡日报》于1985年8月15日报道

山东省金口镇古庙内发现王源吉圆形铜钟

本报讯 市供电局职工陈德兴给本报来信说：一九六九年，我在山东省沿海大镇金口镇参加部队围海造田。该镇主街一里多长，房屋古老，街路条石砌成，直通一座古庙。古庙杂草丛中有只直径约一米，高约一米二的圆形铜钟，裙边有花纹。上铸「王源吉治造」字样。我是无锡人，熟悉王源吉的情况，于是我来石块擂击磨擦，发觉是黄铜铸成，而不是铁的。我想：一般钟大都是铁制的，铜钟实为少见，细看小字，看不清年代，十分可惜！现投书贵报，是否可为我市冶炼史上增添一些新的线索和资料？

山东省金口镇古庙铜钟被发现为王源吉冶造,《无锡日报》于1985年3月3日报道

胶木耳朵铁锅

本报讯 无锡锅厂技术人员试制成功的一种新型胶木耳朵铁锅，最近已批量投放市场。

锅厂生产的双吉牌铁锅是名牌产品。曾由于浇铸改为冲压新工艺，影响锅耳朵质量，用户反响较大。从八五年下半年开始，该厂把这个问题作为一个攻关项目，现已试制成功用胶木耳朵代替铁耳朵。这种胶木耳朵具有牢度强、耐高温的特点，用户在烧菜煮饭时不会烫手。

无锡锅厂试制成功一种新型胶木耳朵铁锅，《无锡日报》于1986年5月20日报道

“双吉”铁锅有了一百五十年历史

无锡锅厂生产的「双吉」牌铁锅，是具有一百五十年历史的传统名牌产品，年产量为一百四十万只，居全国第三。

「双吉」牌铁锅的生产已全部采用机械操作，在压铸成型，铁质紧密，在历次全国质量评比中，均名列前茅。品种由原来的二、三只发展到五十多只，最近几年研制投产的小号铁锅、单柄炒菜锅等新产品十分热销，经常断档。「双吉」铁锅行销全国各地，特别在传统销售地江西、福建、河南、陕西等省倍受欢迎，供不应求。

从去年开始，无锡锅厂又恢复了特殊工艺浇铸，为全国各地名刹古寺铸造各种钟、磬、鼎等传统法器。

《“双吉”铁锅有了一百五十年历史》，《无锡信息报》于1985年12月5日报道

法·器·大·师·郑·荣·保

我国的古刹名寺已成为当今旅游、观光者追寻的一大目标，而这些刹、寺、庙、庵，总少不了各种鼎、钟、磬、炉。近几年中，细心的游客会发现：许多寺庙中的法器并非都是古代遗物，而是出于当代人之手。无锡锅厂的花甲老人郑荣保，就是当今为数不多的法器高手。

鼎、钟、磬、炉等各种装点寺庙的用品统称法器。说到法器，老辈人就自然会想到曾名噪一时的百年老店——无锡曹三房冶坊，它的产品遍布宝刹古寺，有苏州寒山寺的古钟、西园的宝鼎、南京栖霞山的铜磬和安徽九华山寺整套法器等等。这个冶坊的最后一个关门学徒就是郑荣保。

郑荣保早在四二年就进了曹三房冶坊，随唐老二、姚长山等多位铸鼎、铸钟高手学艺，他博采众长，自成一家，从制模到浇铸样样精通，尤擅法器制作中难度最大的铸钟技艺。出自郑荣保之手的法器，已遍及各地寺庙，为名山古寺增添了风采。

去年，郑师傅和其他人一起，承接了为修复梅园开原寺铸造一口两吨重大铜钟的任务，他们改革工艺，加固腰箍，经过几个月的雕、刻、浇、铸，做出的钟不仅造型庄重，而且音质优美。去年五月，扬州市佛协副会长、大明寺负责人如浩法师和宁波七塔禅寺府员悟能和尚，听了这口钟的声音后都赞不绝口：“声音洪亮、低沉、余音长久，回音缭绕，胜过常州天宁寺等著名寺院的钟声。”事后，宁波七塔禅寺的日西禅师，又专门委托一弟子找到无锡锅厂，要定做一只二千五百公斤的两层宝鼎。七月底，我们去采访郑荣保时，这只鼎已浇铸完成，其上雕龙刻花无不显示出浑厚的功底，真不失为一件熔铸造、绘画、书法、篆刻于一炉的大型工艺品。（江凌、坤南）

无锡锅厂法器大师郑荣保为名山古寺增添风采，《无锡日报》于1986年8月10日报道

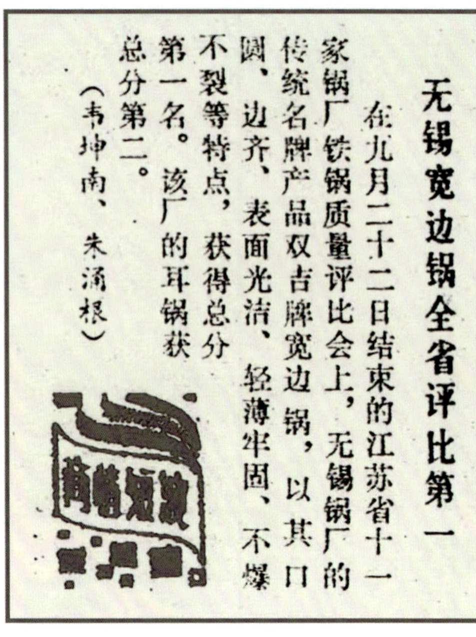

无锡宽边锅全省评比第一

在九月二十二日结束的江苏省十一家锅厂铁锅质量评比会上，无锡锅厂的传统名牌产品双吉牌宽边锅，以其口圆、边齐、表面光洁、轻薄牢固、不爆不裂等特点，获得总分第一名。该厂的耳锅获总分第二。（韦坤南、朱涌根）

无锡锅厂宽边锅在全省评比获第一，《华东信息报》于1986年10月3日报道

无锡锅厂在生产传统铁锅的同时，8月份接受外商要求，以最快速度，以本厂自己的技术力量，经过攻关、制模、试产到正式投产，只用了10天时间，就生产出使外商满意的合格食用铁锅新产品和炊具系列新品种。新产品的特点是：快速、蓄温、防锈、耐用性强，可以与电磁灶、煤气灶和其他灶具多用途使用。新产品带来新的效益，并开辟了国际市场。

图为该厂领导和技术攻关人员在一起研究新产品投产中的有关技术问题。（陆惠君 摄影报道）

无锡锅厂领导与技术攻关人员李燮鑫等人一起研究出口铁锅技术问题，《无锡日报》于1991年10月16日报道

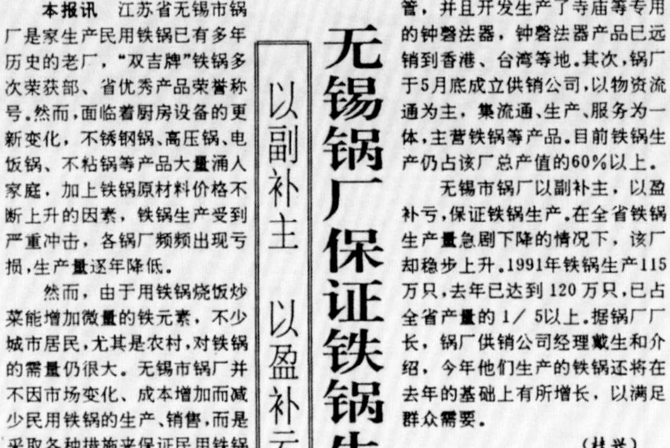

各显神通

无锡锅厂保证铁锅生产

以副补主 以盈补亏

本报讯 江苏省无锡市锅厂是家生产民用铁锅已有多年历史的老厂，"双吉牌"铁锅多次荣获部、省优秀产品荣誉称号。然而，面临着厨房设备的更新变化，不锈钢锅、高压锅、电饭锅、不粘锅等产品大量涌人家庭，加上铁锅原材料价格不断上升的因素，铁锅生产受到严重冲击，各锅厂频频出现亏损，生产量逐年降低。

然而，由于用铁锅烧饭炒菜能增加微量的铁元素，不少城市居民，尤其是农村，对铁锅的需量仍很大。无锡市锅厂并不因市场变化、成本增加而减少民用铁锅的生产、销售，而是采取各种措施来保证民用铁锅的正常生产。首先，无锡市锅厂利用老厂的技术优势，开发了多种产品，铜管、铸钢件、铸铁管，并且开发生产了寺庙等专用的钟磬法器，钟磬法器产品已远销到香港、台湾等地。其次，锅厂于5月底成立供销公司，以物资流通为主，集流通、生产、服务为一体，主营铁锅等产品。目前铁锅生产仍占该厂总产值的60%以上。

无锡市锅厂以副补主，以盈补亏，保证铁锅生产。在全省铁锅生产量急剧下降的情况下，该厂却稳步上升。1991年铁锅生产115万只，去年已达到120万只，已占全省产量的1／5以上。据锅厂厂长，锅厂供销公司经理戴生和介绍，今年他们生产的铁锅还将在去年的基础上有所增长，以满足群众需要。

（桂兴）

无锡锅厂以副补主，以盈补亏，保证铁锅生产，《华东信息报》于1993年6月8日报道

发扬传统技艺 装点古刹名寺

无锡锅厂重振钟鼎冶铸业

本报讯 最近无锡锅厂为正在修葺的无锡南禅寺妙光塔突击浇铸56只铜风铃。现在七层古塔的最高三层已经按装好。从此，游客和无锡南门一方居民可以听到风吹铜铃叮当声，给无锡这个旅游城市增添了古朴风情。

无锡锅厂1985年开始筹备制造寺庙钟鼎等法器工艺品。在国内众多寺庙都有无锡锅厂铸的法器产品，台湾以及泰国、日本等东南亚国家也前来订购。

无锡冶坊业创始较早。明朝时，无锡曹大房、曹二房、曹三房冶坊铸的法器，在国内各名寺古刹，早有陈列置用，声名远播。浙江普陀山文物馆有铜香炉一只，是无锡曹三房冶坊于1637年造的。苏州寒山寺法器陈列馆还有曹三房冶铸的古铁钟，浙江宁波天童寺有千僧锅一只，是曹三房于明崇祯十四年（1642年）铸造。

曹三房最后一代徒弟郑荣保是无锡锅厂传授制造法器工艺品的领班师傅。为了继承发扬浇铸钟鼎古老工艺，无锡锅厂建立了法器工艺生产车间，由郑荣保师傅主持带徒。他们在继承曹三房传统工艺的基础上，引入现代新技术，钟鼎各类产品创新，质量提高，可根据客户需要定制各种特殊规格型号的法器工艺品。既保持古代造型质量等特点，又体现现代精制工艺品的特色。开封大相国寺、宁波天童寺的宝鼎都是由这个厂铸造生产的。

（袁林清）

无锡锅厂发扬传统技艺，重振钟鼎冶铸业，《华东信息报》于1993年9月16日报道

曹氏冶坊

钦颂

数年前，笔者在宁波天童寺内见到一口"千僧锅"。这口锅，铜质，直径两米半有余；站在锅底，锅沿齐胸，其容量之大，所煮粥饭可供千余僧人食用，故名"千僧锅"。仔细审视，锅沿上铸有铭文两处：一处为"大明崇祯辛巳十四年仲冬重铸造"，另一处为"锡山良冶曹二房造"。该锅现已不再使用，而作为寺内珍品陈列，专供游客观赏。

无锡的曹氏冶坊坐落在跨塘桥下塘以北至羊腰湾一带。创建年代约在明代后期，至崇祯初年发展至曹大房、曹二房、曹三房3家，以后又分设"全记"、"金记"等字号，清光绪年间曾在北塘设曹三房分号。300余年来，曹氏冶坊确实兴盛过一番。原因在于他们除铸造质地优良的民用饭锅、汤罐外，尤其擅长浇铸寺庙用的钟、磬、炉、鼎等法器。所制法器工艺精良，表面光洁，字迹、花纹清晰。据说铁水中还掺入少量黄金，因而产品色泽黝黑中透出红亮。钟磬撞击时发音宏亮，清脆而能传远。江浙一带寺庙慕名而来订制的颇多，诸如无锡惠山的不二法门，鼋头渚的广福寺，苏州的西园、寒山寺（"文革"中，苏州文管部门将各庙法器集中到寒山寺妥为保管，故现在尚存4件），常州的天宁寺，镇江的金山寺，宁波的天童寺以及普陀山等处，都曾有过曹氏冶坊的产品。据说最远的在西藏某喇嘛寺内，可谓名闻遐迩了。

有趣的是：1985年西安恢复一古庙，独缺巨钟，着人千里迢迢赶来无锡，到南门外寻找曹三房冶坊，最后找到羊腰湾居委询问，方知曹三房的最后一个业主曹寿泉在抗日战争期间惨遭日本侵略军杀害，冶坊苟延至抗战胜利前夕即已告歇，来人只得怏怏而回，可见名声在外，历久而不衰；可惜他们还不知道，现在无锡锅厂铸造巨钟、鼎钟，在全国已颇有名声。

曹氏冶坊历史悠久,《江南晚报》于1994年11月3日报道

塘头出弦线　堰桥产铁锅

无锡城乡都有一些传统产品，有的早已湮没，但在旧时曾经风靡一时。

塘头弦线　锡澄路上的塘头小镇，很多乡民都以手工操作打弓弦，做弦线，昔日久负盛名的塘头弦线，与苏线、杭线齐名。

原来，早在清代康熙年间，塘头有家陈姓者，在苏州某丝线作坊当了十多年帮工，因不堪老板的刻薄克扣，就回家自办了小作坊，因用料讲究，加工精细，质量超过苏线，价格又便宜，销路当然好，几年下来，成了有十几档耙头的大作场，雇了不少工人。附近陆姓、杨姓、李姓等人学到手艺后，也纷纷自办小作坊，塘头丝线逐渐兴旺起来。

清嘉庆年间，李姓作坊主到杭州推销丝线，生意很好，并在那里学到了手工操作弓弦技术，回家后增加了弦线，向常熟、沙州，以至苏北一带产棉区销售，获利甚厚。村上陈姓家见了前往交换技术，制造弦线，有些人家也学着生产，这样丝、弦两业并举，产品畅销大江南北。

19世纪末、20世纪初，纺织工业在我国兴起，土布、土纺为洋布洋纱所代替，塘头弓弦业逐渐衰落。第一次世界大战期间，弓弦业时起时落。20年代，"生线帮"与"弦线帮"得到发展，以西街袁如福，后巷周和林兄弟，前巷许涌金兄弟等为代表，成为上海弦线业老板的主要加工作坊。而原来的"熟线帮"一落千丈，直至解放初期还是奄奄一息。以后走上了合作化道路，"生""熟"两帮才得到了发展。

西漳大船　清末民初，以至抗日时期，锡北的"西漳大船"是出了名的。以抗战前后来说，西漳乡就有载重40到90多吨的大木船一百多条，常年为客商装运蒲包、草纸、石灰、酱类、豆饼、面粉和稻麦等，来往于苏、浙、皖长江中下游地区。

西漳大船的特点是，造型好，走水稳又快，设备齐全。撑船人胆大心细技艺高，航运中碰到纠纷，能讲道理，礼让三分，化干戈为玉帛。因此，西漳以船大、船好、船多、人强而独树一帜，为当时航运界人士刮目相看。

西漳更多的是"小柴船"，一船载重五、六吨。仅200多户人家的牌楼村就有小柴船70多只。河西、高西浜和张巷三个自然村，几乎家家都有撑船人，其中撑小柴船的就占十之八九。因为那里地势低洼，河道纵横，到田里去劳作，运肥渡粮，都得靠小船摆渡运输。农闲时出外做小生意，贩瓜卖菜，到马迹山等地贩运柴草，牟取薄利，以可糊口度日。

全村壮丁，凡年满十二、三岁的男孩，大多上船看船梢，帮大人干撑船活，从小跟风浪打交道，"渔父之子识水性"，人人练就一身撑船技术，稳操航船，越过涛峰浪谷，胜利到达彼岸。

堰桥铁锅　烧饭用的铁镬子，为江苏各地冶坊所造，统称苏锅，全国闻名。全省冶坊的技术工人，都是无锡王源吉冶坊（王冶坊）分散出去的父子师徒，而王源吉冶坊从清代同治二年（1863）直到抗战开始，开设地点在锡北堰桥，故从工商史角度看，堰桥又可称铁锅之乡。

王冶坊原址在羊腰湾，由王、吴两姓长期合资经营。在100多年的漫长岁月里，数度搬迁，几经盛衰。太平天国时，冶坊厂房尽毁于战火，事先只抢到一些工具设备和铁炭原燃料，用木船迁到靖江十圩桥惨淡经营。次年又迁到南通北刘桥自建厂房，开炉生产。清同治二年迁回江南，在堰桥租胡氏基地开炉两只进行生产。太平军撤离后，避居苏北的江南人民纷纷返乡，开门七件事，都需用锅子，堰桥王冶坊产锅供不应求，从两只炉加到三只炉生产。辛亥革命后开炉六只，产量独霸全省，各地前往堰桥批货者纷至沓来，镇上的饭馆酒楼尽是客商，车水马龙，繁荣一时。

堰桥王冶坊还定制特大号铁锅，专供全国各地寺庙用。常州天宁寺的一只大铁锅，所烧的饭，可供几百个和尚吃，装饭时由两个大力士手执铁铲站在灶上。这只大铁锅就是从堰桥运去的。

拱北楼与杨乃武　无锡地区的居民，可能只知道拱北楼面馆的馒头和饺面好吃，而不知道拱北楼的名声，所以能传扬江浙两省，这和清朝奇案之一——杨乃武与小白菜案有关。

拱北楼面馆，开办于清同治二年（1863），至今已有138年历史的老店。最初开设在北门外游山船浜口的灯船上下处，紧倚古运河畔，是炒号、米行、山地货、窑货等客商和四乡班船聚散之处，先后由毛、李、荣、周、朱等老板经营，但招牌名称始终未变。

杨乃武与小白菜冤案昭雪后，杨乃武搭船从京城返回浙江余杭老家，途中，船至无锡停憩。杨乃武上岸观市，见拱北楼顾客盈门，便进店小坐，点了小笼馒头和饺面，边吃边与食客聊天，对无锡小笼馒头皮薄卤多，咸甜适口，大加赞美，对鲜汤饺面也很满意。老板听了，灵机一动立即宣扬，来往客商与当地百姓听说大名鼎鼎的杨乃武在此小吃，便纷纷前往观看，一时楼上楼下人满为患。老板反复宣传杨乃武的赞美之词，这样不断传布，拱北楼的馒头、饺面，名扬于江、浙两省，生意格外兴隆。

公元1932年，拱北楼失火被烧。1937年，复业后的拱北楼又被日寇放火烧毁。直到1945年春，迁至崇安寺皇亭西侧，租了一间旧房，重新复业，重负盛名。如今，拱北楼又迁回北大街，生意兴隆，久盛不衰。

无锡野史（节选）　张永初等编著

(17)

《无锡野史》专门记载了王源吉铁锅轶事,《无锡日报》于2002年4月份进行了转载

天童古锅 无锡铸造

日前，笔者随东林中学84名退休教工一起赴浙江宁波太白山天童寺旅游，发现建于晋永康元年（公元300年）天童寺内文物：四只“千僧大铜锅”为无锡铸造，其中最大一只口缘直径236厘米，重2000公斤，锅边刻着“锡山良冶曹二房造，大明崇祯辛巳十四年仲冬重铸造”，另外三只略小一些，为“无锡曹三房全记造”。在天童寺佛殿（大雄宝殿）前天井中矗立一尊宝鼎是“无锡锅厂”修造，在宝鼎上刻着一付对联：“炉中名香遍法界，鼎内纷纭满十方。”（过世杰）

宁波天童寺古锅由无锡曹二房造，《江南晚报》于2003年10月27日报道

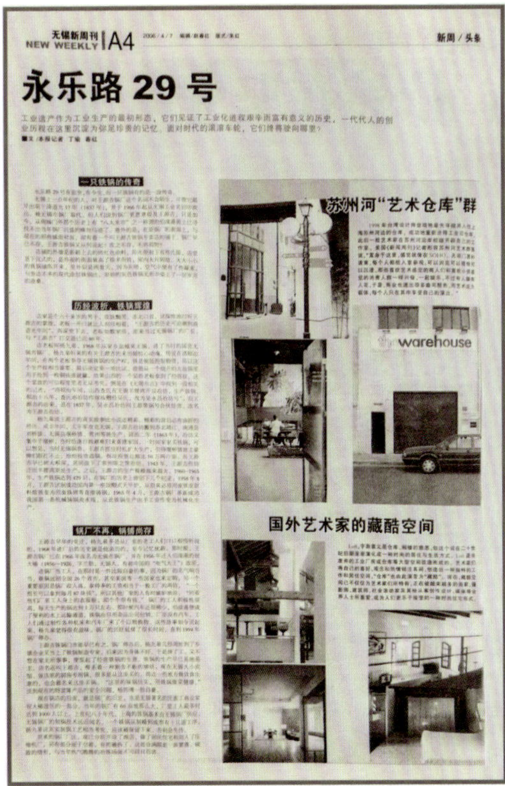

无锡新周刊 NEW WEEKLY A4　2006/4/7　新周/头条

永乐路29号

工业遗产作为工业生产的最初形态，它们见证了工业化进程艰辛而富有意义的历史，一代代人的创业历程在这里沉淀为弥足珍贵的记忆，面对时代的滚滚车轮，它们将驶向哪里？

一只铁锅的传奇

苏州河“艺术仓库”群

国外艺术家的藏酷空间

《无锡新周刊》于2006年4月7日刊文《永乐路29号》，记载了王源吉的前世今生

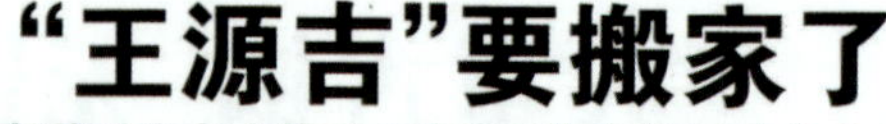

“王源吉”要搬家了

这家兴旺生产中的“工业遗存”去往何处令人牵挂

本报讯 记者汪自力报道 40 岁以上的无锡人，或是对地方文化稍加关注的年轻人，对“王源吉锅厂”这个名字该不会陌生 。昨天上午，3 名同是 65 岁，与这家工厂有着密切关系的老人，一同来到报社，述说这个老牌子的遭遇，为它在无锡的继续生存呼吁。

王汉伦原是长安乡张村初中的英语老师，1993 年担任校办长安冶金厂厂长，生产铸铁锅。他听说无锡锅厂并入无锡压缩机公司后停止了王源吉铁锅生产，遂向有关部门提出申请，在当时市领导的支持下，1995 年该公司将生产铸铁锅的设备及“王源吉”、“双吉”商标转售给了长安冶金厂，部分有制锅经验的老工人也跟到了长安。几年后企业转制，老王在 2001 年又把厂名变更为无锡市王源吉锅厂。这些年来企业发展顺利，从 30 厘米家用锅，到 2.13 米的巨型锅，可以说是供不应求。王源吉产品不但占据了无锡地区 80%的铸铁锅市场，还幅射到了周边省份。另还接到过日本、美国的订单。最近他们正在进行“王源吉”商标的重新整理和包装工作，正准备扩大生产。前几天突然接到通知，因为锡北运河沿岸进行环境整治，该厂必须在下月底前搬迁。王汉伦清楚环保的重要，但正在经营着的厂子一下子搬到何处？王源吉虽然几年前就通过了环保评估，但毕竟是铸造企业，还能不能在无锡继续存在下去？

担任王源吉工程师的李锡兴，出生于冶坊世家，1961 年到无锡锅厂工作。他介绍说，无锡是中国四大铸造之乡之一。打铁、冶坊作为传统手工业历史悠久，创办于 1837 年的王源吉是无锡众多冶坊中最有名的一家。许多近代工业史著作，包括范文澜的《中国通史》都提到了它。传统铁锅生产有天津–上海、广东和江苏 3 派，王源吉是“苏锅”的代表。被总结为：“脐小平正、口圆边齐、色泽白亮、厚薄均匀、不炸不裂、轻薄省柴、内外光滑、不偏不侧”。它浇铸时铁水高达 1550℃，比一般品牌高 300~400℃，所以杂质较少。虽然价格要高 30%，但使用寿命至少是其它锅的 5 倍以上。曾任无锡锅厂厂长的杨九皋回忆，上个世纪 60 年代该厂最兴旺时工人达上千名，建立了若干分厂，为无锡冶金、机械行业输送大量人才。他现在仍为王源吉做着销售工作，他认为虽然现在各种洋锅流行，但传统铁锅肯定会得到发扬光大。前不久，尼加拉瓜总统还特地派人来无锡，来找王源吉的锅子。杨九皋说，看着王源吉从清代流传下来的一套大大小小的锅子模版，看着老工人们按照《天工开物》上的传统方法生产铁锅，就会觉得它不仅仅是一种商品，更承载着文明的发展。

据悉，位于伯渎港附近的王源吉锅厂旧址已被列入无锡 20 项工业遗存保护目录。市区工业布局调整工作领导小组办公室有关人士表示，像王源吉这样仍在良好经营中的传统名牌老厂确实少见，如何在符合科学发展观的前提下进行保护值得研究，建议王源吉方面能与惠山区经贸局联系，找到一个好的解决方案。

《“王源吉”要搬家了，这家兴旺生产中的“工业遗存”去往何处令人牵挂》，《江南晚报》于 2007 年 9 月 12 日报道

曾经日产 1 万只铁锅，近年淡出视野隐在深巷中

百年“王源吉”依然在坚守

日常生活离不开锅具。当下，不粘锅、皇后锅等各式洋锅盛行，传统的中国铁锅逐渐淡出人们的视野。随着苏泊尔生产的不锈钢锅具两度身陷 质量门”后，人们使用洋锅时不禁有些 吓势势”。

其实，无锡也有自己的名牌锅具，那就是王源吉锅厂生产的 双吉”牌铁锅，40 岁以上的无锡人对这个牌子都不会陌生。现在，这家经历了百年沧桑的老字号已经 退城进园”，在锡城仅存的专卖店一年还能做几十万元生意。

老字号在锡仅存一家专卖店

据市档案馆的历史资料记载，无锡是中国四大铸造之乡之一，打铁、冶坊作为传统手工业历史悠久，创办于 1837 年的王源吉就是无锡众多冶坊中最有名的一家。在市档案馆里，关于这家老字号的档案资料有 400 多件，占了整个晚清档案的一大半。

几经打听，记者了解到王源吉锅厂现已迁至苏北靖江，但在无锡南门还有一个小小的专卖店。于是，记者开始在清名桥堍、古运河畔的小巷里弄里探寻这家在风雨飘摇中苦苦坚守的小店。历经周折，从祝大椿故居旁的一条石板小路上拐进去，手写的招牌“ 王源吉铁锅专卖店”终于映入眼帘(如图)。

伯渎港 124 号，白墙黛瓦，着实不像一间店面。但隐约可看见对面的房门，房间里摆满了大大小小的铁锅以及饭勺、铲刀等厨房用具。走近了看，还有一块写着 无锡王源吉锅厂特约经销点”的牌子。在隔壁的小房间里，“ 店长” 杨九皋和老伴正在吃中饭。

杨九皋在王源吉锅厂干了 50 年，曾担任过王源吉锅厂厂长，可说是一辈子扎根在锅厂。“ 厂子经历了合并、倒闭又重开，现在已搬到苏北靖江去了。无锡就剩这家专卖店了，就我们老两口守着。”他说着，眼中露出惋惜的神情。

杂质少寿命长依然有市场

王源吉锅厂黯然退出无锡，是因为传统铁锅不再有市场了吗?其实不然。在与杨九皋交谈的过程中，有好几拨客人寻上门来，他不得不停下谈话去招呼生意。一位中年女士特地找来就为了买一只炒菜用的小铁锅。一对驱车而来的母子买了一口食堂用的大铁锅，母亲说，她是老客户了，还经常介绍别人来买王源吉的铁锅。

杨九皋说，这个只有 30 平米左右的小专卖店很难找，但一年的营业额却有几十万元，回头客很多。政府机关、银行、学校等企事业单位的食堂都用王源吉的铁锅。另外，厂里还定做了几个品种远销美国，在大洋彼岸颇受好评。据介绍，王源吉的铁锅浇铸时铁水高达 1550℃，比一般品牌高 300 ~ 400℃，所以杂质较少。虽然价格比其他品牌要高些，但使用寿命至少是其他锅的 5 倍以上。

“ 上个世纪 70 年代，我们厂想过开发不粘锅，但经过试验，发现中国人还是适合用铁锅。咱们炒个菜总少不了用铲刀铲几下，有涂料的不粘锅不安全。”杨九皋说“ 我曾经在报纸上看到，连世界卫生组织都推荐世界人民使用绿色环保的中国铁锅呢。”对于王源吉铁锅的质量与安全，杨九皋信心满满。

传统铸造工艺要 站起来”

“ 上个世纪 60 年代是厂最兴旺的时候，有上千名工人，好几家分厂。那时候伯渎港的河面上都停满了大大小小的货船，每天要生产 1 万多只铁锅。”杨九皋闭着眼睛回忆着当初的胜景“ 现在我们只能算是小型、微型企业了，厂里大概还有七八十人吧。有一次日本客人看中了我们的锅想要下张大单子，可惜我们没有那么大的生产能力，不敢接啊! ”

不得不承认，传统铸造工艺有它的落后之处，要想重新“ 站起来” 必须突破几个难点。杨九皋说，首先是招工难，铸造业属于苦、脏、累的差事，现在的年轻人大多不愿干这行，眼看着一些精妙铸造技艺就要失传了。第二个是技术革新，传统的铸造工艺是烧煤的，肯定不够环保。要革新，所需要技术力量和资金都得不到支持。照目前的经营状况，厂里拿不出足够的资金来聘请技术人才和更换设备。

杨九皋说“ 王源吉有从清代流传下来的锅子模板，按照《 天工开物》 上的传统方法生产，所以生产出来的锅不单单是一种商品，更承载着历史与文化。现在政府挺重视文化产业和老字号的发展。所以我想只要能突破难点，王源吉还是有明天的。”

(惠晓婧)

《百年“王源吉”依然在坚守》，《无锡日报》于 2012 年 3 月 3 日报道

拍客 Cameraman A7

百年苏锅技艺：

不该被湮没的工业遗存

《无锡新周刊》于2012年3月9日刊文《百年苏锅技艺：不该被湮没的工业遗存》

档案建设 封面文章 Cover Story 2013.7

锡金县启总局照会

王源吉冶坊档案

邵 枫 魏菊仙 蒋伟新（无锡市档案局，江苏无锡，214023）

王源吉冶坊开设分店官府批示

王源吉冶坊是无锡历史上著名的冶铁作坊，创建于清道光十七年（1837年）。无锡的冶坊行业起源很早，明崇祯十四年（1641年），无锡"曹二房冶坊"就曾为宁波天童寺铸造"千僧锅"。清代顺治年间，山西人查氏在无锡南门外羊腰湾置地开设冶坊。查氏无子，招赘木坊姓吴的剩侣为子为婿，将冶坊赠给吴姓。吴姓将冶坊改换牌号为"吴永昌"。至清道光十七年（1837年），因经济周转不灵，难以维持。当时王氏在无锡北门外大街开设"王源聚锅号"，与吴永昌素有来往。吴永昌的股东吴宏三与王源聚股东谈合伙经营，双方同意由王氏投入资金，吴氏以设备和生材等固定资产投资，即改牌号为"王源吉冶坊"，租用羊腰湾原址，继续生产。后来王、吴两家原出资人过世后，传与子孙，王氏有13房，吴氏有6房，各推出房长一人为股东代表，共计19人。到1946年为止，世代相传，达120余年之久。吴、王两姓的长期融洽合作，在无锡的工商业中实属罕有。

在一个多世纪的漫长岁月里，王源吉冶坊历经时代的变迁，几易盛衰，可谓历经沧桑。太平天国时期，冶坊全部厂房毁于战火。（下转第27页）

宣统元年（1909年）王源吉冶坊与冶炉炼工工头订立的承揽合同

28 ARCHIVES & CONSTRUCTION

《王源吉冶坊档案》，刊于《档案建设》杂志2013年第7期

本报一篇报道 唤醒"一家 400 年老字号

"曹三房"招牌重新亮起来

本报讯 昨天，阳山脚下千年古庙清水洞庭院中的一只双层宝鼎焕然一新，熠熠生辉（左图）。这是无锡四百年老字号"曹三房"经过 16 年蛰伏再现江湖后，完成的第一个维修项目。

去冬今春，锡山龙光塔的修缮备受市民瞩目。2018 年 12 月 24 日，本报在一版和四版刊发报道《龙光塔顶铜葫芦"身世"揭晓》，披露铜葫芦上的落款有"曹三房老全记铸造"的字样（右图）。这也是最近十年来这家曾在国内金属工艺品界响当当的老字号首次在新闻报道中出现。

据档案史志馆资料表明，"曹三房"于明代万历年间（1572 年–1620 年）由曹氏在南长地区创建。明崇祯元年（1628 年）作坊一分为三，即曹大房、曹二房和曹三房。现藏于普陀山文物馆的一只铜香炉和宁波天童寺的千僧锅就是曹三房初创时期的产品。民国时期，"曹三房"又分为全记和金记两家，主营钟、鼎、磬、炉等大型器件，雇工达百人，规模宏大，享誉大江南北。龙光塔顶的铜葫芦就是由全记于 1924 年铸造的。1938 年，"曹三房"传人曹寿泉被日军杀害，"曹三房"一蹶不振。1955 年，"曹三房"并入王源吉冶坊，后冶坊更名为无锡锅厂。1985 年，为传承"曹三房"技艺，位于古运河畔的无锡锅厂专门建立了法器生产车间，先后为寒山寺、金山寺、静安寺、天童寺、开原寺等著名寺庙生产钟、鼎、炉等大型器件，产品还远销日本、泰国等地。1995 年企业转制，由无锡冶铸工艺的传承人王汉伦牵头恢复了王源吉冶坊的名号，"王源吉""曹三房"的品牌和生产工艺得以延续。此后，因古运河历史文化街区保护的需要，工厂不得不外迁，"曹三房"的生产大受影响，2003 年后就没有生产大型器件，只是制作一些小工艺品，也未标注"曹三房"。

有关龙光塔顶铜葫芦的报道刊发后，两位已从"曹三房"退休的工程师李燮鑫和张鸿亮立即找到"王源吉"的掌门人、"曹三房"技艺的第 28 代传承人王青青，三人商议后决定让"曹三房"的招牌重新亮起来。在不到一个月的时间里，曹三房金属制品有限公司注册成立。随后，三人遍访江南名寺，对仍在使用的"曹三房"产品摸底调查。目前，他们已着手对部分"曹三房"的产品进行维修保养，作为"曹三房"重生的序曲。目前，"曹三房"正在进行生产车间的重建工作，带有"曹三房"字样的产品将很快投放市场。

（卢易 摄影报道）

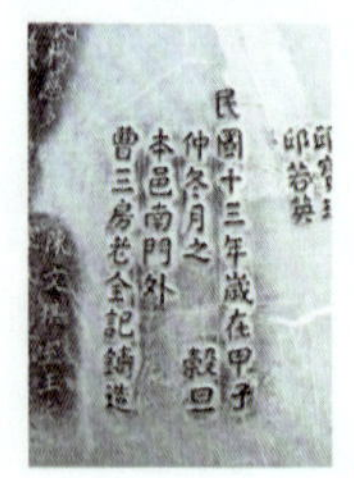

《"曹三房"招牌重新亮起来》,《无锡日报》于2019年7月10日报道

A06 铁锅魅力

《舌尖上的中国 3》炒热了"章丘铁锅"，很多人却不知

"王源吉"：曾经锅气十足

一口锅的效应：

王源吉铁锅梅村集市吸引眼球

一口锅的乡愁：

民族品牌兜兜转转终回归

王源吉曾经锅气十足,《江南晚报》于2018年2月28日报道

江南晚报　铁锅魅力　A07

道其实无锡是"苏锅"发源地之一

而今重出江湖

一口锅的需求：

不少市民在锅具上肯下血本

短评　一口锅背后的民族自信

王源吉重出江湖，《江南晚报》于2018年2月28日报道

刘桥的"王源吉锅厂"

□何建军　杨建彬　金茂娟

2020年12月，通州区刘桥历史文化研究小组成员，经过较长时间的探访，终于在刘桥南岸（江苏省刘桥陶瓷[illegible]有限公司）内，找到了"王源吉锅厂"的"遗址"，虽只是一堵门楼残墙，但却可以认定为南通早期工业的一个闪光坐标。

清咸丰十年（1860）因太平天国战乱，无锡"王源吉锅厂"迁往镇江十字桥，后又迁往通州刘桥、刘北桥；清同治二年（1863）在无锡原址另设作坊，称南栈，设在刘桥的锅厂，南栈徐家牵堂，徐家牵堂的主人是南通的大地户，周围几十亩土地都是徐家的，之所以选址这里，可能与徐家有关。

刘桥（古称北刘桥）"王源吉锅厂"，位于刘桥镇西（[illegible]，去锅厂要从[illegible]上船向北再向西）。

锅厂四合大院，门前有条东西方向大路，大门（木门上用铁皮包制）朝南。门东为店堂，门西一排是工人住宿用房。内设大作坊、大栈房等，大栈房用于存放成品锅、锅模、原料、燃料。屋外两个大露场，大露场后有门，出门便是港河，河边有石驳子码头。

化铁的熔炉是无锡的黄泥炉子，有太平缸那么粗，两只太平缸那么高，炉膛是用黄泥和稻草糊的，三脚铁桩。燃料是木炭煤，都是在无锡转制的，一筐一筐的装放需用船运来的。浇铸的原材料基本都是回收的旧铁锅、旧铁器。

化铁时，用人拉的风箱鼓风。风箱有半间房子长，脚盆般粗，中间一根用[illegible]刨削成的拉杆有手臂般粗。风箱为圆筒形，[illegible]，用风管与炉子连接，将废铁放在炉内，烧至1100摄氏度左右，熔成铁水从炉下流出。下有嘴，用缸泥（耐火泥）做成的塞子，一拉，铁水流下，一炉铁水可浇5只锅子。共两只炉子，一只模子须连续使用三天三夜，工人上班实行"两班制"，一班12个小时，一个班一只模能浇30只铁锅。新模浇出的锅子光滑，浇了几模后就会出现[illegible]，一副模子要两人对抬。制模的泥是专门从无锡运来的[illegible]。在经过精泥、粗泥、筛泥后加入稻糠做成的泥，起到耐火、透气的作用。用双层模泥，[illegible]放上车台，用带有钢片的钢刀片，车成光滑凹进去的半圆形，称模。模的正中留有圆洞，铁水从圆洞入模，实际就是锅子的底。同样，用装在钢刀片的另一面，车成光滑凸出的半圆形，称胎。模子胎、[illegible]、胎拼合，检查模子是否合乎浇注要求并进行调整。在浇注前，模子的模、胎均要涂一层松烟灰浆，称刷模泥。然后，将模子放在火中烧红，浇注时才不会爆模。将烧红的模子排成一排，注入铁水。这样，浇出的铁锅不仅不会粘模，而且光滑无疵。脱模后，进行验收、修补和、次品等。

松烟灰是将深山老林里百年以上自然死亡的松树，放在山洞里焚烧，山洞壁上积聚下来的一层灰，刮下后就是松烟灰。刷松烟灰浆也很讲究，须用在无锡生长的丝草扎制成小把（手臂般粗），一尺多长，然后剪成头发丝般细，这种草很特别，再刷都不会断，用这种把儿刷出来的模、胎，光滑细腻。

到了20世纪40年代（1945），该厂的厂房连同商标一并转让给当时任的经理胡松龄（无锡人），转让费为三千元。为了拓展市场，胡松龄在南通大码头（[illegible]附近）设点生产。解放后公私合营并入[illegible]锅厂。

据赵鹏老师提供的民国三十六年（1947）十一月初的《通报》上，一则无锡周礼麟律师事务所刊登的启事，内容是为无锡、常州和南通三家锅厂使用"王源吉"牌号及"双吉"、"单吉"、"三吉"、"四吉"商标，并警告假冒之事。现转抄于下：

周礼麟律师事务所代表无锡"王源吉"、常州同源吉、南通王源吉锅厂，为使用"王源吉"单吉、双吉、三吉、四吉商标，并警告假冒启事：

据上述当事人声称："本厂[illegible]"

王源吉鑫记锅厂，无锡南门外[illegible]，电话六二七号

同源吉锅厂，常州[illegible]，电话二〇号

王源吉鑫记锅厂，南通南门外大码头七十四号，电话一〇四二。

周礼麟律师事务所，无锡[illegible]十六号，电话一一〇号。

据曾在锅厂做工的高长余（91岁）回忆，他父亲就是该厂的工人，老板是无锡人。在此生产"王源吉"牌子的锅子。有六七十个工人上班。

刘桥"王源吉锅厂"要早于唐闸资生铁厂四十年。1903年光绪二十九年，实业家张謇集资2.1万两银创立资生铁厂，技术人员都来自"王源吉锅厂"。据刘桥沈崇德老先生回忆，他爷爷沈理银（山东人），曾在刘桥锅厂[illegible]，沈理银也曾经是张謇身边的保镖。

兴旺了近一个世纪的刘桥"王源吉锅厂"，因一九五八年的公私合营画上了圆满的句号，厂房并给了刘桥油米厂。

南通刘桥的王源吉锅厂旧事，《南通日报》于2021年3月22日刊文报道

江苏省现存仍在经营的最年长老字号

“王源吉”重返南长街

本报讯 24日，江苏省现存仍在经营的最年长老字号“王源吉”冶坊在创立360年之际，重返南长街经营。

诞生于顺治十八年（1661）的王源吉冶坊专事铁锅制作，被业界公认为“苏锅”的创立者。从上世纪50年代起，“王源吉”是清名桥地区最有名的工厂之一，其后50年一直在国内同行业中处于翘楚地位。新世纪，工厂退城进园离开了南长街。此番重返南长街，“王源吉”不仅设立了销售旗舰店，还开办了“苏锅”非遗文化展示馆，其中一张光绪二十九年（1903）五月由4位一品、二品、三品官员联合署名的告示，内容专为保护“王源吉”铁锅不被同业者假冒，堪称锡城商标保护第一案例。

（卢易 图文报道）

《“王源吉”重返南长街》，《无锡日报》于2021年11月25日进行了报道

江苏工人报
JIANGSU GONGREN BAO
秀·周刊

王源吉：匠心工艺铸就百年铁锅品牌

《王源吉：匠心工艺铸就百年铁锅品牌》，《江苏工人报》于2022年7月23日专门进行了报道

企业照片档案

（第一部分：报刊刊登的历史照片）

民国二十五年(1936)，曹三房冶坊为中华民国南京国民政府主席、中国国民党主席胡汉民灵堂制作的“不匮”紫铜大鼎(刊于台湾《广东文献》第8卷第4期)

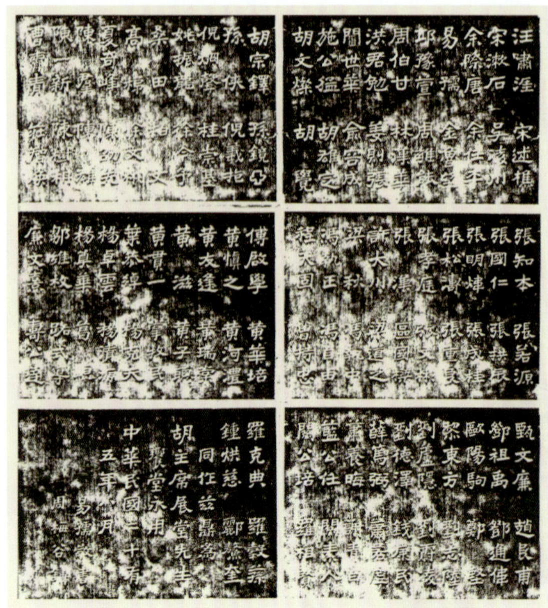

胡汉民“不匮”紫铜大鼎铸有献鼎人士的名字

王源吉冶坊搬进新厂房(1956年9月刊于《工人生活》)

王源吉冶铸机械厂在用土平炉炼钢(1958年10月刊于《工农生活》)

王源吉冶铸机械厂用水泥做的永久性模型(1960年4月刊于《无锡日报》)

王源吉冶铸机械厂热气腾腾的生产景象（1960年4月刊于《无锡日报》）

王源吉锅厂职工在加工日用小铁锅
（1960年12月刊于《无锡日报》）

王源吉锅厂职工大挖生产潜力(1961年1月刊于《无锡日报》)

王源吉锅厂职工积极生产小耳锅(1961年2月刊于《无锡日报》)

王源吉锅厂积极开展红旗竞赛(1961年9月刊于《无锡日报》)

王源吉锅厂工人正在检验出厂前的铁锅质量(1961年12月刊于《无锡日报》)

王源吉锅厂职工在新建成的天平炉前投料（1962年3月刊于《无锡日报》）

王源吉锅厂职工正在精心制作日用锅泥模（1964年4月刊于《无锡日报》；同年5月刊于《新华日报》）

王源吉锅厂民兵正在练习跳越障碍(1964年9月刊于《无锡日报》)

王源吉锅厂职工利用废铁铸好锅(1966年1月刊于《无锡日报》)

王源吉锅厂职工使用天平炉熔铁(1966年2月刊于《无锡日报》)

王源吉锅厂铸模车间工人正在精心制作锅模(1966年2月刊于《无锡日报》)

王源吉锅厂建成全国第一条铸锅机械环形流水线(1966年5月刊于《无锡日报》)

无锡锅厂职工正在洗刷整理铸模(1983年3月刊于《无锡日报》)

无锡锅厂职工日夜奋战在生产线上(1989年11月刊于《无锡日报》)

无锡锅厂领导与职工一起研究攻关铁锅新品(1991年10月刊于《无锡日报》)

1958年，王源吉冶坊土高炉生产的生铁(刊于《无锡市冶金工业志》)

企业照片档案

（第二部分：企业厂容厂貌照片）

王源吉冶铸机械厂鸟瞰(1959年)

王源吉冶铸机械厂生炉车间(1959年)

王源吉冶铸机械厂生产车间及水塔(1959年)

保留至今的王源吉冶坊水塔

王源吉冶铸机械厂生产车间(1959年)

1956年5月,无锡王源吉冶坊第二工场厂房与华新丝厂厂房对调,此为华新丝厂厂房

祝大椿故居，曾有部分被划入王源吉锅厂

无锡锅厂生产车间

无锡锅厂生产车间

原无锡锅厂办公楼,后为职工宿舍

位于伯渎港的王源吉铁锅专卖店

位于中国历史文化街区无锡南长街的王源吉专卖店

无锡锅厂厂区鸟瞰(1977年航测图)

企业照片档案

（第三部分：企业生产场景照片）

江苏王源吉新材料集团有限公司董事长王青青(左)与冶铸工程师李燮鑫(右)在生产车间

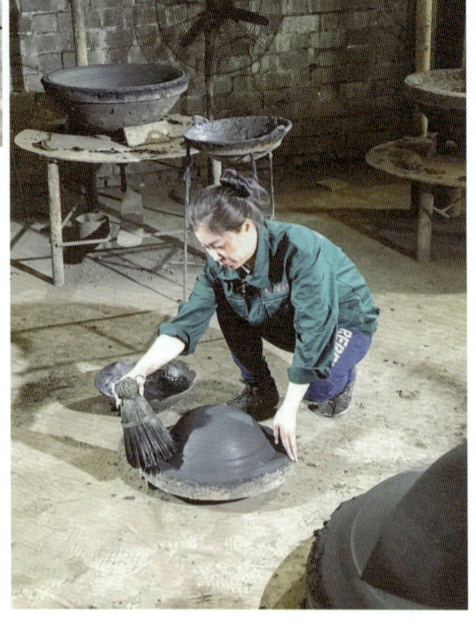

江苏王源吉新材料集团有限公司董事长王青青深入生产车间

王源吉冶坊有限公司生产车间

王源吉冶坊有限公司生产车间

王源吉冶坊有限公司生产车间

制作磨具原材料

涂抹磨具涂料

制作车板

模具骨架

磨具雏形

制作模具

制模场景

刷松烟

刷松烟

浇铸铁锅

化铁水场景

检验装箱

企业照片档案

（第四部分：生产设备工具材料照片）

王源吉冶坊珍藏的铁砧

王源吉冶坊珍藏的铸锅用铁锅泥模

深山老林里的枯松老根，松烟即来自其焚烧时所产生的烟雾

原生态制作的松烟脱模剂

王源吉冶坊珍藏的铁水浇铸包

王源吉冶坊珍藏的不同规格的车规

王源吉冶坊珍藏的不同规格的车规

王源吉冶坊珍藏的各类制锅印章

王源吉冶坊于民国时期生产的老虎灶盛水器,汤锅水即源于此

松烟帚,用于在泥模上涂抹松烟水

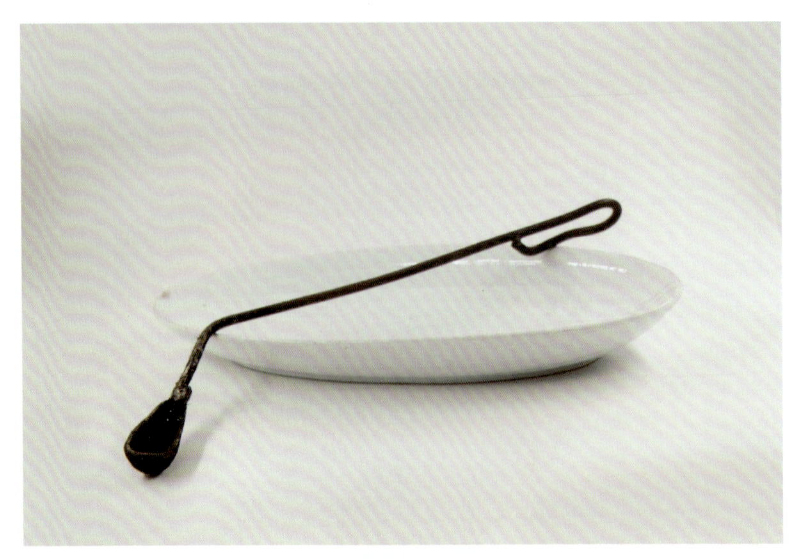

用于舀取浇铸口多余铁水的铁勺

企业照片档案

（第五部分：企业生产的钟鼎照片）

曹三房冶坊制作的青铜龙鼎标准样件

曹三房冶坊于明天启元年(1621)制作的浙江普陀山福泉禅院香炉

曹三房冶坊制作的大型铁质法器鼎的小狮子配件

曹三房指导瑞记生冶坊于清光绪三十二年(1906)制作的苏州寒山寺铜钟

曹三房冶坊于清宣统三年(1911)制作的苏州寒山寺炉台宝鼎

无锡锅厂于1984年制作的无锡鼋头渚广福寺香炉

无锡锅厂于1984年为梅园开源寺制作的二层宝鼎

无锡锅厂于1985年制作的“南无地藏王菩萨”大钟

无锡锅厂于1986年为上海静安寺制作的三层宝鼎

无锡锅厂于1987年为浙江溪口雪窦寺制作的三层宝鼎

无锡锅厂于1987年为宁波招宝山宝陀禅寺制作的铜钟

无锡锅厂于1988年为无锡鼋头渚广福寺制作的宝鼎

无锡锅厂于1993年为镇江金山寺制作的一对万年宝鼎

无锡锅厂制作的宁波天童寺三层宝鼎

无锡锅厂制作的常州金坛念佛堂宝鼎

无锡锅厂制作的阳山镇清水古洞二层宝鼎

无锡锅厂制作的开源寺香炉

无锡锅厂为常州武进寺庙制作的铜钟

无锡锅厂制作的江阴骷骨庵铜钟

无锡锅厂制作的普陀山观音山禅寺香炉

无锡锅厂制作的浙江慈溪五磊讲寺云板

无锡锅厂制作的招财金钟

企业照片档案

（第六部分：其他照片）

20世纪50年代，市民群众在观看王源吉冶坊炼出的全市第一炉铁块

第五届中国国际进口博览会无锡王源吉展区

2022年11月5日，江苏省商务厅副厅长孙津参加第五届中国国际进口博览会并视察无锡王源吉展区

江苏省锡山高级中学实验学校红领巾实践基地——王源吉冶坊非物质文化遗产展示馆

江苏王源吉新材料集团有限公司董事长王青青在江苏省锡山高级中学红领巾实践基地向少先队员介绍王源吉历史

江苏王源吉新材料集团有限公司董事长王青青在江苏省锡山高级中学红领巾实践基地向少先队员宣传非物质文化遗产知识

无锡市文博会上民众争相了解王源吉历史

王源吉锅厂为美国客商生产的直径2.13米的巨型锅

王源吉冶坊有限公司生产的煮茶器

王源吉冶坊有限公司生产的煮茶器

王源吉冶坊有限公司生产的花开富贵铁壶

王源吉冶坊有限公司生产的烤红薯锅

王源吉冶坊有限公司生产的茶叶罐

其他档案

清乾隆《金匮县志》记载“邑人曹、许二姓工铸，为钟鼎、投壶之类，擅其利者数世，设冶在南下塘尽处”

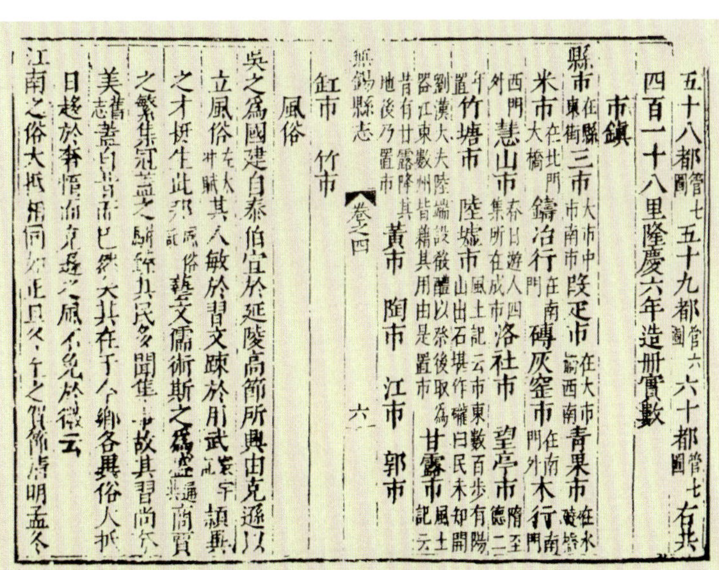

明万历《无锡县志》记载“铸冶行，在南门”

无锡锅厂64铁锅技术标准

第 31093615 号

商标注册证

曹三房

核定使用商品/服务项目（国际分类：6；8；21；35）

第6类：金属盒钉；金属管；金属建筑材料；五金器具；家具用金属附件；小五金器具；金属锁（非电）；金属托盘；金属包装容器；普通金属艺术品（截止）

第8类：手动的手工具；剪刀；餐具（刀、叉和匙）；餐叉；刀叉餐具；匙；长柄勺（手工具）；刀柄；切菜刀；刀（截止）<见背面>

注册人 王青青320222197406023022

注册人地址 江苏省无锡市惠山区堰桥镇长东村胡巷67号

注册日期 2019年02月28日 有效期至 2029年02月27日

局长 申长雨 发证机关 国家知识产权局

“曹三房”商标注册证（2019年2月）

“曹三房”注册商标

《民国商标图典》载王源吉“白色双吉”铁锅商标

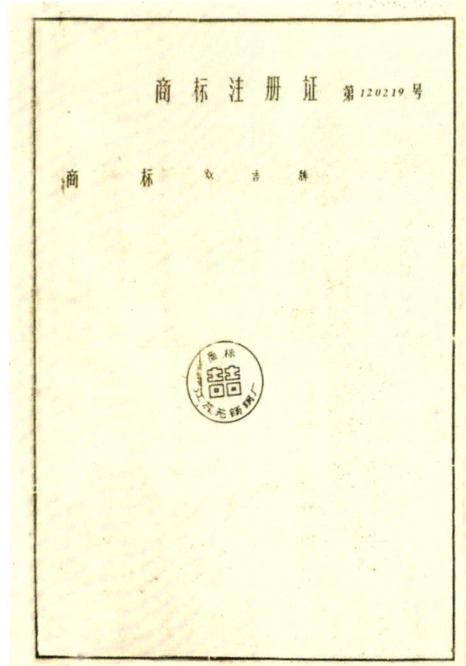

商标注册证 第120219号

商　标　双吉牌

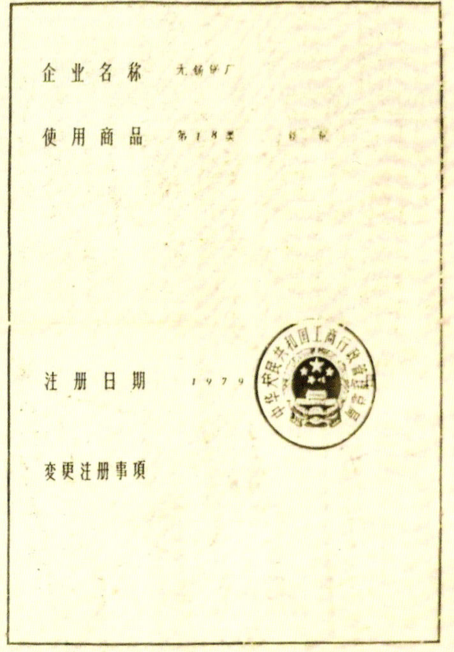

企业名称　无锡锅厂

使用商品　第18类

注册日期　1979

变更注册事项

1979年,无锡锅厂将“文革”中注册的“工农”牌商标变更恢复为“双吉”牌商标

045 第 6277045 号

商标注册证

核定使用商品(第 21 类)

铁锅；铁壶；铁桶；煤气火锅；烹饪锅；大锅；锅盖；炸锅；胶锅；厨房用具（截止）

注 册 人　无锡市王源吉锅厂

注册地址　江苏省无锡市长安张村

注册有效期限　自公元 2010 年 02 月 21 日　至　2020 年 02 月 20 日止

局长签发　李建昌

无锡市王源吉锅厂“双吉”商标注册证（2010年2月）

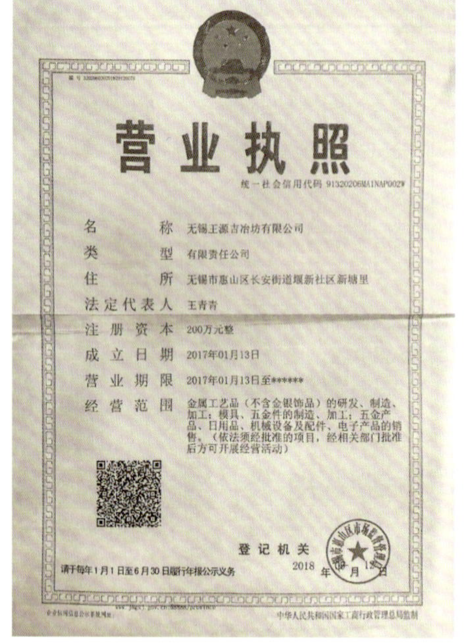

营业执照

统一社会信用代码 91320206MA1NAP002W

名　　称　无锡王源吉冶坊有限公司

类　　型　有限责任公司

住　　所　无锡市惠山区长安街道堰新社区新塘里

法定代表人　王青青

注册资本　200万元整

成立日期　2017年01月13日

营业期限　2017年01月13日至******

经营范围　金属工艺品（不含金银饰品）的研发、制造、加工；模具、五金件的制造、加工；五金产品、日用品、机械设备及配件、电子产品的销售。（依法须经批准的项目，经相关部门批准后方可开展经营活动）

登记机关

2018 年 月 日

请于每年1月1日至6月30日履行年报公示义务

中华人民共和国国家工商行政管理总局监制

无锡王源吉冶坊有限公司营业执照（2018年9月）

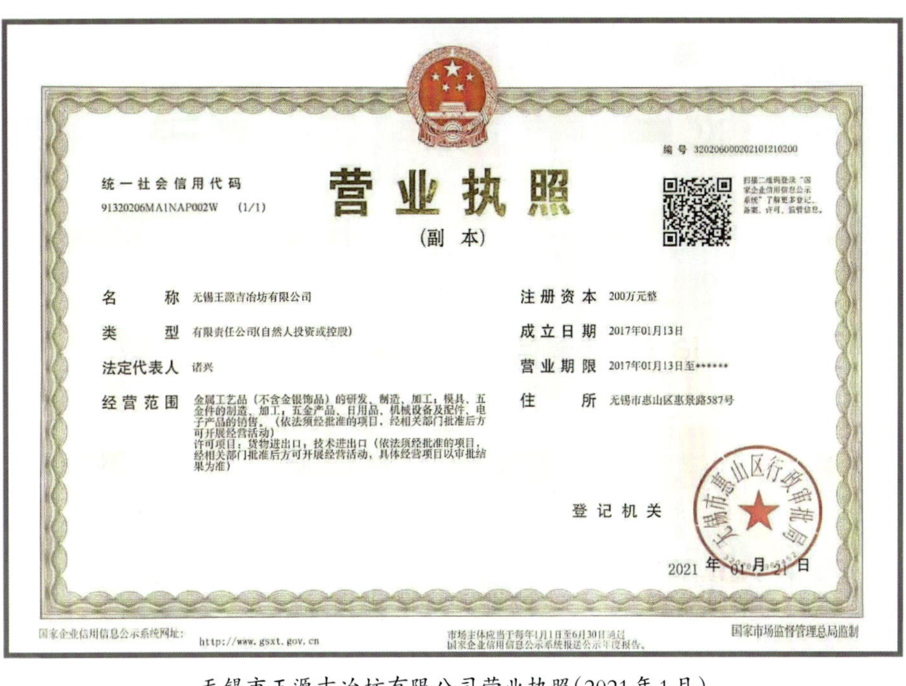

编号 320206000202101210200

统一社会信用代码
91320206MA1NAP002W (1/1)

营业执照

(副　本)

扫描二维码登录"国家企业信用信息公示系统"了解更多登记、备案、许可、监管信息。

名　　称　无锡王源吉冶坊有限公司

类　　型　有限责任公司(自然人投资或控股)

法定代表人　诸兴

经营范围　金属工艺品（不含金银饰品）的研发、制造、加工；模具、五金件的制造、加工；五金产品、日用品、机械设备及配件、电子产品的销售。（依法须经批准的项目，经相关部门批准后方可开展经营活动）
许可项目：货物进出口，技术进出口（依法须经批准的项目，经相关部门批准后方可开展经营活动，具体经营项目以审批结果为准）

注册资本　200万元整

成立日期　2017年01月13日

营业期限　2017年01月13日至******

住　　所　无锡市惠山区惠景路587号

登记机关　无锡市惠山区行政审批局

2021年01月21日

国家企业信用信息公示系统网址：http://www.gsxt.gov.cn

市场主体应当于每年1月1日至6月30日通过国家企业信用信息公示系统报送公示年度报告。

国家市场监督管理总局监制

无锡市王源吉冶坊有限公司营业执照(2021年1月)

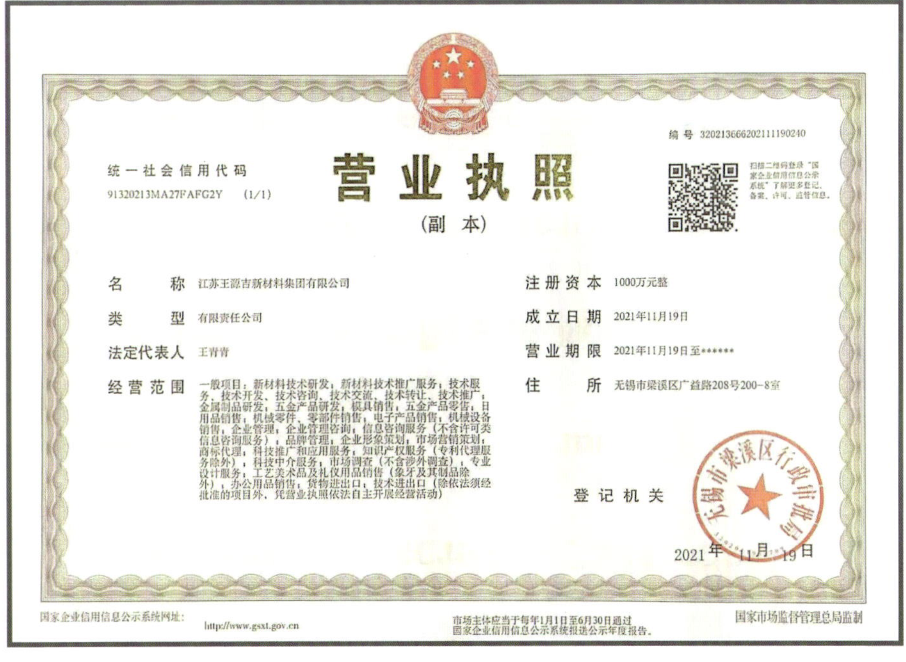

编号 320213666202111190240

统一社会信用代码
91320213MA27FAFG2Y (1/1)

营业执照

(副　本)

扫描二维码登录"国家企业信用信息公示系统"了解更多登记、备案、许可、监管信息。

名　　称　江苏王源吉新材料集团有限公司

类　　型　有限责任公司

法定代表人　王青青

经营范围　一般项目：新材料技术研发；新材料技术推广服务；技术服务、技术开发、技术咨询、技术交流、技术转让、技术推广；金属制品研发；五金产品研发；模具销售；五金产品零售；日用品销售；机械零件、零部件销售；电子产品销售；机械设备销售；企业管理；企业管理咨询；信息咨询服务（不含许可类信息咨询服务）；品牌管理；企业形象策划；市场营销策划；商标代理；科技推广和应用服务；知识产权服务（专利代理服务除外）；科技中介服务；市场调查（不含涉外调查）；专业设计服务；工艺美术品及礼仪用品销售（象牙及其制品除外）；办公用品销售；货物进出口；技术进出口（除依法须经批准的项目外，凭营业执照依法自主开展经营活动）

注册资本　1000万元整

成立日期　2021年11月19日

营业期限　2021年11月19日至******

住　　所　无锡市梁溪区广益路208号200-8室

登记机关　无锡市梁溪区行政审批局

2021年11月19日

国家企业信用信息公示系统网址：http://www.gsxt.gov.cn

市场主体应当于每年1月1日至6月30日通过国家企业信用信息公示系统报送公示年度报告。

国家市场监督管理总局监制

江苏王源吉新材料集团有限公司营业执照(2021年11月)

業同業公會會員登記申請書

茲依照本市各工商同業公會重辦會員登記審查會員資格暫行辦法之規定檢具會員登記申請表二份本月業務概況表三份申請審核准予登記入 貴公會為會員自加入後願接受組織領導遵守章程規則履行一切議決案如有錯誤願受相當之處分

此致

無錫市 業同業公會

申請工廠商號

代表人 郭叔鳴

介紹人 張仁信

公元一九五 年 月 日

無錫市冶製廠業同業公會會員登記申請表

工廠或商號名稱		有無分支機構及其所在地	
組織性質	合夥	創設年月	一九四六年九月
資本總額	壹億捌仟萬元	固定資本	肆仟肆佰拾萬元
		流動資本	壹億叁仟伍佰拾萬元

主要股東姓名	認股數	簡歷	現住所
王世勤	九〇〇〇,〇〇〇元		廣勤路美村五號
王志一	七,二〇〇,〇〇〇元		仝右
王志平	七,二〇〇,〇〇〇元		仝右
王許蘭珍	七,二〇〇,〇〇〇元		無錫西鼓樓七號
凌興盛	七,二〇〇,〇〇〇元		南通端平橋
工商局核發營業登記證號數			
審查意見			

公曆一九五一年壹月

无锡市王源吉冶坊主要股东加入无锡市冶制厂同业公会会员登记申请书（1946年9月）

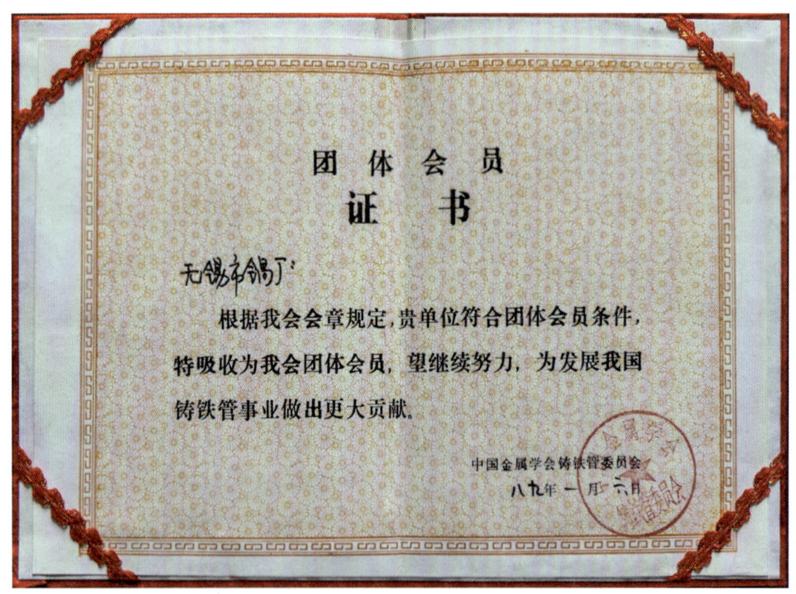

无锡锅厂被吸收为中国金属学会铸铁管委员会团体会员（1989年1月）

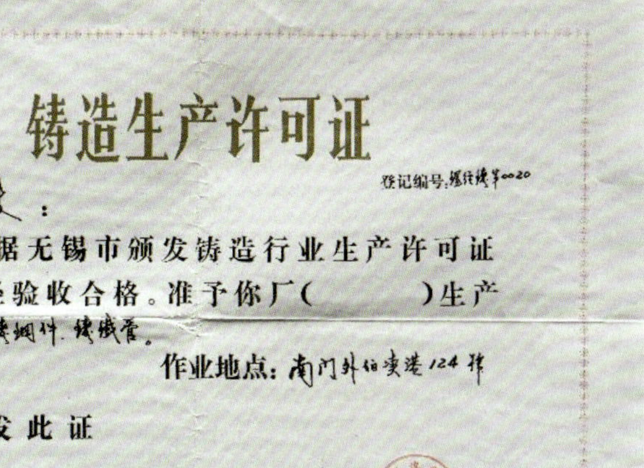

铸造生产许可证

登记编号：锡铸镀字0020

无锡市锅厂：

根据无锡市颁发铸造行业生产许可证标准，经验收合格。准予你厂（　　）生产铸铁锅、铸钢件、铸铁管。

作业地点：南门外伯渎港124号

特发此证

无锡市经济委员会

一九九一年五月

无锡锅厂铸造生产许可证（1991年5月）

荣譽證書

无锡市锅厂：

在一九九0年度全省铸锅化铁炉分等考评中，荣获一等炉称号，节能成绩显著，特发此证，以资鼓励。

江苏省轻工业厅

一九九0年八月

无锡锅厂在江苏省1990年度铸锅化铁炉分等考评中荣获“一等炉”称号

1958年8月，无锡市委、市人委赠给王源吉冶坊颁发的“大搞钢铁冶炼工业，争取短期内赶过英国”锦旗，现收藏于无锡市博物院

无锡市商务局颁发给王源吉冶坊有限公司的无锡老字号标牌(2018年12月)

兹认定：
无锡王源吉冶坊
有限公司
（注册商标 王源吉）为江苏老字号，
特发此证。
江苏省商务厅
JiangSu
Time-honored
Brand
江苏老字号
证书编号：32020020190023

2019年1月，江苏省商务厅认定王源吉冶坊有限公司（注册商标王源吉）为江苏省老字号

江苏省商务厅颁发给王源吉冶坊有限公司的老字号标牌

无锡市非物质文化遗产代表性项目

王源吉铁锅制作技艺

无锡市人民政府公布
无锡市文化广电和旅游局颁布
二〇二二年六月

2022年6月，无锡人民政府公布王源吉铁锅制作技艺为无锡市非物质文化遗产代表性项目

2022年1月，无锡王源吉冶坊有限公司被确定为无锡老字号协会副会长单位

无锡市老字号校外传承基地

王源吉

Since 1661

王源吉基地

无锡市商务局　　无锡市教育局

2021年11月

无锡市商务局、无锡市教育局颁发的无锡市老字号校外传承基地标牌（2021年11月）

民国时期的无锡王源吉鑫记冶坊股折封套

角章：王源吉董事会之章

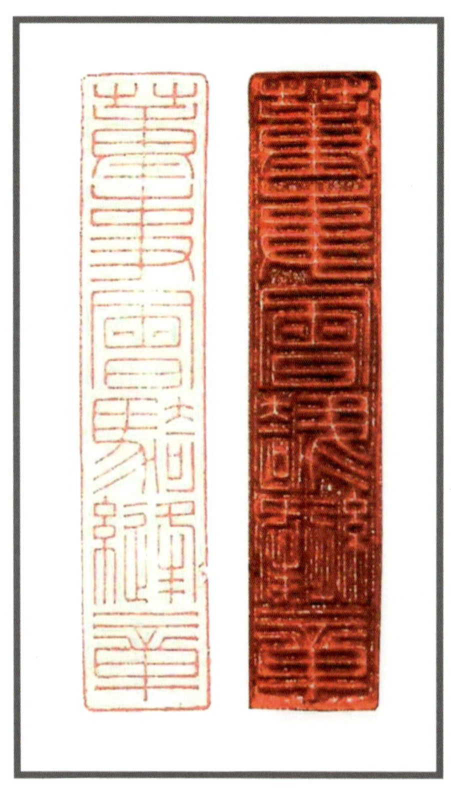

角章:董事会骑缝章

角章：王源吉湖庄

角章:合同联票

角章:王源吉湖庄

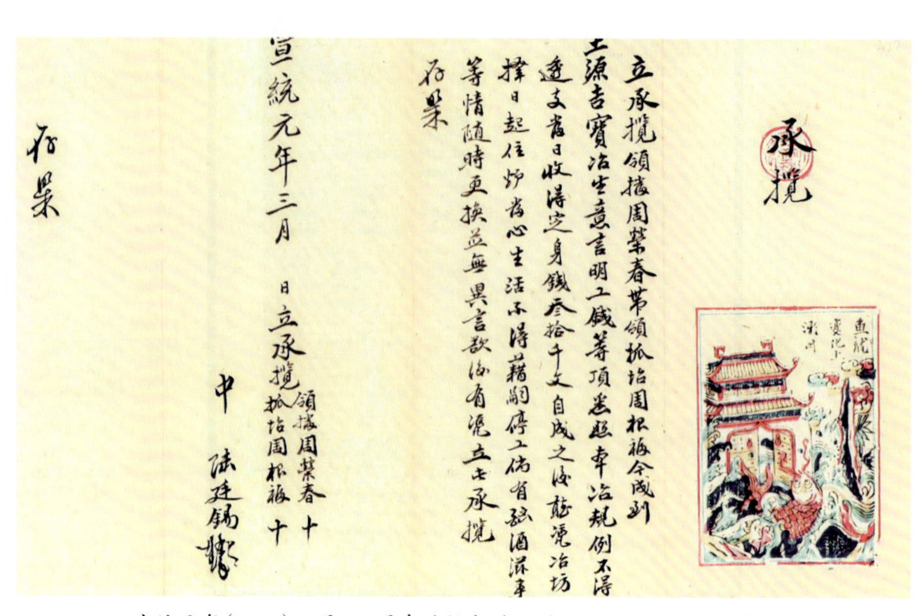

承攬

立承攬領據周紫春弟領抓抬周根福今成到
王源吉寶冶生意言明工錢等項悉照本冶規例不得
透支當日收得定身錢叁拾千文自成之後聽憑冶坊
擇日起住炉當心生活不得藉詞停工偷省貽酒滋事
等情隨時更換並無異言欲後有憑立此承攬
存案

宣統元年三月　日立承攬領據周紫春十
抓抬周根福十

中　陸廷錫

存案

宣统元年(1909)三月，王源吉冶坊与冶炉施工工匠签订的承揽合同

后 记

《冶坊记忆——王源吉史话》是一部非物质文化遗产籍，它记载了王源吉近二百年的发展历史及活化传承下来的王源吉冶铸技艺。全书通过冶坊发展史料、冶铸技艺史料、冶坊发展大事记、冶坊珍贵档案等内容，向读者展示了王源吉冶坊跌宕起伏的发展轨迹及弥足珍贵的非物质文化遗产瑰宝。

本书的史料征集工作力求体现系统性、多样性、原生性的原则。我们系统地收集了企业沿革史料、企业管理史料、企业改革史料、技艺传承史料、产品品种史料、企业文化史料、企业标准史料、工商登记史料及各历史时期珍藏的厂牌、印章、徽章、合同、护照、执照、告示、税票、收据、票号、印照、锦旗、铁锅泥模、泥模车板、脱模松烟、造型工具、标准样件等冶坊文物。在收集资料及实物的过程中，中国第二历史档案馆、无锡市文化遗产保护基金会、无锡市政协文史资料室、无锡市档案史志馆、无锡市报业集团、无锡市博物院、无锡市图书馆、江南大学、无锡市王源吉冶坊有限公司、无锡压缩机股份有限公司等单位给予了大力支持，在档案查询、资料查询、实物收集、照片收集等方面提供线索，协助查询，做了大量繁杂细致的工作。特别值得一提的是，无锡市王源吉冶坊有限公司在本书的史料征集工作过程中，领导高度重视，各方密切配合，召集老领导、老艺人、老工人座谈，落实有关人员系统收集整理资料，提供各类珍贵历史文物，为本书史料征集工作做出了不懈努力。

本书的史料编纂工作力求体现翔实丰富、客观真实、系统完整的原则。我们通过大量第一手历史资料，包括史志记载资料、新闻报道资料、历史档案资料、专家文献资料等来完整地展现王源吉的发展历史和冶铸技艺，力求把冶坊发展历史完整地串联起来，把冶坊冶铸技艺系统地整理出来。同时，注意把好史实关和文字关，对书稿内容、照片内容逐条审核，逐句推敲，反复斟酌，力求做到观点正确、事实准确、数字精确。文中所引文字，略有改动。

因编者水平所限，在文稿编纂和资料征集方面难免还有不妥之处或疏漏，敬请读者谅解并批评指正。